周勋初文集

门弟子徐兴无敬书

周勋初文集

馀波集

周勋初 著

凤凰出版社

图书在版编目（CIP）数据

馀波集 / 周勋初著. -- 南京 : 凤凰出版社,
2023.6
　（周勋初文集）
　ISBN 978-7-5506-3962-1

　Ⅰ. ①馀… Ⅱ. ①周… Ⅲ. ①文史－中国－文集
Ⅳ. ①C52

中国国家版本馆CIP数据核字(2023)第109305号

书　　　　名　馀波集
著　　　　者　周勋初
责　任　编　辑　郭馨馨
装　帧　设　计　徐　慧
责　任　监　制　程明娇
出　版　发　行　凤凰出版社(原江苏古籍出版社)
　　　　　　　　发行部电话025-83223462
出 版 社 地 址　江苏省南京市中央路165号,邮编:210009
照　　　　排　南京凯建文化发展有限公司
印　　　　刷　苏州市越洋印刷有限公司
　　　　　　　　江苏省苏州市吴中区南官渡路20号,邮编:215104
开　　　　本　880毫米×1230毫米　1/32
印　　　　张　13.25
字　　　　数　320千字
版　　　　次　2023年6月第1版
印　　　　次　2023年6月第1次印刷
标　准　书　号　ISBN 978-7-5506-3962-1
定　　　　价　108.00元
　　　　　　　　(本书凡印装错误可向承印厂调换,电话:0512-68180788)

周勋初简介：

周勋初，上海市南汇县人，1929年生，副博士研究生肄业。

现为南京大学人文社会科学荣誉资深教授，历任南京大学研究生院副院长、古典文献研究所所长、中国古代文学重点学科学术带头人，兼任江苏省文史研究馆馆长。

南京大学出版社 2008 年出版

目　录

"兴、观、群、怨"古解

> 子曰:"小子何莫学夫诗。诗,可以兴,可以观,可以群,可以怨;迩之事父,远之事君;多识于鸟兽草木之名。"(《论语·阳货》)

这一段话,历来为人所重视。有的研究工作者据此而把孔子视作我国古代文学批评史上现实主义理论的奠基者。这个问题究竟应该怎样论证,似乎还可以再研究。

列宁指出:"在分析任何一个社会问题时,马克思主义理论的绝对要求,就是要把问题提到一定的历史范围之内。"(《论民族自决权》)考察孔子的诗论,也应把它提到春秋后期的历史环境中,作出具体的分析。

然则"兴、观、群、怨"的涵义究竟是什么?

什么叫"兴"? 何晏《论语集解》引孔安国说释为"引譬连类",朱熹《论语集注》解作"感发志意",和孔子的原意还比较接近。近人把它解释成文学的感染力,说是文学能有振奋人心的作用,则是抽掉了孔子学说的具体内容,把它作为文学理论上的一般原理对待了。

《论语》中记载有"诗可以兴"的例子。

> 子贡曰:"贫而无谄,富而无骄。何如?"子曰:"可也;未若贫而乐道,富而好礼者也。"子贡曰:"《诗》云:'如切如磋,如琢如磨。'其斯之谓与?"子曰:"赐也,始可与言诗已矣,告诸往而知来者。"(《学而》)
>
> 子夏问曰:"'巧笑倩兮,美目盼兮,素以为绚兮!'何谓也?"子

曰:"绘事后素。"曰:"礼后乎?"子曰:"起予者商也! 始可与言诗已矣。"(《八佾》)

春秋之时,政界有"赋诗言志"的风气,理解诗意时,又有"断章取义"的作风。孔子教育学生的目的本在谋求从政。因此他在讲授诗时也照"赋诗言志"的路子进行训练,不注意钻研诗的本意,着重诗义的引申。从上述二例中可以看到他的教学方法的特点:诗中含有教诲意味的句子,他就引用过来作为道德的训词;诗中本无教诲意味的句子,他也要引导人家去悟出人生的至理。这大约就是他心目中"引譬连类""感发志意"的作用。

孔子是积极参加政治实践的思想家。他在论诗之时,处处不忘利用文艺进行伦理道德方面的教育,总想转弯抹角地把结论提到"礼"这个纲上去。《困学记闻》卷五引《子思》曰:"夫子之教,必始于诗书而终于礼乐,杂说不与焉。"上述二例正是这种教育方法的最好说明。所谓"礼",即周代贵族制订的一套典章制度和道德规范。孔子生当礼崩乐坏之时,而又热衷于复兴周礼,因此,他的政治活动、教学工作以及对诗的阐述和运用,都是为了实现这个目标。他自己也说:"君子博学于文,约之以礼,亦可以弗畔矣夫!"(《雍也》)为此他抓住诗、礼二者巧妙地进行思想教育,水平之高,甚至引起了弟子们的惊异。颜渊喟然叹曰:"夫子循循然善诱人,博我以文,约我以礼。欲罢不能。"(《子罕》)凡此均足说明他的教学目的在于使人"兴于诗,立于礼,成于乐"(《泰伯》)。他认识到了学诗可"感发""志意",提高伦理道德方面的修养,因此他提出诗有"兴"的功能并要求利用这种功能。这种认识并不是从研究诗的文学特点作出的结论,不能把"兴"单纯解作文学的感染力量。

什么叫"观"?《集解》引郑玄曰:"观风俗之盛衰。"近人把它解作文学的认识作用，认为读者在作品中可以了解它所反映的时代生活。这与孔子的原意也有出入。

根据古籍记载，周代曾有采诗观风的制度。《汉书·食货志》曰："孟春六月，群居者将散，行人振木铎徇于路以采诗，献之太师，比其音律，以闻于天子。"此说详情固不明，但与周代赋诗观风之习却相合。《左传》襄公二十九年记吴季札观乐于鲁，能从各国声诗的特点中觇测其民情风俗与政教盛衰。这段文字容或有渲染过甚之处，但仍不失为"诗可以观"的事例之一。他如《左传》襄公二十七年记赵孟请郑国的七个大夫赋诗，"亦以观七子之志"；昭公十六年记韩宣子请郑六卿赋诗，"亦以知郑志"。通过赋诗观察对方志意，也当是"诗可以观"的内容之一。

什么叫"群"？《集解》引孔安国说释为"群居相切磋"。近人则把它解作文学可起团结教育的作用。

杨树达曰："春秋时朝聘宴享动必赋诗，所谓可以群也。"（《论语疏证》卷十七）这种解释比较切合实际。下面还可再作一些引证。

《左传》襄公十六年："晋侯与诸侯宴于温，使诸大夫舞。曰：'歌诗必类。'齐高厚之诗不类。荀偃怒，且曰：'诸侯有异志矣。'使诸大夫盟高厚。高厚逃归。于是叔孙豹、晋荀偃、宋向戌、卫宁殖、郑公孙虿、小邾之大夫盟曰：'同讨不庭！'"

春秋之时，朝聘宴享，公卿大夫常用赋诗的形式表明政治态度。歌诗"类"，则表示同心同德，也就是愿意合群；歌诗不"类"，则表示有二心，也就是不愿合群。查阅古史记载，类似上述的事例很多。孔子参预过很多政治活动，熟悉典章制度，他对诗能起政治上的团结作用的问题，理当有深切的体会。

《汉书·艺文志》曰："古者诸侯卿大夫交接邻国，以微言相感，当揖让之时，必称诗以谕其志，盖以别贤不肖而观盛衰焉。故孔子曰'不学诗,无以言'也。"说明孔子论诗确与赋诗的风气密切有关。根据劳孝舆《春秋诗话》中的统计,古史记载列国公卿大夫宴享赠答而赋诗者三十二则,自僖公二十三年春秦穆公享重耳起,至定公五年秦哀公应申包胥请出兵救楚止。劳氏的统计和有关的记载当然是很不完全的,但也可以看出,随着周王朝的逐步趋向衰亡,旧的一套典礼正处在消亡的过程中。孔子的生活时代,赋诗之风逐渐不时兴了;战国之时,这种做法完全废止了。但作为"信而好古"即笃好周代旧的典礼的孔子,却仍然力图复兴旧制度。他培养的是熟习旧典礼的学生。在学诗问题上,他采用的是旧的教学方法。

什么叫"怨"?《集解》引孔安国曰:"怨刺上政。"近人于此有更多的发挥,似乎孔子已经认识到文学是社会斗争的工具,既可以用来讽刺当时统治阶段,又可起到改造社会的作用。

诗可以怨。这是客观存在的事实。"三百篇"中保留着很多抨击黑暗政治的篇章,问题在于:孔子对"怨"究竟抱什么态度?

在《论语》的许多章节中涉及了"怨"的问题。《里仁》:"事父母几谏。见志不从,劳而不怨。"说明事父之时不能有怨意。《颜渊》载仲弓问仁,孔子答以"在邦无怨,在家无怨。"说明事君之时不应有怨心。《宪问》记孔子自述个人作风曰:"不怨天,不尤人。"说明他在处理任何事情时都不大赞成有怨情。孔子采取这种态度是很自然的。他在政治上常持调和的态度,希望通过上下之间感情上的交流而消除矛盾。因此,他在论述诗的社会作用时,不可能积极地倡导"怨刺上政",这里所以提出"诗可以怨",大约只是承认有此事实,希望上层人物由此了解下情,吸取经验教训,作为政治上的参考就是了。《诗·大序》上说:"上以风化下,下以风刺上。主文而谲谏,言之者无罪,闻之者足以戒。"倒是颇近于孔子带有折衷主义特点的政治要求。

"兴、观、群、怨"诸说都与政治问题有关。它是特定的历史条件与社会环境中的产物。这种理论首由孔子提出，也不是偶然的。孔子热心参加政治活动，但仕途并不得意，只得把主要精力放在教育事业上，而培养学生的目的还在"学而优则仕"。因此，他虽以"诗"为主要教材，但并不把它作为文学作品阅读；他的目的在于通过诗的教学培养政治活动家。基于这样的要求，孔子把注意力放在诗在进行政治活动时能起什么作用等方面。"子曰：'诵诗三百，授之以政，不达；使于四方，不能专对；虽多，亦奚以为？'"（《子路》）他对诗的功能的规定就是总结了这方面的认识成果而确定下来的。

"小子"学诗之后，明确了"兴、观、群、怨"的作用，就可利用这些功能"事父事君"了。有的学者不注意春秋时学诗、用诗的特殊意义，而把孔子看作一位纯粹的文学理论家，因而论述"兴、观、群、怨"之时，不去注意其"事父事君"的这一方面，不把这两句话联系起来考察。这就把功能与目的割裂开来，似乎孔子的理论中还有单纯论述文学问题的一般原理。对孔子这样一位具体的人物来说，未必切合他的思想实际。

（原载《上海师范大学学报》2008 年第 1 期）

《文心雕龙》书名辨

《文心雕龙》虽用骈文书写，文字上的表达还是很清楚的，时人却每求之过深，时而流于穿凿。即以《文心雕龙》这一书名而言，就存在着这方面的问题，一些研究工作者不按原文的意思作解释，反而把简单的问题复杂化了。

一

研究历史人物，需要把他放在生活的特定年代加以考察。他和同时的人，因为生活背景一样，认识问题时也就必然会有相同之处。当然，一些伟大的人物其成就往往超出侪辈甚远，但也不可能遗世独立，与众截然有异。这就是历史人物的时代性。考察刘勰其人，亦应作如是观。

《文心雕龙》这一书名，刘勰在《序志》篇的开头就解释得很清楚。文曰：

> 夫"文心"者，言为文之用心也。昔涓子《琴心》、王孙《巧心》，心哉美矣，故用之焉。古来文章，以雕缛成体，岂取驺奭之群言雕龙也！

前后两层意思分得很清楚。前言"文心"，乃"言为文之用心"；后言"雕龙"，乃因自古以来的文章以雕缛成体。这就是说，他在撰述之时，分从构思与美文两方面着手而进行探讨的。

这是魏晋南北朝人共同的做法，亦即反映了这一时代一些杰出学者所能达到的认识水平。

昭明太子萧统与刘勰曾有主从关系，文学见解也有很多相通的地方。他在《文选序》中阐述选择文章的原则，以为六经体制尊崇，不能芟夷剪截；诸子以立意为宗，不以能文为本，只能弃爱。言辞、史籍，与篇翰有异，也不能录取。萧统行文至此，笔锋一转，云是：

> 若其赞论之综缉辞采，序述之错比文华，事出于沉思，义归乎翰藻，故与夫篇什，杂而集之。

《文选》内选入了很多史籍中的"赞论""序述"，这类文字因为具有"事出于沉思，义归乎翰藻"的特点，也就有异于经、子等类文字。"沉思"与"文心"相通，"翰藻"与"雕龙"义近；前者乃言"文心"独运，后者是说灿若"雕龙"。可见萧统、刘勰讨论文学问题时，观察问题的角度与理解的程度，颇为一致。

萧统说的"综缉辞采""错比文华"，"综缉""错比"涉及"沉思"的问题，"辞采""文华"也就是"翰藻"的问题，萧统始终抓住文思与美感两个方面进行探讨。

魏晋南北朝人常用"事""义"二词。二者既可分用，又可合用。《文心雕龙·事类》篇曰："事类者，盖文章之外，据事以类义，援古以证今者也。"刘勰以为作家除了依靠才情写好文章外，还得援引事例为文义提供证据。这当然是这一时期的人普遍重视骈文而提出的要求，因为引用古事旧辞乃是写作骈文的要著，也是显示作者水平的一个重要方面。事类犹如作品中的重要材料。因此，"事出于沉思"乃言作品中的材料出之于深沉的构思，"义归乎翰藻"乃言文义的表达出之于华美的文辞，据此亦可觇知萧、刘二人用词之一致。

我们再把目光扩大，推向前朝，也可看到同样的见解。汉末卞兰《赞述太子赋并上赋表》云：

> 窃见所作《典论》及诸赋颂，逸句烂然。沉思泉涌，华藻云浮，听之忘味，奉读无倦。（《艺文类聚》卷十六）

卞兰用"沉思""华藻"二词来形容曹丕的创作，其用语与见解和萧统之说完全一致。

范晔在《后汉书·文苑传赞》中说：

> 情志既动，篇辞为贵。抽心呈貌，非雕非蔚。

这里是把文学创作自构思到完成的整个过程作综合考察。"情志既动"是说作者萌发了创作的要求，"抽心"即言为文之用心，"呈貌"乃指文章美感之外观，因为文章之貌"非雕非蔚"，并非具体的雕琢与描绘，但都形象鲜明具体，似乎触手可及，故亦"篇辞为贵"也。

范晔在《狱中与诸甥侄书》中称《后汉书》中的序论"笔势放纵，实天下之奇作，其中合者往往不减《过秦》篇……赞自是吾文之杰思，殆无一字空谈，奇变不穷，同合异体，乃自不知所以称之"。这又与《文选序》中的提法一致。所谓"赞论之综辑辞采，序述之错比文华"，写作这类文体，即在创作美文。文章的特点，可以"沉思""翰藻"标示。讨论这类文体，也可说是"言为文之用心也"；内中文字，亦可视作"群言雕龙"。

范晔之前，还可以补充《西京杂记》中的一段记载。卷二中有司马相如论赋的一段文字，自序其撰文之心得，云是：

合纂组以成文，列锦绣而为质，一经一纬，一宫一商，此赋之迹也。赋家之心，苞括宇宙，总览人物，斯乃得之于内，不可得而传。

此即所谓"赋心""赋迹"之说。赋心，即言为文之用心，因为"心哉美矣，故用之焉"；赋迹，亦即言"古来文章以雕缛成体"，而这也就是萧统所提出的"沉思""翰藻"。

魏晋南北朝人都很崇拜司马相如一辈文人，他们每托之前人而表达个人的看法。《西京杂记》中的这一记载，实际上是葛洪一流人物的见解。①

下面还可再举一个假托古人而抒怀的生动事例，借与上说互证。《文选》卷十三载谢惠连《雪赋》曰：

岁将暮，时既昏。寒风积，愁云繁。梁王不悦，游于兔国。乃召旨酒，命宾友，召邹生，延枚叟。相如末至，居客之右。俄而微霰零，密雪下，王乃歌"北风"于卫诗，咏《南山》于周雅。授简于司马大夫，曰："抽子秘思，骋子妍辞，侔色揣称，为寡人赋之。"

其后谢惠连在司马相如名下洋洋洒洒地写下了这篇《雪赋》。这种假托古人的做法，还是铭刻着魏晋南北朝人的深刻烙印。"秘思"即"沉思"，亦即"文心"之谓；"妍辞"即"翰藻"，亦即"雕龙"之谓。各家措辞不同，其实质则无差异。

由上可见，魏晋南北朝人探讨文学问题时大都是从文思与美感两

---

① 参看拙作《〈西京杂记〉中的司马相如赋论质疑》，原载《文史哲》1990年第4期；后载《周勋初文集》第三册《文史知新》，江苏古籍出版社2000年版。

个方面着手的。刘勰为其著作命名,正反映了时代的特点。但他由此深入阐发,完成了《文心雕龙》这一皇皇大著,这是他超越前人的地方,也是其超出侪辈之处。

二

古人认为,心是人的思维器官。《孟子·告子上》曰:"心之官则思。"刘勰以此作为书名,首先说明"文心"一词乃"言为文之用心也","心哉美矣,故用之矣"。这在历史上也有根据。因为涓子(环渊)的著作即取名《琴心》,王孙子的著作即取名《巧心》,前代已有先例。这就说明,刘勰采用"文心"一词作为书名是经过深思熟虑的。

涓子《琴心》,王孙《巧心》,刘勰用作故实,也就是《事类》篇中所说的"据事以类义,援古以证今者也"。其后他又说到:"古来文章,以雕缛成体,岂取驺奭之群言雕龙也!"可知雕龙之说也是用的一个典故。

但有的研究者认为刘勰在"援古以证今"的做法上是有保留的。他举"驺奭"为例,只是用作反面教员,实际上是要摆脱与他的联系。例如郭晋稀《文心雕龙注译》中将上文译作:

> 从古以来的文章,都是雕章琢句文采纷披,因此书名又叫"雕龙",难道只是由于驺奭的绰号叫做"雕龙",所以采用了它吗?①

赵仲邑《文心雕龙译注》中译作:

> 其次是文章的写作,从来都是以精雕细刻和文采丰富为法

① 郭晋稀《文心雕龙注译》,甘肃人民出版社1982年版,第578页。

的,这正如雕镂龙纹一般,我因而又称这本书为"雕龙"。过去大家曾以此来称赏骈骊的文采,但我难道是采取这样的用意,表示自己也富有文采么?①

刘勰的态度似乎很微妙,一方面以为文章贵修饰,一方面又坚决与骈骊划清界限,以为没有受其影响,"雕龙"之说与前代的故实无关。

这几句话中的是非曲直,问题出在对"岂"字的理解上。

"岂"字为古文中常用的词,一般作"难道"解,《序志》中此句句末加上"也"字,更加强了反诘的语气,实际上是增加了肯定的分量。因此,此句应该译作"难道不是有取于骈骊的群言雕龙么!"可知刘勰于此绝无轻视骈骊乃至想要与之划清界限的意思。

按《文心雕龙》中同类例句甚多,今摘引数则如下:

> 杜笃之诔,有誉前代。《吴诔》虽工,而他篇颇疏,岂以见疏光武而改盼千金哉!(《诔碑》)
>
> 唯士衡运思,理新文敏,而裁章置句,广于旧篇,岂慕朱仲四寸之珰乎!(《杂文》)
>
> 王逸博识有功,而绚采无力;延寿继志,瑰颖独标,其善图物写貌,岂枚乘之遗术欤!(《才略》)

这类句式,"岂"字均作"难道不是"解。这是常见的用法。郭、赵等人均以学养深厚称,为什么不能求得正解?看来这不是在词义的理解上有问题,而是对刘勰的文学见解求之过深。他们把刘勰视作不同于其他理论家的超人,以为不会去引骈骊等辩士为同调,也不可能以其主

---

① 赵仲邑《文心雕龙译注》,漓江出版社 1982 年版,第 411—412 页。

张为理论根源,实则这是不符实情的。

《史记·孟子荀卿列传》引"齐人颂曰:'谈天衍,雕龙奭,炙毂过髡'",裴骃《集解》引刘向《别录》曰:"驺衍之所言五德始终,天地广大,尽言天事,故曰'谈天'。驺奭修衍之文,饰若雕镂龙文,故曰'雕龙'。"这是学术史上的一段佳话,后人很少有从负面的角度去加以接受的。

《文心雕龙·时序》篇曰:"春秋以后,角战英雄,六经泥蟠,百家飙骇。……唯齐楚两国,颇有文学。齐开庄衢之第,楚广兰台之宫。孟轲宾馆,荀卿宰邑,故稷下扇其清风,兰陵郁其茂俗。邹子以谈天飞誉,驺奭以雕龙驰响,屈平联藻于日月,宋玉交彩于风云。观其艳说,则笼罩《雅》《颂》,故知晔烨之奇意,出乎纵横之诡俗也。"可见刘勰之看待这一时期人物,也与他人一致。他对战国时期学术风气的介绍,与《史记》中的记叙是一致的。

魏晋南北朝人重视文学形式的华美,故而援引"雕龙"一词时,都寓赞颂之意。蔡邕《太尉乔玄碑阴》曰:"威壮虓虎,文繁雕龙。"范晔《后汉书·崔骃列传赞》曰:"崔为文宗,世禅雕龙。"任昉《宣德皇后令》曰:"辩析天口,而似不能言;文擅雕龙,而成辄削稿。"江淹《别赋》曰:"赋有凌云之称,辩有雕龙之声。"可见其时文人都把"雕龙"一词作为美文的代称。刘勰以此作为书名,正是时代风气的反映。

黄侃在《文心雕龙札记》中,于"古来文章,以雕缛成体"下批曰:"此与后章文绣鞶帨离本弥甚之说,似有差违,实则彦和之意,以为文章本贵修饰,特去甚去泰耳。全书皆此旨。"[①]阅读《文心雕龙》,确应把握这一原则。刘勰毕竟是魏晋南北朝时期的文人,处在普遍追求美文之时,自会采择"雕龙"之说,但他又受玄学的影响,故又重视自然之说,从而反对过甚过泰。

---

① 黄侃《文心雕龙札记·序志第五十》,中华书局上海编辑所 1962 年版。

张长青、张会恩在《文心雕龙诠释》中说：

> 刘勰认为，自古以来的文章，都是重视文采修饰的，但修饰文采是为了表现义理，而且要顺乎自然。不能像战国时代的雕龙奭那样，修饰太多，雕琢过分，流于矫揉造作。这是针对六朝浮诡讹滥的文风而发的，是富有战斗性的。①

这种看法，与郭、赵一致，反映了他们的共同观点，是一种现代人的意识，即以目下文学理论上的要求来要求古人，从而扭曲了刘勰的观点。郭、赵等人的看法，也是由此出发而有违《文心雕龙》原文本意的。

三

前此讨论《文心雕龙》书名的文字很多，其中当以李庆甲《〈文心雕龙〉书名发微》一文用功最深，创获亦多。他把学术界在刘勰运用"雕龙奭"这一典故时究竟持肯定的态度呢，还是持否定的态度，归为三种不同意见，从而进行分析，并对其他各种异说一一作了评述。材料充分，考察全面，很有说服力，本文论述这一问题时也参考了他的意见。但他对"岂取驺奭之群言雕龙也"一句的解释实际上还有不够周密的地方。他把"岂"字的用法分为"否定副词"与"推度副词"两种，以为刘勰在这里用作"推度副词"。这一种看法，不知参考的是哪一位语言学者的意见？现在看来，似乎应当参考杨树达在《词诠》中的意见。若按该书所说，刘勰句内的"岂"字应当定为"反诘副词"。杨氏云："岂，宁

---

①　张长青、张会恩《文心雕龙诠释》，湖南人民出版社 1982 年版，第 351—352 页。

也。无疑而反诘用之。"①这样也就可以求得正解了。假如把"岂"字视作推度之意，那对刘勰是否接受驺奭"雕龙"之说仍然有存疑之意，这样也就与否定之说相去无几了。

李庆甲对此书名作出的解释，也有继续加以推敲的馀地。李文曰：

笔者认为"文心"与"雕龙"二者联系紧密，不是互不关连；它们之间是主从关系，不是并列关系。"文心"者，"言为文之用心也"，是探讨文章写作的用心的意思，用今天的话来说，即论述文学创作的原理之谓。"文心"一词提示了全书的内容要点，在书名中处于中心位置。"雕龙"一词出典于战国时代的驺奭，所谓"雕镂龙文"，本有两层含义：一个是形容其文采富丽，另一个是极言其功夫精深细致。刘勰是在肯定的意义上运用这个典故的，他在书名中所说的"雕龙"，主要吸取了后一层意思，用以说明自己这部书是怎么样地"言为文之用心"的。这就是说，"雕龙"二字在书名中处于从属位置，它为说明中心词"文心"服务。如果串讲，"文心雕龙"四个字的意思就是：用雕镂龙文那样精细的功夫去分析文章写作的用心。基于这样的认识，笔者认为《文心雕龙》的书名翻译为现代汉语则是：《文术精说》。统观《文心雕龙》全书，刘勰确实当之无愧地做到了这一点，名实完全相符。②

这种解释之中，有很多可取之处，但也有不能令人首肯的地方。要说"文心"一词提示了全书的内容要点，"即论述文学创作的原理之谓"，则又从何看出？无非是在使用增字解经的方法而自创新说罢了。

---

① 杨树达《词诠》卷四，中华书局 1978 年 9 月上海第二版。
② 李庆甲《文心识隅集》，上海古籍出版社 1989 年版。

滕福海在《〈文心雕龙〉这个书名是什么意思？》一文中说：

> 总之，"文心"提示了全书内容的要点，"雕龙"标明了该书形
> 式的特点。"文心雕龙"就是以雕镂龙文般华丽的文句和精美的
> 结构，去论说文章理论的根本性问题。因此我以为，该书书名可
> 翻译为：华美地阐述为文之用心；或者径译成：美谈文章精义。①

李庆甲评论此文，以为作者"理解到'文心'与'雕龙'二者之间是紧密
关联的，属主从结构，'文心'是中心词：这一些都是正确的。"但他对
"'雕龙'标明了该书形式的特点"之说还有保留。实则李庆甲在这个
问题上的论证颇有进退失据之势，因为他也承认"雕镂龙文"本有两层
含义，"一个是形容其文采富丽，另一个是极言其功夫精深细致"，刘勰
文中既有前一层意思，那不就承认"雕龙"具有形式的含义了么？而他
强调刘勰"主要吸取了后一层意思，用以说明自己这部书是怎样地'言
为文之用心'的"，那又不像是张国光在《〈文心雕龙〉能代表我国古代
文论的最高成就吗？》一文中所说的："缀上'雕龙'二字"，"简直是画蛇
添足"。②

应该说，这些都是现代人的意识，刘勰取书名时未必如此考虑。

骈文两两相对，开合成势，光从结构上看，很难发现何者为主，何
者为从。因此，骈文作者阐述一对对相应的概念，介绍其中的关系时，
都要加上其他阐明作者主见的文字。

大家知道，《文心雕龙·情采》篇中多方面地讨论了有关内容与形
式方面的问题，里面的一些文字，也是两两相对，用骈文的标准格式分

---

① 载《文史知识》1983 年第 6 期"文史信箱"。
② 载《古代文学理论研究论丛》第四辑，上海古籍出版社 1981 年版。

别阐述"情"与"采"的内涵,但当涉及二者的关系时,则又明确地说:

> 夫水性虚而沦漪结,木体实而花萼振:文附质也。虎豹无文,
> 则鞹同犬羊;犀兕有皮,而色资丹漆:质待文也。
>
> 情者,文之经;辞者,理之纬。经正而后纬成,理定而后辞畅,
> 此立文之本源也。

上述文质、辞情之间的有关文字,确是可以看出主从的关系,但"文心""雕龙"二者不同,很难归入"内容""形式"的范畴,无法判定其为主从关系。因为解释"文心""雕龙"两个概念的这一段文字中再没有加入什么阐述二者之间何者为主何者为从的文字。

这里还可以附带讨论一下有关《文心雕龙》书名的翻译问题。美国西雅图华盛顿大学施友忠教授将此译为"*The Literary Mind and the Carving of Dragons*",即将书名直译成"文学之心与龙的雕刻"①,这种对号入座式的译法,几乎遭到国内学者的一致否定。实则平心而论,施氏此举不失为解决问题的一种简捷办法。也可以说是一种没有办法的办法,因为人们用当下的白话表达方式本难反映魏晋南北朝人行文时的神韵。如上所言,刘勰本来就是分从构思与美文两个方面着眼进行考察的。《文心雕龙》这种标题方式,采取的是骈文的标准格式,根据时人的文学观念,对举成文,这与现代人取书名时的思维方式大异其趣,自然难被信奉现代文学理论的当代学者所接受。

如何沟通古今?范晔"抽心呈貌"之说的表述方式似可考虑,因为

---

① 此书为第一部英语全译本,美国哥伦比亚大学出版社 1959 年出版。施氏于 1970 年时又将之改为中、英对照本,由台湾"中华书局"出版。

这既不违刘勰的原意，"文心"与"雕龙"之间的关联似乎也紧密了许多。

　　总结上言，可知今人研究《文心雕龙》之易生误解，往往是用现代人的意识去规范古人，又不重视骈体文的写作特点，不能把问题回归到魏晋南北朝这一时期的学术环境中去考察。

（原载《江苏文史研究》2007 年第 4 期）

论《文选》中的四言诗

萧统尊重四言诗

魏晋南北朝时的文人创作以诗为大宗,四言、五言的数量最多,比较之下,当然又以五言诗的趋势为好。萧统主编《文选》,收入四言诗三十八首,作者计十五人,比起其他诗体的总量来,显然占很小比例。这也是符合历史实况的。因为自刘宋起,写作五言诗的人越来越多,写作四言诗的人越来越少,萧统等人从存世的作品中遴选,自然偏于四言之外的其他各体了。

但四言这一诗体的数量虽少,地位却显得尊贵。

按理说,诗体只是一种形式,本无尊贵与否的问题,只是由于中国历史悠久,自古以来就有尊重传统的风气。春秋之时出现了《诗三百》这一总集,历代相传这书曾经儒家始祖孔子的整理,汉代独尊儒术,推尊《诗》为经,自后历朝历代的学子必须自幼精习,伏膺诗教,这样必然会在各人的思想上盖上深刻的烙印,而将《诗经》奉为文学上的典范。

魏晋南北朝时的情况与汉代相比,有所不同,因为其时已经进入文学的自觉时代,当时的一些文人已有摆脱儒家束缚的倾向。

萧统主持编纂《文选》,反映了时代的特点。他对"文"的范围作了明确的区划,从而在《序》中明确宣布:"经""子""辞""史"之类的作品不再入选。因为"姬公之籍,孔父之书,与日月俱悬,鬼神争奥,孝敬之准式,人伦之师友,岂可重以芟夷,加之剪截"。这些话虽然说得很客气,却也宣布了《诗经》中的作品一律不得入选,因此有的研究者认为:

《文选》所以能有先进的文学观点，正是摆脱了儒家束缚的缘故。

不过对此也要具体分析。我曾在《梁代文论三派述要》一文中把萧统归为"折衷"一派的领袖，这一批人的特点是今古、丽则并重，既重视传统，也注意趋新。"这里固然表现出萧统对文学的特点已有较明确的认识，开始把不属文学范围之内的儒家经典排除于外，但他还是强调这些经典能起'准式''师友'的作用，这就意味着后代文士仍然应该向它学习，这样才能保证思想内容方面的完善。这种态度近于刘勰所强调的'宗圣''徵圣'，也就是《通变》篇中所说的'通则不乏'，'参古定法'。"①

萧统尊重传统的观点，表现在诗体的安排上。

大家知道，《文选》中的作品以诗的数量为最大，萧统等人对此又依内容加以区分，而列在"诗甲"中的第一类，即为"补亡"。

何谓"补亡"？因为《诗经》原有三百十一篇，包括《小雅》内六首有声无辞的笙诗。按《仪礼·乡饮酒》所载，举行这一典礼时吹奏笙的乐人仅能演奏诗的曲调，然而小序尚存，故可知其诗义，陆德明《经典释文》在《南陔》《白华》《华黍》三诗下注曰："此三篇盖武王之诗。周公制礼，用为乐章，吹笙以播其曲，孔子删定，在三百一十一篇内，遭战国及秦而亡。子夏序《诗》，篇义合编，故诗虽亡而义犹在也。"《由庚》《崇丘》《由仪》三诗情况同上。这也就是说："笙诗"有目无辞，或可说是"有其义而亡其辞"。

时至魏晋，儒家的约束力量削弱，而《诗经》的崇高地位仍无可争议，于是有一些文士竞相补作这六首笙诗。他们或许存有奢望，以为这些诗篇能够得到人们的认可，从而与《诗三百》并列。

---

① 原载《中华文史论丛》第五辑，1964 年 6 月。后收入《文史探微》，上海古籍出版社 1987 年版；《周勋初文集》第三册，江苏古籍出版社 2000 年版。

《抱朴子·钧世》篇曰:

> 近者夏侯湛、潘安仁并作"补亡诗"《白华》《由庚》《南陔》《华黍》之属。诸硕儒高才之赏文者,咸以古《诗三百》,未有足以偶二贤之所作也。

夏侯湛之作原名《周诗》。《世说新语·文学》篇云:"夏侯湛作《周诗》成,示潘安仁。安仁曰:'此非徒温雅,乃别见孝悌之性。'潘因此遂作《家风诗》。"刘孝标注引湛《集》叙曰:"《周诗》者,《南陔》《白华》《华黍》《由庚》《崇丘》《由仪》六篇,有其义而亡其辞。湛续其亡,故云《周诗》也。"且引其中一首云:"既殷斯虔,仰说洪恩。夕定辰省,奉朝侍昏。宵中告退,鸡鸣在门。孳孳恭诲,夙夜是敦。"看来这诗是补《南陔》这一笙诗的。潘岳受其影响而作《家风诗》,"载其宗祖之德及自戒也"。由于潘岳这诗与《南陔》的精神一致,所以葛洪也视之为"补亡"一脉的吧。

尽管《世说新语》中只提到夏侯湛之作而不及束皙之诗,《文选》中却仅选录束广微(皙)《补亡诗》六首而不取夏侯湛之作,大约各人所见不同,萧统等人认为夏侯之诗实不如束皙之作。而"补亡"之后继之以"述德",则与葛洪等人的看法一致,认为谢灵运的《述祖德》诗与潘岳《家风诗》一样,也与《诗经》中的精神相通。

束广微《补亡诗》六首列《南陔》于组诗之首,小《序》曰:"南陔,孝子相戒以养也。"写作宗旨与夏侯湛、潘岳之作一致。

李善引束广微《补亡诗序》曰:"皙与司业畴人肄修乡饮之礼,然所咏之诗,或有义无辞,音乐取节,阙而不备,于是遥想既往,存思在昔,补著其文,以缀旧制。"可见其时古制犹存,乃因修乡饮酒礼受到激发而作,所谓"遥想既往,存思在昔",故其精神与前人之作相通。不论是西周时之乐师或诗人，抑或后代的世族中人，他们都从上代的光荣历史中受到激励，或叙家风，或述祖德，要求后人发扬光大先人的伟业，不坠宗风。

《诗经》中雅颂部分，古人认为最为庄严神圣的地方，即在追溯种族之所出与叙先王创业之艰难。《大雅》与《周颂》《商颂》部分，歌颂始祖降生时的种种灵验，经过历代先王的努力开拓，才能成就殷、周两代的辉煌。后代继承者又如何自强不息，克绍箕裘。在这些用于宗祀等神圣场合的诗歌中，交织着激昂与谦抑的情绪，封建社会中的那些世家大族中人，当然要从《诗经》中汲取这股精神，激励本人维护家族荣誉的决心，不坠祖业，永远保持宗族的荣耀了。

《论语·学而》曰："慎终追远，民德归厚矣。"孔子的这番话，把儒家借重祖先而激励后人的思想精炼地表达出来了。

魏晋南北朝是世家大族执政的时代，上述思想首被重视。《文选》中列《补亡诗》为"诗甲"中各类之首，正体现了这种精神。

陆机《文赋》曰："咏世德之骏烈，诵先人之清芬。"因此撰有《祖德颂》《述先赋》等作品。谢家的功烈可与陆氏媲美，谢灵运也常以家世自负。《述祖德诗》中说："中原昔丧乱，丧乱岂解已。崩腾永嘉末，逼迫太元始。河外无反正，江介有蹇坯。万邦咸震慑，横流赖君子。拯溺由道情，龛暴资神理。秦赵欣来苏，燕魏迟文轨。"歌颂淝水之战中先祖谢玄的功德。"贤相谢世运"以下一段，言谢安因避疑忌而栖隐，其祖亦因此而隐退。这一番话，似乎有为自己不能继承先祖事业的辩解之意。

"述德"之后继之以"劝励"，首列韦孟《讽谏》。《汉书·韦贤传》曰："（韦孟）为楚元王傅，傅子夷王及孙王戊，戊荒淫不遵道，孟作诗讽谏。"而在此诗的前半部分，亦即用来追"述祖德"，用以引起下文"如何我王，不思守保。不惟履冰，以继祖考"。这番用意，与前面两类诗的关系,可谓血肉相连。

《文选》中的很多四言诗乃应诏、公宴而作。文士处在这种场合,面对帝王或是皇亲贵戚等权臣,自然要用最庄严的口吻陈述。因为传统的关系,四言一体也就显得尊贵。文士以此写作,可以表现自己恭敬肃穆的心态和尊重对方的诚意。犹如近世文言、白话的运用。民国时期,白话文在日常应用中已占主导地位,但人们在向上陈述时,还是要用文言写作,因为文言继承传统,因而显得更庄重、更规范。魏晋南北朝人采用四言写作时,大约就是这种心态。与此相近,魏晋南北朝的士人相互交往时,也常采用四言写作。这在《文选》"赠答"类中很多见。尤其是在魏晋时期,更为普遍。

颜延之《庭诰》曰:"五言流靡,则刘桢、张华;四言侧密,则张衡、王粲。若夫陈思王,可谓兼之矣。"(《太平御览》卷五八六引)说明曹植在四言、五言的写作上都取得了杰出的成就。曹氏一门天才卓荦,创作成就各有所长,曹操在四言的写作中灌注进了个性,不像一般乐府诗那样仅是一种普遍情绪的陈述。曹丕在七言诗一体上有突破性的开拓,但最负盛名的曹植,则在传统的四言与新创的五言上取得了协调的发展,而这也可作为诗体的分界,其后写作五言诗的人日见其多,至刘宋后起更是五言占尽上风了。

这种情况也并非绝对,有的诗人偏爱古体而不同凡俗,如嵇康,仍然热衷于采取四言一体写作,可见文士喜爱哪一种诗体,与政治态度无关。先进分子仍然可以采取传统的方式表达。

魏晋南北朝时文论界仍推重四言诗

昭明太子萧统主编的《文选》是我国存世的第一部文学总集,曾对后世产生巨大的影响,书中体现的一些文学观念,在魏晋南北朝时的士人中也有其代表意义。

挚虞的《文章流别集》是早期的一部文学总集，里面选了哪些作品，因全书已佚，已无法考知，但附于书前的评述部分却还有残文保存在一些典籍中，后人编为《文章流别论》，内中就有涉及"诗"类的一些评语。

> 《书》云："诗言志，歌永言。"言其志谓之诗。古有采诗之官，王者以知得失。古之诗有三言、四言、五言、六言、七言、九言。古诗率以四言为体，而时有一句二句杂在四言之间。后世演之，遂以为篇。古诗之三言者，"振振鹭，鹭于飞"之属是也，汉郊庙歌多用之。五言者，"谁谓雀无角？何以穿我屋"之属是也，于俳谐倡乐多用之。六言者，"我姑酌彼金罍"之属是也，乐府亦用之。七言者，"交交黄鸟止于桑"之属是也，于俳谐倡乐多用之。古诗之九言者，"洞酌彼行潦挹彼注兹"之属是也，不入歌谣之章，故世希为之。夫诗虽以情志为本，而以成声为节。然则雅音之韵，四言为正，其馀虽备曲折之体，而非音之正也。（《艺文类聚》卷五六引）

挚虞的这番议论，洋溢着尊重传统的精神。四言出于《诗经》，《诗三百》原是合乐的，经常在宗庙或其他一些庄重的场合演出，挚虞着眼于此将它与三言至九言的不同歌诗比较，以为四言独得诗体之正。

刘勰在《文心雕龙·明诗》中也有类似的言论：

> ……故铺观列代，而情变之数可监；撮举同异，而纲领之要可明矣。若夫四言正体，则雅润为本；五言流调，则清丽居宗，华实异用，惟才所安。故平子得其雅，叔夜含其润，茂先凝其清，景阳

振其丽。兼善则子建、仲宣,偏美则太冲、公干。

纪昀评《文心雕龙》上述文字曰:"此论却局于六朝习径,未得本源。夫雅润、清丽,岂诗之极则哉。"此说不失为有得之见。刘氏以"清丽"评五言,当然是反映了六朝人的要求,但也不难看出,《文心雕龙·明诗》篇中有关四言、五言的主张与挚虞的观点可谓一脉相承。

挚虞、刘勰均以"四言为正",其特点为"雅",这是魏晋南北朝时士族中人的共识。《世说新语·文学》云:

> 谢公因子弟集聚,问《毛诗》何句最佳。遏称曰:"昔我往矣,杨柳依依;今我来思,雨雪霏霏。"公曰:"讦谟定命,远猷辰告。"谓此句偏有雅人深致。

刘孝标注谢安引用之《诗》句曰:"《大雅》诗也。毛苌《注》曰:'讦,大也。谟,谋也。辰,时也。'郑玄注曰:'猷,图也。大谋定命,谓正月始和,布政于邦国都鄙。'"于此可见,这一时期的人对于继承《诗经》传统而创作的四言诗何以均以"雅"字称许了。

但挚、刘二人之间还有一些不同。刘勰的生活年代毕竟要晚得多,因此他对后起诗体的美感特点更多关注。所谓"华实异用,惟才所安",文士就其才性所长,从事某一诗体的创作,均可达到高度成就。这里正体现了刘勰的"折衷"观点。张衡得其"雅",嵇康得其"润",二人的创作风貌当然与《诗经》不同,可知刘勰并不为传统的规范所束缚,因为学习传统的结果不可能回复到过去。但张衡、嵇康的创作自有继承《诗经》中的优良传统而得其一体的地方。颜延之在《庭诰》中说:"挚虞文论,号称优洽。"可见他对《文章流别论》中的观点也是予以肯定的。刘勰以为曹植兼具四言、五言之善,与颜延之的观点一致,可见挚虞、颜延之与刘勰之间在有关诗体的理论上有一脉相承的地方。

刘勰还说"五言流调","流"字寓流行义，这也不能算是什么贬词，但与"正"相对，则自有低一层次的意思。刘勰的这一观点在《乐府》篇中也有反映，文曰："魏之三祖，气爽才丽，宰割辞调，音靡节平，观其《北上》众引，《秋风》列篇，或述酣宴，或伤羁戍，志不出于慆荡，辞不离于哀思，虽三调之正声，实《韶》《夏》之郑曲也。"这也就是说，曹操的《苦寒行》、曹丕的《燕歌行》等乐府诗，出于汉乐府清商三调，原为周代的古乐曲，故有传统上的依据，因而从乐调来说可谓得其"正"，然而观其志，察其辞，则与"郑风"相当，故称之为"《韶》《夏》之郑曲"。刘勰宗经，要求继承传统之"正"，反对后起的一些过度的情思，褒贬之意更见明确。

但自刘宋之后，写作五言诗的人越来越多，写作四言诗的人日益见少，魏晋南北朝的文学界至是遂发生巨大变化，一些具有新变观点的人也就起而强调五言这一体裁的重要价值了。

萧子显在《南齐书·文学传论》中大力宣扬发展的观点，内云："习玩为理，事久则渎，在乎文章，弥患凡旧，若无新变，不能代雄。"因此他对诗体的评语是："五言之制，独秀众品。"

钟嵘在《诗品序》中说："夫四言，文约意广，取效《风》《骚》，便可多得，每苦文繁而意少，故世罕习焉。五言居文辞之要，是众作之有滋味者也，故云会于流俗。岂不以指事造形，穷情写物，最为详切者邪？"比之上述萧子显的理论，钟嵘从理论上作了分析，指出五言诗的优点是表现力强，更能穷情写物，因而诗"味"更浓。这一理论，对于五言新体的支持与推动，确是更为有力。

但钟嵘的上述看法，仍然有与魏晋南北朝时众多文士一致的地方。他说五言诗"会于流俗"，实际上也就是称五言为"流"调。而他认为写作四言"取效《风》《骚》，便可多得"，只是说四言诗易于从模仿中取得成功,并不是鼓动人们摆脱《风》《骚》的束缚;相反,他却是极为重视继承《风》《骚》的传统。试观《诗品》中的上品诸人,都是年代较早,直接继承《风》《骚》传统的作者。《古诗》曰"其体原出于《国风》",李陵曰"其源出于《楚辞》",班姬曰"其源出于李陵",曹植曰"其源出于《国风》",刘桢曰"其源出于《古诗》",王粲曰"其源出于李陵",阮籍曰"其源出于《小雅》",陆机曰"其源出于陈思",潘岳曰"其源出于仲宣",张协曰"其源出于王粲",左思曰"其源出于公干",谢灵运曰"其源出于陈思",可见上品中人或有源出同品之中的上代某一人者,但均源出于《诗》《骚》则无可疑。中、下品中的绝大多数人物则又出于前代的某一高品中人,其受《风》《骚》传统的浸润也是都有脉络可寻的。可见钟嵘对传统的作用何等重视。他以为后人在写作时不要在形式上摹拟《诗经》,但《诗经》的精神还是应该继承而不可须臾忽略的。

《诗品序》中曾说:"挚虞《文志》,详而博赡,颇曰知言。"钟嵘对陆机、李充、王微、颜延之等人的文论均有不满,唯独对挚虞的理论评价甚高,这里不排除他对挚氏尊重文学传统的观点有其共鸣之处。他说五言"会于流俗",当据挚虞所谓五言"于俳谐倡乐多用之"之说而立论。

唐代文学界受到《文选》的巨大影响

《文选》对后代文学产生了巨大的影响。特别是在唐代,不论是对文士的创作,还是对文士通过考试而求得晋身,都有直接的作用,以致唐宋两代产生了"《文选》烂,秀才半"的谣谚。

按宋人著录这一谣谚的著作很多,如《苕溪渔隐丛话》后集卷二引《雪浪斋日记》,陆游《老学庵笔记》卷八,王应麟《困学记闻》卷十七,后者记江南进士试《天鸡弄和风》诗,以《尔雅》所载天鸡有二,故问之主司,此事又见郑文宝《南唐近事》,云是后主壬申时事。按"秀才"一词为唐代对士人的习惯性称呼,《雪浪斋日记》云此一谣谚乃"昔人有言",可知"《文选》烂,秀才半"之说唐宋二代均有之。

前人早已指出,唐人诗文中套用《文选》之处甚多,即以一些著名文士而言,杜甫、韩愈无不如此。

一般认为,韩愈是古文大家,那他又怎会去关注大量著录魏晋南北朝时骈文的《文选》一书呢?李详《愧生丛录》卷一曰:"宋樊汝霖言,韩公《秋怀诗》十一首,《文选》体也。唐人最重《文选》学,公以六经之文为诸儒倡,《文选》弗论也,独于《李邠墓志》曰:'能暗记《论语》《尚书》《毛诗》《左氏》《文选》。'而公诗如'自许连城价','傍砌看红药','眼穿常讶双鱼断',皆取诸《文选》。故此诗往往有其体。按:退之最精《选》理,樊氏仅举其凡,未备。余有《韩诗证选》一书,别见。"今按:《韩诗证选》一卷已编入《李审言文集》。①

杜甫与《文选》的渊源,他本人多次提到,论之者也多,这里不再详论。李详有《杜诗证选》一卷,材料确凿,论证严密,更不容置疑。后人又将其《韩诗证选》《杜诗证选》等书编为《文选学著述五种》。

李白与《文选》的关系,情况要复杂些,可以作一些讨论。

《朱子语录》卷一四〇曰:

> 太白始终学《选》诗,所以好。杜子美诗,好者亦多是效《选》诗。

李白暗袭《文选》中人的字句,已有人作过一些研究②,今人还可仿李

---

① 《李审言文集》,江苏古籍出版社1989年版。
② 詹锳《李白全集校注汇释集评·前言》曰:"李白写诗并不是像一般人说的'天马行空',实是'无一句无来处'。这些出处多半在《文选》里可以找到。"该书"校注"部分疏证出处时征引甚多。此书由百花文艺出版社1996年出版。

详《证杜》《证韩》之作，续撰《文选证李》一书。但李白诗论中有一些不易理解的地方，似乎还应加以澄清。

孟棨《本事诗·高逸》中记李白事迹颇详，又叙之曰：

> 尝言兴寄深微，五言不如四言，七言又其靡也。况使束于声律俳优哉！

这话引起了很多争论，很多人认为不足信。他们从三种不同的角度加以否定：一是以为李白集中少见四言之作；他既推重四言，又为什么自己不去创作呢？二是以为此说或系李白的夸诞之词。李白自言喜"大言"，这种"奇谈怪论"应当也是一种大言的表现。三是以为孟棨此说纯属小说家言，当系编造。

总的看来，否定此说的理由还不是很充分，孟棨的记载应当有其可信之处。

根据目下一些专家的研究，孟棨《本事诗》中的很多篇章实为集纳前人著述而成，成分很复杂。有的径自前人作品中摘出；有的经过改写，因为偏重故事情节，有些地方或出于编造，但孟棨自编的故事则是很少的。即如上述李白故事中，前后几段文字，如贺知章称李白为谪仙人，玄宗召李白醉中草《宫中行乐词》十首等，所记事实或与他书有所出入，但均有其根据。李白戏杜甫一诗，尚见《酉阳杂俎》前集卷十二与《唐摭言》卷十二，《旧唐书·文苑传》中也已著录，可见这在唐代已经流传很广，那么"五言不如四言"等说应该也是采录前人的某一记载，不大可能出于孟棨编造。

再从内容来看，这种说法有没有可能出于李白之口？考察起来，应该认为有其可能，因为这与李白的身世与思想情况相合。

大家知道，李白的九世祖李暠在东晋时期于河西建立西凉王朝，而河西之地，保存着其时中原地区的传统文化。自汉末起，中国经历了长达几百年的战乱，三国统一于晋不久，又发生了八王之乱，继之以五胡乱华，中原地区的一些学者，纷纷前往相对稳定的河西地区避难，从而保存了中原文化一脉。李暠为陇西李氏中的一支，对于汉族文化自极关注。虽然西凉立国为时甚短，但其子孙一直活动于北方地区。李白之父携其五岁之子迁居西蜀时，即命李白学习司马相如的《子虚赋》，可见李家对汉魏六朝文学之重视，而这又可与李白浸润于《选》学之说相印证。那么他受魏晋南北朝时一些重视传统的文论的影响，从而提出"五言不如四言"之说，也就可以理解了。

李白的诗中，七言句很多，而他又有"七言又其靡也"的否定之词，这种说法可信与否？

魏晋南北朝时一些重视传统的文士在论述诗体时，重四言，抑五言，也就顺理成章地进而贬抑七言这一新体了。前面已经提到，《文章流别论》中有云："七言者，'交交黄鸟止于桑'之属是也，于俳谐倡乐多用之。"前此傅玄在《拟四愁诗序》中说："昔张平子作《四愁诗》，体小而俗，七言类也。"陆机在《鞠歌行序》中也说："三言、七言，虽奇宝名器，不遇知己，终不见重。"可见七言这种文坛新物，先唐时期的文人每不予重视，而多贬抑之词。这也是一种传统的偏见。李白的思想受前时的影响很深，论诗时每据传统立论，《本事诗》中还介绍说："其论诗云：梁陈以来，艳薄斯极，沈休文又尚以声律，将复古道，非我而谁欤！"①所谓"将复古道"，也就是要求继承传统，回归过去。从他的创作来说，首列古诗与乐府，正是《文选》中所反映的汉魏诗歌的优秀传统。如此

---

① 胡小石先生在《李杜诗之比较》中说："我们尝谓太白仙才横逸，不可羁縻。那正是一位复古派的健将。"其后更有许多论证。文载《胡小石论文集》，上海古籍出版社 1982 年版。

看来,《本事诗》中的记载反映了李白思想的真实情况。

李白喜"大言",而将他的看法再行强调,提出"五言不如四言,七言又其靡也"之说,从而与他创作上所采用的体裁相左。对此后人也不必惊异。理论上是一套,实践又是一套,不论征之古人或是征之今人,都是常见现象,不足为怪。何况细析这种说法的时代背景,结合李白的经历与特有作风进行深入的考察,还是可以求得圆满解释的。

（原载《文选与文选学》,学苑出版社 2003 年 5 月出版）

李白"三拟《文选》"说阐微

唐代文学的繁荣,展示了中国古代文学史上的光辉一幕。考其致盛之由,则与魏晋南北朝文学的先导作用有关。唐代文士都是在学习魏晋南北朝文学的基础上求得发展的。作为先唐文学渊薮的《文选》,更是大家学习前代优秀作品的主要读物。学术界于此已经进行过很多论证,今仅就李白与《文选》的学术因缘作些阐述,希望能给读者提供一个具体的例证,借以窥其全豹。

一、李白与汉魏六朝文学的摹拟之风

段成式《酉阳杂俎》前集卷十二《语资》曰:"[李]白前后三拟词选,不如意,悉焚之。唯留《恨》《别赋》。"今李白《拟恨赋》尚存,王琦《李太白文集辑注》曰:"古《恨赋》,齐梁间江淹所作,为古人志愿未遂抱恨而死者致慨。……今《别赋》已亡,唯存《恨赋》矣。"

读者可能会产生疑问:李白天才盖世,目空千古。他的作品最富创新精神,难道这位天才少年真的曾把巨大精力放在摹拟上么?

祝穆《方舆胜览》卷五三记"磨针溪"曰:

> 在〔眉州〕象耳山下。世传李太白读书山中,未成,弃去。过是溪,逢老媪方磨铁杵,问之,曰:"欲作针。"李白感其意,还卒业。媪自言武姓,今溪旁有武氏岩。

这是一种民间传说,意思是说李白之所以学业有成,有赖于他下过铁杵磨成针的功夫。这是很有教育意义的一种传说,其精神颇合乎实际。李白的赋作,以及乐府、古诗等众多作品,都曾广泛地向前人学习,留下很多摹拟的痕迹。

如与盛唐时期的其他诗人相比,李白的这一个人特点尤为突出。

李白同辈的诗人,如孟浩然、王昌龄、王维、高适等人,各有各的笔法,各有各的风格。他们当然也有一番学习前人的经历,但从他们的作品来看,留下明显的摹拟痕迹者不多。不像李白的集子中,就从开端的赋、乐府、古风三部分来看,就可以发现不少摹拟之作。

李白的这一特殊情况,当与李白成长的特殊环境有关。

李白为西凉李暠之后。陇西李氏本为世代相传的世家大族,李暠所建之国又处在异族包围圈中,因而他曾努力保护并致力于传承中原文化,从李白之父的教育方针来看,家族中一直保留着中原文化的传统。李白一直怀有晋代情结,关注五胡十六国的历史往事,这些地方无不反映出他家族中的这一特殊心态。而他三拟《文选》,正反映了他对汉魏六朝文学传统的重视。因为《文选》中所包容的,正是这一时期文学的精华。

李白在培植诗文的创作能力的过程中,用现在的话来说,他在苦练基本功时,首先在临摹前人作品上下了很大的功夫。这也是前人普遍遵行的法则,特别是在汉魏六朝阶段,这一做法尤其受到人们的重视。李白三拟《文选》,正是继承魏晋南北朝文学传统的具体体现。

大家知道,前人学书时,首先要有一段临帖的功夫;学画时,首先要有一段临摹画谱的工夫。魏晋南北朝时已然,学书时先学习前代书家的笔法,学画时首先学习前代画家的用笔、布局与粉彩。下面仅对魏晋南北朝人临摹前人诗作的风气作一番分析。

魏晋南北朝时,五言诗的写作取得了很大的成就,一些名家开始形成个人的独特风格,因而出现了陶彭泽体、谢灵运体、鲍明远体等名称,这些个性鲜明的诗人在摹拟上也下了很大的功夫。这种似乎矛盾的现象,正可说明继承和发展的辩证关系。因为后起诗人所仿效的那些前辈,他们所形成的独特风格里面就有很多可取的成功经验;后人向之学习,可以较快地把握住一些行之有效的创作经验,从而掌握写作规律,避免暗中摸索而误入歧途。他们在学习阶段即可在短时期内取得较好的成绩。如果他是一位杰出的诗人,能在继承前人的基础上有所前进,结合个人的特点,随着时代的发展,获取重要的题材,那么就有可能取得成功。因此,魏晋南北朝时弥漫于文坛的摹拟之风,解决了五言诗的继承和发展问题。经过历史的冲刷,一些只会摹拟的平庸诗人遭到了淘汰,一些在继承前人的基础上又有新的发展的诗人取得了成功。历史表明,这些诗人往往也就是最有创新精神的人。

李白走的就是这样一条道路。他在未出蜀前,曾把很多精力放在摹拟上,出蜀之后,眼界大开,认识了很多奇能异材之士,感受到了时代的脉搏,增加了阅历,随之逐渐形成了个人的独特风格。加之他天分过人,文化背景有异,他的独创性也就得到了充分的发挥。

由此可见,摹拟与创新之间存在着对立统一的辩证关系。李白年轻时在摹拟前人上下了很大的功夫,但他只是作为学习的一种锻炼,并不以此自囿,为此他还发表过很多反对摹仿的意见,《古风》其三十五曰:"丑女来效颦,还家惊四邻。寿陵失本步,笑杀邯郸人。"可知那些东施效颦、邯郸学步者,只能留作他人笑柄,不可能取得什么成就。李白在摹拟与创新之间取得了协调发展,完美地解决了继承和发展的问题。

下面对李白的几种诗体分别论述,一一阐发他在继承与发展的问题上所取得的成就。

二、李白与赋

江淹《恨赋》，今见《文选》卷十六，持与李白《拟恨赋》对照，不难发现二者极为相似。江《赋》以"试望平原，蔓草萦骨，拱木敛魂。人生到此，天道宁论。于是仆本恨人，心惊不已。直念古者，伏恨而死"开端，李白则以"晨登泰山，一望蒿里，松楸骨寒，草宿坟毁。浮生可嗟，大运同此。于是仆本壮夫，慷慨不歇，仰思前贤，饮恨而没"开端：不论从结构来看，还是从情调来看，完全一致。只是李白加入了他所喜欢的乐府中语，并用"大运"一词代替江淹所用的"天道"，道家色彩更为鲜明。

第二段中，江《赋》写秦帝魂断，李《赋》则写汉祖晏驾；第三段中，江《赋》写赵王幽因，李《赋》则写霸王自刎；第四段中，江《赋》写李陵降北之心态，李《赋》则写荆轲奇谋不成之愤慨；第五段中，江《赋》写明妃远嫁，李《赋》则写陈后失宠；第六段中，江《赋》写敬通见诋，李《赋》则写屈原放逐；第七段中，江《赋》写嵇康下狱，李《赋》则写李斯受戮，第八、九段，不再陈述某一人物的恨事，而是畅叙富贵不再、繁华烟灭的惨痛。江《赋》末云："自古皆有死，莫不饮恨而吞声。"李《赋》则云："与天道兮共尽，莫不委骨而同归。"二者的用笔与抒发的感慨，完全一致。

李白此赋摹拟的痕迹十分明显，故历代注家无不明示其刻意模仿之脉络。萧士赟注曰："江淹尝叹古人遭时否塞，志不伸而作《恨赋》。李白此作，终篇拟之云。"王琦注曰："太白此篇，段落句法，盖全拟之，无少差异。"由此可见李白少时浸润于六朝文学之深。

李白还写了许多抒情小赋，如《惜馀春赋》《愁阳春赋》《悲清秋赋》等。从题目看，均为伤春悲秋之作；从句法看，则受楚辞的影响为大，造句亦相仿佛，中如"愁帝子于湘南"，乃承《九歌·湘夫人》而来；"若有人兮情相亲"，"若有一人兮湘水滨"，乃承《九歌·山鬼》而来；"归去来兮，人间不可以托此"，乃承《楚辞·招魂》而来。……这类出于《楚辞》的抒情小赋，六朝时期数量甚多，如拿李白这些小赋与《六朝文絜》等书中所收的六朝小赋相比照，当可发现风格上有很多一致之处。

《悲清秋赋》中有句云："登九疑兮望清川，见三湘之潺湲。……余以鸟道计于故乡兮，不知去荆吴之几千。"核之时地，当是乾元二年流放归来赴零陵时作。其时故人刑部侍郎李晔、中书舍人贾至亦遭严谴，远贬巴陵，三人于楚地相聚，同游洞庭，曾留下唱酬的诗歌多篇。内有贾至《洞庭送李十二赴零陵》诗，说明李白后又曾赴零陵一游。他感时伤怀，而有《悲清秋赋》之作。身临楚地，也就感到秋色凄清，从而有"荷花落兮江色秋，风嫋嫋兮夜悠悠"之句，有如《九歌·湘夫人》中的"嫋嫋兮秋风，洞庭波兮木叶下"中的情调，以骚体抒发哀思了。

《愁阳春赋》中有句云："若乃陇水秦声，江猿巴吟，明妃玉塞，楚客枫林。试登高而望远，痛切骨而伤心。"宛如江淹《恨赋》《别赋》中的一段。元祝尧《古赋辨体》卷七评《惜馀春赋》曰："太白诸短赋，雕脂镂冰，只是江文通《别赋》等篇步骤。"又祝氏同卷评《愁阳春赋》曰："赋也。上句先用连绵字以起下句之意，正是学《九辨》第一首语意。及至'若乃'以下，则又只是梁陈体。"可知李白的抒情小赋，源于楚辞与齐梁赋家。说明他对前代各个阶段的代表文体，都曾下过一番摹拟的功夫。

这类作品，绝大部分应当是他早期所作，大约也是在"三拟《文选》"的同一阶段产生的。因为其中只是运用了一些现成而常用的词汇和典故，抒发的是伤春悲秋的永恒主题，其中没有什么特定时段或特定场景的描写，可以想到这类作品应当是在书斋中的产物。有的李白研究者据"想游女于岘北，愁帝子于湘南"等句推测《惜馀春赋》应为江南送人之际怀念安陆许氏而作，但汉皋解佩，帝之二女没于湘水之渚，乃是古代作品中习用之典，从何看出这里有实指的意思？上二句之下又有"披卫情于淇水,结楚梦于阳云"之句,是不是也可根据"卫""楚"二地而推断此赋的写作地点?

上述事实说明,《酉阳杂俎》上记载的李白三拟《文选》之说是可信的。由此可知李白受汉魏六朝文学的影响很深,他首先走临摹的路子,后来再发展出个人的风格。而他身为蜀人,学习赋作时,尤为重视对前辈名家大赋的摹拟。

李白《秋于敬亭送从侄耑游庐山序》曰:"余小时,大人令诵《子虚赋》,私心慕之。"可知他从年幼时起,即深受司马相如的影响。这也是很自然的。自从司马相如崛起于蜀地,后起的文士无不深受其影响。

蜀地向称四塞之国,交通不便,古时因条件所限,尤见闭塞。只是从汉文帝时文翁兴文教起,才有一批批的文士出现。其中司马相如是杰出的一员。他以辞赋受知于汉武帝,但努力保持个人的独立人格,以区别于俳优般的赋家,如枚皋之流,而他又有政治能力,奉使安抚西南夷,衣锦还乡,更招引了这一地区后继者的仰慕。因此,后代蜀地常有赋家出现。

扬雄继司马相如而起,以献赋得官,且享盛誉,这位乡先辈的业绩,也博得了李白的歆羡。《东武吟》中云:"因学扬子云,献赋甘泉宫。天书美片言,清芬播无穷。"《答杜秀才五松山见赠》诗曰:"昔献《长扬赋》,天开云雨欢。当时待诏承明里,皆道扬雄才可观。"可见他对扬雄赋作方面的成就也极关注。

扬、马均以写作骈词大赋著称。论者以为二人的大赋沉博宏丽,可以视为汉赋的典范。《文选》之中,就收入了司马相如、扬雄的不少赋篇。李白出蜀不久逗留扬州时作《淮南卧病书怀寄蜀中赵征君蕤》诗,内云:"朝忆相如台,夜梦子云宅。"说明他对扬、马甚为恋慕与向往。

《文选》之中,京都、郊祀、畋猎、宫殿等赋,列于全书的前端,表示这些大赋描写的对象极为重要。《文心雕龙·诠赋》篇曰:"夫京殿苑猎,述行序志,并体国经野,义尚光大。"李白现存的大赋有《明堂赋》《大猎赋》和《大鹏赋》三篇,正是刘勰所称"义尚光大"的一些鸿篇巨制。

《大猎赋序》开头就说:"白以为赋者,古诗之流也。辞欲壮丽,义归博远。不然,何以光赞盛美,感天动神?"可知《大猎赋》等作品也是继承《文选》中的骈辞大赋而作。"大猎"之作继承的当然是司马相如《子虚赋》、扬雄《长扬赋》的传统,但李白随后却说:"而相如、子云竞夸辞赋,历代以为文雄,莫敢诋讦,臣谓语其略,窃或褊其用心。《子虚》所言,楚国不过千里,梦泽居其大半,而齐徒吞若八九,三农及禽兽无息肩之地,非诸侯禁淫述职之义也。"这就显出李白的本来面目来了。

前已说到,李白受蜀中前贤司马相如、扬雄的影响很大,他意欲献赋朝廷,也是想汲取二人的成功经验。但他心志高傲,决不甘心居人之后。上述贬抑《子虚赋》的一些说词,或许只是为邀皇上的眷顾而作的翻案文章,但也是他真实心态的暴露。他天性狂放,一直有超越扬、马二人创作成就的雄心与抱负。《赠张相镐二首》其二曰:"十五观奇书,作赋凌相如。"这层意思在《大猎赋》中实现了。

《大猎赋》中的笔法,和《子虚赋》中的写法一样,也是一层一层推进,后起者推倒前人,再后起者又一次推倒前人,口气越来越大,描写越来越夸张。《大猎赋》中说:"《上林》云:左苍梧,右西极。考其实地,周袤才经数百。《长扬》夸胡,设网为周陆,放麋鹿其中,以搏攫充乐。《羽猎》于灵台之囿,围经百里而开殿门。当时以为穷壮极丽,迨今观之,何龌龊之甚也。"随后他就大事铺张,把"皇唐"狩猎的声势尽情渲染了一番。然而不管李白作赋如何翻腾有致,基本格局未变,仍是一副汉赋的描写手段。祝尧《古赋辨体》卷七曰："赋也,与《子虚》《上林》《羽猎》等赋,首尾布叙,用事遣辞,多相出入。"

李白的大赋虽然是模仿前人而作,但决不能是前人作品的复制,它必然会带有作者个人的特点,也必然会透露出时代的特点。李白的大赋,已是唐人体格,这在古代以汉赋赋体为正宗的评论者眼中,已是水平低了一层。祝尧在同一著作中评《明堂赋》曰:"赋也。实从司马、扬、班诸人之赋来。气豪辞艳,疑若过之,若论体格,则不及远甚。盖汉赋体未甚俳,而此篇与后篇《大猎》等赋则悦于时而俳甚矣。晦翁云:'白有逸才,尤长于诗,而其赋乃不及魏晋。'斯言信矣。"

李白的《明堂赋》,倒像是继汉代而起的一篇宫殿赋。其描写的手法,也是前有什么,背靠什么,远则什么,近则什么,"其左右也",则又有什么……下面再用"其闉阈也""其深沉奥密也"来铺陈;中多四方异物,明堂掌故。这些铺陈手段与汉赋颇多相近之处。

但祝尧称之为"俳",朱熹称之为"不及魏晋",也就是说李白的大赋之中掺杂进了很多齐梁人的手法。因为《明堂赋》《大猎赋》中存在着大量的骈句,因而文辞绵密,比之汉赋更见美艳;但因作者刻意安排,因而缺乏汉代大赋的浑朴之气。下面摘引李赋中的两段文字,以见一斑。

> 势拔五岳,形张四维。轧地轴以盘根,摩天倪而创规。楼台崛岉以奔附,城阙嵾岑而蔽亏。珍树翠草,含华扬蕤。目瑶井之荧荧,拖玉绳之离离。摵华盖以恍漭,仰太微之参差。

> 总八校,搜四隅,驰专诸,走都卢。赿乔林,撇绝壁。抄猰㺄,揽貊貆。囚魖魊于峻崖,顿穀玃于穷石。养由发箭,奇肱飞车,巧鲇更羸,妙兼蒲且。坠鹪䴗于青云,落鸿雁于紫虚。捎鸧鹅,漂鹔鹴。弹地庐与神居。斩飞鹏于日域,摧大风于天墟。龙伯钓其灵

鳌，任公获其巨鱼，穷造化之谲诡，何神怪之有馀。

《西京杂记》卷二曰："司马相如为《上林》《子虚》赋，意思萧散，不复与外事相关，控引天地，错综古今，忽然如睡，焕然而兴，几百日而后成。其友人盛览，字长通，牂牁名士，尝问以作赋。相如曰：'合纂组以成文，列锦绣而为质，一经一纬，一宫一商，此赋之迹也。赋家之心，苞括宇宙，总览人物，斯乃得之于内，不可得而传。'览乃作《合组歌》《列锦赋》而退，终身不复敢言作赋之心矣。"《西京杂记》旧称刘歆之作，根据近人考证，当为晋人葛洪所编。上引司马相如的赋论，并非本人原话，实为魏晋人的赋学观。① 所谓"合纂组以成文，列锦绣而为质，一经一纬，一宫一商"云云，在早期的汉赋中尚未呈现。西汉时期的宫殿苑猎赋，尽管气势恢宏，但在修辞上尚无刻意编排的痕迹，因而呈现的是浑朴气象，李白此赋，则是在魏晋时人赋论的基础上更加夸张，词彩上人工安排的成分更显，从而后人有"不及魏晋"的评论。

《西京杂记》上说赋家之心"苞括宇宙，总览人物"，用来描写李白的创作心态，倒是很贴切的。李白所以有如此大的气魄，当与其特殊的身世有关。从他童年时起，即曾身历大漠河山，又加上蜀地弥漫的原始信仰，自身宛如凌驾空中，俯视大地上的一切，才能写出气势不凡的骈辞大赋。

李白的这两篇大赋，作于何时，虽有研究者联系历史上唐代帝王兴建明堂与畋猎的记载，断其作年，然因缺乏内证，始终得不出一种大家都能接受的结论。按大赋的创作，需要积累资料，精心组织，因此一

---

① 参看拙撰《〈西京杂记〉中的司马相如赋论质疑》，载《周勋初文集》第三册《文史知新》，江苏古籍出版社 2000 年版。此文原名《司马相如赋论质疑》，发表于《文史哲》1990 年第 4 期。

篇大赋的完成,非有数年的时间不可。张衡作《两京赋》,左思作《三都赋》,都花了十年的时间。① 李白写作这两篇赋,也不可能用时过短。假如他见到明堂的建筑之后再撰文,或是听到皇帝出猎的讯息之后再动笔,则皇皇二赋在他乡做客时于短期内完成,看来不太可能。尽管李白天分过人,下笔神速,但二赋用典之多,结构之密,即使敏慧过人者也得翻检书本,精心组织,不可能全凭记忆就能组织成文。赋史中还未见到创作宫殿、畋猎大赋而倚马可待的先例。须知张衡、左思等人也是才智过人的人物,这些历史上的先例应予重视。

如果考虑上述因素,那么似可判定,李白的《明堂赋》《大猎赋》也是在蜀中时期的摹拟之作。二赋中都自称"臣白",也只是追慕司马相如、扬雄献赋成功的先例,而有这一称呼。李白写作与乡贤同类的赋作,准备机会到来时献给当今皇上,因而亦步亦趋,也以文学侍从之臣自居了。

《明堂赋》在结束正文时曰:

> 岂比夫秦、赵、吴、楚,争高竞奢。结阿房与丛台,建姑苏及章华。非享祀与严配,徒掩月而凌霞。由此观之,不足称也。况瑶台之巨丽,复安可以语哉!

这种结束语,与汉大赋的用语相似,这种地方也显出模拟的痕迹。

钱锺书论左思《蜀都赋》曰:"'擢修干,竦长条,扇飞云,拂轻霄,

---

① 《后汉书·张衡传》曰:"时天下承平日久,自王侯以下,莫不逾侈。衡乃拟班固《两都》作《二京赋》,因以讽谏。精思傅会,十年乃成。"《晋书·左思传》曰:"造《齐都赋》,一年乃成。复欲赋三都,会妹芬入宫,移家京师,乃诣著作郎张载访岷邛之事。遂构思十年,门庭藩溷皆著纸笔,遇得一句,即便疏之。自以所见不博,求为秘书郎。"

羲和假道于峻岐，阳乌回翼于高标。'刘逵注：'言山木之高也。'按李白《蜀道难》有'六龙回日之高标'，固取于此，而其《明堂赋》：'掩日道，遏风路，阳乌转影而翻飞，大鹏横霄而侧度。'亦正用左形容山木者增饰而挪移之于宫阙。"①可知李白在作赋的手法上曾广泛地向前人学习。

但李白的这些赋毕竟也有他个人的特点。其中一些写作手法与汉赋的发展方向不合。例如赋中形容建筑物的高度，采用极端夸张的手法，与实际情况距离颇远。赋史表明，随着人们学识的提高以及地理、建筑等自然科学的普及，一些过度的描写也就不再受人重视。大家希望用实证的态度去对待描写对象。左思《三都赋序》曰："班固曰：'赋者，古诗之流也。'先王采焉，以观土风。见'绿竹猗猗'，则知卫地淇澳之产；见'在其版屋'，则知秦野西戎之宅，故能居然而辨八方。然相如赋《上林》，而引卢桔夏熟；扬雄赋《甘泉》，而陈玉树青葱。班固赋《西都》，而叹以出比目；张衡赋《西京》，而述以游海若。于辞则易为藻饰，于义则虚而无征。且夫玉卮无当，虽宝非用；侈言无验，虽丽非经。而论者莫不诋讦其研精，作者大氐举为宪章，积习生常，有自来矣。"然而李白写作骈辞大赋时，以为司马相如等人夸张得还不够，因而更发挥了他天才的想象力与"大言"的本能，这就说明李白的大赋是对汉代大赋的发展，而与魏晋之后赋家的发展道路不同。按照现在的看法，他不走魏晋之后的写实道路，②仍将辞赋视作一种文学作品，从而将辞赋的特点推向了极致。祝尧等人以汉赋为准而贬抑李白的大赋，属于不重发展的保守观点，故无足取。

---

① 见钱锺书《管锥编》第三册第1153页，第124条《全晋文》卷七四，中华书局1979年版。

② 参看拙作《左思〈三都赋〉成功经验之研讨》，载《周勋初文集》第三册《文史知新》，江苏古籍出版社2000年版。

三、李白与乐府诗

在唐代诗人中,李白写作的乐府诗最多。据宋郭茂倩《乐府诗集》所录,初盛唐诗人写作的乐府诗,除郊庙歌辞和燕射歌辞外,计有四百五十首左右,其中李白作有一百四十九首,约占总数的三分之一。又在李白的乐府诗中,汉魏六朝古题占到百分之八十以上,而在其馀的百分之二十中,有十一首近代曲辞,为供奉后庭所作;其他十七首新乐府辞,其格调也多近于古乐府,有的则与清商乐府中的小曲相近,由此可见李白与乐府的渊源之深。

权德舆《左谏议大夫韦公(渠牟)诗集序》曰:"初,君年十一,尝赋《铜雀台》绝句,左拾遗李白见而大骇,因授以古乐府之学,且以瑰琦轶拔为己任。"此事并见《新唐书·韦渠牟传》与《唐诗纪事》卷四八《韦渠牟》。权德舆还曾为韦渠牟作墓志,云韦氏卒于贞元十七年(801),寿五十三岁。由此上推,韦渠牟十一岁时当乾元二年(759),李白正由夜郎遇赦东下,路经江夏之时。按韦渠牟为韦景骏之孙,韦冰之子,而李白与韦冰为旧交。其时韦冰正在江夏逗留,李白乃作《江夏赠韦南陵冰》《寄韦南陵冰余江上乘兴访之遇寻颜尚书笑有此赠》二诗赠之。前诗中云:"胡骄马惊沙尘起,胡雏饮马天津水。君为张掖近酒泉,我窜三巴九千里。"可知安史乱起之时,韦冰正在河西张掖任职,而当李白遇赦归来时,却于江夏遇到了他。韦冰还曾在南陵县任过县令,李白常在宣城一带活动,或许此时即已相识。这时看到老友之子甚为聪慧,欣喜之馀,也就把自己在写作乐府时积累的创作经验相授了。

个人的经验固然可以从创作中积累而得,但要指点他人创作,则必须授以法则,而这往往通过摹拟而掌握。犹如古人学书学画一样,通过临帖临画而掌握其用笔,文学创作也一样,古人往往通过摹拟而掌握此中技巧。

如上所言,李白曾三拟《文选》,《文选》中的"诗"体中收有"乐府"一类,内收古乐府与汉魏六朝乐府共四十首,李白屡次言及班婕妤、曹操、鲍照、谢朓等人的乐府,这当然与他热衷于学习《文选》有关,但与李白的乐府创作有关者,则绝不仅限于《文选》中所录的这些作品。他的注意力,遍及汉魏六朝时的许多乐府名篇。

我们如将李白的一些乐府诗与相关的古乐府词作比较,可以明显地看出前者乃模仿后者而成,例如左延年《秦女休行》曰:

> 始出上西门,遥望秦氏庐。秦氏有好女,自名为女休。休年十四五,为宗行报雠。左执白杨刃,右据宛鲁矛。雠家便东南,仆僵秦女休。女休西上山,上山四五里。关吏呵问女休,女休前置辞:"平生为燕王妇,于今为诏狱囚。平生衣参差,当今无领襦。明知杀人当死,兄言快快,弟言无道忧。女休坚辞为宗报雠,死不疑。"杀人都市中,徼我都巷西。丞卿罗东向坐,女休凄凄曳梏前,两徒夹我,持刀刀五尺馀。刀未下,朣胧击鼓赦书下。

李白《秦女休行》则曰:

> 西门秦氏女,秀色如琼花。手挥白杨刀,清昼杀雠家。罗袖洒赤血,英声凌紫霞。直上西山去,关吏相邀遮。婿为燕国王,身被诏狱加。犯刑若履虎,不畏落爪牙。素颈未及断,摧眉伏泥沙。金鸡忽放赦,大辟得宽赊。何惭聂政姊,万古共惊嗟。

古今学者对此诗曾作过很多分析,认为李白之作更见精炼,文采也更为彰显。左延年其人，生平不详，大约总是一位民间的歌手，因此他所写作的文词，用笔古朴，犹如说故事者的直白。中云"平生为燕王妇，于今为诏狱囚"，通过强烈的反差增强故事的跌宕，尽管不太符合常理，却因故事性强，生动有趣，成了民间文学中的常用手法。李白在拟作中增加了"聂政姊"等个人喜爱的战国游侠故事，却也保留了"婿为燕国王，身被诏狱加"的生动情节。显然，李白此诗乃摹拟左氏之作。明胡震亨《李诗通》卷一评此诗曰："白拟乐府，有不与本辞为异，正复难及者，此类是也。"

魏晋南北朝时的诗人大量写作乐府诗。如把李白的诗与前人的拟作相比较，可见李白之作每直承汉代古乐府而来。例如《乐府诗集》卷二八《相和歌辞》三中录古辞《陌上桑》一诗，郭氏题解曰："一曰《艳歌罗敷行》。《古今乐录》曰：'《陌上桑》歌瑟调。古辞《艳歌罗敷行》《日出东南隅篇》。'崔豹《古今注》曰：'《陌上桑》者，出秦氏女子。秦氏，邯郸人，有女名罗敷，为邑人千乘王仁妻。王仁后为赵王家令。罗敷出采桑于陌上，赵王登台见而悦之，因置酒欲夺焉。罗敷巧弹筝，乃作《陌上桑》之歌以自明，赵王乃止。'《乐府解题》曰：'古辞言罗敷采桑，为使君所邀，盛夸其夫为侍中郎以拒之。'与前说不同。若陆机'扶桑升朝晖'，但歌美人好合，与古词始同而末异。又有《采桑》，亦出于此。"按陆机拟作尚见《文选》卷二八《乐府》，题作《日出东南隅行》，又云"或曰《罗敷艳歌》"。《玉台新咏》卷三录此，即作《艳歌行》，可知陆之拟作即以"美人好合"为主题。不论从故事的本身或使用的文词来说，都以追求"艳"为目的。而他人之作，如魏武帝曹操则用以咏游仙，魏文帝曹丕则用以咏军旅，均与古乐府诗之主旨大异。李白拟作，则恪遵古乐府之主旨，而与曹操父子、陆机等人之乐府不同，词曰：

美女渭桥东，春还事蚕作。五马如飞龙，青丝结金络。不知谁家子，调笑来相谑。妾本秦罗敷，玉颜艳名都。绿条映素手，采桑向城隅。使君且不顾，况复论秋胡。寒螀爱碧草，鸣凤栖青梧。托心自有处，但怪傍人愚。徒令白日暮，高驾空踟蹰。

如将众作加以比较，可知由于时代变迁的缘故，李白的拟作带有唐人的特点，古朴之风不存，然而故事情节的开展，却是亦步亦趋。人物的出场，使君的挑逗，罗敷的婉拒，故事的结尾，二诗几乎完全一致。于此亦可征知李白之于乐府确是下过一番摹拟的功夫。

总的看来，前人写作乐府诗时虽有规仿古辞的风气，但自汉末起，即已开始摆脱古辞题意而另铸新辞。李白不然，他在众多的乐府诗中，留下很多恪守规矩的拟作。还有一些乐府诗，如《临江王节士歌》《于阗采花》等，古词不存，李白拟作紧紧扣住题意，也当是摹拟的作品。

由于李白乐府或其诗歌出于乐府古词的痕迹至为明显，每个时代都有人列出李诗的一些篇章字句，论述其从摹拟到创新的变化过程。兹介绍几种有代表性的意见如下：

宋范晞文《对床夜语》卷三曰：

> 李太白《北上行》，即古之《苦寒行》也。《苦寒行》首句云"北上太行山，艰哉何巍巍"，因以名之也。太白词有云："磴道盘且峻，巉岩凌穹苍。马足蹶侧石，车轮摧高冈。"又"杀气毒剑戟，岩风裂衣裳"，此正古词"羊肠坂诘屈，车轮为之摧。树木何萧瑟，北风声正悲"。太白又有"奔鲸夹黄河，凿齿屯洛阳。猛虎又掉尾，磨牙皓秋霜"，亦古词"熊罴对我蹲，虎豹夹路蹄"。又"汲水涧谷阻，采薪陇坂长。草木不可餐，饥饮零露浆"，是亦古词"行行日已

远,人马同时饥。担囊行取薪,斧冰持作糜",特词语小异耳。

明杨慎《升庵诗话》卷七"太白用古乐府"曰:

古乐府:"暂出白门前,杨柳可藏乌。欢作沉水香,侬作博山炉。"李白用其意,衍为《杨叛儿》,歌曰:"君歌《杨叛儿》,妾劝新丰酒。何许最关情,乌啼白门柳。乌啼隐杨花,君醉留妾家。博山炉中沉香火,双烟一气凌紫霞。"古乐府:"朝见黄牛,暮见黄牛,三朝三暮,黄牛如故。"李白则云:"三朝见黄牛,三暮行太迟,三朝又三暮,不觉鬓成丝。"古乐府云:"春风复多情,吹我罗裳开。"李反其意云:"春风复无情,吹我梦魂散。"古人谓李诗出自乐府古选,信矣。其《杨叛儿》一篇,即"暂出白门前"之郑笺也。因其拈用,而古乐府之意益显,其妙益用。

胡震亨《唐音癸签》卷九《评汇》五:

太白于乐府最深,古题无一弗拟,或用其本意,或翻案另出新意,合而若离,离而实合,曲尽拟古之妙。尝谓读太白乐府者有三难:不先明古题辞义源委,不知夺换所自;不参按白身世遭遇之概,不知其因事傅题、借题抒情之本指;不读尽古人书,精熟《离骚》、《选》赋及历代诸家诗集,无繇得其所伐之材与巧铸灵运之作略。今人第谓太白天才,不知其留意乐府,自有如许功力在,非草草任笔性悬合者,不可不为拈出。

李白某篇或某句出自前人,例证太多,难以枚举。这里只想指出一点,即李白受鲍照的影响甚大,一些乐府摹拟鲍作而又有所变化,如

《白纻辞》三首，其一下萧士赟曰："太白此词，全篇句意间架，并是拟鲍明远者。"其三下曰："按此三篇句意字固皆与明远者相出入，岂此曲体制当如是邪？抑拟之而作也？会有知言者矣。"

他所写作的有些诗，虽然不像《秦女休行》等那样亦步亦趋，但从全篇的布局看，或是从局部的写作手法看，都可发现古乐府的痕迹，于此亦可知其浸润于古乐府之深。如《鲁城北郭曲腰桑下送张子还嵩阳》诗曰：

> 送别枯桑下，凋叶落半空。我行懵道远，尔独知天风？谁念张仲蔚？还依蒿与蓬。何时一杯酒，更与李膺同。

此诗首句言及"枯桑"，第四句言及"天风"，明从乐府古辞《饮马长城窟行》中化出。《文选》卷二七《乐府·古辞·饮马长城窟行》中有云："枯桑知天风，海水知天寒。"李白将此衍为四句，突现送别时之场景。"桑"下送客，不免触景生情，唯觉天"风"袭袭，"寒"气逼人，人在此时，犹如枯桑之随风而散，此景何堪？明刻伪署严沧浪、刘会孟评点《李杜全集》载明人批曰："前四句只就古乐府演义。古乐府次句'绵绵思远道'。"此意已隐含诗中，也是此诗之主旨。李善注曰："枯桑无枝，尚知天风；海水广大，尚知天寒。君子行役，岂不离风寒之患乎？"李白全诗发挥这种忧思，把古乐府的精神融合在当前情景中，更使此诗产生了千古同悲的混然境地。《江上秋怀》诗曰："山蝉号枯桑，始复知天秋。"用意类同。

李白与元演的交情极为深厚，曾同游仙城山与太原等地。天宝之时，李白作《忆旧游寄谯郡元参军》长诗，历叙二人四会四别之情谊，末云："呼儿长跪缄此辞，寄君千里遥相忆。"即用上述古乐府《饮马长城窟行》中之诗意。古辞末云："呼儿烹鲤鱼，中有尺素书。长跪读素书，书上竟何如？上有加餐饭，下有长相忆。"李白即景生情而用此典，足见其对古乐府的娴熟。又李白《秋浦寄内》诗曰："有客自梁苑，手携五色鱼。开鱼得锦字，归问我何如？"亦是模仿《饮马长城窟行》中的表现手法。实则汉代使用帛书，故以鱼形的木箧包扎，唐时用纸，无需再以木箧包裹，李白沿用古辞，只能说明其沉湎于古辞之深。

又李白《赠汉阳辅录事二首》其二曰："汉口双鱼白锦鳞，令传尺素报情人。其中字数无多少，只是相思秋复春。"仍是隐用《饮马长城窟行》中的诗意而少加变化。在李白说来，驱使乐府中语已达挥洒自如的境地。从"双鱼"此典使用频率之高，又可看到李白对于乐府的兴趣之浓厚。

上面以《饮马长城窟行》为例，说明古乐府对李白的影响。这类例证甚多，如《书怀赠南陵常赞府》诗中云："问我心中事，为君前致辞。"《效古》其一中云："入门紫鸳鸯，金井双梧桐。"《江夏赠韦南陵冰》中云："人闷还心闷，苦辛常苦辛。"均为古乐府中常见的笔法。李白学此有得，不但用在自己的创作中，而且总结其法则，用以指导他人创作乐府。凡此均可用来说明李白所取得的创作成就与他努力学习古乐府有关。

李白有《闻谢杨儿吟〈猛虎词〉因此有赠》一诗，而在《寻鲁城北范居士失道落苍耳中见范置酒摘苍耳作》中又有"自咏《猛虎词》"之句，杨齐贤注以为《猛虎词》即是乐府《猛虎行》，其说可信。由此也可看到他对乐府的喜好。

按李白的创作历程而言，他在未出蜀前，沉潜于汉魏六朝的典籍与文化之中，三拟《文选》，应是青少年时期的事。出蜀之后，人事鞅掌，漂泊不居，已无三拟《文选》的闲暇与心情。他的拟仿乐府，应当也在青少年时期，但出蜀之后，仍然喜爱此道，并在创作中不断运用前此积累的心得。李白之诗特多句子错落的杂体，即与他对乐府的爱好有关。

我国文学向称诗骚传统，但乐府的出现，对后代文学的影响不容忽视。魏晋南北朝人的五言诗，即从乐府中发展而出。李白因家世的关系，受古乐府的影响至深，这不但可从文集中的乐府部分看出，而且这种影响贯彻一生。可以说，不了解李白与乐府的关系，也就无法了解李诗的成就。

四、李白的古风组诗

在五言诗的发展史上，《古诗十九首》发生的影响最大。汉末之时，社会动荡，谋生为难，文士漂流各处，家庭不得团聚，个人又看不到出路，因而多伤离惜别、哀叹年华虚度之作。历代王朝中人，每有相近的遭遇，因而都会产生类似的情绪，于是以"古诗"为典范进行拟作，不断产生拟古的诗篇。一些诗人，结合个人的特殊遭遇，还发展出了其他题材的组诗，如阮籍的《咏怀》、郭璞的《游仙》等。其后阮籍的《咏怀》诗又由别子而蔚为大宗，后人继起拟作，如庾信有《拟咏怀诗》二十七首。唐初陈子昂、张九龄继起，分别作有《感遇诗》三十八首与十二首，"感遇"的内涵也就是"咏怀"。此外，张氏还作有《秋怀》诗多首，也是同一类型之作。

支遁作《咏怀诗》五首、《述怀诗》二首，也就带有释徒的特点，内寓深沉之玄思，宗教气息浓厚。

李白的有些五言古诗，直承《古诗十九首》而来，抒写的是类似的情绪。《书情寄从弟邠州长史昭》曰：

　　自笑客行久，我行定几时？绿杨已可折，攀取最长枝。翩翩弄春色，延伫寄相思。谁言贵此物？意愿重琼蕤。

按《古诗》十九首之九曰：

> 庭中有奇树，绿叶发华兹。攀条折其荣，将以遗所思。馨香盈怀袖，路远莫致之。此物何足贡，但感别经时。

两相比较，可知李白此诗乃从《古诗》化出，格局与情调均相仿佛。

又《南阳送客》诗曰：

> 斗酒勿与薄，寸心贵不忘。坐惜故人去，偏令游子伤。离颜怨芳草，春思结垂杨。挥手再三别，临歧空断肠。

清乾隆敕编《唐宋诗醇》卷六评曰："从《古诗十九首》脱化而出，词意俱古。咏至五、六，可谓蕴藉风流矣。"

李白《古风》中的有些句子，更是直接规仿《古诗十九首》中的字句，如《古风》其十一中有句云："人生非寒松，年貌岂长在？"即出《古诗》中的"人生非金石，岂能长寿考"。《古风》其四十四中的"君子恩已毕，贱妾将何为"，即出《古诗》中的"君亮执高节，贱妾亦何为"。其他类别的诗中类似情况尚多，不列举。

下面重点讨论李白的《古风》组诗中一些情况较复杂的诗篇。

李白《古风》其二十五曰：

> 世道日交丧，浇风散淳源。不采芳桂枝，反栖恶木根。所以桃李树，吐花竟不言。大运有兴没，群动争飞奔。归来广成子，去入无穷门。

清王夫之《唐诗评选》卷二曰："大似庾子山入关后诗。"清陈沆《诗比兴笺》卷三曰："骨气高奇,颇近射洪、阮公。世人读《古风》诗者,但取游仙飘逸之间,衷怀不系耳。"

此诗内涵甚为丰富:有对时世衰乱的哀叹,有对风俗浮薄的愤慨,有欲超脱远引的怀抱……对于前人咏怀之作,似乎都有得其一端的地方,所以王、陈等人以为此诗风格近于阮籍、庾信的《咏怀》、陈子昂的《感遇》和郭璞的《游仙》。这种分析有其合理的地方,李白曾经广泛地向前人学习。由于境遇相近,因而在继承五言诗的抒情传统时,也就自然而然地出现了一些暗合前人之处。

由上可见,李白《古风》继承的是"咏怀""感遇"的传统。他受魏晋南北朝时期的诗风影响很大,因此《古风》之中的很多作品直承阮籍《咏怀》而来。

李白《古风》其五十四曰:

> 倚剑登高台,悠悠送春目。苍榛蔽层丘,琼草隐深谷。凤皇鸣西海,欲集无珍木。鸒斯得匹居,蒿下盈万族。晋风日已颓,穷途方痛哭。

这诗明为同情阮籍身世而发,实则借他人之酒杯,浇胸中之块垒,发抒相似的感受就是了。李白的这一"古风",风格亦近于阮籍《咏怀》。

又李白《古风》其五十九开端曰:

> 恻恻泣路歧,哀哀悲素丝。路歧有南北,素丝易变移。万事固如此,人生无定期。

阮籍《咏怀》其二十开端曰:"杨朱泣歧路,墨子悲素丝。"李诗明从阮诗化出,于此亦可征知李白《古风》与阮籍《咏怀》的继承关系。

李白《古风》其二曰:

> 蟾蜍薄太清,蚀此瑶台月。圆光亏中天,金魄遂沦没。蟏蛛
> 入紫微,大明夷朝晖。浮云隔两曜,万象昏阴霏。萧萧长门宫,昔
> 是今已非。桂蠹花不实,天霜下严威。沉叹终永夕,感我涕沾衣。

胡震亨《李诗通》卷六曰:"此诗旧注以为白咏玄宗宠武妃废王皇后事。'桂蠹'一联实用废后诏'皇后华而不实,不可承宗庙'语,其说是矣。然白之意自谓当世相如惟我,赋《长门》悟主,我事耳。"①明唐汝询《唐诗解》卷三亦曰:"按:玄宗皇后王氏为武妃所谮而被废,故太白作此诗。言蟾蜍蚀月,以比武妃之逼后。月光亏而魄没,见后已废而忧死也。蟏蛛借日之光以成形,今入紫微而日之朝晖反为所损,以比武妃蛊惑帝心至于荒乱也。苟日月之具为阴邪所伤,而苍生无所仰照,则万象皆昏冥矣。因言后之被废,正如陈后之居长门,然陈后嫉妒而使皇嗣几绝,实有可废之条。今皇后抚下有恩,明皇特以武妃之故而谋废之,则非汉武比矣,所谓昔是而今非也。且帝以后无子而罪其'华而不实',然不观诸桂树乎?桂蠹则不能成实,宠分则不能有子,奈何遽以严霜之威加之哉!大抵国家之乱,起自房闼,我因念及此事,为之慨叹沾衣也。"

此诗注者异说甚多,而以上说为可信。胡氏特揭"桂蠹"一词与废后诏中用语相印证,具有说服力。阮籍《咏怀》诗中也常运用这种隐约

---

① 《旧唐书》卷五一《后妃列传上·玄宗废后王氏》:"开元十二年秋七月己卯,下制曰:'皇后王氏,天命不祐,华而不实。造作狱讼,朋扇朝廷,见无将之心,有可讳之恶。焉得敬承宗庙,母仪天下?可废为庶人,别院安置。'"

而又具体的笔法来抒发感慨,如其十六内有"是时鹑火中,日月正相望"句暗指司马师废齐王芳之时日即是。① 李白又以司马相如自喻,则可推断此诗为居蜀时作。其时李白正沉浸在司马相如作赋而得亲近汉主的憧憬中,故在拟写《选》诗时也透露出了这一时代背景。

李白《古风》中还有一些典型的游仙诗,如其四十一曰:

> 朝弄紫沂海,夕披丹霞裳。挥手折若木,拂此西日光。云卧游八极,玉颜已千霜。飘飘入无倪,稽首祈上皇。呼我游太素,玉杯赐琼浆。一餐历万岁,何用还故乡? 永随长风去,天外恣飘扬。

萧士赟注:"此是游仙篇。然以比兴观之,亦有深意。"此说符合实际。李白的这一类诗出于郭璞《游仙》,而郭氏的《游仙》也是从阮籍《咏怀》诗中发展出来的,诸诗均有迷离恍惚归趣难求的特点,然而都与当时政局密切相关。郭璞为方术之士,他大规模地写作游仙诗,形成了一种新的门类。李白亦崇道,且曾受道箓而正式成为道士,因此其游仙之作,可以发现中有直承郭诗而来的脉络。

钟嵘《诗品》把郭璞之诗列入中品,评曰:

> 《游仙》之作,词多慷慨,乖远玄宗,其云"奈何虎豹姿",又云"戢翼栖榛梗",乃是坎壈咏怀,非列仙之趣也。

---

① 古代二十八宿中以井、鬼、柳、星、张、翼、轸七宿为朱雀七宿,其中柳、星、张三宿俗称鹑火。鹑火运行至南方星空正中,为农历九、十月之交。《左传》僖公五年载晋灭虢事,卜偃答晋侯问,云是"鹑火中",伐虢成功。何焯以为阮诗用晋灭虢事喻汉末嘉平六年九、十月之际司马师废魏帝曹芳而立高贵乡公曹髦事,见清何焯《义门读书记》卷四六《文选·诗》(阮嗣宗《咏怀诗》),中华书局 1987 年出版崔高维点校本。

李白的诗具有同样的特点。其十七曰：

> 西上莲花山，迢迢见明星。素手把芙蓉，虚步蹑太清。霓裳曳广带，飘拂升天行。邀我登云台，高揖卫叔卿。恍恍与之去，驾鸿凌紫冥。俯视洛阳川，茫茫走胡兵。流血涂野草，豺狼尽冠缨。

这诗也属游仙之作，与郭璞《游仙》近似，后者《游仙诗》之三有句云："赤松临上游，驾鸿乘紫烟。"白诗则曰："邀我登云台，高揖卫叔卿。恍恍与之去，驾鸿凌紫冥。"李诗明从郭诗化出。只是郭诗体现出来的魏晋诗歌特点，仅为抒发某种情绪而难以实指；李白为盛唐时人，胸怀坦露，目睹安史乱军荼毒生灵之惨，诗人在全诗结束之时也就从云端走向了人间，直露地点明时事了。

以上列举阮籍《咏怀》、郭璞《游仙》与李白相关的一些作品，说明五言诗的发展，自《古诗十九首》起到李白为止一些曲折的传承关系。其间经过几位杰出诗人的创造，在题材上有开拓，在风格上有变化，中间一些发展的踪迹，都反映在李白的《古风》组诗内。诗歌反映时代，因而各个时期的诗歌中还有其特定的时代风格。魏晋南北朝诗，不论是"咏怀"还是"游仙"，无不显得含蓄蕴藉。尽管阮籍、郭璞等人各有其个性，但在其个人特点上无不盖有时代的烙印。李白的这一组诗也有含蓄蕴藉的特点，这是他努力学习前代诗歌掌握了前代作家的成功经验，因而具有某些同类诗歌的共同特色。但李白所处的时代已与前时大不相同，又加上他天才卓荦，开拓性强，因而他的《古风》又带有个人的英豪之风，明显地表现出盛唐气象，这里正具体而生动地体现出继承与发展的关系。

李白三拟《文选》，对诗歌中各种门类都曾认真学习，除"咏怀""感遇"类外，对"咏史"类的诗歌也很关注。他的《古风》中就有不少咏史之作。如其五十三曰：

> 战国何纷纷，兵戈乱浮云。赵倚两虎斗，晋为六卿分。奸臣欲窃位，树党自相群。果然田成子，一旦弑齐君。

此诗当亦有所寓意。它与"游仙"的不同，只是使用的素材一为"史实"一为"仙话"罢了。

按李白《古风》其八"庄周梦胡蝶"一首，并见殷璠《河岳英灵集》卷上，题作《咏怀》。殷璠一书成于天宝十二载（753），其时李白健在，可知作者原本并不题作"古风"。韦縠《才调集》卷六录《古风》曰："泣与亲友别，欲语再三咽。勖君青松心，努力保霜雪。世路多险艰，白日欺红颜。分手各千里，去去何时还。"八句自成一首，与宋蜀本、缪曰芑本同。又见《分类补注李太白诗》卷二，即其二十"昔我游齐都"一首，"泣与亲友别"八句前后尚有其他文字，说明五代之时李白的这一组诗尚多异本。又《分类补注李太白诗》卷二中《古风》其八"咸阳二三月，宫柳黄金枝。绿帻谁家子，卖珠轻薄儿"一首，其十六"宝剑双蛟龙，雪花照芙蓉。精光射天地，雷腾不可冲"一首，宋蜀本与缪曰芑本均编入第二十二卷，题作《感寓》。凡此均可说明《古风》这一组诗并非李白自编，宋本系统的李《集》尚保持诗题原名。

李白写了那么多继承《古诗十九首》咏怀传统的古诗，大部分的作品应当也在蜀中拟写。他在早年集中精力学习汉魏六朝文学，模拟《古诗》，应当也是主要内容之一。有的作品明为出蜀后作，这类诗歌语气比较激昂，涉世多时，情绪自然复杂，不像《古诗》那般清淳了。

五、小 结

上述三节分别介绍了李白在赋、乐府与古诗领域中的成就,且用实例说明其与前人的继承和发展关系。他在其他文体的写作中,也有摹拟前人的明显痕迹可寻,但情况类同,无需再作申述。应该说,李白是唐代文人中最富创造力的一员,他的情况如此,其他人的情况也就无需多说了。初盛唐时期的著名文士都是在学习魏晋南北朝文学的基础上求得发展的。杜甫告诫儿子宗武要"熟精《文选》理",正好说明这些伟大诗人对于《文选》的评价之高,濡染之深。近人李详有《文选》证杜、《文选》证韩诸作,后人自不难续作《文选》证李之文。今不揣鄙陋,试以李白三拟《文选》为题,阐发此说,希望得到同好的指正。

(原载《洪天赐教授七秩华诞纪念论文集》,马来亚大学中文系毕业生协会 2006 年 12 月出版)

李白的晋代情结

李白的历史,颇呈朦胧之态。不论其有关先世的记载,抑或奔波各地的行踪,似乎都有神龙见首不见尾的情况。只是细加考察,则又似乎可见其全体,虽在云雾弥漫的状态下隐没了许多枝节,但自首至尾仍然贯通无碍,可以依循其一气之流动而勾勒出总体的面貌。李氏家族早年之祈向,即对东晋王朝的仰望,延至李白一生,也始终呈示出对晋代文化的向往。此即本文所称之晋代情结。

李暠、李歆忠于晋室

李白为五胡十六国时期建立西凉王朝的君主李暠的九世孙,这在唐人的记叙中从无异议。李白本人的记叙也如此。

李阳冰《草堂集序》:

> 李白,字太白,陇西成纪人,凉武昭王暠九世孙。蝉联珪组,世为显著。中叶非罪,谪居条支,易姓与名。然自穷蝉至舜,五世为庶,累世不大曜,亦可叹焉。神龙之始,逃归于蜀,复指李树而生伯阳。

范传正《唐左拾遗翰林学士李公新墓碑并序》:

> 公名白,字太白,其先陇西成纪人。绝嗣之家,难求谱牒。公之孙女搜于箱箧中,得公之亡子伯禽手疏十数行,纸坏字缺,不能

详备。约而计之，凉武昭王九代孙也。隋末多难，一房被窜于碎叶，流离散落，隐易姓名。故自国朝已来，漏于属籍。神龙初，潜还广汉，因侨为郡人。

李、范二人的记叙是一致的。李阳冰出于赵郡李氏，亦为彼时名流①，承命编纂李白文集，自不能妄言他人世系。范传正为宪宗朝之名宦，其父范伦与李白交好，本人曾著《西陲要略》二卷，熟知西鄙情况②，他对李白身世的记载，也当可信。

李暠，字玄盛，《魏书》《晋书》与《北史》有传。《晋书》卷八七《凉武昭王李玄盛传》曰："武昭王讳暠，字玄盛，小字长生，陇西成纪人。姓李氏，汉前将军广之十六世孙也。"这与李白的自叙亦相符合。李白《赠张相镐二首》之二曰："本家陇西人，先为汉边将。功略盖天地，名飞青云上。苦战竟不侯，当年颇惆怅。"因为李氏家族中有一支定居于陇西成纪，后为唐代著名郡望中的陇西李氏。李暠为李广的十六世孙，李白则为李暠的九世孙。自李广至李白，世系已远。李白一家前已沦落，隋末又避乱而远迁碎叶，以致谱牒无存，无法与域内李姓联宗，但从时人的记载和李白的自叙来看，世系的传承还是有绪的。李白颇以出于这一支系为荣。《江南春怀》诗云"身世殊烂漫"，指的自然是李广至李暠的这一段历史。

李暠"世为西州右姓"。高祖雍，曾祖柔，仕晋并历位郡守。祖弇，仕张轨为武卫将军、安世亭侯。可知李暠的祖上，一直在晋代任重要官职。

---

① 李冰阳系出赵郡李氏南祖房。《新唐书·宰相世系表二上》署其官衔曰："将作少监。"《唐诗纪事》卷二十六曰："阳冰善篆，曾宰当涂，太白依之。"

② 范传正，《旧唐书》卷一八五下《良吏下》、《新唐书》卷一七二有传。

西晋末年,天下大乱,"四夷交侵"的局面再次呈现。张轨系安定乌氏人,本为西部地区的大族,这时为了避开首都洛阳将爆发的战乱,也有在河西一带扩展势力的企盼,乃于晋惠帝永宁年间获准委为护羌校尉、凉州刺史。其后中原扰攘,演出了所谓"五胡乱华"的悲剧,但张轨一系却在河西之地稳住了局面,不但保存了汉代流传下来的文化制度,而且吸收了大批为避战火而前往的中原士人。这就为中国文化的传承作出了很大的贡献。

河西之地,本为边疆少数民族的出没之区。随着天下大乱形势的演变,这一地区也为许多民族所割据,前后由汉、氐、鲜卑、卢水胡等多种民族建立了前凉、后凉、南凉、西凉、北凉等国。这些不同民族建立的国家,为了避免中原地区已占统治地位的苻秦和拓跋魏等政权的奴役,大都仍奉晋王朝为正朔之所在;西晋覆灭,司马睿在江东立国后,仍奉东晋王朝为正朔之所在。

这些地区小国的统治者,除汉人外,即使是边疆少数民族中人,因与汉人居处接近,或受汉化已久,大都在汉文化上有一定的修养。其中前凉张氏、西凉李氏和北凉沮渠氏,其统治者的表现尤应注意。

张轨一系,后为苻秦所灭。《晋书》卷八六《张轨传》曰:"自轨为凉州,至天锡,凡九世,七十六年矣。"《赞》曰:"三象构氛,九土瓜分。鼎迁江介,地绝河渍。归诚晋室,美矣张君。内抚遗黎,外攘逋寇。世既绵远,国亦完富。"李暠的事业虽然没有这么完美,仅历二世,即为北凉沮渠蒙逊所灭。但李暠立国,仍然恪守张氏的原则,忠于晋室。即使西晋覆灭,晋元帝在江东立国后,李暠还是崎岖于道路,与东晋王朝建立联系,表示对晋室的忠诚。《李暠传》载晋安帝义熙元年,"玄盛改元为建初,遣舍人黄始、梁兴间行奉表诣阙",申言李氏先世向仕中朝,后经丧乱,乃为众人所推,领秦、凉二州牧,承续张氏事业。"又以前表未报,复遣沙门法泉间行奉表",表示一家合力,"臣总督大纲,毕在输力,临机制命,动靖续闻"。

这些事件,《资治通鉴》上也有详细的记载。卷一一四晋安帝义熙元年正月记:"西凉公暠自称大将军、大都督,领秦、凉二州牧,大赦,改元建初,遣舍人黄始、梁兴间行奉表诣建康。"

李暠殁后,子李歆袭位。《资治通鉴》卷一一八安帝义熙十四年九月记:"歆遣使来告袭位。冬十月,以歆为都督七郡诸军事、镇西大将军,酒泉公。"胡三省注:"都督敦煌、酒泉、晋兴、建康、凉兴及歆父暠所置会稽、广夏,凡七郡。"可知西凉政权自始至终与东晋王朝保持着联系。直至李歆之时,仍表示拥戴晋室,而从晋室的任命来看,东晋王朝对李暠、李歆疆土内的情况是很了解的。

自河西至建康的通道

上文屡言李暠等人"间行奉表"前往江南,沟通河西边地与东南沿海的联系,那么这些使者走的又是怎样一条道路呢?

汉魏之时,这本不成问题。西域各族君主派出的使者,与诸多胡商一样,沿着河西走廊东下长安或洛阳,此即后人艳称的丝绸之路。自长安、洛阳到江南,道路众多,或由水道,或走陆路;或直达,或间关前往,都很方便。但自西晋末年天下大乱始,北方广大地区先后为前赵、后赵、前秦、后秦等好几个不同民族所建立的政权所控制,于是在河西走廊上建立的几个政权,东出的道路已完全被阻断。他们或是为了抵制东边的几个异族政权,或是为了表明自己政权的合法性,取得东晋王朝的认可,都得辗转前往建康。这时,留给他们的选择已很有限,只有在河西走廊的东端,由陇右南下,沿岷山而至蜀地;或由河西走廊西部南下,沿祁连山南部东下,折至汶山郡,再沿岷山而南下。东晋之时,蜀地还一直为避地江东的司马氏所控制,即使其后刘裕篡晋,这一地区仍在刘宋政权控制之下。因此西凉政权或后起的北凉政权，一直通过蜀地与他们心目中的正统王朝保持着联系。

由陇右南下的这条路线，称为西山道；西山不仅指维州、茂州一带的高山，还指甘肃、新疆南沿的高山。由河西西端南下通过青海地区而东下的这条路线，称为河南道。不论是从西山道还是河南道，至蜀地的商旅或使者，大都在汶山郡会合。再南下至益州等地。①

西晋常璩所撰之《华阳国志》卷三《蜀志》曰："汶山郡……东接蜀郡，南接汉嘉，西接凉州酒泉，北接阴平。有六夷、羌胡、羌虏、白兰、峒、九种之戎。"蒙文通曰："'羌虏'疑为'野虏'之误，吐谷浑也；白兰在吐谷浑西南，皆在今青海，故言西接凉州酒泉。"②《华阳国志》上的记载说明，今日甘肃、青海、四川交会处的阿坝藏族自治州东部地区，实为当时河西走廊上新中国成立的几个政权与东晋、刘宋交往的枢纽地带。这一地区周围，又是多种少数民族流动的地带。

李暠父子遣使"间行"至建康"奉表诣阙"，当是沿河南道前往的。因为西凉的东面，有其宿敌沮渠蒙逊建立的北凉政权阻挡。他们只能自敦煌南下至青海再沿祁连山南与河西走廊并行的一条道路前往。此地为吐谷浑控制。吐谷浑为抵御北方异族的侵袭，与宋交好，宋亦屡遣使者通之。西凉与吐谷浑之间似无所冲突，因而有其可能利用这一通道。③

---

① 参看冯汉镛《唐五代时剑南道的交通线路考》，载《文史》第 14 辑，中华书局 1982 年版。唐长孺《南北朝期间西域与南朝的陆路交通》，载《魏晋南北朝史论拾遗》，中华书局 1983 年版。

② 蒙文通《四川古代交通线路考略》，载《古地甄微》，巴蜀书社 1998 年版。《晋书·吐谷浑传》曰："西北杂种谓之为阿柴虏，或号为野虏焉。"

③ 宋臣段国出使吐谷浑，归来著《沙洲记》，一名《吐谷浑记》。《隋书·经籍志》卷二史部霸史类载"吐谷浑记"二卷，宋新亭侯段国撰。书已残佚，清张澍辑入《二酉堂丛书》。参看周伟洲《吐谷浑史》第二章《吐谷浑国的兴盛及其与南北朝各政权的关系》，广西师范大学出版社 2006 年版。

沮渠蒙逊为卢水胡人。这一民族一直在河西走廊上活动,而以张掖地区为中心,也经常南下至汶山一带。因长期与汉人杂居,汉化已久,因此沮渠蒙逊其人,在汉文化上颇有修养,他为了抵制后凉等国的侵袭,表示其政权的合法性,也一直向晋、宋王朝表示臣服。早期南下时,蜀地为成汉所阻挡,沮渠蒙逊曾不得不向其称臣。其后,东晋恢复了对蜀地的控制权,北凉政权也就一直通过这里与建康一地建立联系。

上面提到的是史书中记下的几次两地政权间的交往。由此可以推知,河西之地与江南之地,长期以来一直保持着联系,这条道路上,一直有人员在流动。

李白之父于神龙年间携家至蜀,走的当是西山道。这一家族于隋末大乱时西迁碎叶,当是经河西走廊向西走的。隋文帝统一中国,早已把北方的许多割据政权消灭了。唐高宗时李白之父回归中土,也当是沿河西走廊东下的。因为比之河南道,这是一条更为平坦的道路,何况李氏先世一直在这条河西通道上活动,情况当更熟悉。

李父何以要沿西山道而折至蜀地,没有材料可以说明,但他走的正是先辈当年与江东晋宋王朝沟通的老路,这里不知有什么隐情在起作用?

李家对蜀汉的向往

李暠建立西凉王朝,崔鸿《十六国春秋》中也有记载。《太平御览》卷一二四《偏霸部》八中还有《西凉录》的残文。"偏霸"一词也可说是李暠的自我定位。李暠本无一统天下的壮志,只是夤缘际会,为众所推,只想偏安一隅,保土安民。犹如当年的刘备效忠汉室那样,他也表示遥尊晋室。

李暠之对待谋臣宋繇,犹如刘备之于诸葛亮。当其病重时,托孤于宋,所说的一番话,与刘备对诸葛亮说的一番话,几无二致。

李暠曾写诸葛亮之训诫以勖诸子,可见其对蜀汉历史之重视。

李白也很仰慕诸葛亮之为人,诗中屡次言及,对他的隐居不仕,终在刘备三顾茅庐的敬礼下出山,于混乱的时局中施展才能,甚为向往。《驾去温泉宫后赠杨山人》云:"少年落托楚汉间,风尘萧瑟多苦颜。自言管、葛竟谁许,长吁莫错还闭关。一朝君王垂拂拭,剖心输丹雪胸臆。"《君道曲》中又说"刘、葛鱼水本无二"。但随后不久即证明,唐明皇并不能像刘备一样对待他,以致入京不久即匆匆离去。只是安史乱起,永王李璘派谋士韦子春等三上庐山礼聘时,李白以为"鱼水"之事真的可以实现了,于是匆匆下山参加幕府,可见诸葛亮的事迹对其影响之巨。

李暠为李白的九世祖,中间世系间隔已远,实难找到直接的联系,当然不能把一些蛛丝马迹似的线索无限放大。但从李氏家族人中的一些作为来看,则可发现这一世家中人实有一系相承的文化背景潜在地起着作用。

李暠曾孙李冲,得幸于魏文明太后,又得孝文帝的宠信,付以端揆重任,凡制订礼仪律令,营建都邑宫庙,以及其他有关变革夷风摹拟汉化之事,无不使冲参决监令。又冲之犹子李韶,亦在孝文帝迁都洛阳之大事中起重大作用,故陈寅恪云:"冲之为人必非庸碌凡流,实能保持其河西家世遗传之旧学无疑也。……韶亦能传其河西家世之学无疑。"[①]李白之父的情况,因为缺乏系统记载,情况难明,但仍可根据若干线索进行一些追究。

李冲为李暠的曾孙,李韶为第四世孙,李白之父则为李暠的第八

---

① 陈寅恪《隋唐制度渊源略论稿》二《礼仪》,生活·读书·新知三联书店1954年版。

代孙,前后相距,本不甚远。看来李白上代没有其他几支那么显赫,中间还曾避乱而远徙异地,但从李氏族人无不看重其家世遗传之特点而言,李白之父的情况亦当如此。下面可在李白之父的行踪以及教育子女的问题上作些考察。

从唐代前期的情况来看,西方域外归来者大都沿着丝绸之路东下,至长安、洛阳一带谋求发展,李白之父携家东下,却是沿着东晋时期沟通两地的老路来往,并且定居于其先祖所向往的蜀地,仍然会勾起人们的遐想。

李白对于先人的历史还是很看重的。无论是《草堂集序》还是范传正的《新墓碑序》上的记叙,无不首先提到他们一族系出西凉武昭王李暠之后。李白在《送舍弟》诗中说:"吾家白额驹,远别临东道。"即用先祖李暠起家的典故。《晋书·凉武昭王李玄盛传》曰:"尝与吕光太史令郭黁及其同母弟宋繇同宿,黁起谓繇曰:'君当位极人臣。李君有国土之分,家有骝草马生白额驹,此其时也。'吕光末,京兆段业自称凉州牧,以敦煌太守赵郡孟敏为沙州刺史,署玄盛效谷令。敏寻卒,敦煌护军冯翊郭谦、沙州治中敦煌索仙等以玄盛温毅有惠政,推为宁朔将军、敦煌太守。玄盛初难之,会宋繇仕于业,告归敦煌,言于玄盛曰:'兄忘郭黁之言邪?白额驹今已生矣。'玄盛乃从之。"可见李暠创业之事给予李白印象之深。

李白在《寄远十二首》之十中说:"鲁缟如玉霜,笔题月支书。寄书白鹦鹉,西海慰离居。""月支"一作"月氏",本为一属雅利安种的游牧民族,原居河西地区,汉时为匈奴所逐,辗转西迁至今阿姆河上游,称作大月氏;一小部分留居祁连山畔,称小月氏。李白所咏之月氏,则指西海边的大月氏。唐代有月氏都督府,亦以大月支曾居此而得名。李暠一支系出陇西,唐时属秦州天水郡,《元和郡县志》卷三九陇右道内记此,云是秦昭王始置陇西郡,其地有小陇山,一名陇坻,上多鹦鹉。

李白用"月支"文修书,以白鹦鹉传讯,慰西海之离居,显然有其寓意。这里含有他对祖辈流转各地的多层怀念。

李白的祖辈在碎叶地区生活的情况,亦可依据一些相关的记载而作出推论。玄奘、辩机《大唐西域记》卷一记跋禄迦国有素叶水城,此即碎叶。西边呾逻私城南有小孤城,曰:"南行十馀里有小孤城,三百馀户,本中国人也。昔为突厥所掠,后遂鸠集同国,共保此城,于中宅居。衣服去就遂同突厥,言辞仪范犹存本国。"李白的先祖于隋末为避中原的战乱而远徙西域,居住素叶水城,生活的情况当与《大唐西域记》上的记载类同,中国远徙异地的侨民大体都相似:一方面不得不入乡随俗,以求生存;一方面努力保存华夏文化,不忘自己的本根。

下面可从李家的生活方面作些考察。

如何培养子女,对每一个家庭来说,都是极为重要的事,李家对子女的教育,也极重视,但与唐初同时的人相比,却有不同。毕竟这一家族离开中原已久,因此其内容与方式,已属老派。

李白《上安州裴长史书》曰:

> 少长江汉,五岁诵六甲,十岁观百家,轩辕以来,颇得闻矣。常横经籍书,制作不倦,迄于今三十春矣。

"六甲"是什么?有的学者认为指道教典籍。李白为道教信徒,这是容易联想起来的。李长之就说:"李白从小接受着道家的熏陶。就他自己说的'五岁诵《六甲》',《六甲》就是道宗末流的一种怪书。《神仙传》有'左慈学道,尤明《六甲》,能役使鬼神'的话可证。"[①]这一判断似是

---

① 李长之《道教徒的诗人李白及其痛苦》二《李白求仙学道的生活之轮廓》,重庆商务印书馆 1940 年版。

而非。古代方术中确有"六甲"之说,《汉书·艺文志》五行家中有《风鼓六甲》《文解六甲》等书,因早已亡佚,不知内容如何。《后汉书·方术传序》曰:"其流又有风角、遁甲。"李贤注:"遁甲,推六甲之阴而隐遁也。"此即道教中的遁甲之术,李白不可能于五岁时习之。又六甲为道教符箓之名,《道藏》中有"上清六甲祈祷秘书",《云笈七签》卷十四《三洞经教部》经《黄庭遁甲缘身经》曰:"若辟除恶神鬼者,书六甲、六乙符持行,并呼甲寅神,鬼皆散走。"盖六甲为神名,为供天帝驱使的阳神。道士用符箓召请以祈禳驱鬼,李白于五岁时或可佩此符箓,却无法"诵"之,因为这种符箓乃道教符箓中较高深的一种,五岁幼童不能诵习。

实际说来,"六甲"为汉魏以来的一种传统童蒙计算教育。

汉时儿童入学即习六甲。《汉书·食货志》曰:"八岁入小学,学六甲五方书计之事。"王先谦《补注》引顾炎武曰:"六甲者,四时六十甲子之类。"又引周寿昌曰:"犹言学数干支也。"魏晋南北朝时教育儿童的情况与此相同。《南齐书·高逸·顾欢传》上说:"欢年六七岁,书甲子,有简三篇,欢析计,遂知六甲。"说明顾欢之早慧,比之前人习业为早。李白有此自白,则是以为比之前人更为早熟。

隋初李谔在《上隋高帝革文华书》中批判当时学风说:"于是闾里童昏,贵游总角,未窥六甲,先制五言。"(《文苑英华》卷六七九)只是泛览其时典籍,已经不见儿童入学先习六甲的记载,唐代更是如此。因为自隋代起实施科举制度,学生接受的教育与前已有不同,《唐六典》卷二一《国子监》中叙学生习业之程序颇详,其间已无先学六甲的记载。唐玄宗开元时徐坚奉敕编撰《初学记》,卷二一"文字"第三曰:"古者子生六岁而教数与方名。十岁入小学,学六甲书计之事,则文字之谓也。"明言此乃"古"时之事。因此李谔所云,可能只是袭用前代的典故。

这里透露出了一丝消息,截至唐代武后之时,李白家庭中还恪守汉魏以来的学术传统。他的上代于隋末西徙碎叶时,看来恪守这一传统,因此其父回到蜀地,让年幼的儿子受学时,仍然恪守家传遗教,先从"诵六甲"开始。

唐初颁布《五经正义》,作为考试的准则,士子为了求得晋身,受学之时无不沉潜于此。但李白却把主要精力去"观百家"。"百家"之中可以包括"儒家",但自汉代后,已将儒家奉为独尊之学术,从而与百家相区别。李白强调观"百家",至少可以说明其兴趣不限于"儒家"。他在《赠张相镐二首》其二中说:"十五观奇书,作赋凌相如。"奇书当然也不是指儒家典籍。因为儒家学术偏于论述政治教化,均为人伦日用之常,无"奇"可言。

蜀地也确实保存着一些"百家"的"奇书",例如陈子昂的五世祖方庆得"墨子五行秘书白虎七变",就是不见于其他记载的秘籍①;又如赵蕤著《长短要术》,按之时地,察其内容,也是耐人寻味的一种"百家奇书"。《长经要术》一名《长短经》,卷一《品目》与卷八《杂说》中引《钤经》,卷三《反经》原注中引《黔经》,均不见他书。

儒家推崇的圣王,是尧、舜,孔孟从未道及黄帝。司马迁作《史记·五帝本纪》,还说:"学者多称五帝,尚矣。然《尚书》独载尧以来,而百家言黄帝,其文不雅驯,荐绅先生难言之。"说明一些黄帝的传说,不合雅驯的原则,实为异端之言,李白却以"颇得闻矣"而自鸣得意,可见他自始即不屑于受儒家思想的束缚。

李白在《秋于敬亭送从侄耑游庐山序》中说:"余小时,大人令诵

---

① 见赵儋《大唐剑南东川节度观察处置等使户部尚书兼御史大夫梓州刺史鲜于公为故右拾遗陈公建旌德之碑》。卢藏用《陈氏别传》曰:"四世祖方庆,得墨翟秘书,隐于武东山,子孙家焉。"二文均附《陈子昂集》,中华书局上海编辑所1960年刊徐鹏校本。

《子虚赋》，私心慕之。"其中又透露出了多种消息。

一是李父具有很高的文化修养。如前所言，李父早年虽然一直生活在西域边地，然仍注意中国文化的传承，可知李家一直保持着很高的文化水准。这在过去也是一种常见的现象，域外的侨民家中一直努力承续固有的传统文化。

二是李父注意蜀地的文化传统。他之携家迁蜀，沿着当年祖辈的足迹前来，当与他对蜀地区域文化的熟知与仰慕有关。

李暠在《述志赋》中叙其对蜀汉与孙吴的仰慕之忱，曰：

> 思留侯之神遇，振高浪以荡秽，想孔明于草庐，运玄筹之罔滞；洪操盘而慷慨，起三军以激锐。咏群豪之高轨，嘉关、张之飘杰，誓报曹而归刘，何义勇之超出！据断桥而横矛，亦雄姿之壮发。辉辉南珍，英英周鲁，挺奇荆吴，昭文烈武，建策乌林，龙骧江浦。摧堂堂之劲阵，郁风翔而云举。绍樊、韩之远踪，侔徽猷于召、武，非刘、孙之鸿度，孰能臻兹大祐。

而他在自述个人志趣时则曰：

> 涉至虚以诞驾，乘有舆于本无，禀玄元而陶衍，承景灵之冥符。荫朝云之庵蔼，仰朗日之照昀。既敷既载，以育以成。幼希颜子曲肱之荣，游心上典，玩礼敦经。蔑玄冕于朱门，美漆园之傲生；尚渔父于沧浪，善沮、溺之耦耕。秽鸱鸢之笯吓，钦飞凤于太清；杜世竞于方寸，绝时誉之嘉声。

这种思路，倾心《老》《庄》而又不废儒家的操守，正是西晋之时玄学的本来面貌。可见身处河西地区的李氏确是恪守汉末至晋代的遗风。《赋》中又说："时弗获弴，心往形留，眷驾阳林，宛首一丘；冲风沐雨，载沉载浮。利害缤纷以交错，欢感循环而相求。干扉奄寂以重闭，天池绝津而无舟；悼贞信之道薄，谢惭德于闛流。遂乃去玄览，应世宾，肇弱巾于东宫，并羽仪于英伦，践宣德之秘庭，翼明后于紫宸。"自叙其出处之变化，实因政局的变动，由崇尚虚无的玄学而面向现实，从而表现为对蜀汉等地创业之主的认同。

从李暠本人的思想与作为来看，与魏晋时期的学术环境有着甚为密切的联系，而从李家的教育方式和文化背景来看，与晋代河西的学术环境有着甚为密切的联系。今将其时河西地区的文化氛围作一总的考察。

《资治通鉴》卷一二三文帝元嘉十六年载："凉州自张氏以来，号称多士。"胡三省注：

> 永嘉之乱，中州之人士避地河西，张氏礼而用之，子孙相承，衣冠不坠，故凉州号为多士。

从凉州一些士人的传记中，可以发现其所呈现的学术特点。现从李暠视作蜀之诸葛的宋繇叙起。《魏书·宋繇传》曰：

> 宋繇，字体业，敦煌人也。曾祖配、祖悌，世仕张轨子孙。父燎，张玄靓龙骧将军、武兴太守。……（繇）随（张）彦至酒泉，追师就学，闭室诵书，昼夜不倦，博通经史，诸子群言，靡不览综。吕光时，举秀才，除郎中。后奔段业。业拜繇中散、常侍。繇以业无经济远略，西奔李暠，历位通显。家无馀财，雅好儒学，虽在兵难之间，讲诵不废。每闻儒士在门，常倒屣出迎，停寝政事，引谈经籍。……沮渠蒙逊平酒泉，于繇室得书数千卷，盐米数十斛而已。

蒙逊叹曰:"孤不喜克李歆,欣得宋繇耳。"拜尚书吏部郎中,委以铨衡之任。蒙逊之将死也,以子牧犍委托之。……世祖并凉州,从牧犍至京师。卒,谥曰恭。

宋繇在西凉、北凉与魏代均位历通显,不论是汉人的李暠,还是卢水胡人沮渠蒙逊,对待他均如刘备对待诸葛亮。沮渠蒙逊虽然始终与西凉为敌,后且消灭了西凉李氏政权,但他本人的好学与好尚,与李暠等人一致。因此,宋繇之忠于西凉与忠于北凉,似乎没有什么思想障碍,这与南朝一些士人的思想状态也并无二致。

《魏书·刘昞传》曰:

> 李暠私署,征为儒林祭酒、从事中郎。暠好尚文典,书史穿落者亲自补治,昞时侍侧,前请代暠,暠曰:"躬自执者,欲人重此典籍。吾与卿相值,何异孔明之会玄德。"迁抚夷护军。虽有政务,手不释卷。……昞以三史文繁,著《略记》百三十篇、八十四卷,《凉书》十卷,《敦煌实录》二十卷,《方言》三卷,《靖恭堂铭》一卷,注《周易》《韩子》《人物志》《黄石公三略》,并行于世。(沮渠)蒙逊平酒泉,拜秘书郎,专管注记。筑陆沉观于西苑,躬往礼焉,号玄处先生,学徒数百,月致羊酒。牧犍尊为国师,亲自致拜,命官属以下皆北面受业焉。

《魏书·术艺·江式传》曰:

> 江式,字法安,陈留济阳人。六世祖琼,字孟珇,晋冯翊太守,善虫篆、诂训。永嘉大乱,琼弃官西投张轨,子孙因居凉土,世传家业。祖强,字文威,太延五年,凉州平,内徙代京,上书三十馀

法,各有体例,又献经史诸子千馀卷,由是擢拜中书博士。

《魏书·儒林·常爽传》曰:

（爽）笃志好学,博闻强识,明习纬候,五经百家多所研综。州郡礼命皆不就。世祖西征凉土,爽与兄仕国归款军门,世祖嘉之。……是时戎车屡驾,征伐为事,贵游子弟未遑学术,爽置馆温水之右,教授门徒七百馀人,京师学业,翕然复兴。爽立训甚有劝罚之科,弟子事之若严君焉。尚书左仆射元赞、平原太守司马真安、著作郎程灵虬,皆是爽教所就,崔浩、高允并称爽之严教,奖励有方。允曰:"文翁柔胜,先生刚克,立教虽殊,成人一也。"其为通识叹服如此。

高允以蜀之文翁来赞美世居凉州的常爽,亦可窥知时人常以河西与蜀地之学术联系而考察之。

近人读史,或是研究李白的成长历程,都有一个问题难以解释:李白为什么会"十岁观百家"? 唐代中原地区的人已无学习百家的风习,为什么处于西蜀地区的李家这么特殊? 今知河西地区一直保存着东汉后期的学风,学术界一直有百家之学在传承。这一学风,由于凉州地区与江南王朝的沟通,在蜀地积淀下来,这就形成了唐初蜀学的独特面貌。

全国趋于一统,儒家经典已成士子的主要读物,全国已经难于见到士人学习诸子百家的记载了。而在贞观之治与开元盛世之间,全国政局甚为稳定,士人更是趋于科举一途,以求晋身,因而更是难以见到有人学习只在乱世才能出现的纵横家说了。蜀地不然,自唐初始,仍然流传纵横家说。高宗、武后时期的陈子昂即曾认真学习纵横之术,致力于王霸之道。他在《赠严仓曹乞推命录》中说："少学纵横术。"《谏政理书》中又说："窃少好三皇五帝霸王之经。"卢藏用《陈氏别传》曰："属唐高宗大帝崩于洛阳宫，灵驾将西归，子昂乃献书阙下。时皇上以太后居摄，览其书而壮之，召见问状。子昂貌寝寡援，然言王霸大略，君臣之际，甚慷慨焉。……工为文，而不好作，其立言措意，在王霸大略而已。"

陈子昂殁后不久，蜀地又出现了另一奇士赵蕤。孙光宪《北梦琐言》卷五曰："赵蕤者，梓州盐亭县人也。博学韬钤，长于经世。夫妇俱有节操，不受交辟，撰《长短经》十卷。王霸之道，见行于世。"赵蕤在《长短经》中的《序》中自云："夫霸者，驳道也。盖白黑杂合，不纯用德焉。期于有成，不问所以；论于大体，不守小节。虽称仁义，不及三王，而扶颠定倾，其归一揆。恐儒者溺于所闻，不知王霸殊略，故叙以长短术，以经纶通变者。创立题目，总六十三篇，合为十卷，名为《长短经》。"此书尚存。察其内容与结构，颇似前代子书的一种，杂采诸子百家之学，而以纵横家说综贯之。《四库全书总目》卷一一七"杂家类"该书提要曰："是书皆谈王伯经权之要。……刘向序《战国策》，称'或题曰《长短》'。此书辨析事势，其源盖出于纵横家，故以'长短'为名。"

李白青年时期曾从赵蕤学习纵横之术，《唐诗纪事》卷十八引东蜀杨天惠《彰明逸事》曰："隐居戴天大匡山，往来旁郡，依潼江赵征君蕤。蕤亦节士，任侠有气，善为纵横学，著书号《长短经》。太白从事岁馀。"他的这一番经历，对他后来的发展发生了重大影响。赵蕤《长短经序》中说："书读纵横，则思诸侯之变；艺长奇正，则念风云之会。"安史乱起，恰逢风云之会；永王东下，正是诸侯之变。李白终于认定千载难遇的时机到了，于是从庐山隐居之处下来就永王之征召，企图一施纵横之术，结果却招致了彻底的失败。

刘晅曾作《黄石公三略》，《隋书·经籍志》子部"兵"中亦有此书，注云"下邳神人撰",不知是否同一书?《志》中还著录以黄石公命名的著作多种。李白诗中亦曾屡次言及黄石公,且以黄石公的兵谋自许,看来他也曾经学习过有关黄石公的兵书,而这与河西之地的杂学也当有其渊源。

《资治通鉴》卷一二三宋文帝元嘉十四年载"(沮渠)牧犍遣将军沮渠旁周入贡于魏,魏主遣侍中古弼、尚书李顺赐其侍臣衣服,并征世子封坛入侍。是岁,牧犍遣封坛如魏,亦遣使诣建康,献杂书及敦煌赵㪤所撰《甲寅元历》,并求杂书数十种,帝皆与之"。可知河西之地与江南之地文化交流之事不断,彼此互赠"杂书",其中一些"杂书",也就在蜀地保存了下来。

由上可见,河西之地与蜀地之间存在着长期的联系与交流。近人研究唐代前期蜀地的区域文化时,每对其地游离于中原文化而引以为奇,如果吾人首从晋代河西之地所保存的汉末学风进行考察,再来探究蜀地所遗存的前代学风,那么这一问题似可得到合理的解释。

李白对江南神仙道教的热衷

李白于 24 岁时离蜀东下。大约即在开元十二年(724)的秋天,决定离开荆门时,作《秋下荆门》诗曰:

> 霜落荆门江树空,布帆无恙挂秋风。此行不为鲈鱼鲙,自爱名山入剡中。

这就说明,他之向吴越地区进发,虽与张翰的目的地一样,其背景却大不相同。张翰念及鲈鱼莼羹,以此寄托对故乡的牵挂。当然,张翰的急于回到吴地,还有及时避祸的用意。李白不同,他既非吴人,自无思乡之意；身既居蜀，也无避祸的必要。故他明言，此行的目的只是"自爱名山入剡中"。

按伯 2567 敦煌唐诗选残卷亦录此诗，题作《初下荆门》。考李白前此一直生活在中国的西部地区，与东方吴越地区间隔甚远，又无亲友在那里居留，为什么一离开蜀地，就会立即想到剡中去游览呢？具体地说，为什么剡中的"名山"对他具有那么大的吸引力呢？

李白因家世的关系，受魏晋南北朝的历史与文化的影响甚深，上述张翰之事亦可为证。李白"一生好入名山游"，浙东之地，风景佳丽，众多名士出没于此，山山水水留下了他们的踪迹，也触发了许多名篇的产生，这些当然会对李白具有强烈的吸引力。李白的诗文中常是咏及谢灵运等人的轶事，备致仰慕之意。但我们尤应注意的是，剡中的许多名山都与道教中的神仙有关，此地流传着很多山中的神仙故事，这些当然也会对笃信道教的李白产生影响。《天台晓望》中说："观奇迹无倪，好道心不歇。"可见浙东之地，景色之美与神仙之异对他都有强大的吸引力。

中国很早就出现了神仙家说。《庄子·逍遥游》上说："藐姑射之山，有神人居矣，肌肤若冰雪，绰约若处子。不食五谷，吸风饮露，乘云气，御飞龙，而游乎四海之外。"道教中的神仙，一般都是在这种场景中生活的。在古人的观念中，神仙都在高山上活动，因为这是尘世之中最接近天穹的地方，因此神仙常是在山际云雾缭绕时出现。东汉刘熙《释名·释长幼》曰："老而不死曰仙。仙，迁也，迁入山也。故其制字，人旁作山也。"这一学说，恰切地反映了先秦两汉阶段的神仙观。

自周秦始，中国就已出现五岳之说。到了汉代，道教内部已经产生了有关《五岳真形图》的记载，《汉武帝内传》和《洞冥记》卷二中均曾叙及，《抱朴子·内篇·遐览》曰："道书之重者，莫过于《三皇内文》《五岳真形图》也。"这时也就出现了几种《五岳真形图》。而据传为东方朔所撰的《五岳真形图序》上的记叙，以及有些介绍图之神效的符文与各自独立的五岳图形上，还加上了霍山、潜山、青城山、庐山等名山，作为辅弼。而据研究，这种真形图当产生在六朝江南神仙道教形成之后。①

李白在《庐山谣寄卢侍御虚舟》中说："五岳寻仙不辞远，一生好入名山游。"他之急于奔赴剡中寻访名山，正因此地道教气氛特别浓烈。

神仙一般都住在名山洞府之中，此即所谓"别有洞天"是也。道教以为世上有十大洞天，此外还有三十六小洞天、七十二福地，这里都有著名的仙人居处。《云笈七签》卷二七载司马承祯集《天地宫府图》引太上语，历数十大洞天名数，台州委羽山洞号大有空明之洞天，赤城山洞名上清玉平之洞天，处州括苍山洞号成德隐玄之洞天；三十六小洞天中，越州四明山洞为丹山赤水天，会稽山洞为极玄大元天，温州华盖山洞为容成大玉天，台州盖竹山洞为长耀宝光天，越州金庭山洞为金庭崇妙天，处州仙都山洞为仙都祈仙天，处州青田山洞为青田大鹤天，杭州天目山洞为天盖涤玄天，婺州金华山洞为金华洞元天；七十二福地中位于该地者为数尤多，不具列。

杜光庭作《洞天福地岳渎名山记》，综合前此道经上记载的海外五岳、三岛十洲、三十六靖庐、七十二福地、二十四化、四镇诸山，内容极为丰富。从中可知剡中及其附近地区有两大洞天和六个小洞天，还有十个左右的福地。这样的名山秀水，又是神灵出没之区，难怪李白离蜀之后定要"自爱名山入剡中"了。

名山洞府有神仙居住，这只是在道教酝酿成熟后才有这么整齐的规划和完整的记叙。实则人类处在初民阶段时，受万物有灵论的影

---

① 参看（日）小南一郎著，孙昌武译《中国的神话传说与古小说》第四章《〈汉武帝内传〉的形成》五《〈五岳真形图〉与〈六甲灵飞等十二事〉》，中华书局 1993年版。

响,以为每座山上都有山神,每条水中都有水神。《抱朴子·登涉》篇曰:"山无大小,皆有神灵。山大则神大,山小即神小也。"这一说明符合古代的实际。

司马承祯的生活年代要比李白为早,他的记载,实乃综合前人成说,并非出于编造。有关的神仙故事,前此早已脍炙人口,李白的诗文中也一再表达其倾慕之忱。

在李白的诗中,常见咏及天姥、天台、四明、金华等诗篇。诸山又多联贯,李白辗转于众山之中,且多次前往,真是流连忘返。今举若干有代表性的诗篇以示一斑。

李白向剡中进发,首先要去的地方,为天姥山。《别储邕之剡中》诗曰:

> 借问剡中道,东南指越乡。舟从广陵去,水入会稽长。竹色溪下绿,荷花镜里香。辞君向天姥,拂石卧秋霜。

《太平寰宇记》卷九六"越州"引《后吴录》曰:"剡县有天姥山,传云登者闻天姥歌谣之响。"此山不但景色绝佳,且为道教中的福地,故对李白具有强大的吸引力。

天姥山中的胜境,对李白来说,真是魂牵梦萦。若干年后,他写下了《梦游天姥吟留别》这一著名长篇:

> 海客谈瀛洲,烟涛微茫信难求。越人语天姥,云霞明灭或可睹。天姥连天向天横,势拔五岳掩赤城。天台四万八千丈,对此欲倒东南倾。我欲因之梦吴越,一夜飞渡镜湖月。湖月照我影,送我至剡溪。谢公宿处今尚在,渌水荡漾清猿啼。脚著谢公屐,身登青云梯。半壁见海日,空中闻天鸡。千岩万转路不定,迷花

倚石忽已暝。熊咆龙吟殷岩泉，栗深林兮惊层巅。云青青兮欲雨，水澹澹兮生烟。列缺霹雳，丘峦崩摧。洞天石扇，訇然中开。青冥浩荡不见底，日月照耀金银台。霓为衣兮风为马，云之君兮纷纷而来下。虎鼓瑟兮鸾回车，仙之人兮列如麻。忽魂悸以魄动，恍惊起而长嗟。惟觉时之枕席，失向来之烟霞。世间行乐亦如此，古来万事东流水。别君去兮何时还？且放白鹿青崖间，须行即骑访名山。安能摧眉折腰事权贵，使我不得开心颜。

李白书写梦中的情景，也是对前此之行的回忆与想象。仙人洞府之中，电闪雷鸣，龙吟熊咆；仙人所居，有如黄金白银所筑之宫阙，日月照耀，天鸡常鸣。这番景象，自与俗世的尘嚣有别。

李白钟情一处时，常是极度形容，从而将天台、赤城等山加以压抑，但他实际上也喜爱天台等名山，诗中多次咏及天台。《天台晓望》曰："天台邻四明，华顶高百越。"因为天台山上的华顶峰，海拔高，景色美，登临于此，可以俯瞰群山，也是他最喜爱的去处。

李白诗中常见赞美天台等名山之作，今先引《送友人寻越中山水》《送杨山人归天台》二诗以示之。

闻道稽山去，偏宜谢客才。千岩泉洒落，万壑树萦回。东海横秦望，西陵绕越台。湖清霜镜晓，涛白雪山来。八月枚乘笔，三吴张翰杯。此中多逸兴，早晚向天台。

客有思天台，东行路超忽。涛落浙江秋，沙明浦阳月。今游方厌楚，昨梦先归越。且尽秉烛欢，无辞凌晨发。我家小阮贤，剖竹赤城边。诗人多见重，官烛未曾然。兴引登山屐，情催泛海船。石桥如可度，携手弄云烟。

神仙,名士,景观,名篇,吸引众多唐代诗人前往。李白对此更为热衷,故多次出没此地。

魏颢为李白的崇拜者,作风亦相仿佛,李白东下时,魏颢曾千里命驾,"自嵩宋沿吴相访",即沿其足迹而寻求一见,这使李白深为感动,遂作《送王屋山人魏万还王屋》诗以咏之,诗曰:

仙人东方生,浩荡弄云海。沛然乘天游,独往失所在。魏侯继大名,本家聊摄城。卷舒入元化,迹与古贤并。十三弄文史,挥笔如振绮。辩折田巴生,心齐鲁连子。西涉清洛源,颇惊人世喧。采秀卧王屋,因窥洞天门。揭来游嵩峰,羽客何双双!朝携月光子,暮宿玉女窗。鬼谷上窈窕,龙潭下奔潨。东浮汴河水,访我三千里。逸兴满吴云,飘飘浙江汜。挥手杭越间,樟亭望潮还。涛卷海门石,雪横天际山。白马走素车,雷奔骇心颜。遥闻会稽美,一弄耶溪水。万壑与千岩,峥嵘镜湖里。秀色不可名,清辉满江城。人游月边去,舟在空中行。此中久延伫,入剡寻王、许。笑读《曹娥碑》,沉吟黄绢语。天台连四明,日入向国清。五峰转月色,百里行松声。灵溪恣沿越,华顶殊超忽。石梁横青天,侧足履半月。眷然思永嘉,不惮海路赊。挂席历海峤,回瞻赤城霞。赤城渐微没,孤屿前峣兀。水续万古流,亭空千霜月。缙云川谷难,石门最可观。瀑布挂北斗,莫穷此水端。喷壁洒素雪,空蒙生昼寒。却寻恶溪去,宁惧恶溪恶。呀哮七十滩,水石相喷薄。路创李北海,岩开谢康乐。松风和猿声,搜索连洞壑。径出梅花桥,双溪纳归潮。落帆金华岸,赤松若可招。沈约八咏楼,城西孤岧峣。岧峣四荒外,旷望群川会。云卷天地开,波连浙西大。乱流新安口,北指严光濑。钓台碧云中,邈与苍梧对。

诗中提到的名山秀水甚多，除了魏颢原来居住地的嵩山、鬼谷，内有月光子、玉女等神仙外，诗中集中介绍的，还是浙东的名山，内如天台、四明、赤城、缙云、括苍、金华等，既是风光旖旎之处，又是道教中的圣地，中多神仙事迹，对学道之人深具吸引力。

李白屡次提到浙东上述名山，足见他对这些胜地的流连。今分别作些介绍。

天台山是浙东著名的神仙洞府。《文选》卷十一孙绰《游天台山赋序》曰："天台山者，盖山岳之神秀者也。涉海则有方丈、蓬莱，登陆则有四明、天台，皆玄圣之所游化，灵仙之所窟宅。夫其峻极之状，嘉祥之美，穷山海之瑰富，尽人神之壮丽矣。"李善注引《名山略记》曰："天台山，即是定光寺诸佛所降葛仙公山也。"所以李白在《天台晓望》中也说："凭高远登览，直下见溟渤。云垂大鹏翻，波动巨鳌没。风潮争汹涌，神怪何翕忽！……安得生羽毛，千春卧蓬阙。"

四明山与天台山相连，亦时见于李白咏天台的诗中。《早望海霞边》诗曰："四明三千里，朝起赤城霞。日出红光散，分辉照雪崖。"可见李白登临四明之巅时观感之佳。此外还有一层因缘促使李白往来于此。因为他所尊崇的前辈贺知章，即以"四明逸老"的身份退隐于此，因此李白在《对酒忆贺监》诗中说："狂客归四明，山阴道士迎。敕赐镜湖水，为君台沼荣。"贺知章最后以道士的身份终老于此。

赤城山在道教的名山谱系中地位甚高。五岳的名称，过去都把衡山定为南岳，时至南朝，道教中人又以霍山（天柱山）当之。只是霍山位于建康之西，因而道教中的某些派系又以赤城当之。因为赤城与东海仙岛的距离近得多，因而更易纳入江南神仙道教的体系之中。

赤城位于天台山系的南端，孙绰《游天台山赋》曰"赤城霞起而建标"，李善注引孔灵符《会稽记》曰："赤城，山名，色皆赤，状似云霞。"此意屡见李白笔下，《金陵送张十一再游东吴》曰："春光白门柳，霞色赤城天。"《秋夕书怀》曰："海怀结沧洲，霞想游赤城。始探蓬壶事，旋觉天地轻。"《莹禅师房观山海图》诗曰："如登赤城里，揭步沧洲畔。即事能娱人，从兹得萧散。"足见剡中的名山秀水及其相关的神仙故事、诗文名篇对他吸引力之巨。

下面介绍李白对金华之地的向往。《元和郡县志》卷二六江南道婺州金华县曰：

> 金华山，在县北二十里，赤松子得道处。

赤松子在神仙谱系中起源很早，旧传西汉刘向所撰之《列仙传》列赤松子于首卷之端，曰：

> 赤松子者，神农时雨师也。服水玉，以教神农，能入火自烧。往往至昆仑山上，常止西王母石室中，随风雨上下。炎帝少女追之，亦得仙俱去。高辛时，复为雨师。今之雨师本是焉。①

所谓"入火自烧"，亦即言其在烈火中永生。

郭璞《游仙诗》其三曰："赤松临上游，驾鸿乘紫烟。""紫"为烈焰上升烟气之色。《太平御览》卷六九引《水经》曰："赤松子游金华山，以火自烧而化，故山上有赤松子之祠。"

《梁书·沈约传》载"隆昌元年，除吏部郎，出宁朔将军、东阳太守"，亦即主政金华地区。其时曾有咏及赤松子之诗，《赤松涧》诗曰："松子排烟去，英灵眇难测。惟有清涧流，潺湲终不息。神丹在兹化，

---

① 载《列仙传》卷上，王叔岷校笺本，台湾"中央研究院"中国文哲研究所中国文哲专刊，1995 年版。

云輧于此陟。愿受金液方，片言生羽翼。"刘孝标《东阳金华山栖志》亦云："涧勒赤松之名，山贻缙云之号。"（《广弘明集》卷二四）

李白多次提及赤松子，《古风》其十八曰："萧飒古仙人，了知是赤松。借予一白鹿，自挟两青龙。"《对酒行》曰："松子栖金华，安期入蓬海。此人古之仙，羽化竟何在？"《送王屋山人魏万还王屋》诗曰："落帆金华岸，赤松若可招。"《古风》其十五曰："金华牧羊儿，乃是紫烟客。我愿从之游，未去发已白。"足见入火自焚的牧羊儿对他具有强大的吸引力。

金华牧羊儿为皇初平，亦即赤松子，葛洪《神仙传》曰：

> 皇初平者，丹溪人也。年十五，家使牧羊。有道士见其良谨，便将至金华山石室中，四十余年，不复念家。其兄初起，行山寻索初平，历年不得。后见市中有一道士，初起召问之曰："吾有弟名初平，因令牧羊，失之四十余年，莫知死生所在，愿道君为占之。"道士曰："金华山中有一牧羊儿，姓皇，字初平，是卿弟非疑。"初起闻之，即随道士去求弟，遂得。相见悲喜，语毕，问初平羊何在？曰："近在山东耳。"初起往视之，不见，但见白石而还。谓初平曰："山东无羊也。"初平曰："羊在耳，兄但自不见之。"初平与初起俱往看之，初平乃叱曰："羊起！"于是白石皆变为羊数万头。初起曰："弟独得仙道如此，吾可学乎？"初平曰："惟好道，便可得之耳。"初起便弃妻子留住，就初平学。共服松脂茯苓，至五百岁，能坐在立亡，行于日中无影，而有童子之色。后乃俱还乡里，亲族死终略尽，乃复还去。初平改字为赤松子，初起改字为鲁班。其后服此药得仙者数十人。（《太平广记》卷七引，《艺文类聚》卷九四所引略同）

中原地区有关羊的故事,大都与吉祥的寓意相关,或着眼于羊的易繁殖,或着眼于其性温顺,皇初平故事中的羊,则颇有其灵验之处。而且这一故事中的羊,特别强调其中一个"白"字,因为所牧之羊后均化为"白石",而这与李白其人特殊的历史文化背景有关。

李白离蜀东下时,曾赴峨眉山游赏,且作《登峨眉山》诗,曰:

> 蜀国多仙山,峨眉邈难匹。周流试登览,绝怪安可悉?青冥倚天开,彩错疑画出。泠然紫霞赏,果得锦囊术。云间吟琼箫,石上弄宝瑟。平生有微尚,欢笑自此毕。烟容如在颜,尘累忽相失。倘逢骑羊子,携手凌白日。

骑羊子为仙人葛由。《列仙传》卷上曰:

> 葛由者,羌人也。周成王时,好刻木羊卖之。一旦,骑羊而入西蜀,蜀中王侯贵人追之,上绥山,在峨眉山西南,高无极也。随之者不复还,皆得仙道。故里谚曰:"得绥山一桃,虽不得仙,亦足以豪。"山下立祠数十处云。

峨眉山为羌人影响所及的地区,古时即为羌族聚居之地,故"山下"有祠数十处,足见其地崇祀羌族中的神仙香火之盛。

巴蜀地区的人都很崇信葛由。陈子昂《感遇诗》其三十三曰:"金鼎合神丹,世人将见欺。飞飞骑羊子,胡乃在峨眉。"其三十六曰:"浩然坐何慕,吾蜀有峨眉。念与楚狂子,悠悠白云期。时哉悲不会,涕泣久涟洏。梦登绥山穴,南采巫山芝。探元观群化,遗世从云螭。"说明蜀地仙山对于该地区的人影响至深。羌族神仙已成公众的共同信仰。

李白诗中一再提及此事,《叙旧赠江阳宰陆调》诗中说:

　　　　我昔北门厄，摧如一枝蒿。有虎挟鸡徒，连延五陵豪。邀遮来组织，呵吓相煎熬。君披万人丛，脱我如彘牢。此耻竟未刷，且食绥山桃。①

李白转而言及"绥山桃"事，表示欲追随葛由成仙。其他诗中，也曾提到"骑羊"之事，如《留别曹南群官之江南》诗曰：

　　　　我昔钓白龙，放龙溪水傍。道成本欲去，挥手凌苍苍。时来不关人，谈笑游轩皇。献纳少成事，归休辞建章。……怀归路绵邈，览古情凄凉。登岳眺百川，杳然万恨长。却恋峨眉去，弄景偶骑羊。

诗中详细介绍了他少年时耽学仙术，历经事故蹉跎无成，朝廷仙宫两无着落，追忆蜀地道家踪迹，不由得又想起葛由牧羊之事，说明羌族中的这一神仙故事对他影响至深。

　　李白诗中喜用"白"字，除"白龙"外，诸如白羊、白鼋、白龟、白鹿、白兔、白虎、白鹦鹉、白蝙蝠、白石等等，不一而足。羌族居西，故与白有缘。李白居于西蜀，位于中国西部，又与羌人为邻，他的喜用"白"字，应当与此有关。

　　安史乱起，李白匆匆南下，而他念及留滞鲁地的爱子伯禽时，作《送萧三十一之鲁中兼问稚子伯禽》诗曰：

　　　　高堂倚门望伯鱼，鲁中正是趋庭处。我家寄在沙丘旁，三年

---

　　① 　这些诗句乃宋蜀本、缪曰芑本诗注引"一本"中文，咸淳本、《分类补注李太白诗》无。胡震亨《李诗通》以注文为正文，而以正文为注文。

不归空断肠。君行既识伯禽子,应驾小车骑白羊。

于此可见蜀地的白羊故事留给他的印象之深了。

按照历史学家与民俗学家的解释,"羌"字从"羊",因为羌人向以畜牧为生,故以羊为图腾。《说文解字·羊部》曰:"羌,西戎牧羊人也。从人、从羊,羊亦声。"《风俗通义》曰:"羌,本西戎卑贱者也,主牧羊。故'羌'从羊、人,因以为号。"(《太平御览》卷七九四引)因此羌人文化所及之区,白羊这一形象作为吉祥的象征,也就深入人心了。

羌族相信万物有灵,故主多神信仰,而在众神之中,又以天神地位为高。羌人把众神供奉在山上、屋顶、地里以及石砌的塔中,以一种乳白色的石英石作为象征,天神则被供奉在每户的屋顶最高处。①皇初平叱白石成羊,说明皇初平的牧羊故事亦有羌族文化背景,而皇初平即赤松子,赤松子的传记中有火葬与白石的明证,说明他是葛由的翻版,源出羌族之神。由此可知,李白欲弃人间事,从赤松子游。皇初平所放牧的牲口,也就是李白笔下的白羊。

羌族之神移植到了吴越地区的神仙洞府,演变成了皇初平的神仙之说,这也就是后来流传广泛的黄大仙这一道教神仙。这与蜀中仙人李八百的情况甚为相似。江南民间神仙道教中的李家道,就是由蜀地传入的。②

下面讨论江南神仙道教中的所谓李家道。

《太平广记》卷七《神仙传》载李八百与李阿事曰:

---

① 参看冉光荣、李绍明、周锡银《羌族史》下编第六章《羌族的习俗与宗教》,四川民族出版社 1985 年版。

② 参看胡孚琛《魏晋神仙道教——抱朴子内篇研究》第二章《魏晋社会的道教》第四节《魏晋社会的其他道派》(一)"李家道",人民出版社 1989 年版。

李八百，蜀人也，莫知其名。历世见之，时人计其年八百岁，因以为号。或隐山林，或出市廛。知汉中唐公昉有志，不遇明师，欲教授之，乃先往试之。为作客佣赁者，公昉不知也。八百驱使用意，异于他客，公昉爱异之。八百乃伪病，困当欲死，公昉即为迎医合药，费数十万钱，不以为损。忧念之意，形于颜色。八百又转作恶疮，周遍身体，脓血臭恶，不可忍近，公昉为之流涕，曰："卿为吾家使者，勤苦历年，常得笃疾，吾取医欲令卿愈，无所吝惜，而犹不愈，当如卿何？"八百曰："吾疮不愈，须人舐之当可。"公昉乃使三婢，三婢为舐之。八百又曰："婢舐不愈。若得君为舐之，即当愈耳。"公昉即舐，复言无益，欲公昉妇舐之最佳。又复令妇舐之。八百又告曰："吾疮乃欲差，当得三十斛美酒，浴身当愈。"公昉即为具酒，着大器中。八百即起，入酒中浴。疮即愈，体如凝脂，亦无馀痕。乃告公昉曰："吾是仙人也。子有志，故此相试。子真可教也。今当授子度世之诀。"乃使公昉夫妻并舐疮三婢以其浴酒自浴，即皆更少，颜色美悦。以《丹经》一卷授公昉。公昉入云台山中作药。药成，服之仙去。

　　李阿者，蜀人。传世见之不老，常乞于成都市，所得复散赐与贫穷者。夜去朝还，市人莫知所止。或往问事，阿无所言，但占阿颜色。若颜色欣然，则事皆吉；若容貌惨戚，则事皆凶。若阿含笑者，则有大庆；微叹者，则有深忧。如此候之，未曾不审也。有古强者，疑阿异人，常亲事之。试随阿还，所宿乃在青城山中。强后复欲随阿去，然身未知道，恐有虎狼，私持其父大刀。阿见而怒强曰："汝随我行，那畏虎也。"取强刀以击石，刀折坏。强忧刀败。至旦随出，阿问强曰："汝愁刀败也？"强言实恐父怪怒，阿则取刀，左手击地，刀复如故。强随阿还成都。未至，道逢人奔车，阿以脚置其车下，轹脚皆折，阿即死。强怖，守视之。须臾阿起，以手抚脚,而复如常。强年十八,见阿年五十许;强年八十馀,而阿犹然不异。后语人被昆仑山召,当去,遂不复还也。

这些神仙,葛洪在《抱朴子·道意》篇中也有介绍,今亦征引如下:

> 或问李氏之道起于何时,余答曰:吴大帝时,蜀中有李阿者,穴居不食,传世见之,号为八百岁公。人往往问事,阿无所言,但占问颜色。若颜色欣然,则事皆吉;若颜容惨戚,则事皆凶;若阿含笑者,则有大庆;若微叹者,即有深忧。如此之候,未曾一失也。后一旦忽去,不知所在。后有一人,姓李名宽,到吴而蜀语,能祝水治病颇愈,于是远近翕然,谓宽为李阿,因共呼之为李八百,而实非也。自公卿已下,莫不云集其门,后转骄贵,不复得常见,宾客但拜其外门而退,其怪异如此。

从上述李氏之道的记载可知,自孙吴时起,至六朝时,由于蜀地与江南之间一直保持着紧密的联系,文化上的交流也一直没有中断,所以宗教方面也一直在进行交流。葛由的情况类同,这一蜀地的羌族之神,像李家道一样,影响不断扩大,且在金华地区落脚,演变成了皇初平的故事。后来又向南方各地扩展,成了成君平的故事。

宋阮阅《诗话总龟》前集卷十六引《幽闲鼓吹》曰:

> 鹅羊山在长沙县北二十里,本名东华山,亦谓之石宝山。上有仙坛丹灶,《湘中别记》云:"昔郡人成君平,年十五,兄使牧鹅羊,忽遇一仙翁,相将入此山。兄后寻至山中,见君平,因问所牧鹅羊何在?弟指白石曰:'此是也。'遂驱起,令随兄去。旬日却还山下,复化为石,今犹存焉,因名此山为鹅羊山。"毕田诗云:"羽客

何年此炼丹,尚留空灶镇屏颜。云中鸡犬仙应远,山下鹅羊石转顽。湘渚几因沧海变,辽城无复令威还。何年仙驭还来此,尽遣飞腾上九关。"①

成君平为黄初平的翻版,可见道教中的一些神仙故事每有羌族原始信仰遗存。即以道教中的早期人物左慈而言,《北堂书钞》卷一四五引《搜神记》,言左慈有异术,曹操欲杀之,左慈遂走入羊群得免,可知此人亦有羌族文化背景。

江南的神仙道教与蜀地的原始道教关系深切。有关道教的起源,目下仍然众说纷纭,难作定论。因为道教是在华夏各地的原始信仰基础上产生,而又受到佛教的激发,逐渐形成的。大家普遍认可的说法,以为东汉后期的张道陵学道于西蜀鹤鸣山,首创道教。鹤鸣山在岷江沿岸,所以道教信仰风靡蜀地。李白早年生长于此,又与张道陵创教之地靠近,他在早年就皈依道教,在地缘上也可作出说明。

在研究道教起源的各种学说中,一些文史学者将这与西部地区的少数民族联系起来,很有说服力。今将向达在《南诏史略论》中的见解介绍如下:

自汉末至唐宋,陇蜀之间的氐、羌以至于云南的南诏和大理都相信天师道。天师道是氐、羌以及南诏大理的固有宗教信仰,还是受的外来影响,现在尚不能就下结论。不过天师道的起源实有可疑。过去都认为天师道起源东方,与滨海地区有密切关系。

---

① 毕田为北宋人,故此《幽闲鼓吹》非唐人张固所作,当为宋高宗所编纂之另一书,参看王国良《唐代小说叙录》中有关《幽闲鼓吹》之提要,台湾嘉新水泥公司文化基金会丛书,1979年版。

然天师道祖师张道陵学道于西蜀的鹤鸣山，在今岷江东岸仁寿县境内。仁寿西隔江为彭山、眉山，俱属古隆山郡，是氐、羌族经历之处。故我疑心张道陵在鹤鸣山学道，所学的道即是氐、羌族的宗教信仰，以此为中心思想，而缘饰以老子之五千文。因为天师道的思想原出于氐、羌族，所以李雄、苻坚、姚苌以及南诏、大理，才能靡然从风，受之不疑。[1]

魏晋南北朝时，李雄以賨（巴氏）族人首领的身份率领众多流民进入四川，得到道教徒范长生的支持，在此建立成汉小朝廷。道教成了此地的国教。[2] 因此，道教之于四川，具有广泛而深入的影响。境内的很多名山大川，都有种种仙话流传。唐代皇帝以姓李之故，认老子李耳为始祖，推崇道教，由是仙风更遍布朝野。李白生长在蜀中，自年幼时起即深受其影响。

道教以追求成仙为目标，这一观念何以会在羌族中浮现，看来与其丧葬习俗有关。因为羌俗自古以来即实行火葬。古时的人以为神可离形而单独存在。形在烈焰中逐渐焚毁，化作青烟冉冉上升，人们也就认为神升天界，成仙有望了。今亦就此略作叙述。《墨子·节葬下》曰：

[1]　原载《历史研究》1954 年第 2 期，今据《唐代长安与西域文明》，生活·读书·新知三联书店 1957 年版。按四川本地的一些学者如蒙文通等也以为五斗米道原为西南少数民族中产生之宗教，王家祐则谓五斗米道与青羌渊源至深，参看王家祐《读蒙文通先师论道教札记》《张陵五斗米道与西南民族》，均载《道教论稿》，巴蜀书社 1987 年版。

[2]　参看唐长孺《范长生与巴氏据蜀的关系》，载《魏晋南北朝史论丛续编》，生活·读书·新知三联书店 1959 年版。

今执厚葬久丧者言曰："厚葬久丧，果非圣王之道，夫胡说中国之君子，为而不已、操而不择哉？"子墨子曰："此所谓便其习而义其俗者也。昔者越之东，有骇沐之国者，其长子生，则解而食之，谓之宜弟。其大父死，负其大母而弃之，曰'鬼妻不可与居处'。……楚之南，有炎人国者，其亲戚死，朽其肉而弃之，然后埋其骨，乃成为孝子。秦之西，有仪渠之国者，其亲戚死，聚柴薪而焚之，燻上，谓之登遐，然后成为孝子。此上以为政，下以为俗，为而不已，操而不择。则此岂实仁义之道哉，此所谓便其习而义其俗者也。"

《列子·汤问》篇中也有相同的记载。《吕氏春秋·孝行览·义赏》篇曰："氐羌之民，其虏也，不忧其系累，而忧其死不焚也。"《荀子·大略》篇同，说明氐羌族中自古就有火葬的习俗。仪渠为羌族建立的国家，故《墨子》中有关于火葬的记载。

一种民俗形成之后，往往历千年而不变。"聚柴薪而焚之"的葬法，即后人常为采用的火葬。自佛教传入后，火葬之风更盛，但从《墨子》《荀子》与《吕氏春秋》等书的描述来看，实指秦地西边羌人的古老葬俗——火葬。

羌族起源甚古。《诗·商颂·殷武》曰："昔有成汤，自彼氐羌，莫敢不来享，莫敢不来王，曰商是常。"殷商甲骨文中就有关于羌的记载。周人率八百诸侯伐纣，其中就有羌族参加。《史记·周本纪》记武王伐纣，至于商之牧野，号召庸、蜀、羌、髳、微、纑、彭、濮八族之人共同讨伐不道。由于古时羌族没有系统的文字记载，因此有关该族的信仰问题，后人知之不多，只是一个民族的习俗往往世代相传，时至后代，羌族仍然实行火葬。《旧唐书》卷一九八《西戎·党项羌传》曰："党项羌，在古析支之地，汉西羌之别种也。……死则焚尸，名为火葬。"可证唐代羌族仍然实行火葬。

这里还可再从羌族的火葬习俗之影响于宗教者再作一些考察。

古代神仙故事中与"烟""火"之说有关者甚多，情况与赤松子、葛由等神类同，均应与羌族文化有关。《列仙传》卷上中的《宁封子》曰："封子积火自烧，而随烟气上下。"《啸父》曰："啸父者，冀州人也。……唯梁母得其作火法，临上三亮，上与梁母别列数十火而升，西邑多奉祀之。"这里提到的"西邑"，当指中国西部地区，亦即羌族生活的地区。又卷上《师门》曰："师门者，啸父弟子也，亦能使火。食桃李葩，为夏孔甲龙师。孔甲不能顺其意，杀而埋之外野。一旦风雨迎之，讫之山木皆焚。孔甲祠而祷之，还而道死。"可知神仙每与"火"密切相关。一些能呼风唤雨的神仙，首先与火有关。所谓"食桃李葩"，亦当与绥山桃事有关。

羌族的主要活动地区，一直在中国的西部，自河西走廊起，直到关中地区，南下至青海、四川一带，一直扩展到今云南等地。这里可以注意的是，羌族与李白家族的活动地区始终很贴近。[①]

李白九世祖李暠于河西走廊建立西凉王朝，历时二世，终为沮渠蒙逊所灭。沮渠蒙逊为卢水胡人。这一民族究竟属于北方的哪一个民族，说法尚有分歧。有人说是匈奴的别支，有的说是月氏人，有的则亦归之为羌族。[②] 沮渠蒙逊受汉族文化的影响很深，他建立北凉王朝

---

① 参看周伟洲《唐代党项》第二章《唐初党项的降附及党项诸羁縻州的设置》，广西师范大学出版社 2006 年版。

② 参看《陈寅恪魏晋南北朝史讲演录》第六篇《五胡种族问题》（五）《卢水胡》，万绳楠整理，黄山书社 1987 年版。唐长孺《魏晋杂胡考》曰："卢水胡的种族照《沮渠蒙逊载记》以及《魏书》、《宋书》的《沮渠蒙逊传》并没有说是匈奴，只是沮渠氏的祖先曾为匈奴此官而已，虽照当时通例言之，似不妨认为匈奴别部，但推其由来，很可能与小月氏有关。"载《魏晋南北朝史论丛》，生活·读书·新知三联书店 1955 年版。小月氏长期与羌为邻，深受羌族影响，后与羌族融合。

后,仍然着力于保存中原文化,且与南朝刘宋王朝交好。《宋书》卷九八《氐胡列传》曰:"(蒙逊)世子兴国遣使奉表,请《周易》及子集诸书,太祖并赐之,合四百七十五卷。蒙逊又就司徒王弘求《搜神记》,弘写与之。"

由上可见,羌族影响所及的地区,流行神仙信仰,所以沮渠蒙逊对干宝记录的江南神仙故事特别有兴趣。据此亦可推知,西凉的宗教信仰情况应当类同。

前已叙及,魏晋南北朝时,蜀地与江南一直保持着政治上的联系与文化上的交流。在宗教领域内,也有相互影响与交融的情况。署名东方朔的《五岳真形图序》中说,黄帝"察四岳并有佐命之山,而南岳独孤峙无辅,乃章词三天太上道君,命霍山、潜山为储君。奏可。帝乃自造山,躬写形象,连五图之后,又命拜青城为丈人,署庐山为使者"。(《云笈七签》卷七九《符图》)潜山为天柱山,霍山此指赤城山。《真诰》卷九陶弘景注曰:"霍山赤城亦为司命之府,唯太元真人、南岳夫人在焉。"可见江南神仙道教一系中人已经重作编排,定赤城为南岳,且将蜀地名山也纳入了他们拟设的体系之中。

就在道教神异故事中占重要地位的《汉武帝内传》一文中,也可见到此中踪迹。西王母给汉武帝展示《五岳真形图》,乃应青城诸仙之请,这就隐约透露出了青城山与《五岳真形图》的关系,而由西王母这一具有特殊身份的神仙出现,又可看到河西一系宗教影响之存在。上述李阿"后语人被昆仑山召",亦可见其踪迹。

李白一家,自李暠时起,就屡遣使者穿行于南山道抵蜀后再东下而至江南的这条通道上。李白之父携家人由碎叶至蜀,李白下荆门后亟赴剡中,都要经过上述神仙故事广泛流行的地区,且始终保存着羌族神仙信仰的遗痕。由此还可看到,蜀地形成完整的道教体系之后,其教徒东下而至江南布道,且在该地扩大影响。由于东晋王朝许多文化名人在浙东地区活动,该地的名山名水随之又将许多美丽的传说扩大至全国,这不但反过来影响到了蜀地,且远播至河西地区。

河西地区的一些统治者,也很注重祀名山。《晋书·沮渠蒙逊载记》曰:

> 蒙逊西祀金山,遣沮渠广宗率骑一万袭乌啼虏,大捷而还。蒙逊西至苕藋,遣前将军沮渠成都将骑五千袭卑和虏,蒙逊率中军三万继之,卑和虏众迎降。遂循海而西,至盐池,祀西王母寺。寺中有《玄石神图》,命其中书侍郎张穆赋焉,铭之于寺前,遂如金山而归。

如将李暠与沮渠蒙逊等人的传记合观,可以看出李白祖辈在河西之地的文化氛围。李父返蜀之前,几代人都在北方生活,但自西魏至北周,其疆域内宗教民俗等文化氛围与前无大变动,因此在李家的宗教信仰上应当对江南神仙道教有其印象。至蜀地后,自会进一步接受其影响,因此李白一出荆门,遂有先至剡中观赏的愿望。

李白对东晋风流人物的倾慕

唐人出三峡东下,欲至剡中游览,一般先到江宁(南京)少驻,然后南下。李白此行,走的就是这条路线。由于他对东晋政局与其时的众多名士抱有浓厚的兴趣,因此先后居住的时间很长,留下的诗篇也多。

唐之江宁,古称金陵,李白诗中即常用金陵称呼。自孙权建都于此,迭经东晋、宋、齐、梁、陈五朝,合称六代,前后涌现出不少名人,演出过不少或壮烈或风雅的轶事,这些都对李白具有强大的吸引力,不时见之于诗文。今仅引用他在此地所作的一些诗歌,且略作阐述。

金陵周围的山山水水，留下了很多历史的记忆。一些名流于此出没，也就留下了很多传诵一时的嘉话。李白在咏金陵周边的一些名胜古迹时，常是流露出对前朝轶事的歆羡。

《题金陵王处士水亭》曰：

> 王子耽玄言，贤豪多在门。好鹅寻道士，爱竹啸名园。树色老荒苑，池光荡华轩。此堂见明月，更忆陆平原。扫拭青玉簟，为余置金尊。醉罢欲归去，花枝宿鸟喧。何时复来此，再得洗嚣烦。

水亭主人姓王，李白也就联想到了东晋的王姓名士，其中最出名的，当然是王羲之一门人物了。"好鹅寻道士"句，即颂王羲之写《黄庭》易鹅事，此一轶闻见何法盛《晋中兴书》（《太平御览》卷二三八引）；"爱竹啸名园"事，则颂其子王徽之爱竹而径入他人园林事，此见《世说新语·简傲》。李白至王姓主人园林玩赏，而用"好鹅""爱竹"的典故，固可见其用事之妙，也可见他对王氏一门风雅情趣之欣赏。

宋张敦颐《六朝事迹类编》"宅舍门"第七"陆机宅"曰："李太白《题王处士水亭》云：'齐朝南苑，是陆机宅。'"又曰："《图经》云：'在县南五里，秦淮之侧。'"陆机吴人，年轻时即国灭，想来居住在金陵的时间不会太长，但因文名盛极一时，所以留下的故居也已成为名胜。许多注本都指出，李白诗中"此堂见明月"句乃活用陆机诗中典故。按陆诗《拟明月何皎皎》中有句云："安寝北堂上，明月入我牖。照之有馀晖，揽之不盈手。"此乃咏月之名句，李白触景生情，也就想到了陆氏此诗。

大家知道，李白在乐府诗的写作上取得了巨大的成就，而他在练习写作的过程中，又对模拟前人的名作下了很大的功夫。这一追忆陆平原的诗中，也透露出了此中消息。

李白作有拟乐府《鼓吹入朝曲》一诗,咏金陵一地六代君臣的朝会仪式,亦可见其对该地政治动态之浓厚兴趣,也是一种耐人寻味之事。诗曰:

> 金陵控海浦,渌水带吴京。铙歌列骑吹,飒沓引公卿。趫钟速严妆,伐鼓启重城。天子凭玉几,剑履若云行。日出照万户,簪裾烂明星。朝罢沐浴闲,遨游阆风亭。济济双阙下,欢娱乐恩荣。

这诗也有所承袭,乃仿谢朓《入朝曲》之作。谢诗曰:

> 江南佳丽地,金陵帝王州。逶迤带渌水,迢递起朱楼。飞甍夹驰道,垂杨荫御沟。凝笳翼高盖,迭鼓送华辀。献纳云台表,功名良可收。

《文选》录此,李善注引《集》云:"奉隋王教作《古入朝曲》。"李白诗意全同。谢朓为李白的倾慕对象,故对谢朓咏朝会的这一名篇,也心慕手写,反映自身对六朝史迹的向往。而谢诗篇章华美,李诗实有所不及,谢朓之所以得到李白的钦佩,确因谢诗有其过人之处。谢朓在金陵一地,留下了不少游踪,李白触景生情,也留下了不少名篇。《金陵城西楼月下吟》曰:

> 金陵夜寂凉风发,独上高楼望吴越。白云映水摇空城,白露垂珠滴秋月。月下沉吟久不归,古来相接眼中稀。解道"澄江净如练",令人长忆谢玄晖。

"澄江静如练",为谢朓《晚登三山还望京邑》中的名句,李白对此极为欣赏。《三山望金陵寄殷淑》诗中亦云："三山怀谢朓，绿水望长安。"再次言及他对谢朓其人与诗的喜爱。李白天性狂放，少所许可，前人创作而能得李白如此评价的，殊为少见。

李白尚有《秋夜板桥浦泛月独酌怀谢朓》诗，内云：

> 天上何所有，迢迢白玉绳。斜低建章阙，耿耿对金陵。汉水旧如练，霜江夜清澄。长川泻落月，洲渚晓寒凝。独酌板桥浦，古人谁可征。玄晖难再得，洒酒气填膺。

诗的内容，也咏六朝古都，李白所想到的，是金陵城内的宫阙，亦即朝廷所在；还有曾在板桥浦边逗留过的谢朓。王士禛《戏仿元遗山论诗绝句三十二首》之三曰："青莲才笔九州横，六代淫哇总废声。《白纻》青山魂魄在，一生低首谢宣城。"此诗末句固有理，但要说到"六代淫哇"，也只是他个人的观点，李白并不如此看，至少他对谢家一门中人，如谢灵运等人之诗，都有极高的评价，从不以"淫哇"视之。《劳劳亭歌》中说："我乘素舸同康乐，朗咏清川飞夜霜。昔闻牛渚吟五章，今来何谢袁家郎？"即涉谢氏门中多人之轶事。谢灵运《东阳溪中赠答》之二曰："可怜谁家郎，缘流乘素舸。但问情若为，月就云中堕。"乃仿乐府中语而作。李白不仅推崇谢灵运之人生情趣，也喜仿作乐府中语。袁家郎事出于《世说新语·文学》篇引《续晋阳秋》，叙袁宏夜吟《咏史》而遇谢尚事，可知他对六朝高门中的代表人物王、谢家族中人多有好评。

李白对谢朓、谢灵运的仰慕，常因二谢居处景色之佳，以及吟咏之时清词丽句之美所吸引。所以李白每过谢朓、谢灵运曾经生活过的地方，每有诗作抒发他的感情。例如他在皖南宣城一带游赏时，就有《秋登宣城谢朓北楼》《宣城谢朓楼饯别校书叔云》等诗以咏之。前诗结尾曰："谁念北楼上，临风怀谢公。"后诗中云"蓬莱文章建安骨，中间小谢又清发"，可见其评价之高。又谢朓在出入建康新林浦、三山、板桥浦等处时均曾留下诗作，李白《新林浦阻风寄友人》曰："明发新林浦，空吟谢朓诗。"《秋夜板桥浦泛月独酌怀谢朓》等诗中咏及谢朓之处前已征引，类似之诗尚多，今不具列。

谢灵运的情况相同，经行之处与名篇佳句，都曾博得李白的喜爱与高度评价。谢灵运曾出任永嘉太守，又长期居住在经营多年的始宁墅中，李白《送友人寻越中山水》诗曰："闻道稽山去，偏宜谢客才。"因为谢客为浙东美景作了细致的描绘，所以李白已把谢客与会稽山水融为一体。《与周刚清溪玉镜潭宴别》诗曰："康乐上官去，永嘉游石门。江亭有孤屿，千载迹犹存。"谢灵运"脚著谢公屐，身登青云梯"的潇洒风姿与李白志趣又完全相合，故而在其诗中屡次提及。

谢灵运又曾出任临川内史，在彭蠡湖与庐山等处留下踪迹。李白《过彭蠡湖》曰："谢公入彭蠡，因此游松门。"《庐山谣寄卢侍御虚舟》曰："闲窥石镜清我心，谢公行处苍苔没。"可以说，浙东与庐山等地的美景，经过谢客和李白的渲染，名声有了很大的提高。

谢灵运诗歌中的一些名句，也曾得到李白的反复称赞。《游谢氏山亭》诗曰："谢公池塘上，青草飒已生。"这里是指谢诗《登池上楼》中的名句"池塘生春草，园柳变鸣禽"。《同友人舟行》诗曰："楚臣伤江枫，谢客拾海月。"这里是指谢诗《游赤石进帆海》中的名句"扬帆采石华，挂席拾海月"。尤为特殊的是，李白在《酬殷佐明见赠五云裘》一诗中引用了大量的谢诗名句，纳入篇章中，中如"故人赠我我不违，著令'山水含清晖'。顿觉谢康乐，诗兴生我衣。襟前'林壑敛暝色'，袖上'烟霞收夕霏'"，可见他对谢诗的熟习与倾倒。

魏颢在《李翰林集序》中介绍李白奔波金陵等地的情况时说："间携昭阳、金陵之妓，迹类谢康乐，世号为李东山。骏马美妾，所适二千石郊迎，饮数斗醉，则奴丹砂抚《青海波》，满堂不乐，白宰酒则乐。"这番描绘，生动具体，颇能呈现李白特有的风貌，但魏颢此说却是用事有误。李白而称"东山"，则指的自然是谢安。谢安未仕前，寓居会稽，"高卧东山"，出仕之后，又于建康城东拟之筑一土山，亦名东山。《晋书》本传上说："安虽放情丘壑，然每游赏，必以妓女从。"李白的作风与此仿佛，"李东山"之名当由此而得，但这与谢灵运无关。谢灵运虽好登山涉水，然未闻挟妓出游。按谢灵运之祖谢玄于淝水之战中立大功，赐爵康乐县公，后由灵运袭之，可知魏颢此处乃将谢安与谢灵运二人相混，然亦可觇李白对谢氏一门中人至为仰慕，所以本人的仰慕者魏颢会将二人混淆。

应该说，在谢家一门中，李白最感兴趣且奉之为效法对象者，首推谢安。因为谢安的为人与功业都与李白的生活情趣与人生愿望相合。谢安未出山前，纵情游乐，携妓东山，是一种富贵者的享乐生活。山水之美与声色之乐结合在一起，不像隐居山林者那样枯槁度日，也不像握有权势者那样忙于世务，而是多种享受集于一身，这也是李白所追求的目标。然当苻秦南侵之时，国人均望其出山扭转危局，于是淝水一战，谈笑之间击退敌军百万，而又表现得那么潇洒脱俗，这种表现，简直可以作为完美的榜样。

李白抵达金陵后，即效谢安游赏之乐。为了表示他对金陵一地之热爱，乃为小妓取名金陵子，为了效法谢安携妓东山，亦携金陵子到处游荡。《示金陵子》曰："金陵城东谁家子？窃听琴声碧窗里。落花一片天上来，随人直渡西江水。楚歌吴语娇不成，似能未能最有情。谢公正要东山妓，携手林泉处处行。"

这位小妓后来还是离开了，但李白难以忘怀他像谢安那样携之出游的美好时光，因而屡见之诗篇。《出妓金陵子呈卢六四首》中之一曰："安石东山三十春，傲然携妓出风尘。楼中见我金陵子，何似阳台云雨人？"

李白尚有《东山吟》一首,亦咏谢安携妓东山事,而他自己所携之妓,应当也就是金陵子。诗曰:"携妓东土山,怅然悲谢安。我妓今朝如花月,他妓古坟荒草寒。白鸡梦后三百岁,洒酒浇君同所欢。酣来自作青海舞,秋风吹落紫绮冠。彼亦一时,此亦一时,'浩浩洪流'之咏何必奇。"

李白作《登金陵冶城西北谢安墩》一诗,集中抒写了他对东晋王朝的存亡绝续之感和对王谢风流的追慕,其中又突出强调了谢安的历史作用。诗曰:

> 晋室昔横溃,永嘉遂南奔。沙尘何茫茫,龙虎斗朝昏。胡马风汉草,天骄蹙中原。哲匠感颓运,云鹏忽飞翻。组练照楚国,旌旗连海门。西秦百万众,戈甲如云屯。投鞭可填江,一扫不足论。皇运有返正,丑虏无遗魂。谈笑过横流,苍生望斯存。冶城访古迹,犹有谢安墩。凭览周地险,高标绝人喧。想象东山姿,缅怀右军言。梧桐识佳树,蕙草留芳根。白鹭映春洲,青龙见朝暾。地古云物在,台倾禾黍繁。我来酌清波,于此树名园。功成拂衣去,归入武陵源。

李白自注:"此墩即晋太傅谢安与右军王羲之同登,超然有高世之志。余将营园其上,故作是诗。"这一追溯历史往事的长诗,把他个人的志趣和抱负全盘托出了。

李白前后往来金陵多次,停留的时间也多,仅以"金陵"命名的诗歌即不下一二十首。由于缺少明显的时间记叙,很难一一定其作年,但由此不难看出,李白对东晋南朝的文采风流何等迷恋。

有一些不标金陵地名的诗歌,也颂谢安之事,如《书情赠蔡舍人雄》曰:"尝高谢太傅,携妓东山门。楚舞醉碧云,吴歌断清猿。暂因苍生起,谈笑安黎元。"《赠常侍御》曰:"安石在东山,无心济天下。一起振横流,功成复潇洒。"日后他在高卧庐山时,应征入永王幕,就是想走谢安的老路,所谓"但用东山谢安石,为君谈笑静胡沙"。可见谢安这一榜样给予他的影响之深。

李白常是沉醉于历史的憧憬中,而他因家世的关系,最为关注的,也就是五胡十六国的旧事了。在他笔下,常是出现这一时期北方胡族政权内的一些轶闻,这在其他诗人笔下却是难以见到的。天宝初年时,李白应诏入京,任翰林供奉年馀,即为谗言所中,赐金还山。这时大唐政权由盛转衰。虽在表面上还称繁盛,然而正在急速地向衰败的道路上下滑。李白其时又到了金陵故地,仍然在他热衷的各个景点游玩。在他眼中,政局已如浮云蔽日,少见光芒了。因为杨氏一门已经包围了日趋昏聩的昔日明主玄宗,犹如那位淝水之战中遭到彻底失败的前秦国君苻坚,因为迷恋于慕容垂的夫人,导致国势的下坠。《登金陵凤凰台》诗曰:

> 凤凰台上凤凰游,凤去台空江自流。吴宫花草埋幽径,晋代衣冠成古丘。三山半落青天外,二水中分白鹭洲。总为浮云能蔽日,长安不见使人愁。

金陵一地,因历史的原因,演出过无数悲欢离合的故事,不时出之于李白笔下。他在好几首诗中抒发了对此地的感受,前面已经作了一些介绍,而他在《登梅岗望金陵赠族侄高座寺僧中孚》一诗中,则表达了对这一帝王之都的观感。诗曰:

> 钟山抱金陵,霸气昔腾发。天开帝王居,海色照宫阙。群峰如逐鹿,奔走相驰突。江水九道来,云端遥明没。

显然，金陵一地特寓霸气，这在自以为具有"王霸之略"的李白眼中，那是特别适合的"帝王居"。《金陵三首》中，又以组诗的形式集中抒发了他的感怀。

晋家南渡日，此地旧长安。地即帝王宅，山为龙虎盘。金陵空壮观，天堑净波澜。醉客回桡去，吴歌且自欢。

地拥金陵势，城回江水流，当时百万户，夹道起朱楼。亡国生春草，离宫没古丘。空馀后湖月，波上对瀛洲。

六代兴亡国，三杯为尔歌。苑方秦地少，山似洛阳多。古殿吴花草，深宫晋绮罗。并随人事灭，东逝与沧波。

李白对重现东晋风流的渴望

李白脑海中，不时浮现出晋代的种种生动图像，然东晋绝非盛世，最多只能说是个偏安之局。李白虽热心于政治，有拯生民于水火之中的抱负，然而从未有过建立盛世政局的想法。相反，一当国家陷于动乱，也就立即勾起了恢复东晋时期偏安政局的愿望。

安史乱起，不到一年就攻陷长安，明皇仓皇奔蜀，中途提出了诸王分镇的计划。以太子李亨充天下兵马元帅，领朔方、河东、河北、平卢节度都使；以永王璘充山南东道、岭南、黔中、江南西道节度都使；以盛王琦充广陵大都督，领江南东路及淮南、河南等路节度都使；以丰王珙充武威都督，仍领河西、陇右、安西、北庭等路节度都使。然而明皇下诏之时，肃宗已在部下的拥戴下，在灵武自立为主。不过就在明皇当时的诏书中，也已明确表示，领导讨伐安史叛军的首领，是皇太子李亨，他的主要任务，是收复东西二都洛阳与长安。

李亨即位，依靠朔方军中主要将领郭子仪、李光弼等苦战，又得回纥骑兵的支援,形势有所好转。这一新建政权也就成了忠于唐室的人精神上的支柱。李白的老友高适,就在分镇之议初出时即表示反对,事后一直站稳忠于肃宗的立场。杜甫陷于长安城中,一听到肃宗在灵武即位,也就舍命出奔,历经千辛万苦,终于抵达行在。《述怀》诗中说:"去年潼关破,妻子隔绝久。今夏草木长,脱身得西走。麻鞋见天子,衣袖露两肘。朝廷愍生还,亲故伤老丑。涕泪受拾遗,流离主恩厚。"他对这段刻骨铭心的经历,反复吟咏;对于新建的朝廷,抱着无限的希望。《喜达行在所三首》曰:

> 西忆岐阳信,无人遂却回。眼穿当落日,心死着寒灰。雾树行相引,连山望忽开。所亲惊老瘦,辛苦贼中来。
>
> 愁思胡笳夕,凄凉汉苑春。生还今日事,间道暂时人。司隶章初睹,南阳气已新。喜心翻倒极,鸣咽泪沾巾。
>
> 死去凭谁报?归来始自怜。犹瞻太白雪,喜遇武功天。影静千官里,心苏七校前。今朝汉社稷,新数中兴年。

反观李白,情况大不相同,他的个人特点,亦尽情显露。

永王率领军队,由水路东下,路经庐山时,派遣下属韦子春等三上庐山相邀,这时李白携其妻子宗氏为避北方动乱,已逃到山上隐居,一见韦子春等三上庐山,也就以为汉末天下三分的政局又要出现了,于是兴冲冲地下山,企图乘机一展抱负。

其后李白作有《永王东巡歌》,表达他的欣喜之情。当然,他也希望亲自参予讨伐安史叛军,恢复唐室,由此展现他的才华,但其最终目的却与杜甫等友人大不相同。

《永王东巡歌》其三曰:

雷鼓嘈嘈喧武昌，云旗猎猎过寻阳。秋毫不犯三吴悦，春日遥看五色光。

武昌为永王军队的首发之地，"雷鼓嘈嘈"形容水师起拔之时的军容之盛；浔阳为李白参加军幕的地点，"云旗猎猎"形容连舟东下时声势的不同凡响。李白心情与之跃动，建功立业的愿望跃然纸上。但下句说到"秋毫不犯三吴悦"，却又颇出人意料。因为永王的辖区，即在明皇的指令下，也只是限在江南西道。三吴地区，非其所辖，不宜进驻，但水师已"过"寻阳，看来已经进入江南东道，这样也就势必会引起与本地驻军的冲突。事实上，吴地长官李希言、李成式等已经表现出高度警惕，且以强硬的态度，平牒诘责其擅自引兵东下之意。李白却对"东下"的是否合法与其后果始终不作他想。

《永王东巡歌》其十曰：

帝宠贤王入楚关，扫清江汉始应还。初从云梦开朱邸，更取金陵作小山。

这首诗的最后一句，道出了永王东下的目的，也就是在金陵立国。组诗其四曰："龙盘虎踞帝王州，帝子金陵访古丘。春风试暖昭阳殿，明月还过鸠鹊楼。"这诗明确宣布，永王已经到达了金陵。昭阳殿与鸠鹊楼，齐梁时期的帝王与嫔妃都在这些著名的宫廷内生活过。这些南朝往事，吸引过李白的关注，现在由李璘来造访，历史似乎又将重现了。李白对这一段历史情有独钟，因此在这一组诗中，应用了很多南朝的典故。其十一曰："试借君王玉马鞭，指麾戎虏坐琼筵。南风一扫胡尘静，西入长安到日边。"用的都是晋明帝的故事。

《永王东巡歌》其二曰：

三川北虏乱如麻，四海南奔似永嘉。但用东山谢安石，为君
谈笑静胡沙。

　　这首诗倒是集中地表达了李白的抱负。他把安史之乱视作五胡十六
国故事的重现，南北朝分别立国的局面似乎又将重现了。每当提起永
嘉南渡后的政局，也就会引起他的遐想，希望在这关键时刻施展出个
人的突出才华，像他的倾慕对象谢安那样，风流潇洒地一举挽救危局。

　　只是李白的理想在现实面前严重碰壁。"我王楼舰轻秦汉，却似
文皇欲渡辽"，李白把这位不更世事的永王比作雄才大略的太宗，也可
说明他政治观念上的幼稚与可笑。

　　永王失败，李白遭到连累，被捕入狱，陷入了从逆的险境。所喜者
这次前来处理逆党的人中有好几位官员伸出了援助之手，崔涣以宰相
之尊充江淮宣慰大使，与御史中丞宋若思为之推覆洗雪，乃得获释。

　　宋若思是李白的老友宋之悌之子。他对李白很照顾，既脱之于
难，又让他加入幕府，屡预宴饮。李白的特点是从不消沉，对自己的才
能始终有充分的自信。一旦脱离厄难，也就立即想到准备再次显示身
手。等到他一有发言权时，也就立即旧事重提了。其时作有《为宋中
丞请都金陵表》，表达他希望唐王朝在江东建立朝廷的愿望，企图重温
东晋南朝的旧梦，《表》云：

　　臣伏见金陵旧都，地称天险，龙盘虎踞，开局自然。六代皇
居，五福斯在。雄图霸迹，隐赈由存。咽喉控带，萦错如绣。天下
衣冠士庶，避地东吴，永嘉南迁，未盛于此。臣又闻汤及盘庚，五
迁其邑，典谟训诰，不以为非。卫文徙居楚丘，风人流咏。伏惟陛
下因万人之荡析，乘六合之诪张，去扶风万有一危之近邦，就金陵
太山必安之成策。苟利于物，断在宸衷。况齿革羽毛之所生，楗

柟豫章之所出,元龟大贝,充牣其中;银坑铁冶,连绵相属。划铜陵为金穴,煮海水为盐山。以征则兵强,以守则国富。横制八极,克复两京。俗畜来苏之欢,人多徯后之望。陛下西以峨眉为壁垒,东以沧海为沟地,守海陵之仓,猎长洲之苑。虽上林、五柞,复何加焉?上皇居天帝运昌之都,储精真一之境。有虞则北闭剑阁,南扃瞿塘,蚩尤、共工,五兵莫向,二圣高枕,人何忧哉?飞章问安,往复巴峡,朝发白帝,暮宿江陵,首尾相应,率然之举。不胜屏营瞻云望日之至。

读者不难发现,李白提出的这一政治远景,实际上就是其九世祖李暠时代的政治蓝图的再现。中国的北部中原地带已为胡族所占领,自可放弃不顾;长江以南,自蜀地至江南一带,建立的东晋王朝,虽系偏安之局,但文采风流,足以照映千古。于此可见,李白的思想总是停留在过去,带有文人议政的特点,大约六代豪华,名士辈出,对他具有难以割舍的感情吧。

结　语

从唐代历史来看,政局的发展与李白的愿望相违,而这正是当时众人所追求的目标。肃宗在物产俭啬的灵武地区建立临时朝廷,不论朝臣或武将,坚持讨伐安史叛军,最后终于恢复了统一。在这过程中,绝大多数的文士,都站在象征唐室政权的肃宗一边,只有李白一人例外,可见其情况之特殊。

李唐政权的建立,疆域版图,国力声势,远超前代,这些都是唐代文人念念不忘的伟业,大家无法接受中国再次陷于分崩离析的局面。李白虽然以为自己有旋乾转坤的能力,却从未提出过恢复盛世王朝的设想，他所反复强调的，只是建立东晋王朝一样文采风流的偏安之局。处在历史转折关头，他首先想到的，就是要在江东立国，想走一条与大多数人背道而驰的道路。

由此可见，李白确是一位终日沉浸在历史憧憬中的人。他的晋代情结，强烈而坚持，这是由诸多因素所决定的。上代的历史，留在脑海中；文学爱好与宗教信仰，也深入骨髓。他受魏晋南北朝时的历史与文化的熏染至深至久，最集中的反映，也就是晋代情结。

考察李白这一情结的形成，还得扩大视野，统观全局。西晋覆亡，李暠、沮渠蒙逊等人在河西立国，出于政治上的需要，与在江南立国的东晋与刘宋王朝一直保持着联系。自河西至江南，一直进行着文化上的交流，居中的蜀地自然成了这条通道上的枢纽。两地的学术与宗教等项，也都经过蜀地而贯通，相互融合，相互吸收。李白生长在这一中枢地带，且因家世的关系，也就承受着这一文化流通地段的多种影响。他的思想，他的行动，他的独特作风，均可由此得到解释。

（原载《中国社会科学院文学研究所学刊》〔2007〕，中国社会科学出版社 2007 年 12 月出版）

李白与羌族文化

李白是奇人。若与他的朋友杜甫、高适、王昌龄、孟浩然等人相比,其思想、作风与人生道路均有很大的差异。他为什么这样特殊?学术界进行过多方面的探索,试图解开李白之谜,我则试图从文化背景的不同上说明李白的特点。为此我除了从中国固有的儒、道、法、纵横等不同学派的影响上进行剖析外,还从李白先世居住地区的地域文化着眼,说明李白与突厥文化的关系;从蜀地区域文化着眼,说明他与南蛮文化的关系。今从李白先世与早年居住地区的民族文化背景着眼,考察李白与羌族文化的关系,借以说明李白丰富多彩的宗教信仰与人生道路问题。

一 《登峨眉山》诗的宗教背景

羌族为我国最为古老的民族之一。自商、周至唐,一直生活在中国的北部,后又逐渐集中到西北地区。汉代之后,羌族每分布于甘肃、青海两地,渐次扩散到四川,再由此南下,一直到达云南地区。唐代散布于云南地区的乌蛮,今日居住于凉山地区的彝族,都由古代羌族演化而来。①

———————————

① 近代研究彝族族源的学者已逐渐达成共识,方国瑜在《彝族史长编》中说:"彝族祖先从祖国西北迁到西南,结合世代记录,当与羌人有关,早期居住在西北河湟一带的就是羌人,分向几方面迁移,有一部分向南活动的羌人,是彝族的祖先。"徐嘉瑞在《大理古代文化史稿》"重印自序"中也提出:"羌族即是乌蛮,也即是今天的彝族。"(中华书局 1978 年版)参看白兴发《近百年来彝族史研究综述》,载《学术月刊》2003 年 9 月号(总 412 期)。

由此可知,四川西部之地曾为羌族聚居之区,这对蜀地文化也会产生影响。

李白自五岁时随其父亲李客由碎叶迁回,直到二十四岁离蜀,一直居住在绵州昌隆县。此地位处四川西部,地区之内有众多少数民族杂居,西北境外又有吐蕃与党项羌等许多民族在流动。[①] 这些都曾对生活在绵州的李家发生影响。

李白离蜀之前,曾至成都等地活动,旋即赴峨眉山游赏,曾有《登峨眉山》诗记其事。诗云:

> 蜀国多仙山,峨眉邈难匹。周流试登览,绝怪安可悉?青冥倚天开,彩错疑画出。冷然紫霞赏,果得锦囊术。云间吟琼箫,石上弄宝瑟。平生有微尚,欢笑自此毕。烟容如在颜,尘累忽相失。倘逢骑羊子,携手凌白日。

所谓"平生有微尚,欢笑自此毕",是说早就立志成仙,打算结束俗世生活。抵此名山,更欲随骑羊子而仙去。那么骑羊子究为何人?

此人即羌族神仙葛由。传为刘向所撰的《列仙传·葛由》云:

> 葛由者,羌人也。周成王时,好刻木羊卖之。一旦,骑羊而入西蜀,蜀中王侯贵人追之,上绥山,在峨眉山西南,高无极也。随之者不复还,皆得仙道。故里谚曰:"得绥山一桃,虽不得仙,亦足以豪。"山下立祠数十处云。[②]

---

① 参看胡昭曦《论汉晋的氐羌和隋唐以后的羌族》,载《历史研究》1963年第2期。

② 《列仙传》卷上,王叔岷校笺本,台湾"中研院"中国文哲研究所中国文哲专刊1995年版,第50页。

李白与羌族文化 — 107

《列仙传》是记载神仙事迹的一部重要著作。其中记载的神仙,除葛由为羌人、赤斧为巴戎人外,均为汉族中人。羌人与巴戎人都生活在巴蜀地区,由此亦可推知道教的产生与此地的少数民族有关。

葛由情况特殊,书中明确指出他是羌人,此说可信。因为在葛由的神仙事迹中,与羊密切相关,而羌人即以羊为图腾。此事屡见前此典籍。

按照历史学家与民俗学家的解释,"羌"字从"羊",因为羌人向以畜牧为生,故以羊为图腾。《说文解字·羊部》:"羌,西戎牧羊人也。从人,从羊,羊亦声。"《太平御览》卷七九四引《风俗通》曰:"羌,本西戎卑贱者也,主牧羊,故'羌'字从羊、人,因以为号。"因此,羌人文化所及之区,白羊这一形象作为吉祥的象征,也就深入人心。

中国古时盛行五行学说。五行与方位有关,东方青,西方白,当与地区风貌有关。东方的齐、鲁、吴、越等地,气候温和润泽,植被郁郁葱葱,给人的第一印象是青色。西方气候寒冷干燥,地多荒漠,给人的第一印象是白色。羌人世居西陲,故亦崇尚白色。该族相信万物有灵,故主多神信仰,而在众神之中,又以天神地位为高。羌人还把众神供奉在山上、屋顶、地里以及石砌的塔中,以一种乳白色的石英石作为象征,天神则被供奉在每户的屋顶最高处。① 他们奉白羊为图腾,也就不难理解了。

李白诗中,也喜用"白"字,除"白羊"外,诸如白龙、白鼋、白龟、白鹿、白兔、白虎、白鹦鹉、白蝙蝠、白石等等,不一而足。如果没有文化上的这一层因缘,李白诗中的这一特点,也就难于解释。如果不将李白喜爱"白"色与羌族文化联系起来,也会感到难以理解。

---

① 参看冉光荣、李绍明、周锡银《羌族史》下编第六章《羌族的习俗和宗教》,成都,四川民族出版社 1985 年版,第 331—332 页。

巴蜀地区的人都很崇信葛由。陈子昂《感遇诗》三十三曰:"金鼎合神丹,世人将见欺。飞飞骑羊子,胡乃在峨眉。"三十六曰:"浩然坐何慕,吾蜀有峨眉。念与楚狂子,悠悠白云期。时哉悲不会,涕泣久涟洏。梦登绥山穴,南采巫山芝。探元观群化,遗世从云螭。"内中抒写的宗教情绪,与李白一致。诗中提到的"骑羊""绥山"等有关葛由的典故,与李白诗中的描写一致。

李白诗中,一再提及这些事件。《叙旧赠江阳宰陆调》诗曰:

> 我昔北门厄,摧如一枝蒿。有虎挟鸡徒,连延五陵豪。邀遮来组织,呵吓相煎熬。君披万人丛,脱我如貔牢。此耻竟未刷,且食绥山桃。

李白此诗,追叙在长安时发生的一件憾事。他与京城中的流氓集团发生了冲突,这些歹徒有北门禁军为后台,将他拘于军中,幸亏陆调至监察部门告急营救,才免一厄。李白为此感到恨恨不已,转而想起家乡神仙之事,亟欲由此远离尘嚣。而在其他诗中,亦曾明示欲随"骑羊子"而仙去。《留别曹南群官之江南》诗曰:

> 我昔钓白龙,放龙溪水傍。道成本欲去,挥手凌苍苍。时来不关人,谈笑游轩皇。献纳少成事,归休辞建章。……怀归路绵邈,览古情凄凉。登岳眺百川,杳然万恨长。却恋峨眉去,弄景偶骑羊。

诗中详细介绍了他少年时耽学仙术,历经事故蹉跎无成,朝廷仙宫两无着落,追忆蜀地道家踪迹,不由得又想起葛由牧羊之事,说明羌族中的这一神仙故事对他影响至深。

安史乱起,李白匆匆南下,而他念及滞留鲁地的爱子伯禽时,作

《送萧三十一之鲁中兼问稚子伯禽》诗曰：

> 高堂倚门望伯鱼，鲁中正是趋庭处。我家寄在沙丘旁，三年
> 不归空断肠。君行既识伯禽子，应驾小车骑白羊。

于此可见蜀地的白羊故事留给他的印象之深了。

《登峨眉山》诗的宗教内涵是极为丰富的。通过此诗，可知葛由这一羌族神仙对于蜀地文人影响之巨，也可由此推知前此曾有很多羌人在蜀地居留。《列仙传》云"山下立祠数十处云"，可知其地祭祀葛由香火之盛。这里自有一些汉人所立的庙宇，但大部分的庙宇当由羌人所建。

李白离峨眉山乘船东下，由青衣江而抵达三峡，作《峨眉山月歌》曰：

> 峨眉山月半轮秋，影入平羌江水流。夜发清溪向三峡，思君
> 不见下渝州。

平羌江为青衣江的异称。《元和郡县志·剑南道上·嘉州龙游县》云："本汉南安县地，周武帝保定元年于此立平羌县。隋开皇三年，改为峨眉县。九年，又于峨眉山下别置峨眉县，改州理平羌县为青衣县，取青衣水为名也。"青衣、平羌，二名同实，盖此地以居住青衣羌而得名。《水经注·青衣水》曰："〔青衣〕县，故青衣羌国也。"蜀汉于此讨平羌人，故又名平羌。曹学佺《蜀中名胜记》卷一四《雅州》曰："《碑目》云：《平羌江绳桥碑》，在严道县平羌桥，有唐咸通十年上官朴所撰碑，字亦隶体，今在江渎庙。《方舆》云：平羌江源出西徼，绕西北郭，谓武侯平羌夷于此。"可知峨眉山一带原为羌人聚居之地，故受羌人原始信仰的影响。李白称月为"君"，也以月为有生命的伙伴。沈德潜《唐诗别裁》卷二〇曰："月在清溪、三峡之间，半轮亦不复见矣。'君'字即指

月。"揆之上述情理，此说可信。

二　《初下荆门》诗蕴蓄的文化内涵

李白沿青衣江东下，进入三峡，在荆门周边小事漫游后，决心前往吴越地区，作《秋下荆门》诗云：

> 霜落荆门江树空，布帆无恙挂秋风。此行不为鲈鱼鲙，自爱名山入剡中。

按敦煌文献 P. 2567《唐诗选残卷》亦录此诗，题作《初下荆门》①，可知此为初出川后之作。他一离开蜀地，进入中原大地，立即就想赴剡中游览，可见这一地区对他具有多么大的吸引力。

这里似可注意两点：一是西凉地区政权与东晋的关系，二是蜀地与吴越地区的联系。

李白的九世祖李暠，先是在前凉张氏政权中任职。自张轨起，此一政权即效忠东晋，不管中原地区政权更迭频繁，前凉张氏始终不变其宗旨，奉东晋之正朔，且以传承华夏文化为己任。李暠继起，建立西凉王朝，此一宗旨依然不变。李氏王朝后为北凉沮渠蒙逊所灭。世称沮渠氏为卢水胡人，此族长期与羌族和汉族居住在一起，故亦杂有他族特点。沮渠政权亦奉东晋为正朔之所在，与东晋、南朝政权一直保持联系。《宋书·氐胡传》记宋元嘉三年："世子兴国遣使奉表，请《周易》及子集诸书，太祖并赐之，合四百七十五卷。蒙逊又就司徒王弘求《搜神记》，弘写与之。"可知凉地政权中人与东晋朝廷联系之紧密。南

---

① 《法藏敦煌西域文献》(15)，上海古籍出版社 2001 年版，第 316 页。

方道教神仙故事，对于陇右地区的人来说，深具吸引力。

李白一直以出自兴圣皇帝之后而自豪。他的诗中，深怀晋代情结，多载五胡十六国故事，这些应当与其家族传统有关。

五胡十六国之世，中原扰攘，东晋、南朝与河西地区的正常联系被许多此起彼伏的异族政权所阻隔，势难开展正常的文化交流，但二者之间的联系却从未中断。这期间，蜀地成了联系两地的纽带。不论是东晋、南朝的使者赴河西之地，抑或河西之地的使者出使东晋、南朝，都由蜀地西北部出入，沿岷江而行，经过河西走廊东部或祁连山南部地区而出入西部。李白年幼时随父移居至绵州昌隆县，走的也是前一条路。他之出三峡东下，也就是沿着前人的老路补足蜀地至吴越地区的一段行程。

大家知道，蜀地原为道教的发源地，自汉末起道风即至盛，且对其他地区也发生过巨大的影响。由于东晋政权的建立，王、谢等高门随之南下，而其时名流多信从五斗米道，于是江南的名山胜水又成了神仙的著名洞府。江南神仙道教兴旺发达，名声远扬，观上引沮渠蒙逊求《搜神记》事即可知。蜀地与吴越地区在神仙道教的传播上也展开广泛的交流。按江南的民间神仙道教中有李家道一系，就是由蜀地传入的。葛洪在《神仙传》和《抱朴子·道意》中详细介绍了李八百的事迹和蜀人李宽至江南传道的经过，时人即称宽为李八百或蜀中的另一神仙李阿，可知二地在热衷仙道的人中已视为一体。①

李白接二连三地赴浙东之地探胜。第一次前去，探访了天姥、天台、赤城等名山，天宝之时再度南下，游过东部后，终于到了金华地区，因为这里的金华山也是著名的神仙洞窟。神仙一般都住在名山洞府

---

① 参看胡孚琛《魏晋神仙道教——抱朴子内篇研究》第二章《魏晋社会的道教》第四节《魏晋社会的其他道派（一）》"李家道"，人民出版社 1989 年版，第 54—56 页。

之中,此即所谓"别有洞天"是也。道教以为世上有十大洞天,此外还有三十六小洞天,这里都有著名的仙人居处。《云笈七签》卷二七载司马承祯集《天地宫府图》引太上语,历数十大洞天、三十六小洞天的名目,可知十大洞天中,台州委羽山洞号大有空明之天,赤城山洞名上清玉平之洞天,处州括苍山洞号成德隐玄之洞天;三十六小洞天中,位于浙东地区者有九处之多,上列金华山洞金华洞元天,位列第三十六,亦即三十六洞天中的最后一处著名洞天。

杜光庭作《洞天福地岳渎名山记》,综合前此道经上记载的海外五岳、三岛十洲、三十六靖庐、七十二福地、二十四化、四镇诸山,内容极为丰富。从中可知剡中及其附近地区有两大洞天和六个小洞天,还有十个左右的福地。这样的名山秀水,又是神灵出没之区,难怪李白离蜀之后定要"自爱名山入剡中"了。

各处名山洞府有神仙居住,这只是在道教酝酿成熟后才有这么整齐的规划和完整的记叙。实则人类处在初民阶段时,受万物有灵论的影响,以为每座山上都有山神,每条水中都有水神。《抱朴子·登涉》曰:"山无大小,皆有神灵。山大则神大,山小即神小也。"这一说明符合古代实际。

李白思想上印有万物有灵论的痕迹。他也接受了道教的观点,以为每座山中都有精灵,还以为每座洞府都有神仙居住。当他初离蜀地,隐居于安州安陆郡的一座小山——寿山时,却遭到了故交孟少府的揶揄,以为他居住的这座小山"无名无德而称焉"。李白随作《代寿山答孟少府移文书》,云是:

淮南小寿山谨使东峰金衣双鹤衔飞云锦书于维扬孟公足下,曰:仆包大块之气,生洪荒之间,连翼轸之分野,控荆衡之远势。盘薄万古,邈然星河。凭天霓以结峰,倚斗极而横嶂。颇能攒吸霞雨,隐居灵仙。产隋侯之明珠，蓄卞氏之光宝。罄宇宙之美，殚造化之奇。方与昆仑抗行，阆风接境，何人间巫、庐、台、霍之足陈耶？

这里申述的也是山无大小、皆有神灵的观点。由于李白对此极为热衷，因此当他处于山中时，常是见到仙人的灵踪，那么飘逸，那么洒脱，在空中自由翱翔，从而产生极大的吸引力。《望黄鹤山》诗曰：

东望黄鹤山，雄雄半空出。四面生白云，中峰倚红日。岩峦行穹跨，峰嶂亦冥密。颇闻列仙人，于此学飞术。

《游太山六首》其二曰：

清晓骑白鹿，直上天门山。山际逢羽人，方瞳好容颜。扪萝欲就语，却掩青云关。遗我鸟迹书，飘然落岩间。其字乃上古，读之了不闲。感此三叹息，从师方未还。

《庐山谣寄卢侍御虚舟》诗曰：

遥见仙人彩云里，手把芙蓉朝玉京。先期汗漫九垓上，愿接卢敖游太清。

从中可知，李白欲往山中的神仙洞府求仙访道，可谓卧寐以之。《梦游天姥吟留别》诗曰：

我欲因之梦吴越，一夜飞度镜湖月。湖月照我影，送我至剡溪。谢公宿处今尚在，渌水荡漾清猿啼。脚著谢公屐，身登青云梯。半壁见海日,空中闻天鸡。千岩万转路不定,迷花倚石忽已暝。熊咆龙吟殷岩泉,栗深林兮惊层巅。云青青兮欲雨,水澹澹兮生烟。列缺霹雳,丘峦崩摧。洞天石扇,訇然中开。青冥浩荡不见底,日月照耀金银台。霓为衣兮风为马,云之君兮纷纷而来下。虎鼓瑟兮鸾回车,仙之人兮列如麻。忽魂悸以魄动,恍惊起而长嗟。惟觉时之枕席,失向来之烟霞。

李白一生喜入名山游,内含多种情趣。山水佳丽,风光宜人,他对大自然的美别具会心,因而留下了许多描绘山水美的名篇。而他又皈依道教,步入山中,就像看到了仙人在洞府中的生活,这使他产生无限憧憬,也使人摆脱了尘世的种种约束。山中岁月与尘嚣隔绝,使他与大自然融为一体,自身也融入了山水之中。

李白对金华山可谓情有独钟,因为这与他有更深一层的因缘。《元和郡县志·江南道二·婺州金华》曰:"金华山,在县北二十里,赤松子得道处。"《太平御览》卷六九引《水经》曰:"赤松子游金华山,以火自烧而化,故山上有赤松子之祠。"

魏晋南北朝时,其地已经盛传赤松故事。《梁书·沈约传》载沈约"隆昌元年,除吏部郎,出为宁朔将军、东阳太守",亦即主政金华地区。其时沈约有咏及赤松子之诗,《赤松涧》曰:"松子排烟去,英灵眇难测。惟有清涧流,潺湲终不息。神丹在兹化,云轷于此陟。愿受金液方,片言生羽翼。"说明他也有随赤松子仙去的愿望。

赤松子为皇初平,亦即金华牧羊儿。葛洪《神仙传·皇初平》曰:

皇初平者,丹溪人也。年十五,家使牧羊。有道士见其良谨,便将至金华山石室中,四十馀年,不复念家。其兄初起,行山寻索初平,历年不得。后见市中有一道士,初起召问之曰:"吾有弟名初平,因令牧羊,失之四十馀年,莫知死生所在,愿道君为占之。"道士曰:"金华山中有一牧羊儿,姓皇,字初平,是卿弟非疑。"初起闻之,即随道士去求弟,遂得。相见悲喜,语毕,问初平羊何在?曰:"近在山东耳。"初起往视之,不见,但见白石而还。谓初平曰:"山东无羊也。"初平曰:"羊在耳,兄但自不见之。"初平与初起俱往看之,初平乃叱曰:"羊起!"于是白石皆变为羊数万头。初起曰:"弟独得仙道如此,吾可学乎?"初平曰:"惟好道,便可得之耳。"初起便弃妻子留住,就初平学。共服松脂茯苓,至五百岁,能坐在立亡,行于日中无影,而有童子之色。后乃俱还乡里,亲族死终略尽,乃复还去。初平改字为赤松子,初起改字为鲁班。其后服此药得仙者数十人。(《太平广记》卷七引,《艺文类聚》卷九四所引略同)

皇初平叱白石成羊,说明皇初平的牧羊故事亦有羌族文化背景,而皇初平即赤松子,赤松子的传记中有火化与白石的明证,说明他是葛由的翻版,源出羌族之神。由此可知,李白欲弃人间事,从赤松子游。皇初平所放牧的牲口,也是李白笔下的白羊。

羌族之神移植到了越地的神仙洞府,演变成了皇初平的神仙之说,与李八百的传说甚为相似。皇初平一作黄初平,也就是一直流传至今影响深远的黄大仙这一道教神仙。

三 羌族丧葬文化与神仙道教的形成

有关中国道教的产生与形成,学者们进行过很多可贵的探讨,他们大都用实证的态度,从古代典籍中寻找线索。道教之中,本来就保存着很多初民原始信仰的遗痕,于是学者们从先秦两汉时期的典籍中寻找有关神话、传说、巫术、方技等记载,说明道教的源头。这方面的探索已经取得了不少成绩,也是研究工作中的重要一环。但我以为,新中国成立前后一批学者从民族学着眼而进行的探索,仍不容忽视。

向达在研究南诏的宗教信仰时,以为道教的产生与陇蜀地区的氐、羌有关。他在《南诏史略论》中说:

> 自汉末至唐宋,陇蜀之间的氐、羌以至于云南的南诏和大理都相信天师道。天师道是氐、羌以及南诏、大理的固有宗教信仰,还是受的外来影响,现在尚不能就下结论。不过天师道的起源实有可疑。过去都认为天师道起源东方,与滨海地区有密切关系。然天师道祖师张道陵学道于西蜀的鹤鸣山,在今岷江东岸仁寿县境内。仁寿西隔江为彭山、眉山,俱属古隆山郡,是氐、羌族经历之处。故我疑心张道陵在鹤鸣山学道,所学的道即是氐、羌族的宗教信仰,以此为中心思想,而缘饰以老子之五千文。因为天师道的思想原出于氐、羌族,所以李雄、苻坚、姚苌以及南诏、大理,才能靡然从风,受之不疑。①

向达为什么会有道教起于氐、羌的宗教信仰之说?因为三四十年代时一些学者已经注意到了羌人的丧葬习俗与道教中的神仙观念相合。羌人实行火葬,烈焰升腾之时,人体化为烟气冉冉上升,人们也就认为灵魂开始脱离躯壳而升入天穹,从而产生了永生的神仙之说。闻一多在《神仙考》一文中于此论叙甚明,合乎实际,颇有启发意义。②

---

①　原载《历史研究》1954 年第 2 期,引自《唐代长安与西域文明》,生活·读书·新知三联书店 1957 年版,第 175 页。

②　见《神话与诗》,载《闻一多全集》一,生活·读书·新知三联书店 1982 年版,第 153—180 页。

中国自古以来就是一个多民族的国家。各民族的发展历史不同，民情风俗各异，各地的葬法也大不相同。《墨子·节葬下》曰：

> 今执厚葬久丧者言曰："厚葬久丧，果非圣王之道，夫胡说中国之君子，为而不已，操而不择哉？"子墨子曰："此所谓便其习而义其俗者也。昔者越之东，有輆沭之国者，其长子生，则解而食之，谓之宜弟。其大父死，负其大母而弃之，曰'鬼妻不可与居处。'……楚之南，有炎人国者，其亲戚死，朽其肉而弃之，然后埋其骨，乃成为孝子。秦之西，有仪渠之国者，其亲戚死，聚柴薪而焚之，燻上，谓之登遐，然后成为孝子。此上以为政，下以为俗，为而不已，操而不择，则此岂实仁义之道哉，此所谓便其习而义其俗者也。"

《列子·汤问》有相同的记载。《吕氏春秋·义赏》曰："氐、羌之民，其虏也，不忧其系累，而忧其死不焚也。"《荀子·大略》篇同，说明羌族中自古就有火葬的习俗。仪渠为羌族建立的国家，故《墨子》中有关于火葬的记载。

一种民俗形成之后，往往历千年而不变。楚之南的"朽其肉而弃之，然后埋其骨"，是为蛮族地区广泛采用的捡骨葬。李白曾以此葬友，今不赘述。"聚柴薪而焚之"的葬法，即后人常为采用的火葬。自佛教传入后，火葬之风更盛，但从《墨子》《荀子》与《吕氏春秋》等书的描述来看，实指秦地西边羌人的古老葬俗——火葬。

羌族起源甚古。《诗·商颂·殷武》曰："昔有成汤，自彼氐、羌，莫敢不来享，莫敢不来王，曰商是常。"商代甲骨文中亦有关于羌的记载。周人率八百诸侯伐纣，其中就有羌族参加。《史记·周本纪》记武王伐纣，至于商之牧野，号召庸、蜀、羌、髳、微、纑、彭、濮八族之人共同讨伐不道。由于古时该族没有系统的文字记载,因此有关羌族的历史演变,后人知之不多。只是一个民族的习俗往往世代相传,时至后代,羌族仍然实行火葬。《旧唐书·西戎传·党项羌》曰:"党项羌,在古析支之地,汉西羌之别种也。……死则焚尸,名为火葬。"可证唐代之时羌族仍然实行火葬。

在羌族的丧葬习俗中酝酿出道教,道教中的神仙也每与火葬之事有关。葛由为道教神仙中的重要一员,屡经演变,又有皇初平、赤松子等异称。赤松子在神仙谱系中起源很早,葛由也是羌族中首出的神仙,因此,葛由与赤松子之间的纠结至堪寻味。

传世各本《列仙传》均列赤松子于首卷之端,曰:"赤松子者,神农时雨师也。服水玉,以教神农,能入火自烧。往往至昆仑山上,常止西王母石室中,随风雨上下。炎帝少女追之,亦得仙俱去。高辛时,复为雨师。今之雨师本是焉。"所谓"入火自烧",亦即言其在烈火中永生。再与皇初平的事迹联系起来,可以想见,当与放牧为生的羌族的火葬习俗有关。古人在火葬时的烈焰中目睹紫烟冉冉上升,因而早在郭璞的《游仙诗》其三中即有"赤松临上游,驾鸿乘紫烟"之说。李白云是"金华牧羊儿,乃是紫烟客",可证皇初平与赤松子事乃一事之二传。

古代神仙故事中与紫烟之说有关者甚多,《列仙传·宁封子》曰:"封子积火自烧,而随烟气上下。"《啸父》曰:"啸父者,冀州人也。……唯梁母得其作火法,临上三亮,上与梁母别列数十火而升,西邑多奉祀之。"这里提到的"西邑",当指中国西部地区,亦即羌族生活的地段。又《师门》曰:"师门者,啸父弟子也。亦能使火。食桃李葩,为夏孔甲龙师。孔甲不能顺其意,杀而埋之外野。一旦风雨迎之,迄则山木皆焚。孔甲祠而祷之,还而道死。"可知神仙每与"火"密切相关,一些能呼风唤雨的神仙,首先与火有关。所谓"食桃李葩",亦当与绥山桃事有关。

李白多次提及赤松子,《古风》十八曰:"萧飒古仙人,了知是赤松。

借予一白鹿，自挟两青龙。"《对酒行》曰："松子栖金华，安期入蓬海。此人古之仙，羽化竟何在？"《送王屋山人魏万还王屋》诗曰："落帆金华岸，赤松若可招。"《古风》十五曰："金华牧羊儿，乃是紫烟客，我愿从之游，未去发已白。"足见入火自焚的牧羊儿对他具有强大的吸引力。

上述种种，无不说明蜀地的区域文化对李白的影响之巨。羊与神仙一直在他的脑海中浮现。或许他并不自觉这些问题的内涵，但青少年时期所接受的外界影响，地区的文化熏染，对人的一生都会产生潜移默化的作用。

四　李白与羌族文化的关系

上述种种，可以用来说明李白所受羌族文化影响之深。张道陵受羌族信仰的影响，创建道教，故自汉末起，蜀地已成道教的基地。成汉立国，奉道教为国教，更使道教的影响扩大。隋唐之世，情况仍然如此。李白自年轻时起，即笃信道教，也是可以理解的。

李白初期的作品，如《访戴天山道士不遇》《寻雍尊师隐居》等诗，都是访道之作，可见其时已经沉溺于道教信仰之中。又如他在《登锦城散花楼》诗中结尾时曰："今来一登望，如上九天游。"可知其时的成仙之望已经非常强烈。

李白随后游峨眉，作《登峨眉山》《峨眉山月歌》二诗，也就明白表示他对羌族神仙的向往。《初下荆门》诗中，则又表示将赴浙东游赏，因为该地的人文景观与神仙道教传说对他具有强烈的吸引力。当他登临金华山时，又对赤松子的灵验事迹大为咏叹。不论是在蜀地，抑或是在吴越之区，始终不忘白羊故事。他的诗中，尽多白色之物，这些都与他的生长之地，蜀地西部的文化背景有着重要关系。羌人重白，李白与白色又有这么多的联系，不从这层因缘着眼考察，恐怕无法解释这一特点。

大家知道，李白喜好音乐歌舞，这应当也与他的生长地区有关。因为绵州昌隆县四周为多种少数民族聚居之区。《华阳国志·巴志》："阆中有渝水。賨民多居水左右，天性劲勇……锐气喜舞。帝善之……乃令乐人习学之，今所谓'巴渝舞'也。"阆中地后属绵州。《太平寰宇记·剑南东道二·绵州》载，境内有賨人，勇锐而善舞，故古有巴渝舞。

李白喜酒，酒兴来时，就伴之以舞蹈。《独酌》诗曰："手舞石上月，膝横花间琴。"《月下独酌》诗其一曰："我歌月徘徊，我舞影凌乱。"《对酒醉题屈突明府厅》诗曰："风落吴江雪，纷纷入酒杯。山翁今已醉，舞袖为君开。"《与夏十二登岳阳楼》诗曰："雪间逢下榻，天上接行杯。醉后凉风起，吹人舞袖回。"《南陵别儿童入京》诗曰："高歌取醉欲自慰，起舞落日争光辉。"可见他对舞蹈的喜好与娴熟，兴奋的心情每借舞蹈表达。

但他跳的什么舞，缺乏明确的记载。看来不是常人般的手舞足蹈，而是有一定的舞姿舞容为规范的。李白在《东山吟》中介绍说，其时他跳的是一种"青海舞"。诗曰：

> 携妓东土山，怅然悲谢安。我妓今朝如花月，他妓古坟荒草寒。白鸡梦后三百岁，洒酒浇君同所欢。酣来自作青海舞，秋风吹落紫绮冠。彼亦一时，此亦一时，"浩浩洪流"之咏何必奇？

青海舞，论者以为即青海波舞，不知然否？魏颢《李翰林集序》曰："间携昭阳、金陵之妓，迹类谢康乐，世号为李东山。骏马美妾，所适二千石郊迎，饮数斗醉，则奴丹砂抚《青海波》。"则是"青海波"或系琴曲，故用一"抚"字。

李白《出妓金陵子呈卢六四首》其四曰：

小妓金陵歌楚声，家僮丹砂学凤鸣。我亦为君饮清酒，君心不肯向人倾。

家僮丹砂之所长，或在器乐方面，这里所谓"学凤鸣"，当在使用管乐而有此奇异的效果。

李白在《司马将军歌》中又说"羌笛横吹《阿𪽈回》"，此曲不知内容如何？但从这一乐府乃仿"陇上健儿陈安歌"而作①，首句又云"狂风吹古月"，古月为胡字的代号，则《阿𪽈回》当是西部民族的乐曲，很有可能就是羌人的曲子。

"青海"一词，在李白的笔下，地理方位是固定的，指的是河西走廊与吐蕃交界的地带，与今日之青海为近。因"青海"即以古今不变的青海湖而得名。李诗《关山月》曰："汉下白登道，胡窥青海湾。"《答王十二寒夜独酌有怀》诗曰："君不能学哥舒横行青海夜带刀，西屠石堡取紫袍。"这一地区距其蜀中故家不远，也是李白当年自西域迁入蜀中的经由之路，李白对此自当有深刻的印象。因此，他欣赏的是羌人的乐曲，跳的是羌人之舞，信的是羌人之神，他的喜好与信仰，都与羌人密切相关。

由上可见，李白为人之所以有异于常人，实与他所承受的多种文化的影响有关。李白与羌族文化的关系，前人似未注意，今从诸多方面着手进行分析，或可说明李白的一些特点，对理解李白丰富多彩的人生当有帮助。

（原载《中华文史论丛》2006 年第 1 期）

---

① 《乐府诗集·杂歌谣辞三·司马将军歌》曰："《司马将军歌》，李白所作，以代陇上健儿陈安。"中华书局 1979 年版，第 1200 页。代，摹拟之意。

李白诗原貌之考索

阅读古诗的人,读到一定阶段时,大都会产生疑问:我们读的这些诗,是否为作品的原貌?

明清选本中出现的混乱

人们初读唐诗,大都从阅读《唐诗三百首》开始,里面就有不少文字方面的问题。例如李白的五言绝句《静夜思》,全文为:

> 床前明月光,疑是地上霜。举头望明月,低头思故乡。

文从字顺,自然清彻,出于诗仙之手,容无疑义。但如寻根究底,讲求版本,从而阅读宋蜀刻本《李太白文集》时,却作:

> 床前看月光,疑是地上霜。举头望山月,低头思故乡。
> (卷六)

短短二十字中,就有两个字的出入。究竟哪一种文字保存李诗的原貌?

依据传统看法,当然认为宋本中的文字近真。因为宋人上距李白生时比之《唐诗三百首》的编者年代上要近得多。况且洪迈编的《万首唐人绝句》,郭茂倩编的《乐府诗集》,萧士赟编的《分类补注李太白诗》,《静夜思》中文字均同于宋蜀刻本。这么看,宋人著录的《静夜思》

中的文字应是可信的。①

那么《唐诗三百首》中的文字又是怎样变化过来的呢？显而易见，出于后人的改动。一般认为，明人最喜欢改动前人的文字，顾炎武《日知录》卷十八《改书》曰：

> 万历间人多好改窜古书。人心之邪，风气之变，自此而始。

黄廷鉴《第六弦溪文钞》卷一《校书说二》曰：

> 妄改之病，唐宋以前谨守师法，未闻有此。其端肇自明人，而盛于启、祯之代，凡《汉魏丛书》以及《稗海》《说海》《秘笈》中诸书，皆割裂分并，句删字易，无一完善，古书面目全失，此载籍之一大厄也。

《静夜思》的情况正可作为上说的例证。李攀龙《古今诗删》卷二十引《静夜思》，将第三句改为"举头望明月"；曹学佺《石仓历代诗选》卷四四下引《静夜思》，第一句作"床前明月光"，后人如将这两处改动都加以吸收，像风行一时的李攀龙《唐诗选》，不论是蒋一葵的笺释本，王稚登的参评本，徐震的汇解本，都已像《唐诗三百首》那样处理。②《唐诗三百首》对后世影响更大，于是《静夜思》中的文字也就成了目下常见的样子了。

由此可知，我们读诗时，如不作细究，往往难以窥知诗歌的原貌；

---

① 参看薛顺雄《谈一首讹字最多的李白名诗——〈静夜思〉》，载《台湾日报·副刊》1980 年 6 月 19 日。

② 参看（日）森濑寿三《关于李白〈静夜思〉》，载《唐代文学研究》第三辑，广西师范大学出版社 1992 年 8 月出版。

如作正本清源的考察,则可发现今本实出后人的改窜。这样,古人诗歌的本来面貌如何,也就迷雾阵阵了。

这一问题何以出现?首先,当出于后人的自以为是。有的诗人以为由他改动后文字更见精彩。况且过去无著作权之说,前人的诗文,后人均可自行处理。又如清初诗人王士禛在《分甘馀话》卷四中引李白《夜泊牛渚怀古》,即将"登舟望秋月"中的"舟"字改为"高"字。按李白诗中乃用《世说新语·文学》篇中袁宏夜咏《咏史诗》而为谢尚激赏事,故李诗云是"登舟望秋月,空忆谢将军",用典何等贴切。王士禛改为"登高",虽易为后人所接受,然李白好用魏晋人之典故,这一特点却被湮没了。

由此看来,经过明清人之手而传下来的李诗,常见失真之处。因为这一时期的文人每自负能诗,喜以己意改诗,而李白诗集已经作为商品在社会上流行,坊贾刊此贸利,常请一些文士操选政,或利用某一文士之名声作为选本的编者,于是李诗中具有个人特点的地方,常遭明清时期的一些选本擅自改窜,使之更易为一般读者所接受。这样也就导致字句有异,造成混乱。

接近李诗原貌的几种唐代材料

追寻李诗原貌,自当寻找接近作者生活年代的最早记录。宋刻李诗,不管是蜀刻本《李太白文集》,抑或景宋咸淳本《李翰林集》,因为已经后人之手,上距唐代已远,所以还不能算是接近李诗原貌的首选材料。

接近李诗原貌的首选材料,可以列出下面几种。

(一)敦煌唐钞本,如伯 2567 唐诗选残卷,内存李白诗四十三首,文字颇完整,可资校雠。

（二）日本保存古钞本，中间偶有李白诗，可资参考。

（三）唐人选唐诗，中如《河岳英灵集》等，录有李白诗多首，可资考证。这些书籍，最早者为宋刻，也有可能经过后人改动，使用时尚需再作考辨。

（四）唐人小说。其中偶有涉及李白故事者，往往多见疑点，但以唐人记唐事，引用到的李诗仍不可忽视。

下面就引《本事诗》中的一则佚事为例，加以探讨。

《本事诗》中《高逸》第三叙李白自蜀至京师事曰：

……玄宗闻之，召入翰林。以其才藻绝人，器识兼茂，便以上位处之，故未命以官。尝因宫人行乐，谓高力士曰："对此良辰美景，岂可独以声伎为娱？傥时得逸才词人，咏出之，可以夸耀于后。"遂命召白。时宁王邀白饮酒，已醉，既至拜舞颓然。上知其薄声律，谓非所长，命为宫中行乐五言律诗十首，白顿首曰："宁王赐臣酒，今已醉，傥陛下赐臣无畏，始可尽臣薄技。"上曰："可。"即遣二内臣腋扶之，命研墨濡笔以授之。又令二人张朱丝栏于其前。白取笔抒思，曾不停缀，十篇立就，更无加点。笔迹遒利，凤跱龙拏，律度对属，无不精绝。其首篇曰："柳色黄金嫩，梨花白雪香。玉楼巢翡翠，珠殿宿鸳鸯。选妓随雕辇，征歌出洞房。宫中谁第一？飞燕在昭阳。"文不尽录。①

这里所说的《宫中行乐》五言律诗十篇，应当就是指目下保存在各种《李太白集》中的《宫中行乐词》八首。"十首"何以成了"八首"，那就很

_____

① 王梦鸥《〈本事诗〉校补考释》，载《唐人小说研究》三集，台湾艺文印书馆1973 年 11 月版。

难说清了。不知佚去了两首呢,还是"十"字有误?

韦縠《才调集》卷六录李白诗二十八首,内有《宫中行乐》三首,《紫宫乐》五首,加起来正是八首,与目下流传李集同。篇名有异,也可作出解释。李白此诗,既是即兴之作,自然不会先拟好篇名然后创作。李白的诗,唐代没有一种定本传世。一些篇章,任人抄录,在篇名本非固定的情况下,传播过程中自然会出现一些异称。扬雄《甘泉赋》曰:"闶阆阆其寥廓兮,似紫宫之峥嵘。"紫宫即指宫禁。"紫宫乐"之含义与"宫中行乐"一样,或许有人以此作为其中五首的名称,韦縠编《才调集》时乃加采用而冠以此名。但李白的这一组诗看来还是以作《宫中行乐》者为多。日本伏见宫旧藏《杂抄》卷十四引《宫中行乐》诗,计四句,即"绣户香风暖"一章中的首二句和"柳色黄金暖"一章中的首二句。"绣户香风嫩"一章,《才调集》中归入《紫宫乐》中。①

伯2567唐诗选残卷中有《宫中》三章,即"小小生金屋"一章,"卢桔为秦树"一章,"柳色黄金暖"一章。一、三两章,韦縠归入《紫宫乐》,《本事诗》中则明云"柳色黄金嫩"为首篇。这八首诗的前后顺序,很难确说,看来《本事诗》中的记载也只是其中的一种而已。

《宫中三章》之下署作者之名,曰"皇帝侍文李白"。这里所记,虽然不是规范的官衔,却是确切地反映了李白的身份。可知这组诗歌作于天宝二年左右,李白正在翰林供奉任上。身为文学侍从之臣,任务就在以文字侍奉皇上,玄宗正与杨贵妃行乐,李白自然要写一些词采富艳、音节和婉的词作供奉内庭了。

李白秉性狂放,不受绳束,因此他写作的近体,七律较少,五律之中也多突破程式之作。这八首《宫中行乐》词,却是富艳精工,格律严

---

① 参看(日)住吉朋彦撰《伏见宫旧藏〈杂抄〉卷十四(资料介绍)》,载《书陵部纪要》第51号,2000年3月版。

谨,因此有人怀疑《本事诗》中的记载是否属实。实则李白早年于此已经下过苦功,《唐诗纪事》卷十八引杨天惠《彰明逸事》曰:"时太白齿方少,英气溢发,诸为诗文甚多,微类《宫中行乐词》体。今邑人所藏百篇,大抵皆格律也。"可见李白之所以能在特定的环境下迅速写出《宫中行乐词》,出于早年的锻炼有素。当然,这与他的才气过人也有关系。

《宫中》一名,当是"宫中行乐"的简写。"皇帝侍文"一词,大约也是抄写者为图省便,临时拟就的一个简称。敦煌写卷中这类情况颇多,其中一些文字与事实有所扞格,反而可以证明事出有因,从而证明所记之事与所录之诗均有其可信之处。何况据徐俊的考证,伯2567敦煌唐诗选残卷的抄写当在天宝十二载(753)以后,唐顺宗李诵永贞元年(805)即位以前,距离李白创作的年代很近,可证这几首诗作于李白供奉内庭之时无疑。①

探索真相必须辗转互证

从唐人记录的李诗来看,《宫中行乐词》中的字句与传世李集有所不同,伯2567敦煌唐诗选残卷"卢桔为秦树"一首最后两句作"君王多乐事,何必向回中",与今本有异。自明代始,这两句都作"君王多乐事,还与万方同"。如以"还与万方同"句为近真,则李白此诗旨在歌颂明皇与民同乐,而这与事实似乎距离太远;"何必向回中"句,则颇寓讽谏之意。"回中"为古代地名,位于陇右,秦代帝王曾于此建造宫城,李白此处用反诘语,意在责难明皇何必又有拓边之举?联系李白《古风》其十二中的反战言论来看,此句似更接近李白真意。

---

① 徐俊《敦煌诗集残卷辑考》,中华书局2000年6月版。

再看各种古本，多见"何必向回中"句的记载。《才调集》卷六内《宫中行乐》三首中第一首末句即如此。《乐府诗集》引此亦同，宋蜀刻本录此亦作"何必向回中"，然又引异文曰："一作'还与万方同'"，说明唐宋之时已经有人改成此句，而这却是以后人的意识歪曲了李白的思想。

李白的思想，与其他诗人不同，很多地方可视之为异端。例如他一贯反对拓边战争，不为儒家"严夷夏之防"的古训所束缚。与他同时的诗人，在对待石堡城之战与征南诏的问题上均与唐王朝持同一立场，李白则否，此亦可见李白的思想矫矫不群，不能以常情度之。① 他人传述其诗中旨趣时，则每以自己的思想加以改窜。早在李阳冰为李白整理遗集时，在《草堂集序》中就说他"不读非圣之书，耻为郑卫之作"，而这与李白的实际情况距离颇远。后人以为李白供奉翰林时作咏圣语，也是出于同一思路。

《宫中》三章之三首句作"柳色黄金暖"，自宋蜀刻本始，则均作"柳色黄金嫩"。"嫩"字固佳，"暖"字亦有别趣。宫廷之中风光艳冶，金黄色之柳枝似乎触手即能感到温度，日本伏见宫旧藏《杂抄》中此句正作"暖"字，此处原作似以"暖"字为是。

李白喜用"暖"字，《永王东巡歌》其四云"春风试暖昭阳殿"，《鹦鹉洲》曰"烟开兰叶香风暖"，《寄远》其五云"花明绿江暖"，《大堤曲》云"花开大堤暖"。《寻雍尊师隐居》云"花暖春牛卧"，《折杨柳》云"叶暖金窗烟"，《宫中行乐词》中另有句云"绣户香风暖"，均可为证。

伯 2567 敦煌唐诗选残卷中有《惜罇空》一诗，传世各本均作《将进酒》，此乃沿用乐府古辞之名。中有句云："岑夫子，丹丘生，与君歌一

_____

① 参看拙撰《李白评传》第四章《李白的思想》中的论述，南京大学出版社2005 年 4 月版。

曲,请君为我倾。"同诗又见敦煌残卷斯 2049 抄件,"丹丘生"之下有"将进酒,杯莫停"六字,前三字正与乐府古名相合。其中"天生吾材必有用"这一名句,伯 2567 敦煌唐诗选残卷作"天生吾徒有俊才",二者意思虽相差无多,但后者语气似乎稍弱一些。《文苑英华》卷一九五引异文作"天生我身必有材",宋蜀刻本有异文作"天生我材必有开""天生我身必有财"等,说明宋初的人看到的李诗,中有"必有"一词者颇多。"天生我材必有开"中的"开(開)"字,显为"用"字之讹,故知唐代本有"天生我材必有用"之说。

《河岳英灵集》中也录有《将进酒》一诗,此句正作"天生我材必有用"。《河岳英灵集》为殷璠所编,此人与李白同时,所录之诗,最后之作当在天宝十二载(753)前,其时李白健在,且频繁活动于江南地带。殷璠的活动地区,似未远离这一地区,所以《河岳英灵集》中的文字,可信程度颇高。

敦煌伯 2567 唐诗选残卷中此诗题作《惜罇空》,斯 2049 残卷录此诗,诗题已残;《文苑英华》卷一九五引本诗,题下有"一作《惜空酒》"五字,说明此类诗题本有"惜罇空"之意。但伯 2567 残卷言及主人时仅云"岑夫子,丹丘生,与君歌一曲,请君为我倾"。而前已言及,斯 2049 残卷于"岑夫子,丹丘生"下增入"将进酒,杯莫停"二句,如此则诗名题作《将进酒》亦有其根据,而与"惜罇空"之意有所不合,因此黄永武以为此诗时至郭茂倩编《乐府诗集》时题名"已混为一曲了"。① 只是《河岳英灵集》录此诗,诗名亦作《将进酒》,则是李白原作似以题作《将进酒》的可能性为大。

---

① 黄永武《敦煌的唐诗》内《敦煌所见李白诗四十三首的价值》,台湾洪范书店 1993 年 2 月第二版。

李诗字句不同可能出于多次改动

《河岳英灵集》卷上录《古意》一诗，词曰：

> 白酒初熟山中归，黄鸡啄黍秋正肥。呼儿烹鸡酌白酒，儿女欢笑牵人衣。高歌取醉欲自慰，起舞落日争光辉。游说万乘苦不早，著鞭跨马涉长道。会稽愚妇轻买臣，余亦辞家西入秦。仰天大笑出门去，我辈岂是蓬蒿人。

凡对李白有所了解的人，都会记得此诗，因为这里李白自抒怀抱，云是"余亦辞家西入秦"，表示将入长安任职，故而下接"我辈岂是蓬蒿人"之句。传世各本此诗题名均作《南陵别儿童入京》，后人仅在"南陵"位于何处上有争议，而对此名却从无怀疑，因为这与内容切合。但《河岳英灵集》中却题作"古意"。眼前的大事而以"古意"标示，让人难以理解。

李白的诗，诗题上加上"古"字者颇多，如"古有所思""古朗月行""拟古""效古""学古"等。敦煌伯2567唐诗选残卷中除《古意》外，尚有《古有所思》一首、《古蜀道难》一首，诗题拟名时喜加"古"字，或许也是李白"将复古道"的一种表现，他对当下的一些活动，好以托古的形式表现。唐末著名诗人韦庄编《又玄集》，卷上录李白诗，《南陵别儿童入京》一诗也题作《古意》，姚铉《唐文粹》卷十四上"古调歌篇"一录此诗，亦题作《古意》。《古意》或许真是此诗的原名。又敦煌伯2567唐诗选残卷所存李诗之第一首，亦作《古意》，实为后世所传《效古》二首中的第一首。由此可见，李白确是喜欢采用"古意"一词作为诗名。

这种诗题众说并存的情况何以出现？情况复杂，难以确说。但从

《河岳英灵集》的录诗情况来看，《古意》应当是诗人首先自标的原名，《南陵别儿童入京》一名也不太可能出于后人所拟，因为这一诗名出现很早，使用得又如此普遍。这样看，这两个诗题的名字应当都是李白自拟。按李白此诗作于天宝元年，《河岳英灵集》编成于天宝十二载前，这也就是说，李白写下这诗后不久即为殷璠录入《河岳英灵集》中。《古意》可能为早期的原名，其后李白依据诗中内容重拟诗题，这才出现《南陵别儿童入京》这一名字。

李白自己从未编过诗集。他先后曾请魏颢、贞倩、李阳冰等代编诗集，只有李阳冰编成了《草堂集》十卷，魏颢、贞倩二人则都没有完成，但魏颢手中的资料还是流传下来了。宋人王溥、乐史、宋敏求等人在《草堂集》的基础上再三增补，自然吸收进了各种来路、各种系统的材料。这里包含着李白各个时期的诗篇，有的诗篇为早期之作，有的可能后来有所改动，这样也就留下了不少篇名不同内容有异的作品了。

馀　论

上面我们引用了著录李白诗歌的一些早期材料，提示李白诗歌中文字的原貌，借以探讨研究工作中的种种难点。因为李白生前没有亲自定稿，同时的人没有传下一种渊源有自的定本，而唐代诗歌多以抄写的方式传播，存世者必然会有很多歧异。宋人刻书之前，应当有所整理，但他们见到的材料，也会受到各种条件的限制，工作时也不可能一一穷搜冥采，仔细雠校，因此后世所传的李白诗歌，必然会有一些字句出入甚大。要想完全恢复李白诗歌原貌，无疑是困难的。

时至今日，我们拥有了前人无法拥有的一些有利条件，如敦煌卷子的发现，国外古钞本的传入，提供了很多比之宋本李集更为原始的资料。整理古籍时，观念上也已有革新。使用的材料，不再拘于诗文的总集与别集，而是扩及唐宋人的选本与金石实物，乃至小说、笔记与诗话等等，加以综合考察。对李诗中的一些疑难之处，也就可以作出更为合理的解释。这种考辨工作也不能停留在纯文献的领域内，研究者必须对盛唐时期诗坛的氛围和李白的个人特点有所了解，才能对不同文字所体现的思想有恰切的把握。一字之推敲，往往要动员到好多领域的知识，故此事虽小，做好它也不易。只有勤奋而谨慎地从事，才能有可能接近李诗的原始面貌。

（原载《文学遗产》2007 年第 1 期）

梦断黄金台

隋代初步建立起通过科举考试取士的制度,用以取代前此的九品中正制。经过一百多年的发展,特别是武周一朝的改革和扩展,到了唐玄宗开元时期,已经成了士子谋求进身最为热衷的一条途径。其中的进士、明经二科,更是士子心目中的热门,每年总有成百上千的人报名应试。由此出身的不少人,日后确是仕途通畅,取得了高官厚禄。因此,进士、明经科试也就被人称之为常科。

唐代许多著名文人,像祖咏、储光羲、崔国辅、綦毋潜、王昌龄、常建、王维、薛据、刘长卿、萧颖士、李华、崔曙、岑参、钱起、贾至、皇甫冉、皇甫曾、张继等都是通过进士、明经试而入仕的。而像苗晋卿、元载等人,日后更位至极品,煊赫一时。

但有一些特立独行之士,对此仍有自己的选择,例如高适"耻预常科",仅应制科试,卒于天宝八载由有道科登第。制科号称由天子自诏,以待非常之才,录取的人数很少。或许高适的气概与其他文士颇不相同,因而决心不由常科进身的吧。

武后为了打破元老重臣控制的政局,选拔庶族中的优秀人才到各级政治机构中去,在制科中添设了"英材杰出""超拔群类""材堪经邦""才膺管乐"等科。时至开元、天宝之后,玄宗意在政治与军事等方面建立不世的功业,亟需选拔一批奇能异才之士,于是在制科试中又增添了"哲人奇士,隐沦屠钓""高才沉沦,草泽自举""王霸""智谋将帅"等科,一些在政治上有很大抱负的人也就希望由此谋求入仕了。

自唐初至开元时,尽管宫廷政变不断,但社会秩序还是稳定的,国家财富处在不断积累之中。李白、杜甫的诗中,都对开元盛世作了尽情的歌颂。尽管一些文士在谋求入仕时遭到过不少挫折，也有许多哀伤困惑的文字抒发他们的不遇之感，然因大家对前途还有乐观的情绪，所以仍有不少文士坚持其信念，希望在充满开拓机会的时局中一展身手。

李白在政治上有很大的抱负，在《门有车马客行》等诗中也曾表示过对王霸之道的追求。但他谋求出仕时不走科举的道路，既不应进士、明经等常科，也不应期待非常之才的制科。因此，他既不像王维等人那样忙着找门路求得主试者的赏识，也不像高适等人那样乐于在制科试中发表高见。

他要走一条独特的骤登高位之路。

开元十二年，李白离蜀出游。定居安陆后，撰《上安州裴长史书》，以为"大丈夫必有四方之志，乃仗剑去国，辞亲远游"。当他隐居寿山养望时，曾作《代寿山答孟少府移文书》，抒发怀抱，声称：

> 申管、晏之谈，谋帝王之术，奋其智能，愿为辅弼。使寰区大定，海县清一，事君之道成，荣亲之义毕，然后与陶朱、留侯，浮五湖，戏沧洲，不足为难矣。

管仲、晏婴，是春秋时期的杰出人物，二人之中尤以管仲的事迹为突出。他辅助齐桓公建立霸业，九合诸侯，一匡天下。这样的榜样太诱人了，李白在很多诗中表达了对他的仰慕之情。管仲之见桓公，乃出于好友鲍叔的力荐。李白多么希望也有友人出来推荐自己，于是在《读诸葛亮武侯书怀赠长安崔少府叔封昆季》诗中说：

> 余亦草间人，颇怀拯物情。晚途值子玉，华发同衰荣。
> 托意在经济，结交为弟兄。无令管与鲍，千载独知名。

先秦两汉时期的一些杰出之士，在无所凭借的情况下遽躐高位，施展出罕见的才能，干出一番名垂青史的事业。关键还在于有一批求才若渴的君王能礼贤下士。这类事例，战国时期尤为多见。李白最津津乐道的，就要数到燕昭王筑黄金台之事了。

《战国策·燕策》详记此事曰：

> 燕昭王收破燕后即位，卑身厚币以招贤者，欲将以报雠。故往见郭隗先生曰："齐因孤国之乱而袭破燕，孤极知燕小力少，不足以报，然得贤士与共国，以雪先王之耻，孤之愿也。敢问以国报雠者奈何？"郭隗先生对曰："帝者与师处，王者与友处，霸者与臣处，亡国与役处。诎指而事之，北面而受学，则百己者至。先趋而后息，先问而后嘿，则什己者至。人趋己趋，则若己者至。冯几据杖，眄视指使，则厮役之人至。若恣睢奋击，呴籍叱咄，则徒隶之人至矣。此古服道致士之法也。王诚博选国中之贤者而朝其门下，天下闻王朝其贤臣，天下之士必趋于燕矣。"

燕昭王的礼贤下士，成了后人传诵的佳话，故事情节中不断增加绚烂色彩。《史记·燕召公世家》转录《战国策》中的记载，也仅说"昭王为隗改筑宫而师事之"；到了魏晋南北朝时，便已出现所谓"黄金台"之说。《文选》卷二八"乐府下"鲍照《放歌行》曰："夷世不可逢，贤君信爱才。明虑自天断，不受外嫌猜。一言分珪爵，片善辞草莱。岂伊白璧赐，将起黄金台。"李善注引《上谷郡图经》曰："黄金台，易水东南十八里，燕昭王置千金于台上，以延天下之士。"这一轶闻太令人神往了。怀才不遇之士，感触尤多。李白曾在诗文中反复加以吟咏，《古诗》其十五曰：

燕昭延郭隗，遂筑黄金台。剧辛方赵至，邹衍复齐来。

奈何青云士，弃我如尘埃。珠玉买歌笑，糟糠养贤才。方知黄鹤举，千里独徘徊。

战国时期的士人形象，经常在李白的脑海中浮现。因为在那动荡的时代里，具有杰出才能的士人，能够得到人们的尊重，也有施展才能的机会。因此，战国时期的一些士人，能够保持独立人格，不为权势所屈，显得自尊、自信，并对自己的能力感到自负。《战国策·齐四》载颜斶对齐宣王语，昌言"士贵耳，王者不贵"。而颜斶在论述士之可贵时又强调"归反于璞，则终身不辱"，这种富有道家哲理的处世之道，也就是《史记·鲁仲连列传》中声称的"吾与富贵而诎于人，宁贫贱而轻世肆志焉"。他们追求的，是奇士与高士的完美结合。

李白深受战国时期这类士人的影响。他在《将进酒》中声称"天生我材必有用"，洋溢着自尊、自信、自负的感情。

李白对战国时期的四公子也极为向往。他们纡尊屈贵，礼贤下士，使屈居下层的一些奇能异才之士，如毛遂等人，有脱颖而出的机会。而战国时期那些游士的个人风采，那种自尊、自信、自负其才的脱俗表现，对于李白独立人格的形成，起了不可估量的作用。

为什么李白对于先秦两汉时期的历史这么沉迷，并对其时士人的出处感到这么大的兴趣？这与他的家庭背景及早年经历有关。

李白在诗文中多次声言，他家原为西凉李暠之后。西晋之时，天下大乱，河西之地却还保持着相对的平静。中原之地遭到破坏的汉族文化在这一地区却得到了完好地保存和发扬。李暠原为西汉名将李广之后，对于中原文化自然百般珍惜。西凉后为沮渠蒙逊的卢水胡政权所推翻，李暠子孙流散各地，李白的先辈于隋末远徙丝绸之路上的要地碎叶。到了武后长安元年，其父才携家迁至蜀地绵州昌隆县。从一些残存的记录来看,李白一家始终重视李暠等先辈在河西时所承传的文化,他们教育子女时,也继承了汉魏六朝时期的传统。

李白在《上安州裴长史书》中说:

> 少长江汉,五岁诵六甲,十岁观百家,轩辕以来,颇得闻矣。

《汉书·食货志》叙汉时学童之学习程序曰:"八岁入小学,学六甲五方书计之事。"王先谦《补注》引顾炎武曰:"六甲者,四时六十甲子之类。"又引周寿昌曰:"犹言学干支也。"《南史·顾欢传》曰:"年六七岁,知推六甲。"但到唐代之后,已经看不到他人培养子弟时还有教六甲之事。李白所受的家庭教育确实有特色。又如,他在《上安州李长史书》中说:"颇尝览千载,观百家。"这就说明学习的范围不限于儒家;《赠张相镐二首》其二中也说:"十五观奇书,作赋凌相如。""奇书"当然也不是指儒家典籍,因为儒家学术偏于政治教化,皆人伦日用之常,无"奇"可言。

李白生长的蜀地,却保存着一些"百家"的"奇书",例如陈子昂的五世祖庆曾"得墨子五行秘书白虎七变",就是不见他处记载的"奇书"。又如赵蕤著《长短要术》,内部记载了很多不见其他记载的轶闻与异说,也是耐人寻味的一种"百家""奇书"。李白曾与赵蕤一起学习过,当然也就接触到了其中许多唐人认为不合常规的思想。

由上可见,李白的思想基础与众有异,考其文学渊源,亦复与众不同。李白在《秋于敬亭送从侄耑游庐山序》中说:"余小时大人令诵《子虚赋》,私心慕之。"可知其父对汉文化有很好的修养。况且其时李家已定居在蜀地,地区文化的传统对他也会有所影响。司马相如以善赋而得到武帝的赏识,后且多次担当安抚巴蜀西南夷的重任,李白对之表示倾慕,自然有多种原因。

段成式《酉阳杂俎》前集卷十二《语资》曰："李白前后三拟词选,不如意,悉焚之,惟留《恨》《别》赋。"按李白集中今尚存《拟恨赋》,足征段氏之说可信。

《唐诗纪事》卷四《韦渠牟》曰："少警悟,攻为诗,李白异之,援以古乐府。"在唐代诗人中,李白是作乐府最多的一位,他在年轻时,必然会像三拟《文选》一样,对古乐府进行深入而系统的摹拟。看来他曾从中总结出很多心得体会,这才有可能对他人进行创作上的指导。

古乐府与《文选》中的作品,是先秦汉魏六朝文学领域中的精华,按其作品的内容来说,实为先秦汉魏六朝的文化渊薮。李白年轻时沉醉于是,揣摩其内容,领略其精神,对其今后的立身处世有很大的影响。他幼年生长在西突厥的文化氛围之中,后来的居住地区又受到南蛮文化的影响,这也都是不能忽视的因素,熏染了他一往无前、率性自由的行为作风。因此,他不像当时的其他文士那样,为朝廷的种种文教措施所控制、所支配,他所追求的,是奇士与高士的完美结合。因此,他在向人求援时,一无媚俗之态,始终保持个人的独立人格,自尊、自信,自负其才。他的干谒文字,仍然精神高昂,具有磅礴的气势。

唐人有干谒之风,文士喜向有权位者求助,希望得到他们的推荐和援引,一涉仕途。李白的干谒对象中,有皇室一系中人。在李白看来,他们真像燕昭王般具有诸侯的身份。于是他在寄诗求助时,一再引用黄金台之说。

安史乱起,全国震荡,吴王祇起兵勤王,表现出了很大的气魄。李祇为太宗第三子吴王恪之孙,袭封嗣吴王,出为东平太守。安禄山反,河南之地相继沦陷,只募兵拒战,玄宗壮之,累迁陈留太守,持节河南道节度使,历太仆、宗正卿。中间他还曾一度出任庐江太守,适与李白相遇,李白为作《为吴王谢责赴行在迟滞表》,说明李祇即将进京陛见。既有这一机缘,李白遂有《寄上吴王》三首,其三曰:

英明庐江守，声名广平籍。洒扫黄金台，招邀青云客。
客曾与天通，出入清禁中。襄王怜宋玉，愿入兰台宫。

吴王后即赴京任职。只是他任职的太仆、宗正卿地位虽高，终系闲职，日后李白也没能利用这个机会一展鸿图。

天宝十五载，玄宗下诸王分镇诏，永王璘领四道节度使率兵东下，路经浔阳时，令韦子春三上庐山礼聘李白入幕。

永王璘是当今的诸侯，李白这次真的感到黄金台事又重现了。他在《在水军宴赠幕府诸侍御》诗中兴奋地说：

英王受庙略，秉钺清南边。云旗卷海雪，金戟罗江烟。
聚散百万人，弛张在一贤。霜台降群彦，水国奉戎旃。
绣服开宴语，天人借楼船。如登黄金台，遥谒紫霞仙。
卷身编蓬下，冥机四十年。宁知草间人，腰下有龙泉。
浮云在一决，誓欲清幽燕。愿与四座公，静谈《金匮篇》。
齐心戴朝恩，不惜微躯捐。所冀旄头灭，功成追鲁连。

可惜李白的这一美梦不到一两个月就宣告破灭。肃宗命高适等人前来围剿，永王军队溃散，李白仓皇南奔，途中作《南奔书怀》诗，居然还念念不忘这次骤登显位的得意情景：

天人秉旄钺，虎竹光藩翰。侍笔黄金台，传觞青玉案。
……
秦赵兴天兵，茫茫九州乱。感遇明主恩，颇高祖逖言。
过江誓流水，志在清中原。拔剑击前柱，悲歌难重论。

其实，李白所赏识的这位"诸侯"，非但没有给他什么帮助，反而把他拖入了"从逆"的陷阱。《永王东巡歌》其五曰："二帝巡游俱未回，五陵松柏使人哀。诸侯不救河南地，更喜贤王远道来。"可惜的是这位远道而来的诸侯随即与今帝发生了尖锐的冲突，因为这时的政局已不允许再有独霸一方的诸侯存在，更不能允许诸侯发展壮大，那么对于那些诸侯所礼敬的"黄金台上客"，也就只能是城门失火，殃及池鱼了。

时至唐代，统治者已依据儒家宗旨设计了严密的等级制度，不论是谋求入仕也好，入仕之后的逐步升迁也好，都得循序渐进，这些都与李白的愿望相违，因而他不愿受其束缚。时代毕竟不同了，他不可避免地陷入不能适应新情况而不断遭到失败的境地。可以说，李白是一位怀有早期士人的理想，而在后期士人所面临的已经依据儒家准则而确定下来的大环境中不断碰壁的诗人。

（原载《文史知识》2001 年第 10 期·总第 244 期〔纪念李白诞生1300 周年〕）

李白研究百年回眸

　　我们站在二十一世纪开端,回顾二十世纪中国的发展,总是感到变化特大,超过了中国五千年历史发展过程中的任何一个阶段。

　　1901年,正值清光绪二十七年,清廷推行新政,改革科举制度,废八股文,改用策论,并命各省于省城及各州县筹设高等、中等、初等学堂,又命选派学生出国留学,中国知识分子的面貌由此开始发生显著的变化。十年之后,清廷覆灭,民国成立,中国进入了一种新的政治体制,随后则又发生了北洋军阀间的内战。1928年,国民党初步统一了全国,在南京建立国民政府,但不到十年,日本即入侵中国,随之展开了八年抗战。1945年日本侵略者投降,接着又发生了解放战争,三年之后,中华人民共和国成立,历史翻开了新的一页。

　　我们如以1950年为界,可将二十世纪分为上下两个阶段。前五十年,封建主义逐步向资本主义转变,学术界的情况也一样,封建主义的学术思想急遽衰退,资产阶级的学术思想渐次上升至主导地位。经过众多学者的努力,李白的为人和创作,得到了多方面的系统的阐发,前后产生了好几种专著。后五十年,中国进入社会主义革命阶段,在中国共产党的主导下,对资产阶级的学术思想展开了猛烈的批判,并以无产阶级的学术思想取而代之。这次转变的过程发展得比较急遽。上面有政府的驱策,知识分子要进行思想改造,大家都得努力掌握新的思想和新的方法。但是一些学者运用新观点和新方法而得出的成果,也不一定都很完美。因为其时的主导思想,名为唯物主义世界观,然因过分强调经济的决定作用,对意识形态中的复杂情况每每作简单化的处理,一切问题都要进行阶级分析,突出阶级对立和阶级冲突,有些文类,如山水诗、咏物诗、游仙诗等,就难以处理。学者们虽说采用的是历史唯物主义和辩证唯物主义的科学方法,但内多教条主义和形而上学的成分,时而流为庸俗社会学,因而有些李白研究的文字,其面貌虽与前有异,实则未必更见科学。

二十世纪八十年代,中国进入改革开放阶段。西方的各种文学思潮和理论不再囿于苏联文艺学一种,而是各种新旧思想纷至沓来,李白研究的专家可就个人的爱好与特长采用多种方法进行分析,这一领域重又出现了活泼的局面。

这篇百年回眸,分为上、中、下三编。上编为鸟瞰式的回顾;中编介绍李白的族系之争,因为这是牵涉到国家利益事关全民的大事,故单独列为一编;下编列出若干专题,一一加以探讨。

上编　二十世纪李白研究鸟瞰

清末传统学风——诗话式的批评

清末民初,未见研究李白的专著与专题论文。学者间或涉笔,常是见诸吟咏,或是采用传统的诗话形式,发表一些感想。

玄修作《说李》,情况类同,也是一种诗话式的批评,但形式上有了一些变化。他先摘引前人之说,然后加上按语,或申论,或批驳,发表个人的研究心得。

兹举一例以明之。他先引宋代黄彻《碧溪诗话》云:

> 世俗夸太白赐床调羹为荣,力士脱靴为勇,愚观唐宗渠渠于白,岂真乐道下贤者哉?其意急得艳词媟语以悦妇人耳。白之论撰,亦不过为玉楼金殿、鸳鸯翡翠等语,社稷苍生何赖?就使滑稽

傲世，然东方生不忘纳谏，况黄屋既为之屈乎。说者谓以谋谟潜密，历考全集，爱国忧民之心，如子美语，一何鲜也。力士闾阎腐庸，惟恐不当人主意，挟主势驱之，何所不可，脱靴乃其职也。自退之为蚍蜉撼大木之喻，遂使后学吞声。余窃谓如论其文章豪逸，真一代伟人，如论其心术事业，可施廊庙，李杜齐名，真忝窃也。

后加按语曰：

> 太白《宫中行乐词》其第二首，以飞燕比杨妃，正是讽刺之意。第三者末云："君王多乐事，还与万方同。"用孟子当与民同乐之意。第四首用玉树后庭，亦含讽刺。且太白正以"飞燕在昭阳"一语为高力士所谮，致终身不得官，其论诗以复古道为主，不屑屑于梁陈以来轻艳之词。玄宗诏为宫中行乐词，亦正以其薄视声律，而欲试以所短以戏之。谓玄宗欲得艳词，以悦妇人，是也，而责白此际之诗，应有补于苍生社稷，岂不迂哉！孟棨《本事诗》记此甚详，录之于后。[1]

接着他就征引了孟棨《本事诗》的原文。这种研究方式，层次井然，见解明确，可供他人参考。虽其表达方式有异于后人的逐层推进，但如把他的观点和例证打乱后重新组合，也就可以改写成近代式的论文了。

---

[1] 玄修，夏敬观（1875—1953）的笔名。祖籍江西省新建县，出生于湖南省长沙市。清末举人。曾入张之洞幕府，主持三江师范学堂。1907 年任江苏提学使。1916 年受上海涵芬楼聘任撰述，1919 年任浙江省教育厅长。1924 年辞职，寓居上海从事著述。著作甚多，专擅诗词。

王国维于清光绪三十四年（1908）在《国粹学报》上发表《人间词话》六十四则，建立了一种新的美学体系，其形式则是传统的。他以"境界"论词，而评李白则以气象论：

> 太白纯以气象胜。"西风残照，汉家陵阙。"寥寥八字，遂关千古登临之口。后世唯范文正之《渔家傲》，夏英公之《喜迁莺》，差足继武，然气象已不逮矣。①

后人推崇李白之作最充分地体现了盛唐气象，当受这种理论的启发。

民国时期的研究——多样化的批评

民国时期的李白研究，要以族系问题的探讨影响为大。李白为胡人说提出后，学界普遍表示接受。② 其后有孙楷第提出《唐宗室与李白》一文，对李白家族的由来进行推测。③ 这一问题，贯彻二十世纪始末，因其涉及政治上的敏感问题，发生的影响，已经超出文学领域，而牵涉到中国整个知识界。因此我将这一重大问题放在中编，作专题讨论。

---

① 王国维最早发表的《人间词话》，计六十四则。一至二十一则，发表于 11 月 13 日出版的《国粹学报》47 期；二十二至三十九则，发表于 1909 年 1 月 11 日出版之 49 期；四十至六十四则，发表于同年 2 月 20 日之 50 期。本条为其中的第十则。

② 如幽谷《李太白中国人乎？ 突厥人乎？》，载《逸经》17 期，1936 年 11 月。李长之《道教徒的诗人李白及其痛苦》，重庆商务印书馆 1941 年出版。詹锳《李白家世考异》，载《国文月刊》24 期，1943 年 10 月；后收入《李白诗论丛》，作家出版社 1957 年版。

③ 载《经世日报》1946 年 10 月 30 日《读书周刊》12 期。

其时产生的几种研究著作,如傅东华的《李白与杜甫》①,汪静之的《李杜研究》②,致力于两大诗人的比较研究,即使其他几种仅标题为李白研究的著作,也把很多篇幅放在二人的比较研究上。李白重视乐府诗与古诗的写作,故研究者大都强调他重继承的一面,从而阐述他与汉魏六朝文学的关系。杜甫重今体,在律诗的创作上有很多新创与发展,故研究者大都强调他的革新精神与开拓能力。这方面的文字,要以胡小石《李杜诗之比较》一文阐述得最为酣畅。③

这一时期,文人思想上无所约束,各人信笔所至,每就个人见解所及,对李白的一个侧面进行分析,或以之作为李白的特点而为之定性。如崔宪家作《浪漫主义的诗人李白》,突出说明其性格中浪漫的一面④;徐嘉瑞作《颓废派之文人李白》,则突出李白的酒色之嗜和厌世思想⑤;李长之作《道教徒的诗人李白及其痛苦》,则从道家的特征推阐李白的为人与创作特点⑥。李著是这一时期论述较为充分、影响较大的一部专著。

民国时期的学者已经采用叙述与分析相结合的方式写作现代学术论文。他们除习用现实主义、浪漫主义等有关创作方法的术语说明诗人特点外,还喜用西方哲学家的一些理论作为参照而从事剖析。例如李长之在描绘李白的性格特征时,以"疯狂,梦境,和艺术世界的相通与相异"作标题,而又首先介绍尼采的语录,藉作提示。又如他在分

---

① 傅东华《李白与杜甫》,商务印书馆 1927 年版。
② 汪静之《李杜研究》,商务印书馆 1933 年版。
③ 原载《国学丛刊》1924 年 2 卷 3 期;后收入《胡小石文集》,上海古籍出版社 1982 年版。
④ 载《国学丛刊》1923 年 1 卷 3 期。
⑤ 载《小说月报》7 卷号外,1927 年 6 月。
⑥ 李长之《道教徒的诗人李白及其痛苦》,重庆商务印书馆 1941 年出版。

析游侠思想时,则又介绍有关犯罪心理的学说,且以朵思退益夫斯基的情况为证。这一时期,学者常是或明或暗地袭用弗洛伊德的学说对研究对象进行心理分析。

总的看来,民国时期的李白研究涉及的面已很广泛,后人一般仍是在这些问题上进行阐述,但因此时学术界投入的力量不是很多,积累还不丰厚,因而水平高的论文与著作还不多见。

新中国成立初期——有关李白作品中人民性的探究

中华人民共和国成立后,学术界的情况起了很大的变化。政府起主导作用,督促知识分子改变立场,进行思想改造。他们必须批判资产阶级的学术观点,学习马列主义、毛泽东思想,并用来观察问题与分析问题。这样,李白研究的领域内也出现了新的变化。

林庚于 1954 年发表了《诗人李白》一文,提出了很多新的观点,随之引起热烈的讨论,在学术界产生了很大影响。[①] 从中可以看到,这一时期的知识分子为了适应时代而在立场观点上正进行大幅度的调整。

这时考察一个人的立场,最重阶级出身。林庚在《李白的出身与阶级矛盾中的民主要求》一节中说:"李白的出身,记而不详。"但绝不是地主家庭,其父"也没有作过官。在封建社会中既不是地主,又不是官,那就是最彻底的平民了"。而据前此的研究,以为"李白的父亲大约正是一个客商,换句话说李白的出身就近于一个市民阶级"。他对李白定性之后,随之对其创作特点展开了一系列的阐发。

---

① 载《光明日报》1954 年 10 月 17 日《文学遗产》25 期,古典文学出版社于1956 年出单行本。北京大学中文系古典文学教研室会议记录由陈贻焮执笔,发表于《光明日报》1954 年 10 月 24 日《文学遗产》26 期,题为《关于李白的讨论》。其后胡国瑞、时萌、裴斐、汤擎民等均曾撰文发表评论。

五十年代的中国，干部队伍中，包括教师在内，都得进行社会发展史的学习。中心内容即为社会发展五阶段论。封建主义为资本主义所取代，资本主义也将为社会主义所取代。社会前进的动力，是阶级斗争。推翻封建制度的主力，是劳动人民，而从社会发展史的观点来说，市民阶级起了重要作用。李白既是市民阶级中的一员，不也代表社会前进方向了么？

李白的出身虽然不坏，但绝非劳动人民，只能是知识分子中的一员，因此林庚强调"李白终身是一个布衣"。李白的先进思想与伟大创造，都与他特殊的布衣身份有关。但他"所受于市民阶级的影响，当然也有其庸俗的一面"。这是当时常见的一分为二的观点的运用。

为了给李白正确定性，北京大学中文系古典文学教研室举行了三次会议，除本室人员外，还邀请了系外和校外的一些权威人士参加，如何其芳、赵树理等人，是从延安老区过来的老资格的共产党员，对于解决文艺上的复杂问题，当然具有更大的发言权。

大家认为，对李白其人自当肯定。当时颇重二分法，首先对人要有肯定与否定的总体评价。在此基础上，大家对林文中的艺术分析与爱国主义部分也都加以肯定，但对文中的一些主要提法，如对"布衣"的评价，则认为不能把"布衣"想参加政权说成和农民起义是"一而二二而一的"。有人更指出"布衣斗争"的性质只是希望爬上政治舞台，加入统治集团，没有多大的革命性。可见大家对李白"革命"的尺度把握得很紧，绝对防止和农民起义相混淆。

赵树理认为：李白诗中为人民说话的地方就是他富有人民性的地方，是可以肯定的。"人民性"一词在苏联文艺学中占重要位置，它可以解决很多尖锐的棘手问题，出身于剥削阶级的作家如在作品中反映了人民的某种愿望或爱好，也就可以被认为具有人民性，其作品也可以纳入优秀作品的行列。这就为历史上众多出身于非劳动人民家庭的文人找到了肯定他们作品的根据,因而为中国学术界广泛采用。其后的李白研究,在提到他的种种好处时,经常在"人民性"这一普遍适用的范畴内进行。

林庚本身就是一位诗人,他对李白诗歌的艺术性作了很多精到的分析,随后又撰专文论证李诗最充分地体现了盛唐气象。① 这一观点后为广大的李白研究者所接受。尽管有的学者不同意这种看法,认为李白之时唐朝已趋衰殆,因而谈不上什么盛唐气象。只是李白、杜甫等人都对"开元全盛日"有很多歌颂,后人又怎能仅凭个别资料来推翻当时人的感受? 这些商榷文字,说不上有多大道理。

六十年代,中国科学院和高等教育部组织人员集体编写了两种《中国文学史》,其中有关李白的部分,结论大体相同,可以视为这一时期的学术观点调整工作已告完成。其中由游国恩、王起、萧涤非、季镇淮、费振刚主编的《中国文学史》,因为是高等学校统一使用的教材,更能体现这一时期主流的价值判断。②

游国恩等首先指出:"随着天宝年间政治的日益黑暗,他揭露现实的作品愈来愈多,反抗精神也愈来愈强烈,成为他这一时期创作的显著特色。""三年的翰林供奉,使天真的诗人李白初步认识到统治集团的腐朽和现实的黑暗,开始写出一些抒发愤懑,抨击现实的诗篇。"

这部《中国文学史》以《伟大的浪漫主义诗人李白》作为章名。"他

---

① 林庚《盛唐气象》,载《北京大学学报》1958 年 2 期。舒芜在《李白诗选》一书的《前言》中首先提出"盛唐气象"李白具有"全面的代表性",林文继此而作,影响更大。按以"气象"论诗,起于严羽。《沧浪诗话》中说:"唐人与本朝人诗,未论工拙,直是气象不同。"说明"气象"是指诗的总体风貌。李白精神昂扬,大气磅礴,确是充分体现出盛唐诗的精神风貌,论者不宜以个别诗作的具体内容而论盛衰。

② 此书由人民文学出版社于 1963 年 7 月在北京出第 1 版,直至二十世纪九十年代,一直用作大学教材,印刷多次。

的政治上的远大抱负,他对祖国和人民的热爱,对权贵势力,对封建社会一切压迫和羁束毫不调和的叛逆态度,正是他诗歌浪漫主义精神的主要表现。……当然,由于内容性质、感情色彩以及表现手法的不同,他有一些作品可以说是现实主义的,例如那些描绘揭露黑暗现实面貌、幻想成分较少的作品就属于这一类。"可知这时的古代文学研究,着眼于论证作家的爱国主义,揭露政治黑暗,因而从大处来看,许多作家的面貌差不多,李白只是在幻想方面突出一些就是了。书中分析到最后,仍是不忘指出诗中有"消极的糟粕",这也是对精华、糟粕论的普遍应用。

《中国文学史》的编者指出:"李白究竟是一个封建时代的诗人,他的理想,无法超越他的时代和阶级视野的限制;他的反抗,也更多是针对他阶级内部的黑暗现象,针对妨碍他个人自由发展的那些压迫和束缚。他的要求和当时人民的利益有一定相通的地方,但和人民的要求本质上也有区别。"这番话,也不能说不对,但对其他诗人大体都适用,因此难免给人以泛泛而论的感觉。

中国科学院文学研究所中国文学史编写组编写的《中国文学史》,有一些新的提法,如言李白有个性解放的要求和人道主义精神等。李白有游侠思想,"游侠的积极意义是在一定程度上代表中下层人民的意志和利益"。但总的看来,此书的论述方法与游国恩等人的方法差别不大。①

这是一个时代的新特点。李白研究中不再见到着眼于琐屑问题的论证和任意批评的片面言论,但在一种模式下操作,总觉得共性有馀个性不足。在艺术分析方面取得的成绩为多,也较精彩;在政治分

_____

① 此书由人民文学出版社于 1962 年 7 月在北京出第 1 版,其后也曾多次印刷,部分学校曾用作教材。

析方面花的笔墨很多,但中多条条框框,给人以四平八稳惟恐出格的感受,而这是妨碍创造力发挥的大忌。

改革开放阶段——实证式的研究和文化的探讨

1976 年,中国历时十年的动乱终告结束。经过三四年的拨乱反正,中国自八十年代起,进入了改革开放的新时期。

人们从"文化大革命"的噩梦中醒来,发现自己处在一片荒漠之上。古代文学领域内,除了郭沫若的《李白与杜甫》一书之外①,仅有刘大杰在评法批儒的歪理指导下编写的《中国文学发展史》第二分册中的李白部分②,以及评法批儒运动中涌现出来的若干文字。③ 这些文字的共同特点是扬李抑杜。他们对二人任意抑扬,对材料任意取舍,对历史人物凭私意妆扮,这种研究态度与研究方法,充分暴露出主观武断的危害。学术界拨乱反正,需要树立一种良好的学风,不但要纠正"文化大革命"中闭起眼睛说瞎话的作风,而且要纠正新中国成立以来以论代史的学风。大家转而要求论从史出,一切依材料说话。在八十年代,有关李白事迹的考证文字占很大比例。

新中国成立前后,詹锳发表了研究李白的论文多篇,内容涉及李白生平的考索、李太白集的版本、李白作品的赏析和辨伪,方面很广,

① 此书由人民文学出版社于 1971 年 11 月在北京出第 1 版,之前曾有影印本和十六开大字本在少数人之间传读。二者与定本之间文字上有些不同,说明郭氏在正式出版时曾作修改,也有一些订正,如前说托克马克在哈萨克境内,后改称在吉尔吉斯境内。

② 此书由上海人民出版社于 1976 年 8 月在上海出版。

③ 这些文章的写作者,有高等学校的教师或其时的工农兵学员,也有若干工厂中的工人理论组,他们大都仅据《嘲鲁儒》等部分诗歌立论,片面而武断,谈不上有什么学术性。

创获很多。新中国成立初期,詹氏编成《李白诗论丛》一书①,自言这些研究文字都是他编《李白诗文系年》一书的副产品,《李白诗文系年》一书随后也正式出版。②

李白的年谱,过去没有出现过什么完善的著作,自王琦的《李太白集辑注》问世后,人们大都依据王氏附于书后的年谱考李白生平与作品年代。清光绪三十二年(1906)黄锡珪编成《李太白年谱》一书,后附李太白编年诗目录,但也未见精密。且此书迟至1958年才始由作家出版社出铅印本,之前人们不易见到。

詹锳的《李白诗文系年》一书,比之王、黄之作,水平有了很大的提高。作品编入某一年代之后,每附个人所见,考证所得,以示其可信。书后附有《诗文系年篇目索引》,读者易于翻检。因此此书的问世,表明李白研究已达新的水平。

詹锳于抗战时期毕业于西南联合大学,是罗庸和闻一多的学生,因此接受过系统的学术训练,征引文献甚为丰富。但也正像罗、闻二氏的研究唐诗,所用材料限于书面文献,不出史书、文集、诗话、笔记等项。自八十年代起,学者治学在使用的材料上有了很大的扩展,诸如贞石、方志、敦煌文献、佛道二藏等,多方发掘,由是取得的成果,也就突过前人。

新中国成立之前,在研究唐史的人中,陈寅恪、岑仲勉二人的成就更见突出。陈氏用文化史的眼光考察唐代文学,岑氏则用实证的态度考察唐史中的问题,因此从解决实际问题而言,岑氏的成效似更突出。他所使用的材料,就已扩展到贞石等项。八十年代的资料整理和考证

---

① 此书由作家出版社于1957年出版,1984年由人民文学出版社重版。

② 此书由作家出版社于1958年出版,1984年由人民文学出版社重版,后附论文若干篇。

工作,受岑仲勉的影响很大。

郁贤皓在考证李白的生平行踪等方面取得了可喜的成绩。其中《李白诗中崔侍御考辨》等文,援用大量贞石文字,对著名望族博陵崔氏中崔沔一系人物的家世作了精密的梳理,说明李白诗中多次提到的崔侍御,乃崔祐甫之兄崔成甫,郭沫若以为此人乃饮中八仙之一的崔宗之,实误。又如他据《玉真公主墓志》《玉真公主祥应记》及新近问世的《唐故九华观主□师藏形记》等碑志,考玉真公主的婚姻,借以解决李白诗中的卫尉张卿究系何人①,这些都可看出岑氏学风所产生的影响。

八十年代的唐代文学研究,如风起云涌,在各个领域取得了很大的成绩。李白研究的情况同样如此。由于全国性的李白学会②以及四川省李白研究会③的成立,团结了数量众多的李白研究成员,并且有《李白学刊》④定期发表各种成果,推动了李白研究的迅猛发展。本文将分专题一一详述。

这一时期,国外的李白研究成果也不断被介绍进来,日本的学者,以及港台等地的李白研究者,常有一起切磋的机会,这也推动了李白研究的广泛开展。

---

① 郁贤皓《李白诗中崔侍御考辨》,载《文史哲》1979 年 1 期;又《李白与张垍交游新证》,载《南京师院学报》1978 年 1 期,后收入《李白丛考》,陕西人民出版社 1982 年版。李清渊《李白赠卫慰张卿诗别考》,载《文学遗产》1992 年 6 期。郁贤皓《再谈李白诗中"卫尉张卿"和"玉真公主别馆"》,载《南京师大学报》1994 年 1 期。经过讨论,可知李白《玉真公主别馆苦雨二首》中之张卿,既非张垍,又非张去奢,当是另一张姓,可能为玉真公主之夫。

② 中国李白学会于 1987 年 11 月 4 日成立,会址在安徽省马鞍山市。李白墓地当涂青山属马鞍山市管辖。

③ 四川省李白研究会于 1984 年 10 月 23 日成立,会址在四川省江油市。李白生地青莲乡今属江油市管辖。

④ 《李白学刊》于 1989 年 3 月创刊,自 1990 年 9 月起改名《中国李白研究》。

在这一时期内,王运熙、乔象钟、罗宗强、裴斐等人取得的成果也较多。罗宗强进行李杜的并列研究,在思想、风格、用笔等各个方面细加分析,较之前人,视野更为开阔,见解更为深入。[①] 詹锳除继续进行研究外,还培养出了一批学生,在研究工作中进行多方面的开拓。而在西北大学任教的安旗,不但接连出了好几种成果,同时也培养了很多学生,形成了一支可观的研究队伍。

八十年代,瞿蜕园、朱金城合作的《李白集校注》出版[②],此书是在王琦注本的基础上,利用目下能够见到的多种善本,详加校勘,还吸收了大陆地区八十年代之前的研究成果,也加入了两人的很多心得,集合而成,其中王琦的成果仍占重要部分。自八十年代至九十年代,安旗主编的《李白全集编年注释》[③]和詹锳主编的《李白全集校注汇释集评》[④]先后完成,二书篇幅巨大,反映了前此各个系统的学术观点。例如安氏持李白三入长安说,詹氏本持李白一入长安说,而在此书中则观点不明朗,因此对有关作品的系年,就颇有出入。目下学术界大都持李白二入长安说,这两部著作不采此说,李白研究者中对此持保留看法的也很多。

二书收集的资料确实很丰富,犹如李白研究的两座资料库,但似有别前此注书的传统。尤其是后出的一种,倒像是一种长编,似乎还缺少精要的提炼。

九十年代之后,中国的政治形势更趋正常,改革开放的路子走得

① 罗宗强《李杜论略》,内蒙古人民出版社 1980 年版。
② 此书由上海古籍出版社于 1980 年 7 月出版。
③ 此书由巴蜀书社于 1990 年 12 月出版。据版权页上标示,字数达一百三十六万,分装三册。
④ 此书由百花文艺出版社于 1996 年 12 月出版。据版权页上标示,字数达三百四十万,分装八册。

更大了。李白研究的队伍中又加入了不少新人,他们对前此提出的问题作了更细致的探索,但由于材料的限制和视角的不同,在很多问题上仍然难下结论。

这一时期,中外文化交流日畅,人们的思想起了很大的变化。中国的学者本来就有家国一体的传统观念,以往迫于苏联有关北方领土的谬论,不愿触及李白奇特的文化背景,这时苏联业已瓦解,北方领土的谬论也已不再有人提起,中国学者自可从多种文化交融的角度,去观察李白的特异人生。

李白一家流落西域,有关的文字记载闪烁其词,回蜀的情况,记载得很简单,且似想用神异的笔法掩盖真相,而唐代颇多这类西域来的胡人,所以陈寅恪称李白为西域胡人,是以唐代常见情况,结合史料,作此设想的。李白在至德二载(757)写的《为宋中丞自荐表》中自称时年五十七,李阳冰《草堂集序》云李白卒于宝应元年(762),而李华《故翰林学士李君墓志》称李白卒时年六十二,可知李白生于武后长安元年(701),归蜀时已五岁。其父自晦其名,又从西域携家迁蜀,其时胡人为易于融入汉人社会计,每编造家族中的汉人血统,因此李白为西来胡人之说,确是有此可能。但李白在许多地方明确宣布,他是西凉国主李暠之后,其子伯禽手疏中也如此记载。李白的朋友也无一人有称之为胡人者,李白本人对"胡人"又有不恭之词,这些又与西域胡人之说凿枘不合。

李白的立身行事,思想爱好,确有其不同于常人的地方。如与朋辈中的其他诗人,如孟浩然、王昌龄、高适、杜甫等人比较,可以明显地看出他的许多特点:他不应科举,与唐代的正统思想有距离,喜好胡人的音乐与美酒,这些都暴露出他所特有的文化背景。这样看,李白如果不是一个胡人,那也应当是个胡化的汉人。尽管在胡化的深浅上,各人可有不同看法。

葛景春等人写了许多文章,从文化背景上论述李白的特点①,其中就有很多地方涉及他与西域文明的关系。

周勋初从八十年代末起,连写了十篇文章,分别从李白的名字、学习、婚姻、夷夏观念、政治趋向等方面考察,说明他是一位胡化很深的汉人;周氏还从李白剔骨葬友的异常活动中分析其受南蛮文化的影响。后来他把十篇论文编成一册,以《诗仙李白之谜》为名在台湾出版。②

中国自八十年代起,学术界就热衷于文化的研究。在世界日趋一体化的过程中,各种文化的碰撞与交融,日益引起人们的注意。周勋初以多种文化的交融来说明李白的特点,且用考据的手法证成此说。其中西域文明之说,即接续三四十年代众多史学家的研究。蜀中地域文化的研究,八十年代已经引起人们重视,特别是四川籍的学者于此更多关注。南蛮文化之说,则又开辟了另一新的视角。其后周勋初撰《李白评传》③,更系统地阐述了这种观点。

由上可知,中国在二十世纪所经历的历史,受到世界政治和文化潮流的影响,这些都曲折地反映在学术领域之中。二十世纪之初,由于西方文化与东方学的影响,人们开始注意李白特异的文化背景;二十世纪中期,由于北方强邻的胁迫,中国加强了唐代疆域的研究,李白的汉族文化背景,首被强调;二十世纪之末,中国执行改革开放政策,学术界转而又对李白的特异文化色彩加以关注。可以说,这是李白研究中最为丰富多彩,也最有价值的一种文化考察。

---

① 葛景春《李白与唐代文化》,中州古籍出版社 1994 年 6 月版。
② 周勋初《诗仙李白之谜》,台湾"商务印书馆"1996 年 11 月版,后收入《周勋初文集》第四册,江苏古籍出版社 2000 年 9 月版。
③ 南京大学出版社 2005 年 4 月出版,为《中国思想家评传丛书》中的一种。

中编 李白的族系之争

时代背景

二十世纪的中国,危机四伏,国人亟于救亡图存维护主权,因而一切重大活动都与国运密切相关。李白究竟是汉人还是胡人,这一具体问题,本应限在学术的层面上进行探讨,只是由于东西文化的碰撞,新旧观念的冲突,也就决定了这一复杂问题只能在这一特定的时代发生,并在激烈的论争中折射出时代观念的剧烈变化。而且这一具体问题还因国外侵略者在领土问题上的干扰,涂抹上了一层浓厚的政治色彩。

通观二十世纪的李白研究,有两种著作发生的影响为大,一是陈寅恪的论文《李太白氏族之疑问》[①],一是郭沫若的专著《李白与杜甫》。[②] 二者正好代表了前后两种不同的思潮。今试结合时代变迁,略作申述。

东方学与中国文化西来说的影响

李白是奇人。他的为人与创作,与同时人相比,有许多不同;即使与其他时代的诗人相比,也有明显的特点。而在清代之前的学术界,大家仅注意他的作风有异于常人,而没有深入探讨这些特点的内涵。这是时代的限制,学术界还没有酝酿出产生新的学术观点的触媒剂。

---

① 陈寅恪《李太白氏族之疑问》,原载《清华学报》11 卷 1 期,1935 年 1 月;后收入《金明馆丛稿初编》,上海古籍出版社 1980 年第 1 版。

② 郭沫若《李白与杜甫》,人民文学出版社 1971 年 11 月北京第 1 版。

清代末年,列强依仗其船坚炮利之势,不断进行军事侵略,迫使清廷割地赔款,订立丧权辱国的条约,把一个古老的国家一步步推向灭亡的边缘。

综观清末割地的情况,可以看到,英法等国致力于划分势力范围,建立租界,控制中国对外的一些重要部门,如海关等。日本作为后起的帝国,野心极大,迫使清廷割让台湾之后,又指向了中国的东北诸省。但在这片割地风潮中,掠地最多的国家,首推贪婪无厌的沙俄帝国。满清帝国与沙皇俄国有着数千里接壤的边界,两边一直有众多的游牧民族或渔猎民族在流动。广大的草原与原野,不像东南沿海,有天然的界线作为标志,沙俄乃在中国战败之后,将边界擅自南移,然后迫使清廷追认。就在 1860 年第二次鸦片战争中,俄国趁火打劫,占领了黑龙江以北、乌苏里江以东一百多万平方公里的领土。随后又于1899 年与英国互换照会,承认扬子江流域为英国势力范围,长城以北为俄国势力范围。他们对新疆地区虎视眈眈,阴谋合作,分割这一片广大土地。这是中国数千年来通向西方的一条重要通道,新疆是位居前沿的一道屏障,这一地带上出现的危机,引起了学术界的广泛关注。梁启超说:"自乾隆后边徼多事,嘉道间学者渐留意西北边新疆、青海、西藏、蒙古诸地理"①,"大抵道咸以降,西北地理学与元史学相并发展,如骖之有靳。一时风会所趋,士大夫人人乐谈,如乾嘉之竞言训诂音韵焉,而名著亦往往间出"。② 这是由于西北边疆事故频发,中国朝野注视这一地区所呈现的一种普遍心态。

也就是在这个时期,东方学郁然勃兴。一些考察队,如俄国的克

---

① 《清代学术概论》,《梁启超论清学史二种》本,复旦大学出版社 1985 年版。
② 《中国近三百年学术史》八《地理学》,《梁启超论清学史二种》本,复旦大学出版社 1985 年版。

莱门茨(Klementz),英国的斯坦因(M. Auretstein)等,翻过帕米尔高原或由其他途径东下,进入新疆。新疆因位处东西通道之故,各种民族杂居,文化背景各有不同,宗教信仰前后也多有变化,留下了众多的壁画、雕塑与其他文物,呈现出丰富多彩的民情风俗,吸引一批批文化考古者前来。由于清廷的积弱与腐败,对外来者的掠取谈不上什么防范与阻挡,不少文物被掠往西方,这就进一步促进了东方学的发展壮大。特别是光绪二十六年(1900)敦煌石窟被发现后,斯坦因、伯希和(P. Pelliot)等人掠去了数量庞大的文献资料。他们利用这些资料,把东方学的研究推向了高潮。

陈寅恪在《朱延丰突厥通考序》中说:"年来自审所知,实限于禹域以内,故仅守老氏损之又损之义,捐弃故伎。凡塞表殊族之史事,不敢复上下议论于其间。"①在这之前,他曾在德国与美国学习多种语言,积累了研究东方学的大量资料;其后,他的研究重点逐渐转向魏晋南北朝与隋唐的文史,然仍关注中西文化交融的问题。

就在这样的背景下,陈寅恪于 1935 年发表了《李太白氏族之疑问》一文,提出了李白为西域胡人的新观点。

陈氏发表此文之前,已有人对此进行过探讨。李宜琛是首先注意李白出生地问题的学者之一。他以为李阳冰《草堂集序》中说的生于"条支"只是"借言",实际上应当生于碎叶。② 此文并未论及李白的族属,因此,首先明确提出李白为胡人这一主张的,是在介绍东方学的工作中做出了很多成绩的冯承钧。

冯氏为研究中亚人种问题,将新、旧《唐书》中的蕃胡悉数检出,共得一百几十人。但唐代系谱伪造者甚多,益以冒姓通谱,氏族极为混

---

① 此文于 1942 年作,后载《寒柳堂集》,上海古籍出版社 1980 年 6 月第 1 版。
② 载《晨报》副刊 1926 年 5 月 10 日。

乱,故仅录其确系出于蕃胡者。其后续云:

> 至疑莫能决之氏族,如陇西之李、渤海之高、河西人、范阳人、朔方人等等,暂不著录,以俟续考。其中亦有八九成属外来血统者,如李白之例是也。李白传,《旧唐书》作山东人;《新唐书》作兴圣皇帝九世孙,其先隋末以罪徙西域,神龙初(七〇五)遁还,天宝初(七四二)南入会稽,代宗立(七六二)以左拾遗召,而白已卒,年六十馀。《唐书》盖取材于李阳冰《太白集序》。李白晚年往依阳冰,阳冰之说应较可信。据《序》云:"凉武昭王暠之后,谪居条支,神龙之始(七〇五),逃归于蜀,复指李树而生伯阳,惊姜之夕,长庚入梦。"按条支为古之亚叙利亚(Assyria),李白之时,已属大食,代宗初立(七六二)已卒,年六十馀。则其人不生于蜀,实生于大食也。上引诸文,不特不能证明李白为李暠之裔,且亦不能证其为山东陇蜀之人。①

陈寅恪对中外文化交流之事甚为关注,他在追溯天师道与滨海地域之关系时说:"自战国驺衍传大九洲之说,至秦始皇、汉武帝时方士迂怪之论,据太史公书所载(始皇本纪封禅书孟子荀卿列传等),皆出于燕、齐之域。盖滨海之地应早有海上交通,受外来之影响。以其不易证明,姑置不论。"②陈氏前曾自称"不敢观三代两汉之书,而喜谈中古以降民族文化之史"③,因而就李白之氏族问题撰论,以为文献足

---

① 冯承钧《唐代华化蕃胡考》,原载《东方杂志》27 卷 17 期;今据《西域南海史地考证论著汇辑》本,中华书局 1957 年版。

② 陈寅恪《天师道与滨海地域之关系》,载《金明馆丛稿初编》。

③ 陈寅恪《陈垣元西域人华化考序》,1935 年作,载《金明馆丛稿二编》,上海古籍出版社 1980 年 10 月第 1 版。

征,遂下断语曰:"其人之本为西域胡人,绝无疑义矣。"

陈氏此文发表后,引发了很多关注中外文化交流者的兴趣,一些研究李白的专家势必要在李白的氏族问题上作出抉择。从新中国成立前的情况来看,要以赞成西域胡人说者为多,李长之与詹锳即均从此说。[①]

继陈氏此文而作者,有胡怀琛、幽谷等人。胡怀琛以为李白是一个突厥化的汉人[②],幽谷则以为李白是汉化的突厥人。[③] 二者持论虽有不同,但已把"胡人"具体化为突厥族人了。

上述诸人中,胡怀琛所撰二文值得注意,他紧接陈氏之文而强调李白之突厥化,正代表着学术界一种中国文化西来说的潮流。

与李白问题的讨论约略同时,学术界还兴起了一场墨子为汉人抑或印度人的争论。胡怀琛首先撰文曰《墨翟为印度人辩》[④],主张墨子来自印度,并非中国所生。此说一出,即招致众多学者的攻难。胡氏后向太虚和尚和卫聚贤讨教,以为需作修正,遂改称墨子非佛教徒,而为婆罗门教徒,然其为印度人则没有什么问题。这种说法仍流于怪异,随之批评之声不绝,方授楚甚至撰一专著加以辩驳。[⑤]

太虚和尚为胡怀琛前此撰成的《墨翟辩》一文撰序时说:

> 墨子为印度人之说,虽出胡君创见,发前人之所未发,颇骇听

---

① 李长之《道教徒的诗人李白及其痛苦》。詹锳《李白家世考异》,载《国文月刊》24 期,1943 年 10 月;后收入《李白诗论丛》。

② 胡怀琛《李太白的国籍问题》,载《逸经》1 期,1936 年 3 月。

③ 幽谷《李太白中国人乎? 突厥人乎?》,载《逸经》17 期,1936 年 11 月。《李太白通突厥文及其他》,载《逸经》11 期,1936 年 8 月。

④ 载《东方杂志》25 卷 8 期。

⑤ 方授楚《墨学源流》,中华书局 1937 年版。

闻;然细按墨子之思想,若天志明鬼之神教,论理物理之科学,皆中国学术思想系统中所无,则说为外来之学术,亦深有由致。盖名家始若邓析之流,亦辨析伦礼政制之名义,类儒家之所谓"正名""知言"尔;后之名家儒家,皆受墨学之影响,于是公孙龙惠施,近乎名数质力之学,而荀子亦有其论理学。且以为肤黑之外国人,乃称其师资为墨狄,亦殊通允。然是否为印度人及佛教徒,则犹待论定。佛教初盛行小乘之学,为绝对之无神教,除佛陀外,无所崇拜,与墨子之根本思想不相容,应可断言非佛教徒,故窃意墨家为印度婆罗门教之一派,兼传印度哲学科学,或犹太摩西教一派,兼传希腊哲学科学者欤?[①]

这种论断表明了中国文化西来说者所持的一种基本态度。他们以为中国的学术系统可以儒家为代表,持论平实,少怪异之处,因此像古代的神话,诸子中的有些学说,凡与儒家有异者,均可视作外来文化而加以追溯。

有关这方面的著述,要以国外学者为早。德人孔拉第(A. Conrady)作《战国时中国所受印度的影响》,发表于《德国东洋学会杂志》第六十册,以为《左传》昭公八年石言于晋,《韩非子》中的有人献不死之药于楚王,而为中射之士所食,《吕氏春秋》中的涉江坠剑,而在泊舟处求之,《战国策》中的楚王美人郑袖陷害魏王新送给楚王的美人,这些故事都与印度相同。邹衍的宇宙论大九州说,《庄子·大宗师》中论呼吸,《至乐》中的进化论、循环论等,均受印度影响。又《天问》的鳌载山,《山海经》的巴蛇吞象,《庄子》中的大鹏,亦受印度影响,此与日人藤田丰八的意见相同。

---

① 载卫聚贤编《古史研究》第二集上册,商务印书馆 1934 年版。

藤田丰八撰《中国神话考》，载白鸟博士还历纪念《东洋史论丛》，他将《天问》中的巨鳌负山、月中有兔、射日落羽，《山海经》中的十日并出，《庄子》中的大鹏，《尧典》中的尧以二女嫁舜，《淮南子》中的嫦娥奔月等说，与印度《佛陀》等书中的神话比较，以为中国神话均受印度文化影响。卫聚贤后作《山海经》研究，竟写成了厚厚的一本大书。①

藤田丰八还作有《中国石刻的由来》一文，发表于《东洋学报》第十六卷第二号，所持的论点与研究方法，与上文同。这里值得注意的是，藤田此文后附《甚么是"不得祠"？》一短文，以为《史记·秦始皇本纪》三十三年中说的"禁不得祠"一语，实亦寓有中印文化交流的重要讯息，他说：

> 汉时佛教传入中国，其始译 Buddha 为"浮屠"。嗣因忌"屠"字，而称为"浮图"，后"佛徒""佛陀"之译字亦出现，后世中国学者，因习于此等名称，对于"不得"系 Buddha 的对音，自然想不到。然若如吾人之解释，"不得祠"系"浮屠"之异译，则《史记·秦始皇本纪》谓三十三年曾禁止之，颇饶意味。此后，中国文献久绝其教之迹者，固其所矣。②

陈寅恪在《刘复愚遗文中年月及其不祀祖问题》一文中叙及桑原骘藏《蒲寿庚事迹考》及藤田丰八《南汉刘氏祖先考》，可见他对日本文化学者的著作之关注。③ 而他作《魏志司马芝传跋》，据《传》中"特进曹洪乳母当，与临汾公主侍者共事无涧神，系狱"这一记载，叙三国之

---

① 载卫聚贤编《古史研究》第二集上册。
② 原载《东洋学报》第十六卷第二号，今自卫聚贤编《古史研究》第二集上册转引，商务印书馆 1934 年版。
③ 载《金明馆丛稿初编》。

时的中印文化交流，文曰：

> "无涧神"疑本作"无间神"，无间神即地狱神，"无间"乃梵文
> Avici 之意译，音译则为"阿鼻"，当时意译亦作"泰山"。裴谓无涧
> 乃洛阳东北之山名。此山当是因天竺宗教而得名，如后来香山等
> 之比。泰山之名汉魏六朝内典外书所习见。无涧即无间一词，则
> 佛藏之外，其载于史乘者，惟此传有之，以其罕见之故，裴世期乃
> 特加注释，即使不误，恐亦未能得其最初之义也。
>
> 据此可知释迦之教颇流行于曹魏宫掖妇女间，至当时制书所
> 指淫祀，虽今无以确定其范围，而子华既以佛教之无间神当之，则
> 佛教在当时民间流行之程度，亦可推见矣。[①]

陈寅恪所使用的方法，根据语音的对应关系而加以考证，是历史
语言学派中人常用的手段。藤田丰八与陈氏得出的结论是否可信，因
无旁证，难以取得共识。但藤田氏用于考证先秦时期的问题，或然性
要更大些。陈氏用于考证三国时事，其可信的程度应该说要大得多。

胡怀琛从命名方式上论证墨子为印度人，持论更为粗率。例如他
以墨子的弟子禽滑厘为匈奴人，以为《史记》《汉书》均称匈奴有谷蠡
王，"谷""鹿"乃一声之转，"滑厘"之"滑"本应读"骨"，故《列子·杨朱》
记此人作"骨厘"，然则是"滑厘"与"谷厘"相同。"谷蠡"为匈奴语，"滑
厘"亦为匈奴语，故滑厘即匈奴人。方授楚起而力辨，认为以"滑厘"命
名者，战国时甚多，《墨》书中除禽滑厘外，复有骆滑氂，见《耕柱》篇；鲁
国有慎滑厘，见《孟子·告子下》。胡氏不取以为证，独取汉代之事缴
绕以为说，可见其立论之浮浅。

---

① 载《金明馆丛稿二编》。

由此可见，上述主张中国文化西来说的学者每取比附的方法，他们把有关中国人的一些奇特记载，都认为由西方传来。胡怀琛在分析李白时仍用同样的方法，他据魏颢《李翰林集序》，说："李白有一个儿子叫明月奴，又有一个儿子名叫颇黎。'明月奴'和'颇黎'都不像是中原人命名的习惯。这也疑是突厥化。"他又说：

> 魏颢《李翰林草堂集序》，描写李白的容貌云："眸子炯然，哆如饿虎。"魏颢是亲眼见到李白的，他着意的描写李白的容貌，和凭空想象的不同，自然是实在的情形。这有些和古书中所说的甚么"碧眼胡僧"等差不多。或者李白的母亲竟不是中原地方的人。

这种说法，更是近于捕风捉影了。胡怀琛还说到：

> 前次在逸经社遇到林语堂先生，和他闲谈，他也说李太白的诗和他国籍有关。林先生又说：唐代的文艺，非常的发达；除了诗，就是颜鲁公的字，王摩诘的画：都是特出的作品。这些都疑和外来的文化有极密切的关系。林先生的见解自然是很高，我是极同意的。①

这些主张中国文化西来说者的观点，自新中国成立后，即告沉寂，有的甚至还被指责为卖国主义论调。作为一种学术观点，这样的批评没有必要，也不符事实。须知他们的主张也自有其用意，卫聚贤为胡怀琛《墨子学辩》作序时说：

------

① 胡怀琛《李太白通突厥文及其他》。

现在我国的情形，非用科学建设，革命永无成功。是一般的同志同学，都应撇弃土法，努力于科学方法，不要再有故步自封的思想，走到腐化的路上去。胡先生说墨子是印度人，若是这一说成立了，可知我国于战国时学术所以突然发达，是受了外来学术的影响。以此类推，现在中国学术如要有进步，当然是要参用外来的科学，不要是抱着："非先王之服不服，非先王之言不言，吾闻用夏变夷者，未闻变于夷者也。"①

这就说明，卫、胡等人之所以如此立论，也有打破思想封闭以救国的用意。立意未尝不佳，然与事实距离太远，毕竟难以取信于人。

李白为汉人说者的民族主义情绪

1949 年新中国成立，全国的政治形势起了根本的变化。以往那种随便发表意见的情况不可能再现了。大家都在努力学习马列主义、毛泽东思想，研究李白自应探讨其爱祖国、爱人民的一面，以往常说的颓废文人云云，不再见诸文字。大家认为，在伟大诗人脸上抹黑，无异糟踏自己的民族。

既是伟大的诗人，必然就是民族的诗人。何况其时中国处在资本主义国家的包围圈中，更要强调民族的独立与自尊。自古至今的一切伟大贡献，均应珍惜。为了强调中国人民的独立自主，历史上无屈原其人的学说，必须批判；李白为胡人的新说，也必然要搁置。

综观自五十年代起至七十年代止的二十年中，仅有俞平伯一文触及李白的姓氏籍贯种族问题，随后虽有数人响应，但均主张李白为汉人。俞氏云："李白自己说他是中国人，我们若无特别的证据，自不应

---

① 载卫聚贤编《古史研究》第二集上册。

轻易推翻它,而用架空的说法,认为他有意隐瞒国籍。"①这是一种很有代表性的意见。目的虽在否定陈寅恪的西域胡人之说,但口气还是和缓的。

但到 1971 年时,郭沫若出版了《李白与杜甫》一书,重新对李白的族系问题进行商讨。他对陈寅恪的论点大加批判,口气就要严厉多了。

郭氏一再指责陈寅恪的西域胡人之说"疏忽和武断,真是惊人"。为此他从两方面进行反驳,一是问"何以这位'胡儿'能够那样迅速而深入地便掌握了汉族的文化"? 二是"李白如果是'西域胡人',论理对于胡族应该有一定的感情。但他在诗文中所表现的情趣却恰恰相反"。

郭氏提出的诘难,颇为有力,但也不能说是绝无解释的馀地。因为李白在《上安州裴长史书》中宣称"五岁诵六甲,十岁观百家",目的就在说明个人的早慧。看来李家虽居碎叶多年,但在家庭教育中仍注意传承华夏文化,何况李白居蜀要到二十四岁时才离家东下,这样自有可能写出包括若干大赋在内的优秀作品。

至于说到李白诗文中对胡人的感情,郭沫若举了一个乐府《上云乐》作例子,李白称老胡文康的相貌为"诡谲",可以反证本人定是汉人,否则决不会把这种相貌看作奇特。但胡人的面貌也有不同,在李白看来,文康之貌特为诡谲,也有其可能。而据介绍,郭沫若在《李白与杜甫》正式出版前的影印稿中还有两段文字,其一引乐府《于阗采花》中"明妃一朝西入胡,胡中美女多羞死"等句,证明李白不是胡人。乐府中的描写多陈陈相因,李白用反衬的手法形容明妃之美,以此证明李白非胡,理由也不十分有力。郭氏所举另一例乐府《胡无人》中有

---

① 　俞平伯《李白的姓氏籍贯种族的问题》,载《文学研究》1957 年 2 期。

"履胡之肠涉胡血"等句,说是"多么杀气腾腾的大汉族主义啊!"①然据专家考证,这一乐府词写于安史乱中,李白有感而发,用词比较激烈,也是可以理解的。

但郭氏举出很多例证剖析李白的思想感情,总的看来,还是具有说服力的。李白很难说是一位真正的胡人。自此之后,也就很少见到有人再坚持李白为胡人之说了。

郭沫若在《李白与杜甫》一书中情绪之所以如此激昂,还与当时的政治形势有关。原来自五十年代起,社会主义阵营即发生分裂。苏联为了威慑中国就范,在北部边境上陈兵百万,1969 年 3 月,中苏在乌苏里江的珍宝岛上还发生了武装冲突。苏联共产党首脑勃列日涅夫等人为了推行世界霸权主义,提出了"有限主权论"和"国际专政论",宣称在社会主义阵营中的国家受到威胁时,有权进行干涉。他们宣称中国的疆界只限于"柳条边"②和长城以内,中国西部边界"没有超出甘肃省和四川省"。③ 这类谬论的用意十分明显,就是要想在蒙古、新疆等地做文章,走沙皇的老路,侵占我国国土。为此中国积极备战,并在历史问题上进行论证,说明西北广大地区原来就是中国的领土。这样,李白的族属问题也就卷入国际政治的尖锐冲突中去了。

中华人民共和国外交部于 1969 年 10 月 8 日所发布的文件《驳苏联政府 1969 年 6 月 13 日声明》中说:

关于中苏边界西段,苏联政府在声明中说,早在十八世纪四

---

① 见王锦厚《郭沫若学术论辩》内《〈李白与杜甫〉的得失》,成都出版社 1990 年 6 月版。

② 指清朝在辽河流域所修的一条柳条篱笆,用以标示禁区的界限,禁止居民越界打猎放牧,或采掘人参。

③ 苏联政府 1969 年 3 月 13 日声明,见《人民日报》1969 年 10 月 9 日第 3 版。

十年代,巴尔喀什湖以东、以南的中国少数民族就已经臣服了沙皇,言外之意,这带地方早就属于沙皇俄国;只是到了十八世纪五十年代,清朝的统治者"侵占"了准噶尔以后,新疆才成了中国的疆土。这完全是歪曲历史。

新疆地区同中国其他部分发生政治、经济、文化联系,至少也有两千多年的历史。远在公元前,中国汉朝就在巴尔喀什湖以东、以南的广大地区设有行政机构。八世纪,中国唐朝的大诗人李白就出生在巴尔喀什湖南的碎叶河上的碎叶。巴尔喀什湖以东、以南地区的准噶尔部是中国厄鲁特蒙古人的游牧部落。清朝平定准噶尔部,是中国的内部问题,和中俄边界毫不相干。

在清朝,中国的西部疆界原在巴尔喀什湖,这不仅有大量中国官方文件的记载,就连沙皇俄国和苏联的许多著作和历史地图也都是确认的。①

由此可见,判断李白是胡人还是汉人,具有重要的政治意义。因为若说李白是胡人,甚至具体化为突厥人,则苏联境内也有突厥族人遗留,这就给了勃列日涅夫之流混淆是非的筹码。因此在中国学者的眼中,李白的族属和出生地问题意义重大,必须力争。

一些研究郭沫若的专家介绍,当时的一些政府领导人曾为此事走访过郭氏,专家说:

书稿即将完成的时候,中苏边界发生了严重的武装冲突。1969年3月29日苏联政府就中苏边界问题发表声明,6月13日再次发表声明,竭力为沙俄帝国主义侵华罪行辩护,并且诽谤中

---

① 亦见《人民日报》1969年10月9日。

国政府奉行扩张主义政策。1969 年秋，当时外交部部长乔冠华、副部长余湛等同志根据周总理指示就苏联 1969 年 6 月 13 日的政府声明走访了郭沫若，郭沫若告诉了他们关于李白出生于碎叶的考证，还送给乔冠华、余湛等一些曾在苏联境内出土，足以证明事实的材料。①

这为《李白与杜甫》的写作背景提供了很好的说明。

郭沫若之狠批陈寅恪，可能还与他的阶级意识有关。新中国成立之前，陈寅恪在学术界享有盛誉；新中国成立之后，理所当然地被定性为资产阶级学术权威。郭沫若于 1958 年 6 月 10 日在《光明日报》上发表了一封答北京大学历史系师生的信，讨论厚今薄古问题，其中提到"就如我们今天在钢铁生产方面，十五年内要赶超英国一样，在史学研究方面，我们在不太长时间内，就在资料占有上，也要超过陈寅恪"。不言而喻，陈氏在观点上自属落后乃至反动之列，因而不存在赶超问题。这次郭沫若亲自出马批判陈寅恪在李白问题上的"错误"，就在证明陈氏在资料的占有与运用上也有严重问题。

郭沫若是新中国成立之后树立起来的无产阶级学术权威。处在阶级意识恶性发展的"文化大革命"中，他自然要高举毛泽东思想的伟大红旗，狠批资产阶级反动学术权威了。

但真如俗话所说，丈二的烛台，照得到人家，照不到自己。郭沫若口口声声指责人家疏忽与武断，而他在《李白与杜甫》中的问题所在多有，其疏忽与武断丝毫不比他人逊色。如言"咸秦"即"碎叶"之讹等，不需任何有力的论证即可作出判断。今仅就李白出生地中的问题再作些介绍。

郭沫若在《李白出生于中亚碎叶》一章开始引用范传正的《唐左拾

---

① 见王锦厚《郭沫若学术论辩》内《〈李白与杜甫〉的得失》。

遗翰林学士李公新墓碑》文后说：

> 考碎叶在唐代有两处：其一即中亚碎叶；又其一为焉耆碎叶。
> 焉耆碎叶，其城为王方翼所筑，筑于高宗调露元年(679)。《碑文》
> 既标明"隋末"，可见李白的生地是中亚碎叶，而非焉耆碎叶。

碎叶一地位于当时苏联的吉尔吉斯境内，"城在碎叶水南岸，说者
谓即托克马克"。这就说明，唐代中国的疆域远至彼处，伟大诗人李白
即诞生在那里。只是唐代有没有两个碎叶城，还得首先考证清楚。

《李白与杜甫》公开出版后，就此问题展开讨论的文章很多，今仅
介绍殷孟伦与张广达写作的两篇。

殷孟伦对唐代碎叶城的地理位置作了细密的考证。他先从碎叶
城之得名说起，阐释碎叶与安西四镇的关系，文章的重点，则在力破焉
耆碎叶之说。他用大量的材料说明，碎叶在中亚，焉耆无碎叶。后世
盛传的唐有两碎叶之说，是由人们对《新唐书·地理志》焉耆都督府下
的一段记载未作深解的结果。此书曰：

> 贞观十八年灭焉耆置有碎叶城调露元年都护王方翼筑四面
> 十二门为屈曲隐出伏没之状云。

这里寓有两层意思。正确的读法，应在"置"字下句断，说明焉耆
都督府的设置，在贞观十八年灭焉耆后。"有碎叶城"之后的一段记
载，是说王方翼在中亚碎叶筑城事，此事并见新、旧《唐书·王方翼
传》。但到开元七年(719)时，四镇节度使汤嘉惠以突骑施首领苏禄与
吐蕃联合，表请焉耆代替碎叶，亦即放弃中亚碎叶，以焉耆备四镇之
缺。欧阳修以王方翼筑碎叶之事重大，理应写入地理志中，然因时事

变迁,碎叶城事已无所附丽,故而将此附于焉耆名下,导致后人误解,从而产生了焉耆有碎叶城之说。胡三省注《通鉴》,又把碎叶说成是焉耆都督府的治所,顾祖禹《读史方舆纪要》沿袭其误,其后《嘉庆重修一统志》等书中,乃正式提出唐有二碎叶之说。郭沫若在《李白与杜甫》一书中沿袭了这一误说。

殷孟伦在文章的《结语》中激昂地宣布:

> 通过有关史料和文物的认真分析,有比较才能鉴别,确证碎叶城的地理位置即在今天的中亚,决不可能在焉耆另有一个碎叶。中亚碎叶自汉唐以来,虽然由于局势的反复变化,管辖上曾有过转移变动,但仍然隶属于我国兄弟民族的版图,仍然是中华民族大家庭的归属问题。十九世纪之末,由于清政府的昏庸颟顸,腐朽无能,面对全国人民的强烈反抗和势如燎原的革命斗争,竭力企图维持它摇摇欲坠的统治,不惜丧权辱国,甘心屈服于帝国主义列强的威逼诱惑,大搞投降主义、卖国主义,竟然以我锦绣河山的大片疆土,拱手让人。而悠悠者流,于蚕食鲸吞之余,不稍敛戢,仍还心怀叵测,虎视眈眈,贪馋无已,甚至陈兵恫吓,大肆叫嚣,企图重新把中国变为任其宰割的鱼肉。伟大的中国人民对此无不义愤填膺!伟大领袖毛主席早就指出:**"我们的民族将再也不是一个被人侮辱的民族了,我们已经站起来了。"**在伟大的中国共产党及其领袖毛主席的领导下,站起来的中国人民万众一心,众志成城,国力空前强大。任何侵略者胆敢冒天下之大不韪,侵犯我们伟大的社会主义祖国,必将陷于中国人民战争的汪洋大海,遭到可耻的覆灭。①

---

① 载《文史哲》1974 年 4 期。

徐波集

郭沫若在"文化大革命"中当然也有受压抑的时候,但他毕竟地位不同,既是高官,又有"上达天听"的特殊身份,因此还是可以发挥其无产阶级学术权威的威风,不但能用轻蔑的口气批判陈寅恪,而且频以尖刻的口吻批评萧涤非等人。殷孟伦撰文的目的就在纠正郭沫若的错误,但他迫于权势,文中始终没有出现批评对象的名字。

2000 年时,傅根清撰文介绍殷孟伦的学术成就,提到碎叶问题时追叙曰:

> 孟伦先生平生恪守黄季刚先生的教示,从不轻易在报刊上发表意见不成熟的文章,每作一文、下一语,必是有不得已者。如上述《试论唐代碎叶城的地理位置》一文,先生回忆当时的情况说:"要如当时郭老所说,不免为苏联霸权主义者提供口实,长城以外抵苏联境内的吉尔吉斯相距一千八百里的疆土便要遭人诬赖……我写这篇文章,不是一定要与郭老立异,考证史实有不得不然者。"①

于此可见中国知识分子历史使命感的强烈了。大家为民族大义的感情所驱使,竞相在李白出生地上做文章,但身处是非颠倒变幻莫测的"文化大革命"中,却又有很多顾虑与负担,因而不能畅所欲言。文末以山呼万岁作结,正是"文化大革命"中行文的标准格式。

其时张广达也作有《碎叶城今地考》一文,在第一节《考证唐代碎叶方位的意义》中指出:

---

① 见张世林编《学林往事》下册《殷孟伦先生学术纪略》,朝华出版社 2000 年 3 月版。

今天,碎叶所以被人们注意,显然有两个原因。一是它与我国唐代大诗人李白的家世有关,它作为李白的出生或其父祖活动的地点而经常被学者们道及。二是探讨碎叶的方位具有现实意义,确定碎叶的位置将无可辩驳地证明:早在唐代,中国政府已在碎叶设镇,推行政令到伊塞克湖以西直到怛逻斯地区。这样,就使中国的历史疆域不出长城界外一类的无耻谰言不攻自破。①

张氏在第二节《关于碎叶的两个疑问》中明确指出:"至于近年,郭沫若更在《李白与杜甫》一书中断言碎叶有二,他说:'考碎叶在唐代有两处,其一即中亚碎叶,又其一为焉耆碎叶。'最近印行的范文澜著《中国通史》第三册附有一幅《唐朝及四邻方位略图》,图中在焉耆之旁注记了碎叶镇,在热海以西、碎叶水以北注记了碎叶城。这种碎叶东西并存或以城与镇区分为两个碎叶的处理方法并未澄清问题,勿宁说反而增加了人们的困惑。"

其后张氏分从汉籍和穆斯林地理文献考证碎叶的方位,并且引用了很多考古资料,也参考了很多国外学者的研究成果。他得出的结论是:暂将托克玛克以南 8—10 公里的阿克·贝希姆废城比定为碎叶故址,其位置大约为东经 75°30′,北纬 42°50′处。张氏自云这只是一种推测。问题的彻底解决,还得靠地下的考古发掘工作。但李白的出生地碎叶位于中亚,则已是颠扑不破的事实。

徐　波

中国自七十年代之末,经过拨乱反正阶段,转入改革开放时期,对

---

① 载《北京大学学报》1974 年 5 期。

李白的出生地问题仍在进行热烈的讨论。有人依据李阳冰的说法,认为李白生于条支;有人依据范传正的说法,认为生于碎叶。实则李阳冰的说法得之于李白自述,范传正的说法得之于伯禽手疏,二者实出一源,条支之说实际上指的就是碎叶。有的学者据《新唐书·地理志》所载"西域府十六"立说,以为李白生在条支都督府①,但也有人起而反对。② 这一问题,后人似可参考一下首先对此发表意见的李宜琛《李白的籍贯与生地》一文。李氏发现李阳冰文中多用典故,因而主张生于条支之说亦为运用前代典故,说法是可信的。

范传正为唐宪宗时期的名宦,新、旧《唐书》有传。旧《书》云:"褐衣时游西边,著《西陲要略》二卷。"说明他对西域的情况很熟悉。李白家居碎叶,则自不能摆脱西域文明的影响,因此陈寅恪提出的问题,仍然应该继续探讨。他的观点,是从文化交流的角度提出问题的,不能视为中国文化西来说的呼应之作,然与当时的氛围仍密切相关。唐人与东西两地的交流极为频繁,社会上确实存在着胡化与华化的问题。唐代社会各界人士普遍受到西域文明的影响,何况李白其人,就其特殊的文化背景进行考察,无疑是有意义的。今人之所以未能于此取得很大的进展,可能跟目下活跃在唐代文史研究领域中的学者的知识结构有关。因为这些学者大都是在闭关锁国的情况下受教育的,他们难于掌握国外的资料,尤其对中亚地区的许多有关材料更感陌生,因而不能像张广达那样吸收域外学者的研究成果,用于对李白研究的开发。

---

① 刘友竹《李白的生地是"条支"》,载《社会科学研究》1982 年 2 期。

② 蒋志《李白蜀中论考》第一编《李白出生地考辨》中的《李白"出生条支"质疑》,绵阳市社会科学联合会编,2001 年 6 月。

下编　李白研究中若干重要问题的分析

李白的家世

李白一家曾流落西域,李阳冰《草堂集序》和范传正《李白新墓碑》上均有记载,除了有人持这一切都是编造、不能据以研究的态度外,绝大多数的研究者都是根据这些材料而考查李白先世流落在外的经过。由于这些记载很简短,用词又很隐晦,因此各家得出的结论,每不相同。

李阳冰《草堂集序》:

> 李白,字太白,陇西成纪人,凉武昭王暠九世孙。蝉联珪组,世为显著。中叶非罪,谪居条支,易姓与名。然自穷蝉至舜,五世为庶,累世不大曜,亦可叹焉。神龙之始,逃归于蜀,复指李树而生伯阳。

范传正《唐左拾遗翰林学士李公新墓碑并序》:

> 公名白,字太白,其先陇西成纪人。绝嗣之家,难求谱牒。公之孙女搜于箱箧中,得公之亡子伯禽手疏十数行,纸坏字缺,不能详备。约而计之,凉武昭王九代孙也。隋末多难,一房被窜于碎叶,流离散落,隐易姓名。故自国朝已来,漏于属籍。神龙初,潜还广汉,因侨为郡人。父客以逃其邑,遂以客为名。高卧云林,不求禄仕。

李暠,字玄盛,《魏书》《晋书》与《北史》有传。他是陇西成纪人,曾在河西走廊上建立过西凉王朝,传至其子李恂时,为北凉匈奴族卢水胡主沮渠蒙逊所灭。李氏子孙随之奔流各地。李白一家既与此有血统上的联系,则李暠子孙如何传至李白之父,其父又如何自西域携家至蜀地定居,也就必须求得解释。

李暠为西汉名将李广的后代。李白在诗中也多次提到这位远祖。《赠张相镐二首》之二曰:"本家陇西人,先为汉边将。功略盖天地,名飞青云上。苦战竟不侯,当年颇惆怅。"李广的孙子李陵后来投降了匈奴,这番经历,也引起了学术界的注意。有人就从西汉之时叙起,追溯李白一家的特殊经历。

李白既为陇西李氏,又属李暠之后,李唐王室又自称陇西李氏,为李广之后,则李白一系自当为王室支裔。唐初王室纷争,有的支裔惨遭诛戮,其子孙自有逃窜西域的可能,有的学者就据此进行探索。

但要证成这些假说,也不容易,困于材料,很难构拟出一条有根有据的传承系统。新中国成立之前,就有孙楷第撰《唐宗室与李白》一文,以为李白先人远窜碎叶,乃武后光宅、天授年间事。武后谋改建新朝,大肆诛戮李氏子孙,李白"先人之被窜,必是武后时坐杨、豫、博党得罪。"孙氏完全撇开李白的自述与时人的记叙而另编一套,且不顾事情发生的年代;武后诛戮唐宗室事与李白的诞生同时,中间又怎能穿插进远窜与回蜀等情节?但孙氏自云根据唐初时势作此假设以"备一解",语气还是商讨性的。

八十年代之后,李白研究转成显学,研究李白世系者异说蜂起,今择要介绍如下:

张书城以为李白乃李陵后裔,北周李贤、隋李穆之后。①

---

① 张书城从 1984 年起即在报章杂志上发表文章多篇,其中要以《李白先世之谜》一文为最重要,发表于《唐代文学论丛》总第八辑,陕西人民出版社 1986 年版。后张氏集合诸文成一书,名《李白家世之谜》,兰州大学出版社 1994 年版。

胥树人以为乃陇西李氏丹阳王始祖李伦之后。①

刘伯涵以为乃李暠之孙李抗之后。②

麦朝枢以为乃太祖李虎侄子达摩之后。③

韩维禄以为乃高祖长子建成之后。④

钟吉雄以为乃太宗之侄孙。⑤

周维衍以为李白乃隋末凉王李轨之后。⑥

这些异说之中，很难说哪一种新说最具说服力，只是在使用材料的丰富和思考的周密上有差别就是了。王文才《李白家世探微》一文，亦主凉王李轨之后⑦，功力似稍胜一筹，但因材料限制，亦难成为定说。

在上述各家中，要以张书城下的功夫为最深。他先写成论文，后且扩展成一专著，名为《李白家世之谜》。他对李白的姓氏、籍贯、种族、生地、交游等问题作了详细的分析，对李白先世与匈奴、鲜卑等族的融合作了多方面的考察，牵涉很广，演绎很多，自言"已把李白家世的五条原始资料同李穆的家世作了逐条辨析和对证。结果李白除了不得不隐瞒一个李陵和不得不编造一个李暠以外，其馀全部都能和李穆家对上口。"从中可见张氏研究方法上的主观成分很多。李《序》、范

① 胥树人《李白和他的诗歌》，上海古籍出版社 1984 年版。

② 刘伯涵《李白先世新探》，载《中国李白研究》1990 年集·上，江苏古籍出版社 1990 年版。

③ 麦朝枢《关于"李白的姓氏籍贯种族的问题"》，载《文学遗产增刊》第六辑，中华书局 1958 年版。

④ 韩维禄《李白"五世为庶"当为建成玄孙解》，载《山西师范大学学报》1988 年 1 期。

⑤ 钟吉雄《为什么我不敢告诉你我是谁——谈李白的身世之谜》，载《台湾时报》1984 年 10 月 28 日。

⑥ 周维衍《关于李白的先世问题》，载《学术月刊》1985 年 6 期。

⑦ 王文才《李白家世探微》，载《四川师院学报》1979 年 4 期。

《碑》上说李白为李暠九代孙，张书城撇开这条主线不谈，仅从李广这条线上着眼，然而追溯之时，又仅考虑李陵一支。只是李白从未议及李陵之事，于是又说李陵名声不好，李白是有意回避。李暠名声好，李白着意编造；李陵名声坏，李白有意回避：这样的研究工作，对李白的写作好像洞瞩肺腑，然而这只是张氏的假设，个人的猜测，李白的想法是否如此，后人无法起九泉之下而问之。

我们可以就此提出疑问：李白在诗中多次提到李陵的名字，为什么不避讳？《奔亡道中五首》其二曰"李陵降未归"，"降"字显然寓贬意，又岂是子孙辈应有之言？立新说者至少要通贯全局，不能在李白诗文内部就有窒碍难通之处。

有关李白的这种研究方法，在上述几家的论文中或多或少都有表现。他们提出各种假设，自己构拟一种体系，和李《序》、范《碑》中的记载比附，只要达到不显著冲突的地步，就算一种新的体系已完成；即使有所冲突，也可说是记载有误或李白有意掩饰。这种研究方法，依靠假设和推论，难免给人以主观臆断的感受。朴学家治学，以为孤证不足以立论，如今连孤证都还说不上，其结论也就难以取信于人。

李白家世这一问题看似热闹，却是难以形成讨论的热潮。因为各家提出新说时，并不对过去的旧说和他人的新说提出驳难。按照学术论文的常规，学者应先对前人之说进行考查，揭示其不可信处，然后提出新的论据，作出新的结论。目下的李白先世研究者却是一空依傍，独抒己见，一味自我申述。因为大家都提不出坚强的论据，仅依靠某些模糊的记载作出推论，旁人尽管有所怀疑，却也难以对此作出判断。因为材料太少了。在这类含混的问题上既难展开讨论，也写不出有理有据的文章来。因此，这一问题貌似轰轰烈烈，却无法取得学术水平的提高。

这一情况，不光存在于中国内地，台湾学术界的情况同样如此。

1982年1月，褚问鹃于《艺文志》第196期上发表了《李白身世的研究》一文，引台湾知名学者罗香林说，认为李白乃太宗长兄建成的后代。武德末年玄武门之变，李建成失败被杀，其妃子托孤于宫女，随商人入西域定居，娶本地女子为妻。这一遗孤乃李白的高祖或曾祖。到了李白这一代，他父亲因思故园而迁入蜀中，李白到中原的目的即在寻根。这样的研究极尽想象之能事，但也就是在编写新的故事了。因为这类新说成立较易，估计今后还会不断出现有趣而具有轰动效应的新说。

李白的出生地

前面介绍李白一家历史时，已经说到他在五岁时随父自西域迁回绵州昌隆县。但李《序》上说："神龙之始，逃归于蜀，复指李树而生伯阳。"范《碑》上说："神龙初，潜还广汉，因侨为郡人。"魏颢《李翰林集序》中也说："白本陇西，乃放形，因家于绵。身既生蜀，则江山英秀。"有的学者据此否定李白生于碎叶之说，断言李白出生在蜀地。

四川江油地区的人，以及一大批"身既生蜀"的学者均持此说。

按二十世纪之前，学术界于此本无异说，只是由于近人的考证，才发现了李白出生在蜀地在时间上有问题。

李白《为宋中丞自荐表》上说："臣伏见前翰林供奉李白年五十有七。"此文作于肃宗至德二载（757）。宋中丞为宋若思。李白陷狱浔阳时，御史中丞宋若思为之推覆清雪，释其囚，使参谋军事，并允荐其谋一京官。李白自拟荐表，当然不会把年龄写错，然若据此逆推五十七年，则当生于武后长安元年（701）。李华《故翰林学士李君墓志序》上说"年六十有二，不偶，赋《临终歌》而卒"，其时为代宗宝应元年（762）。依此上推，亦可知其生于长安元年。李《序》与范《碑》上说"神龙初"返蜀，其时李白已年五岁，不可能再说出生在蜀地了。因此，目下大多数的李白研究者均以为李白出生在中亚碎叶，五岁时到蜀中，各种辞书上也已采用此说。"身既生蜀"之"生"只能作"生长"解。

否定此说的学者提出了讹字说，以为"神龙"乃"神功"之讹，借以把李白之父迁蜀之年提前，四五年后李白再出生，则定然是生在绵州昌隆县了。此说亦由王琦提出，他在《年谱》中说："今以李《志》、曾（巩）《序》参互考之，神龙改元，太白已数岁，岂神龙之年号乃神功之讹，抑太白之生在未家广汉之前欤！"可见他对这种假说还是采取存疑态度的。

"神功"讹为"神龙"，不能说无此可能，但李《序》、范《碑》上都作"神龙"，不大可能两种材料发生同一错误。况且神功年号的使用前后只有三个月，也谈不到什么"初"字，因此"讹"字之说很难成立。①

郭沫若疑《为宋中丞自荐表》为伪作②，生于蜀中论者也依此为说，否定李白生于中亚碎叶。实则郭说也未见有多大依据。他问宋中丞为什么要叫李白自己拟稿？我们也可问：李白文笔至佳，宋中丞为什么不可以叫他自己拟稿？郭氏以为表中用了"胁行"一词，假如出于李白笔下，太不光明磊落，但郭氏也曾引用《贾少公书》中所说"严期迫切，难以固辞，扶力一行，前观进退"之语，可知李白于此也曾有过犹豫，宗夫人又曾极力反对，只是在永王三聘之后，才匆匆下山的。李白在畏罪而追悔的情况下，《经乱离后天恩流夜郎忆旧游书怀赠江夏韦

---

① 　参看李从军《李白出生地与国内四家之说是非辨》，原载《中日李白研究论文集》，中国展望出版社 1986 年版；又收入《李白考异录》，齐鲁书社 1986 年版。裴斐在《李白生于蜀中补证》中提出反驳，载《人民日报》海外版 1992 年 2 月 20日。裴氏以为范传正《碑》文叙李白家世仅因袭李《序》，与范氏文中自叙之情况不合；裴氏又谓神功初指神功正月至八月（实为万岁通天二年正月至八月），但一年十二个月，神功仅三个月，改元之前有八个月之久，反而称作"神功(?)之始"，语气突兀，说服力也不够。

② 　见郭沫若《李白与杜甫》内《李白在长流夜郎前后》一章。

太守良宰》诗中写下"空名适自误,迫胁上楼船"之句,也说不上有多少不光明磊落之处。何况《为宋中丞自荐表》是用宋若思的口气写作的。宋若思要保荐李白为官,在前一段经历上,自然要用上回护之词,这些地方似不必大做文章,定其为伪作。

在考虑李白生平的一些文字中,《上安州裴长史书》中的一段自我介绍,具有很高的史料价值。其中提到他"少长江汉",由于近年来的研究工作有了很大的开展,已可作出正确的解释①,也可用来说明李白的出生地问题。按"江汉"一词,非长江、汉水之谓,亦非指古荆州地,即使扩大为今湖北之地而言,李白出蜀时已二十四岁,也已不能说是"少长江汉"。

按古时汉水有东西汉水之别。《汉书·地理志》曰:"东汉水,受氐道水,一名沔,过江夏,谓之夏水,入江。……西汉水所出,南入广汉白水,东南至江州入江。"江州即今重庆。东汉水即今汉水,西汉水即今嘉陵江。李白《上皇西巡南京歌》十首之八曰:"秦开蜀道置金牛,汉水元通星汉流。"即指蜀地之西汉水。古人以为长江的上游为岷江,因此岷江与嘉陵江一带的西部地区即称江汉。唐人诗文中每用此词指称这一地区,如王勃《普安建阴题壁》诗曰:"江汉深无极,梁岷不可攀。"杜甫《送李卿晔》诗曰:"暮景巴蜀僻,春风江汉清。"卢藏用《陈伯玉文集序》曰:"君讳子昂,字伯玉,蜀人也。崛起江汉,虎视函夏。"从这些与李白同时人的用词中,也可知道李白的"少长江汉",与魏颢所说的"因家于绵""身既生蜀"一致,即在自我介绍年幼时生长在绵州地区。这里的"长"字自当作"生长"解。

---

① 参看蒋志《李白蜀中论考》第一编《李白出生地考辨》。

除上面所说者外，学者间还有生于长安①、哈密②与焉耆③等说，论证更为不足，有的已为他人驳正，这里就不再细辨了。

李白的家庭成分

自隋代起，中国就已建立起科举制度，借以选拔人才，充实官僚队伍。自这时起，后继的各个王朝一直沿袭这一制度。唐太宗在端门"见进士于榜下缀行而出，喜谓侍臣曰：'天下英雄，入吾彀中矣。'"④说明帝王建立这一制度的目的就在于搜罗与控制人才。

唐代文士绝大多数都从科举谋取晋身。王维、岑参等为进士出身，高适、独孤及等由制科晋身；杜甫虽然不由此进入仕途，但他曾多次应举，只是时运不济，且遭奸相李林甫的阴谋阻挡，因而屡遭失败。

李白的与众不同处之一，就在不应科举试，既不去应常科的进士、明经考试，也不去应天子特诏的制科试。原因何在，引起了学术界的广泛注意。

解决这一问题，只能从李白的家庭和其本人身上去找解答。

李白父亲是干什么的，引起了学术界的关注。他既来自西域，唐代各地多见富有的胡商，李白早年的生活又很阔绰，因此很多学者以为李白出身于富商家庭，但在论证时亦多揣测之词。

郭沫若力主李白之父为富商成分，他说：

① 刘开扬《李白在蜀中的生活和诗歌创作》，载《文学遗产》1982 年 4 期。
② 钟兴麒《唐代安西四镇之一的碎叶位置新探——兼谈诗人李白的出生地》，载《新疆大学学报》1986 年 3 期。
③ 李从军《李白出生地考异》《李白出生地与四家之说是非辨》，载《李白考异录》，齐鲁书社 1986 年版。
④ 《唐摭言》卷十五《杂记》。

李白的排行名叫"李十二",足见他的兄弟辈很多,他的父亲李客由中亚碎叶迁徙入蜀,是拖着一大家子人的。李客必然是一位富商,不然他不能够携带着那么多的人作长途羁旅。他入蜀以后,把李白养成了一个漫游成癖,挥霍任性,游手好闲,重义好施的人,也足以证明他是一个商人地主。①

郭氏还试图证明李白一家都在经商。李白在《万愤词》中有句云:"兄九江兮弟三峡,悲羽化之难齐。"郭氏推论道:"在九江的兄与在三峡的弟,他们究竟在做什么? 我看除说为在经营商业之外,没有更好的说明。"

这样说,根据何在? 他征引了一些材料,说明三峡地区和九江地区都有商业活动,因此"《万愤词》中的'兄九江兮弟三峡'正可表明李家商业的规模相当大,它在长江上游和中游分设了两个庄口,一方面把巴蜀的产物运销吴楚,另一方面又把吴楚的产物运销巴蜀。从这里对于李白生活费用的来源才可以得到妥当的说明"。

这种论证方式,只是建立在或然的基础上,没有一点必然的联系。一些学者认为,这里说的"兄九江兮"即作者自喻,这样更切合诗意。但即使如郭氏所说,李白有一兄一弟分居三峡与九江两地区内,何以见得一定在做生意? 难道这些地区的人除了做生意外没有其他职业可以干了么? 他一而再地批评人家疏忽武断,为什么不用这些评语检查一下自己的论点呢?

郭氏曾以李白诗文中对胡人有不恭之词证明其非胡,那也可以援此而举李白对商人有不恭之词而证明其非商。《江夏行》曰:"谁知嫁商贾,令人却愁苦。自从为夫妻,何曾在乡土。……悔作商人妇,青春

---

① 见郭沫若《李白与杜甫》内《李白出生于中亚碎叶》一章。

徐波集

长别离。"诗中的情绪,似非商人家庭中人所应有。《长干行》中亦有类似怨别的情绪。

李白之父为富商之说显得很主观。我们虽然对寓居西域的汉人的生活情况缺乏充分了解,但致富之途定非一端,何以见得李客一定在经商?这种根据常情作出的推论,没有考虑到情况的多样性,把或然当作必然处理了。

但有的学者却把一个有待于证明的事实当作已然的事实,他们论证李白的一些行为时,毫无疑义地将李白作为富商子弟看待,然后分析其豪纵的一面。这样的论文,也就缺乏必要的谨严态度。

《新唐书·选举志下》曰:"凡官员有数,而署置过者有罚,知而听者有罚,规取者有罚。……刑家之子、工商异类及假名承伪、隐冒升降者有罚。"这里是对选官考课的规定。与此情况类同,有的学者认为唐王朝对曾为小吏者也有"勿举"的禁令。《新唐书·选举志上》说:"其尝坐法及为州县小吏,虽艺文可采,勿举。"《旧唐书·宪宗本纪》载元和二年亦申此禁令,《唐会要·贡举中》也有同样的记载。而据宋代杨天惠在《彰明逸事》中的记载,李白"微时募县小吏",那他当然不能去应科举试了。有的学者即据此断言李白不能应科举试。

但细析上面提到的三条材料,发现原意并非如此。《新唐书》一条见卷四四《选举志上》,言:"元和二年,置东都监生一百员。然自天宝后,学校益废,生徒流散。永泰中,虽置西监生,而馆无定员。于是始定生员。……明经停口义,复试墨义十条。五经取通五,明经通六。其尝坐法及为州县小吏,虽艺文可采,勿举。"这一记载与《旧唐书·宪宗本纪》《唐会要·贡举中》所记者为一事。元和二年,李吉甫任相,不喜科举,故礼部举人特申禁令。《唐会要》曰:"元和二年十二月敕:自今已后,州府所送进士,如迹涉疏狂,兼亏礼教,或曾任州府小吏,有一事不合清流者,虽薄有辞艺,并不得申送。"《旧唐书》《新唐书》中节引此文,略去了"有一事不合清流者"一句,遂使敕文本意大不相同。按敕文原意,州县小吏可以应举,但其行事若少有不合士人规范者,州县即不得进送。主小吏不能应举说者引文时斩头截尾,又不作深究,匆促作出结论,并以此为前提而对李白不应科举作出判断,其结论是很可怀疑的。

但主小吏不能应举说者以为李白既有这段经历,他家定然不会太富裕,因此极力否定李客为西域来的富商,认为只能根据范《碑》所说,把他定为一名隐士。①

反对此说者对《彰明逸事》记载的可靠性表示怀疑,因为杨氏于北宋哲宗元符二年(1099)任彰明县令时至李白故乡踏勘,采集了一些民间传说,写成《彰明逸事》一文,里面定会有一些编造的故事,其可靠性是可以怀疑的。维护此说者为此又发掘材料,以为早在杨天惠撰文之前三十年,即神宗熙宁元年(1068),立于大匡山上的《中和大明寺住持记》上就说:"翰林学士李白,字太白,少为当县小吏。后止此山,读书于乔松滴翠之坪十载。"在此之后,徽宗宣和五年彰明令在大匡山立的《谪仙祠堂记》碑上也说李白做过小吏,以此说明是说之可信。

但追查此说年代,上距李白已有三百多年之久。唐时无此一说。《谪仙祠堂记》上虽然举出了高枧、杨遂、崔令钦、杨天惠四种材料,但没有说明小吏之说首出何人,看来也只是转述杨天惠的记载。因此,持此说者所举的例证,都是宋代的材料,不管他用何种方式记载,只能说是一些本土的民间传说。

这样的传说,其可靠性就值得怀疑。况且有的记载说是李白"少"时任小吏,有的说是"微"时任小吏,微时就不一定是少时,说法颇有游

---

① 蒋志《李白蜀中论考》第二编《李白家世考辨》内《李白出身寒微,其父是隐士》一节。

移不定之感。

李白曾为小吏，在他后来的立身行事，以及诗文记载中，都找不到一丝踪影。刘全白在《唐故翰林学士李君碣记》中说他"志尚道术，谓神仙可致，不求小官，以当世之务自负"。既然连"小官"都不在眼下，怎么又会去任"小吏"呢？

刘全白与李白有交往，"幼则以诗为君所知"，《因话录》卷三载全白之妹为吴筠之徒，因此刘全白对李白的立身处世，应该了解得很清楚。"小吏"之说与此不合，当系后人编造。

李白与东严子隐于岷山之阳，养奇禽千计，东游维扬，散金三十馀万，无不说明他很富有，这些都是与《彰明逸事》中的记载矛盾而不能相容的。由此可知，李白不由科举晋身，当有文化上的深层原因，大家似乎不必在富商与小吏的特殊身份上找原因，因为二者都有很多地方无法说通。

李白一共去过几次长安

这也是一个李白研究中的热门话题。

截至稗山于 1962 年撰《李白二入长安辨》①一文之前，大家都认为李白只到过长安一次，因为新、旧《唐书》的本传及其他各种材料上都记载，李白曾于天宝元年（742）奉诏入京。自宋代薛仲邕为李白作年谱始，到近人詹锳作《李白诗文系年》，都持李白一入长安说，从未有人对此提出过疑问。

稗山是在阅读李白作品时发现问题的。他把李白在长安附近所作的诗集中在一起，细加考察，发现"关内诸诗"中充满着"思想感情的复杂矛盾和时间先后上的混乱抵牾"。他把诗歌分为三类，（一）是"意

---

① 载《中华文史论丛》第二辑，中华书局上海编辑所 1962 年 11 月出版。

气发皇、踌躇满志",(二)是"忧谗畏讥、牢骚怨望",这都可以理解,因为这两类感情可以同时并存。问题在于(三)类诗歌,"表现为穷愁潦倒、渴望遇合,显示出进身无门,彷徨苦闷",这就引起了他的怀疑。因为李白应诏入京,按理不可能有这种感情产生。

稗山从中悟出了一个道理,认为李白应有两次进京的经历,才有可能出现两类不能相容的感情。这是一个重要的发现,揭开了李白研究中的重要一页,在方法论上也有重要意义。

郭沫若在《李白与杜甫》一书中大力肯定了这一新说,但在第一次进京的年代上所见不同,稗山以为李白当在开元二十六年夏(738)至二十八年(740)春之间滞留在长安,郭沫若则以为当在开元十八年(730)时。后人继起作了更多的论证,充实开元十八年第一次入长安说。①

各家在李白入京时间上的差异,并不是由历史记载的不同而引起的。李白第二次入长安的时间,史书上有明确记载,因此各家仅在入京的月份和离开的时间上有争议,天宝元年入京之说则是不可动摇的。第一次入京,只能依据李白诗文中的蛛丝马迹进行推论,这里没有确凿无疑的年代记载,也无可靠的旁证可利用。由于各人对诗文的理解有所不同,对于何年何月进入长安,也就会出现不同的说法。

李从军于1983年时提出了《李白三入长安考》②,认为李白在开元中和天宝初入长安后,天宝十一载(752)时还曾再次进入长安。安旗原来已经接受了李白二次入长安说,至此又对李白诗歌中的一些模糊

---

① 如郁贤皓《李白两入长安及有关交游考辨》,原载《南京师院学报》1978年4期,其后再行发表者经过补充修改。朱金城在《〈李白集校注〉后记》中亦表示采用此说。

② 李从军《李白三入长安考》,载《中华文史论丛》1983年2期。

之处作了新的考察,转而也主三入长安之说。① 只是安氏以为李白第三次入长安的时间应延后一年,即在天宝十二载(753)时。

由上可知,李白几次入长安的争议,焦点集中在一些诗歌的编年上,例如稗山和李从军都把注意力放在李白在邠坊之地写的一组诗歌,稗山由此分出了二次入京之说,李从军由此分出了三次入长安之说。其他学者起而驳正时,也就致力于将这类诗歌消化在其他时段中,力图证明李白的游历线路内于天宝十一载前后再无插入邠坊之游的可能。

安旗提出这一问题时,所举例证,主要是《古风》和《乐府》中的一些诗。这类拟古的诗措辞含混,易于产生不同解释,据此立说,也难使人信服。但她首举《述德兼陈情上哥舒大夫》一诗,以为李白于第一次、第二次入京之时哥舒翰还未加摄御史大夫的台衔,李白陈情,自当亲自奉上,因此此诗之作,只能定在天宝十二载春,李白自幽州南返,哥舒翰尚在长安朝见之时。安旗三次入京之说所定的时间甚短,仅为天宝十二载内一段短短的时间,这样既可避免与其他诗篇发生矛盾,又可将一些编年困难的诗篇纳入,也可说是一种巧妙的安排。

郁贤皓随后又对李白上哥舒翰诗的时间另作了安排,以为当发生在肃宗至德元载(756),哥舒翰为防安禄山乱军西向,正驻守潼关,李白其时因避难而西奔,接近潼关地区,因而有此投诗的可能。② 由此可知,各家都在编排诗的年代上下功夫,避免诗篇之间的矛盾与冲突,努力理出一条新的线索来。

李白与赠诗对象的遇合在时间、地点上每有多种可能性,各人也

---

① 安旗、薛天纬《李白年谱》持二入长安说,齐鲁书社1982年版;后安旗作《李白三入长安别考》,载《人文杂志》1984年4期。此文多次发表,均有修改。

② 郁贤皓《安史之乱初期李白行踪新探索》,载《文史》第五十五辑,中华书局2001年版。

可以个人之所见而提出多种假设。这样，他们所提出的新说想在学术界达成共识，颇不容易。这也是李白编年中普遍存在的问题。李白几次入长安的争论，只是其中之一罢了。

我们又可以提出疑问，李白既然在安禄山逼近潼关之时投诗哥舒翰，为什么诗中没有一丝紧迫肃杀的气氛？当然，这又可以用此诗本有残缺的旧说来作解释，但是这种左右支绌而后又左右逢源的态度可能会在读者中产生治丝益棼之感。

经过各家的争辩，或许可能会理出一条在各种材料的交叉中都能顺利通过的线索，这种线索是否就是李白的真实行踪，或许也只能如此应付，如此解释了。

李白三次入长安说后，还曾产生四入长安之说①，同样是从对某一些诗的不同解说而提出的，只是论证尤为不足，因此信从此说者，比之三入长安说者为数更少。

李白的诗，偏于情绪化的宣泄，缺乏实录式的记叙。他所交往的人，多地位低微者，缺少可信的相关记载。后人光据某些诗文作考证，得出的结论，缺乏过硬的材料，以致难以得出无法动摇的结论：有可能是这样，而不是必然会这样。

文献真伪的鉴别与疑难

上面提到有的学者根据杨天惠《彰明逸事》而定李白微时曾任小吏，有的学者起而反对，以为此说不足置信，并对《彰明逸事》的史料价值提出了疑问。这是李白研究中的常见现象：各家对某一材料的看法不同，判断有异，因而对李白的某段历史看法截然不同。

---

① 谢力《李白开元末年入京考》，载《李白学刊》第一辑，上海三联书店 1989 年版。

如何统一认识？只能对材料本身进行缜密的考辨，以蕲达成共识。这类事情，说来容易，做起来却非常困难。

就拿《彰明逸事》来说吧。此文首先为南宋计有功《唐诗纪事》卷十八所征引，首云："元符二年（1099）春正月，天惠补令于此，窃从学士大夫求问逸事。"这里杨天惠言明，他所采集的是当地知识阶层中流传的一些民间传说。

传说中介绍，李白不仅"微时募县小吏"，而且还留下过一些诗，诗的产生又很突兀，内容颇堪玩味。杨氏云：

> 闻唐李太白本邑人，微时募县小吏，入令卧内，尝驱牛经堂下。令妻怒，将加诘责，太白亟以诗谢云："素面倚栏钩，娇声出外头。若非是织女，何必问牵牛？"令惊异，不问。稍亲，招引侍研席。令一日赋山火诗，思轧不属，太白从傍缀其下句。令诗云："野火烧山去，人归火不归。"太白继云："焰随红日去，烟逐暮云飞。"令惭止。顷之，从令观涨，有女子溺死江上，令复苦吟，太白辄应声继之。令诗云："二八谁家女，漂来倚岸芦。乌窥眉上翠，鱼弄口傍珠。"太白继云："绿鬓随波散，红颜逐浪无。因何逢伍相，应是想秋胡。"令滋不悦。太白恐，弃去。

李白为县小吏而入令卧内，倒像是仆役的身份。按例小吏无此必要进入长官内室。而他还曾驱牛经堂下，引得县"令妻怒"，说明这是县令住宅的"堂"，堂位于住宅后部，前有庭院，李白又怎会牵牛入内？但李白恐而谢罪，作了一首油腔滑调的诗，称县长太太长的是"素面"，发音为"娇声"，将之譬作织女，而把自己谐称牛郎。这样的调笑之词，堪称恶札，文笔既不佳，故事亦乖常情。如与李白的立身行事相较，相距甚远。这等情事，不能以其为少时情况特殊而信以为真。

不光此诗,《彰明逸事》记录的这些诗句,什么"因何逢伍相,应是想秋胡"云云,均属恶俗之笔,与李白诗风相去甚远。李白文集中还留下蜀中诗篇多首,与之比较,则优劣自见,真伪自分。

这一事例,反映了李白研究中的一个困难之点,因为李白身处安史之乱,诗文散佚甚多,后人编集,纳入了不少伪作。龚自珍《最录李白集》中说:

> 李白集,十之五六伪也:有唐人伪者,有五代十国人伪者,有宋人伪者。李阳冰曰:"当时著述,十丧其九,今所存者得之他人焉。"阳冰已为此言矣。韩愈曰:"惜哉传于今,泰山一毫芒。"愈已为此言矣。刘全白云:"李君文集,家有之,而无定卷。"全白贞元时人,又为此盲矣。苏轼、黄庭坚、萧士赟皆非无目之士,苏、黄皆尝指某篇为伪作,萧所指有七篇。善乎!三君子之发之嵩也。宋人各出其家藏,愈出愈多,补缀成今本,宋人皆自言之。

龚氏所述有其根据。他所估计的伪篇数量或许过高,但李白诗中有不少伪作,当是事实。

前人已经作过不少辨伪工作,明代朱谏作《李诗辨疑》二卷,提出二百六十首诗进行商榷,后人以为穿凿太过,往往以真为伪,因而招来不少非议。民国时期詹锳作《李诗辨伪》,对诗文十六首进行辨析①,其中《戏赠杜甫》《述德兼陈情上哥舒大夫》等诗,均以为伪作,后人则每以此为重要史料,说明李杜的交往和众文士与哥舒翰的关系。因此,有关这些诗的真伪,争议最多。

---

① 载《东方杂志》41 卷 2 期,1945 年 1 月;后收入《李白诗论丛》,作家出版社 1957 年版。

《戏赠杜甫》一诗,不见宋本《李太白集》,王琦录自孟启《本事诗》,编入《诗文补遗》。有关记载又见《唐摭言》卷十二与《酉阳杂俎》前集卷十二,《旧唐书·文苑传》中也已采入。因为内中叙及杜甫的官衔与事实不合,"饭颗山"之名不见其他典籍,因此自洪迈《容斋四笔》始,即已有人加以否定。郭沫若对此也作了翻案文章,他举出四首李白送杜甫的诗来作考察,而对《秋日鲁郡尧祠亭上宴别杜补阙范侍御》《戏赠杜甫》的诗题先作了修正,以为文字有误,出自后人妄改。① 郭氏解诗,喜欢改字,但先声夺人,总说是人家错了:有的是改错了,有的是读错了,有的是补错了;他解诗时,则每先对原诗文字作大幅度的改动,但不作什么论证,也用不到提出什么旁证。这样的新说,也就有人相信,有人不信了。

郭氏解诗为自己所构拟的一套服务,例如他解杜甫的《梦李白二首》之二的结尾四句"孰云网恢恢,将老身反累。千秋万岁名,寂寞身后事",说是"他耽心李白的冤罪,千载难雪,会'名湮没而不彰'"。这样说来,杜甫这四句诗只是一层意思,担心李白翻不了身而已。然而杜诗此处似颇具波澜,"千秋万岁名"者,歌颂其成就之高,预见其诗名将永垂千古;"寂寞身后事"一句与"孰云网恢恢,将老身反累"二句呼应,言李白诗名虽佳,但无补于当前残酷的现实,只能作"寂寞身后事"看待。假如这样的解释为当,则不能说杜甫在担心李白"名湮没而不彰"。

常言说"诗无达诂",因此在李白的研究工作中,常因大家对诗歌的涵义有不同理解而产生分歧,从而在内容的把握和产生的年代,甚或作品的真伪上,有截然不同的处理。

严羽《沧浪诗话·考证》中说:"《太白集》中《少年行》,只有数句类太白,其他皆浅近浮俗,决非太白所作,必误入也。"萧士赟注中也有类

---

① 见郭沫若《李白与杜甫》内《李白与杜甫在诗歌上的交往》一章。

似见解，但近人有认为真出太白者。由于这类诗无内证可供考索，只能根据风格来判断，而各人对李诗风格的品味容难一致，对此有不同的判断，也就无法避免了。

《沧浪诗话》还说："《文苑英华》有太白《代寄翁参枢先辈》七言律一首，乃晚唐之下者。又有五言律三首：其一，《送客归吴》；其二，《送友生游峡中》；其三，《送袁明甫任长江》，《集》本皆无之。其家数在大历、贞元间，亦非太白之作。又有五言《雨后望月》一首，《对雨》一首，《望夫石》一首，《冬日归旧山》一首：皆晚唐之语。又有'秦楼出佳丽'四句，亦不类太白，皆是后人假名也。"这是更为细致的品味工作。大体说来，诗人的创作，因受时代风气的影响，风格上前后有别，也是不争的事实。即如严氏上举诸诗，大都属于五七言律，对偶工整，缺乏豪迈的气势，与李白诗风有异，当系中晚唐体。例如《对雨》中的"古岫披云峰，空庭织碎烟"句，"披""织"二字极见匠心，与中晚唐诗人热衷于炼字之风相合。又如《文苑英华》中的另一首李诗《晓晴》，颔联曰"鱼跃青池满，莺吟绿树低"，每一句中的五个字都代表一层意思，措辞极为细巧，组织极为工致，晚唐人多这类笔法，盛唐人不如此作。李白大气磅礴，更不会如此刻意经营，但有的学者品玩的结果，认为仍应归为李白之作，安旗主编的《李白全集编年注释》即将其中很多诗篇定为少年之作。[①] 因为这是各家理解上的差异，纯属个人的品味，没有什么铁定的尺度可以遵循，因而只能流于见仁见智，难以得出共识。李白研究中的争论往往由此产生。

李白诗文中存在的疑团

有关李白的生平，不光在他人的记载中存在着很多模糊之处，就

---

① 此书将《对雨》《晓晴》等诗定为开元三年(715)李白十五岁时所作。

在李白自己的作品中，也夹杂着很多疑点。例如李白的身世，李阳冰《草堂集序》和范传正《唐左拾遗翰林学士李公新墓碑》中的记载是否可信，近人即多质疑者。李白自云出自西汉李广之后，为西凉李暠的后代，从郡望而言，他是陇西李氏一系。唐人重族望，一些人物自报家门时，常是声言出自赵郡李氏、荥阳郑氏等等。李白这样说，又无谱牒可以证明，有人就从唐时的民情风俗着眼，认为这是李白的编造，借以抬高身价。例如俞平伯就认为李白所说的"籍贯大约没有一个靠得住的"，"连这个李姓也是不可信的"。① 这么说来，研究李白时有关李家的自我介绍已无一可信。

这种判断的本身，也没有提出什么根据，研究者只是从唐代社会的常情着眼，作出推论。要说李白的自我介绍和交往称呼上有问题，那也是可以解释的。他一会儿称金陵，一会儿说在咸秦，一会儿说在江汉，用的是地名的代词，有的指祖先所在地，有的指祖辈流寓地，有的指个人生长地，史书上说什么"山东人"，则又是依据另一记载而误记的。② 经过后人多年的探索，这些难点大体上已可得到解释。

有人对李白与同姓中人交往时称呼上的辈分问题作了考证，发现了很多错误。如果像李白自己说的那样，他是李暠的九代孙，那么他与其他一些皇族中人交往时，按照《新唐书·宗室世系表》上的排列，辈分上常见错乱。陈寅恪早就指出，李阳冰为赵郡李氏，李白自称陇

---

① 俞平伯《李白的姓氏籍贯种族的问题》，载《文学研究》1957 年 2 期。

② 杜甫《苏端薛复筵简薛华醉歌》中有句云："近来海内为长句，汝与山东李白好。"这里称之为"山东李白"，当以其时往来于齐兖之地而言。元稹《唐故工部员外郎杜君墓系铭》中亦云："时山东人李白，亦以奇文取称，时人谓之李、杜。"则可能是根据杜甫诗中所言而记录的。《旧唐书》中的记载，当系根据元稹所作杜甫之墓志铭而将之定为籍贯。

西李氏，又称李阳冰为从叔，中间就存在着问题。[1] 但这种错乱现象，正可用唐人的习俗加以说明。不光是李白，就是其他诗人，如杜甫等，也是遇到同姓的人就认同宗。张尔岐《蒿庵闲话》举例甚明，并举杜甫《重送刘十弟判官》诗以见其可异，诗云："分源豕韦派，别浦雁宾秋。年事推兄忝，人才觉弟优。"注云："刘、杜本一姓，故公与刘十为兄弟。"张氏随之慨叹："习俗移人一至此乎！"李白的情况同样如此，没有什么特异之处。至于说到李白与投赠对象之间辈分上有出入，那也容易理解。李姓中人见面时，大家不会先根据谱牒排出先后辈分来再行称呼，何况李白家还"谱牒无存"。

但由此事可知，研究李白，情况确很复杂，有时应根据唐时习俗而作判断，有时又不能纯依彼时习俗而作判断，各人掌握的尺度又有不同，这又容易产生见仁见智、众说不一的情况。

李白诗文中还有一些问题容易引起分歧。

一是李白喜欢引用成数，如"海草三绿""十年醉楚台""十五好奇书"等。怎样合适地使用这类材料，往往随各人之所见而大有出入。例如郭沫若定李白第一次入长安的时间，主要是根据《与韩荆州书》中说的："三十成文章，历抵卿相。虽长不满七尺，而心雄万夫，王公大臣，许与气义。"历抵卿相而王公大人许与气义，只能如信中所说，当"三十成文章"之时。[2] 施逢雨提出异议，他说："原文这两句前面还有'十五好剑术，遍干诸侯'二句，文意相属，不应割裂。而若把四句合起来看，则应该很容易看出，其中的'十五''三十'大概都只是为行文方便（这四句是骈句）所用的约数，不能看死。（假设事实是十六与三十一的话，李白也总不会在这样的句子里照写十六与三十一吧？）因此，

---

[1]　陈寅恪《李太白氏族之疑问》。

[2]　见郭沫若《李白与杜甫》内《李白家室索隐》一章。

像郭沫若那样把'三十'咬定为李白三十岁那年(730)，是很不足取的。再者，要'历抵卿相'何以必得入长安才行？玄宗朝廷一到洛阳，卿相王公不是也到洛阳了吗？据此，《与韩荆州书》的'三十成文章，历抵卿相'等语实在不能作为李白730年一定到过长安的证据。若要问我那这些话究竟是何所指，则我的回答是：可能指李白731年或732年到洛阳去的事。"①这样的意见分歧，往往打上多时的笔墨官司还难见分晓。

　　二是李白对人的称呼，也和其他诗人一样，好以排行与官衔标示，这也是唐代的习俗。但某姓友人同一排行者可能并不限于一人，而任此一官职者可能也并不是同一个人，各人对诗中情景的理解又不一样，对这些投赠对象究竟是谁也就见地不一。例如郁贤皓作《李白诗中崔侍御考辨》，以为李诗十首中提到的崔侍御实为崔沔之子成甫。②李从军对此提出质疑，以为李白在《〈泽畔吟〉序》中描写的崔成甫，心情极为奋激凄楚，而在《玩月金陵城西孙楚酒楼达曙歌吹日晚乘醉着紫绮裘乌纱巾与酒客数人棹歌秦淮往石头访崔四侍御》等诗中，交往者彼此心情都很舒畅，看不出一点"被贬黜不久的迹象"，因此对郁说表示怀疑。其他诗中的"崔侍御"，依据李氏的分析，也有与崔成甫身份不合的地方。③倪培翔又起而力辩，以为崔成甫在不同时段中境遇不同，情绪自然会有变化，从而维护郁氏之说。④这类问题，都是与各人对诗意的理解不同有关。李诗中的称呼不能实指是谁，大家据诗意

　　① 　施逢雨《李白生平新探》第二章《李白生平考索》中"(三)开元二十五年至二十八年(737—740)：初入长安"，台湾"商务印书馆"1999年版。
　　② 　载《文史哲》1979年1期，后经修改补充，收入其后出的各种集子。
　　③ 　李从军《〈李白诗中崔侍御考辨〉质疑》，载《文史哲》1984年6期；后改题《李白诗中崔侍御辨误》，收入《李白考异录》，齐鲁书社1986年版。
　　④ 　倪培翔《也谈李白诗中崔侍御》，载《唐代文学研究》1988年第一辑。

推断，更容易产生见地各异的分歧，难以得出共识。

三是李白的个性和作风，喜欢夸张，有时还有可能出于编造，而要确定某一说法出于夸张，还是有意编造，却又难于作出判断。说是夸张吧，到底程度有多大，也难断言。

李白于天宝元年奉诏入京，出于何种机缘，说法不一。《旧唐书》本传上说是由于吴筠的推荐，郁贤皓、李宝均撰文加以否定①，他们均据权德舆《唐故中岳宗元先生吴尊师集序》为说，以为《序》中介绍的吴筠事迹，出于吴筠门生邵翼玄口述，应当可靠，而这与《旧唐书》本传中的记载不合，因此由吴筠推荐之说是不可信的。其后李生龙、王辉斌二人撰文提出质疑②，对吴筠的一些诗文重新作了考证，认为吴筠开元末确曾到过剡中，与李白同游；而吴筠于天宝元年在长安为翰林供奉，因而《旧唐书》上的记载也不能截然否定。二者之间的分歧，牵涉到对一些材料与文字的判断。到底是《旧唐书·吴筠传》与《李白传》中的记载可信，还是权德舆《吴尊师集序》中的记载可信？权《序》中说："（天宝）十三年召入大同殿，寻又诏居翰林。"那么吴筠之在十三年任翰林供奉，可谓绝无疑义；后句中的"又"字究竟是与上句起呼应作用的呢，还是可以解释为天宝元年已经出任过翰林供奉，因而这里用一"又"字遥相呼应？这一问题，看来还得深入剖析。

魏颢《李翰林集序》以为李白之受征召出于玉真公主的推荐，这当然是信而有征的，为此有的学者把《玉真公主别馆苦雨赠卫尉张卿》二首列为第一次入长安时的干谒之作，而在张卿的身份上又引出了许多文章。

---

① 郁贤皓《吴筠荐李白说辨疑》，载《南京师院学报》1981 年 1 期；李宝均《吴筠举荐李白入长安辨》，载《文史哲》1981 年 1 期。

② 李生龙《李白与吴筠究竟有无交往》，载《祁连学刊》1990 年 1 期；王辉斌《李白与吴筠交游补说》，载《李白求是录》，为上编《李白生平考证》内《李白交游二考》之二，江西人民出版社 2000 年 3 月版。

但据李白的自述，他的入京却是由于声名远播上达天听的结果。他在《为宋中丞自荐表》中说：

> 前翰林供奉李白，年五十有七。天宝初，五府交辟，不求闻达。亦由子真谷口，名动京师，上皇闻而悦之，召入禁掖。

这里说的"五府交辟"一事，找不到任何旁证，不知出于编造呢，还是出于夸张？

李白自述生平，要以《上安州裴长史书》一文为详，里面说到"前礼部尚书苏公出为益州长史，白于路中投刺，待以布衣之礼，因谓群寮曰：'此子天才英丽，下笔不休，虽风力未成，且见专车之骨。若广之以学，可以相如比肩也。'四海明识，具知此谈。"根据近人考证，此说可信。①《书》中续云："前此郡督马公，朝野豪彦，一见尽礼，许为奇才，因谓长史李京之曰：'诸人之文，犹山无烟霞，春无草树。李白之文，清雄奔放。名章俊句，络绎间起，光明洞彻，句句动人。'此则故交元丹亲接斯议。"根据近人考证，马公即马正会②，这些评语，当是元丹丘转告的，应当可信。但《书》中说的另一件事，"昔与逸人东严子隐于岷山之阳。白巢居数年，不迹城市，养奇禽千计，呼皆就掌取食，了无惊猜"。事或有之，只是当有夸张的成分在内了。

由此可知，有关李白的事迹与交往，往往诸说并存，后人辨析时，亦每陷于众说不一。李白的自我介绍，常有一些夸张的言词，遽难信

① 郁贤皓《苏颋年谱》，载《中国典籍与文化论丛》二辑，中华书局 1995 年 2 月版。陈钧《李白谒见苏颋年代考辨》，载《中国李白研究》1990 年集·上；后收入《李白与苏颋论考》，山西古籍出版社 2000 年 11 月版。

② 郁贤皓《安州马都督考》，载《南京师大学报》1985 年 3 期；后收入《李白交游杂考》，载《天上谪仙人的秘密（李白考论集）》，台湾商务印书馆 1997 年 6 月版。

以为真,亦难定其为伪,这也是考证工作中需要多方综合,慎重考虑的事。

小　结

总的说来,二十世纪的李白研究取得了很大的成绩。由于李白出生地的确认,人们开始注意其特殊的文化背景。由于专家对文献的辨析,李白的行踪和交游大体上可勾出一个轮廓,尽管在细部上还有不少分歧。李白的宗教信仰,随着近年来学术界对宗教问题研究的深入,也有了很大的进展,但在李白的佛道兼容和道教修炼等方面,还可作深入一层的探究。李白是否作过《菩萨蛮》《忆秦娥》词,则限于材料,大家只能从时代与风格上辨析,见仁见智,难以达成共识。这也是李白诗歌研究中的常见现象。李白的作品中,乐府和拟古的作品占很大比重,有的专家据此考查李白生平历史,而这类作品又因体裁的关系,含义颇游移不定,各人所见不同,亦难达成共识。如何将研究工作奠定在鉴赏与实证的交会上,是一个棘手而又必须解决的问题。

(原载《20 世纪中国学术文存》周勋初编《李白研究》,湖北教育出版社 2003 年 8 月出版)

由《九歌新考》所想起的

罗根泽先生是我的老师。1959年时我由副博士研究生改为助教，编入古典文学教研组，罗先生时任教研组组长，我又成了他属下的一员。罗先生常告诫我们年轻助教："你们年轻人要多写东西。要趁着年轻写。年轻人顾虑少，年纪大了，顾虑多了，也就不太好动笔了。"这是他的经验之谈，也含有对学生一辈的期望与督促。

我是在1956年底考回南京大学中文系跟胡小石先生读副博士研究生的。不到一年，反右运动即起，交心、大批判、大跃进……接踵而来。书也读不下去了，索性改为助教。小石师本来叫我做有关《山海经》的学位论文，为此还曾力所能及地读了一些书，这时学业突告中止，此事只能中途停下来。

但我在读本科时听过胡小石师的楚辞课。小石师讲得很深，我学得也还认真。1959年时，小石师为应同门谭优学君之请，又讲了一次楚辞。我在重听此课时勾起了很多回忆，想到马上要去接替重病在身的罗根泽师上中国文学批评史课，今后不可能再回过头来搞什么先秦文学，前时积累的一些心得如不及时记下，也就可能迅速遗忘，于是提起笔来一一写下，这就是后来出版的《九歌新考》一书。

这是我第一部完成的学术专著。后来我虽东涂西抹写了一二十种著作，但对《九歌新考》总是怀有特殊的感情。我体会到，根泽师的一番告诫确有道理。

现在常有人说，搞自然科学的人要趁年轻，老了就越来越跟不上新的发展了。从事人文科学研究的人，重积累，老了书读得多，学问也就越发成熟。这话未必正确。搞人文科学的人也要趁年轻。这时思想活跃，感觉敏锐，更有可能发现新问题；况且年少气盛，初生犊儿不畏虎，更有可能闯出一条新路来。我就觉得眼下写文章时有些老气横秋，不像当年写《九歌新考》时那么浮想联翩，新见迭出。

《九歌新考》中共讨论了八个问题，我对其中《秦汉宗教一般》《东皇太一考》《楚辞河伯辨》三章最为满意。因为里面提出的一些观点，前人均未说过，资料也是自己发掘的。文中时与前贤商榷，突破了种种陈说，内有不少新的探索，这就得益于理论上的突破。

我说的理论，并非专指马克思、列宁、毛泽东思想。新中国成立之后，特别强调阶级观点和爱国主义。1953年时，世界和平理事会列屈原为四大文化名人之一，当时的文章即多以"人民诗人屈原""爱国诗人屈原"为题，强调的是人民观点和斗争精神。我可跟不上这种轰轰烈烈的形势，也没有这么高的政治水平。我喜欢从神话、传说、民俗、宗教等多种角度观察问题，这在当时走的似乎不是正路。

小石师认为，楚人不能祭祀河伯，因为古代人们祭祀时有地域限制。他举了几个例子，北方祀泰山女神碧霞元君，江淮之间不祀；海边的人祀海神天妃，中原地区的人不祭。依此推论，楚人就不能祭祀河伯。这是很有道理的。为此我多方探讨，检核各种资料，确信此说可以成立，于是依据此说而作了很多新的论证。

先秦之时楚国究竟属于什么社会，至今我仍说不清楚。但不管怎样，彼时各国的社会结构有其相同之处。统治者对人们的活动有种种限制，例如居室的高度，按照人们社会地位的不同，都得遵守高低不等的规定，这种很早制订出来的准则，也就是所谓礼制。古代的礼书中多有记载。《礼记·祭法》上说："有天下者祭百神，诸侯在其地则祭之，亡其地则不祭。……山林、川谷、丘陵，民所取财用也，非此族也，不在祀典。"《公羊传》僖公三十一年曰："诸侯山川有不在其封内者，则不祭也。"《礼记·王制》上也说："诸侯祭名山大川之在其地者。"

现在的人读古代礼书时,总觉得枯燥乏味,好像距离我们很远很远,实则礼书中包含的上述原则,可作学者研究地域文化的依据,也切合古今的人情物理,例如江苏人从来没有祭祀过陕西的华山和渭水,陕西人也从来不祭江苏的茅山和秦淮河,因为这些"山林、川谷、丘陵"非"民所取财用也",故"不在祀典"。

这项原则,楚人一直遵循。《国语·楚语下》记昭王问礼,观射父曰:"古者先王日祭月享,时类岁祀;诸侯舍日,卿大夫舍月,士庶人舍时。天子偏祀群神品物,诸侯祀天地三辰及其土之山川,卿大夫祀其礼,士庶人不过其祖。"韦昭注:"三辰,日、月、星。祀天地,谓二王之后,非二王之后,祭分野星山川而已。"可知楚人也认为各式人等在祭祀的范围上有严格的规定。

根据上述原理,可知楚国就不能祀河伯,这与古史上的记载也相符。按天子诸侯祭其境内的名山大川,不亲临其地而遥祭,古代有一专门名词,叫"望"。《史记·楚世家》载昭王曰:"自吾先王受封,望不过江、汉。"裴骃《集解》引服虔曰:"谓所受王命,祀其国中山川为望。"由此可知,"望"字已经成为名山大川的代称,并寓疆界之义。它的得名,乃由祭法而来。

楚国"望不过江、汉",河非楚望,故楚人不可能去祭河伯。

这给近代楚辞研究者带来很大的麻烦。既然楚人不能祭河伯,那屈原的《九歌》中为什么会有《河伯》一章呢?于是大家勤翻典籍,可以说是不约而同,找出了一条特例,即《左传》宣公十二年所记的邲之战。楚人大破晋人,于是楚庄王"祀于河,作先君宫,告成事而还"。这样似乎可以说明楚国确曾将河列入祀典。

但在邲之战的百年之后,楚人又与河打起了交道。《左传》哀公六年记曰:"初,昭王有疾。卜曰:'河为祟。'王弗祭。大夫请祭诸郊,王曰:'三代命祀,祭不越望。江、汉、睢、漳,楚之望也,祸福之至,不是过也。不谷虽不德,河非所获罪也。'遂弗祭。"可见楚国的不祭河伯,史载明白,绝无异议。颇怪坚持楚祀河伯的人为什么对这些记载不作任何解释?

楚庄王于邲之战后祀河,乃因战争中河神不左袒晋人,有德于楚,所以这次祀河纯属临时性质。这种战争中的临时措施,古时中外均见,我在《楚祀河伯辨》中曾举出很多例子:周武王伐纣之明日,即"除道修社";郑师入陈,"祝祓社";晋荀吴伐陆浑之戎,"使祭史先用牲于雒";蔡昭公谋伐楚,乃"用事于汉";罗马的狄克推多卡密拉斯攻打维爱城时,为了求得当地大神的协助,乃隆重祭祀朱诺。这一情况,越境犯人者每祀当地神祇,属于民俗学上的通例,但不能将此视作该国的常祀。

有的学者,如游国恩、刘永济、孙作云、马茂元等,知道楚与黄河无涉,无望祀之可能,于是从考史着手,以为战国之时楚国北部的边境已经接近黄河,故有祭河的可能。郭沫若更落实此说,云是楚惠王十年灭陈以后,疆土才达到黄河流域,故自这年起,"楚国才有可能祭河伯,才能有河伯的文章"。

针对这种论点,我除提出"楚人信守'祭不越望'的原则"外,还在"战国时人对楚国疆域的描述""河伯传说的区域性"等方面详加论列,且按历史发展,证明楚国疆域从未扩展到黄河边上;陈国位于淮水流域,与河无涉。应该说,我的论证还是比较细密的,掌握的材料也很充分。我可以自信地说,至今还未见到他人作出过如此有力的论证。

在此我还应该补充一点意见,年轻时思想活跃,敢于挑战权威,但提出新说时,还得实事求是,论证时要细致踏实,说理要充分,这样才能把楚辞研究推进一步。

应该说,楚人可祭河伯之说中影响最大的一个流派,是闻一多提出的楚郊祀歌说。为此他把《九歌》中的神一一配位,还写下了《〈九歌〉古歌舞剧悬解》一文加以发挥。这种学说的影响,至今仍未消退,有的学者虽未明言,但把河伯作为伴祭队伍中的一员出现于楚国神坛,实际上仍暗袭闻说。

我很喜欢读闻一多的书。在楚辞的众多研究者中,我最欣赏他的才华。他的同类著作,如《伏羲考》《神话考》等都能显示出一股特有的聪明劲。我读有关魏晋南北朝唐代的文章,爱读陈寅恪的书。他们的文章,精思妙解,益人神智,但其结论可不一定可信。我总觉得,读文章时也不能太功利,定要去读那些句句是真理的著作。闻一多等人的文章,考虑问题时想落天外,得出的结论迥异于人,可以启发思维。有些人的文章四平八稳,面面俱到,但读后兴致索然,了无馀味。所以我在教学生时,总是鼓励他们多读一些闻一多、陈寅恪的著作,特别是在年轻时,更应于此培育灵感。

我还觉得,现在有的楚辞学者其有关河伯的文章与前人路子相同,但论证时可还没有前人那么周密。有的学者还说河是总名,任何有水的地方都可以称"河",并举《汉书》颜师古注、《诗经·关雎》孔颖达疏为证,云是"北人谓水曰河,不必黄河"。殊不知这是唐人的误说,后人已经纠正。清代著名的地理学者胡渭在《禹贡锥指》的《略例》中说:"江、河自是定名,与淮、济等一例,非他水所得而冒。"近人屈万里撰《河字意义的演变》,遍查群经、诸子、史籍与出土文献,证明先秦之时"河"指黄河,决无歧意。我们做考证文章时应该尽可能地占有一切相关的材料,然后进行严肃认真的分析,对每一种材料都要作出合理的解释,区别其真伪与评判其价值。不能仅用于己有利的材料,避开那些无力说清的材料。例如屈原笔下先后出现"东皇""西皇"二词,究属何指? 就未见有人作出过解释。目下常见的是,作者一味自我申述,漠视他人的有力论点,避开一些不同的观点,使用材料时不注意其产生的年代,举例证时不详辨其内容的性质,这样的文章其科学性也就很成问题。

近年来在楚国境内发掘出了很多楚简,上有"大水"一名,有的学者也就认为这就是指黄河。但他们没有作出解释,"大水"为什么一定是黄河,而不是长江或汉水呢？是否先入为主,意欲比附《九歌》,因而只能把它说成是"黄河"。这种论证方式,也是难以令人信服的。

有的学者上征夏代,宛转关说,企图证明楚国王室与沅湘之间可以祭祀河伯。孔子曾说："夏礼吾能言之,杞不足征也……文献不足故也。"今人想在文献微乎其微的情况下证成此说,怕是难之又难。何况此说仍然难以逾越"三代命祀,祭不越望"的障碍。

《九歌新考》是我的旧作,距今为时已久。那时年轻,思想上没有包袱,想清一点之后,勇往直前,不屈服于权威的震慑,这些都对我后来的发展有重大影响。为此我也想随罗根泽先生之后,告诉一些年轻的同好：读前人书时,不必持崇拜的心情,因为世上少见十全十美之事,前人的成果中也难免会有不足之处。因此,大家在作研究时,应该致力于发现问题,看准前人的不足之处,不必心存维护而帮着修修补补,应该另辟蹊径,大胆开拓。论证时则应严密周详,注意搜集反证,一一作出合理的解释,这样才能走上正路。后人自可在将学问推进一步的过程中,提高自己的学识,锻炼自己的能力。

（原载《中国图书评论》2006 年第 3 期·总 181 期）

徐波集

读赋感言

二十世纪刚刚过去。临当结尾之际,学术界兴起了一股百年回眸的热潮。各种刊物竞相刊布专题文字,总结各个学科在二十世纪的成败得失,一些专业性很强的刊物还邀约本学科中的专家就许多不同的专题一一评述。读者或不难发现,在这总结中国古代文学各种文体的"对话"中,却是少见回顾与展望有关"赋"体的文字。

中国进入二十世纪八十年代之后,犹如挣脱了枷锁的一头雄鹰,学术界乘改革开放的东风,在各个领域中掀起了展示新成果的热潮。古代文学领域内,各种文体的研究成果均有广阔的发表园地,有关诗、词、曲、小说的刊物很多。大诗人有专门研究的期刊,如李白研究、杜甫研究等。一些重要的著作,也有专刊,如《文心雕龙研究》《红楼梦研究》等。这些刊物,团结了本领域内的专家学者和广大爱好者,推动了研究与传播工作的蓬勃发展。

国人习称古代的文学系列为"汉赋""唐诗""宋词""元曲""明清小说",为什么诗、词、曲、小说的研究显得轰轰烈烈,"赋"学领域中却相对地显得冷清,难以与其他文体的研究相并列呢?

归根到底,还是与"赋"这一文体的特殊性有关。

二十世纪的中国,始终处在动荡之中,学术观点上的变化,迅疾而猛烈。这股发展潮流,大家称之为现代化进程。由于中国积弱,大家觉得应该引进西方的新观念,由是中国的传统文化不断受到冲击。而在这一引进国外新观念的过程中,学界实际上是在用西方的文学观来对中国的古代文学作出裁决,遵行的标准,实际上是西方的文学标准。

西洋文学源自希腊、罗马。他们向以诗歌、戏曲、小说为文学的主体,连散文都排斥在外,更不要说像"赋"这样极具民族特色的文体了。大家都感到难于评价,因此有人就称"赋"为文学中的"四不像"。

二十世纪上叶,学界以为文学乃感情的产物,考察文学作品时,特别强调其中的感情要素,只是"汉赋"中的感情色彩似乎并不浓郁。

二十世纪下叶,政界要人以为考察文学作品时首应注意作家对待人民的态度。"汉赋"作者似乎不太关怀"人民"的疾苦,更缺乏为人民抗争的精神,这样也就难以归为优秀的文化遗产。

中国文学史一开头有《诗经》《楚辞》,内如《硕鼠》等篇,都可视作时代强音。魏晋以下,诗歌勃兴,每个朝代都可找到符合现代标准的作品。只有汉赋一体比较困难,不论从内容来看,或从形式来看,都与当代思潮或正宗观念扞格难合。"赋"之难与诗、词、曲、小说并列,也就成了必然之势。

但话也得说回来,在这大势所趋的情况下,人们对赋体的特点却也增加了认识,有的学者指出赋之一体介于诗与文之间,亦即兼具诗歌与散文的特点,这样也就把赋与其他文体的不同之处与相合之处作了明晰的提示。

有人从文化的角度考察赋体,认识到中国古代最为推重博学与文词兼擅的人物,故有"作赋须大才"之说,且有"一命为文人,便无足观"的看法。在这种观念的哺育下,中国历史上却也曾涌现出不少沉博绝丽的巨文。

"赋"这一种文体,既难以使用西洋文学观念为之定位,处在当今时代,必然会给我们的研究工作带来很多困难,但这却又给我们另一启示,即赋之一体最能反映出中国文化的特点,它不同于其他文体,正好说明可供探讨的地方很多,我们可从不同方面去观察其内容与形式。大家似可扩大视野,不必按照现代文学的准则去要求古人,应该更多地从文化方面去考察与分析。如此说来,则又可说赋的内涵比之其他文体更为丰富,赋学研究者自可从各种不同的角度去考察历朝历代各种各样的赋作。

尤可庆幸的是,古代文学研究领域内终于产生了专题的刊物《中国赋学》。可以预见,在这新辟的园地内,中国文学中的一朵奇葩——赋,必将展示其奇光异彩,吸引国内外诸多不持成见的文学喜好者去竞相发表新见。

(原载《中国赋学》,江苏教育出版社 2007 年 8 月出版)

文化建设中的一项系统工程

今年九月，正值《中国思想家评传丛书》主编匡亚明校长的百岁冥寿，又值这一丛书内的两百种书全部出齐之时，作为参加这一工作多年的一名成员，自然感想很多，今借此文略作申述。

"思想家"一词，涵义一直不明，一般把它作为"哲学家"的另一称呼，但"思想"一词显然要比"哲学"一词内涵丰富。例如唐太宗李世民其人，他所开创的唐王朝，在各个领域内都取得伟大成就。他持四海一家的开放国策，得到各族人民的尊崇和拥戴，被尊之为"天可汗"。所以如此，自然与他杰出的政治思想有关。他自十八岁起即参与争战，削平群雄，代隋而立。自三国至隋，四百年来战乱不歇，这些都曾促使他反复思考。试观《贞观政要》等书中，他与臣下探讨历代政治成败的教训，自己执政过程中的得失，态度的诚挚，令人感动。由此可知，著名的政治家、哲学家、史学家、文学家、科学家，都与他们具有先进的政治思想、哲学思想、史学思想、文学思想、科技思想有关。中国文化丰富多彩，绵绵不绝，世界上绝无仅有，原因何在？从某种角度来说，不正与中国历史上不断出现杰出人物有关么？他们顺应时势，分别作出重要贡献，推动了历史的前进，那么我们如对各个领域内杰出人物的思想加以阐发，揭示中国文化内在的生命力，借以激励国人，提供借鉴，不也是一件意义十分重大的思想建设工程么？因此，《中国思想家评传丛书》的设计，其前提就不同于以往个别专家的写作计划；应该说，这是一项有关国家文化建设的系统工程。

我们都以中国历史上出现过这么多的杰出人物为荣,但这是在国人历经磨难后才取得的共识。这里牵涉到对待中国传统文化的态度问题。可以说,这在过去一直没有很好的解决。

自清代后期起,中国积弱的形势暴露无遗。知识界开始思考这一问题的根源所在,进而要求摆脱这一困境。自这时起,西方资产阶级的一些新兴学术开始传入,激发了国内反封建的要求,大家开始把传统文化视作阻碍社会前进的包袱,从而要求对之进行彻底的清算。在这过程中,文化领域中向占独尊地位的儒家成了众矢之的,"打倒孔家店"的声音从来没有停息过。新中国成立之后,反儒更成了政治斗争中的一个重要部分。林彪事件出现后,随之开展的政治斗争中,也要拉上孔子来陪绑,演出一场所谓"批林批孔"的闹剧。试问:孔子与林彪到底有什么关系? 这样做,无非说明在一些政治领导人眼中,孔子已成万恶之源,什么坏事都可以往他头上推。

"批林批孔"随后演变成"儒法斗争",这是符合逻辑的发展。林彪既然成了儒家,"四人帮"当然自居法家了。他们吹捧法家,就是要为使用严刑峻法镇压老百姓寻找理论根据。在他们看来,中国历史上只有很少的几个法家在起重要作用,绝大多数的历史人物都属儒家,因此中国历史一片漆黑,这也就是为什么要搞"文化大革命"的根本原因。

或许有人认为这只是"文化大革命"中出现的一些极端例子,实则未必。一些看来荒唐的行径,正是以往长期积累下的弊端的集中暴露。新中国成立之后,人文科学的研究中,首先强调的是古为今用,研究古人要为当前的政治斗争服务。然而古今之间如何联系,一无准则可言。只是一切为我所用,常是流为胡拉乱扯,任意编排,这样还有什么科学研究可言?

"文化大革命"结束,中国转入改革开放时期。国人睁眼看世界,发现周边的一些国家,如韩国、新加坡等,一直尊崇儒家学说,但对他们社会的发展可并没有产生什么严重的负面影响,而对国家的稳定和社会的和谐却是起到了良好的作用。这就给国人一种启示,促使我们认真地反思,过去那种片面的观点,僵化的思想方法,彻底否定传统文化的态度,到底给我们带来了什么好处?目下社会上出现的种种问题,如子女的遗弃老人,朋友相交中的背信弃义,虽与新时期的经济环境有关,但也不能认为与前时出于政治需要而横扫传统价值观无关。中国一些传承千年的基本价值观被破坏之后,必然会引起社会的动荡。如何在新形势下重建或修正传统的价值观,虽很棘手,但已显得非常迫切。

匡校长生于十九世纪的九十年代,殁于二十世纪的九十年代,前后经历了中国濒临危亡到开始复兴的几个重要历史阶段。作为一位从小就精习中国传统文化的学者,他也经历了在文化领域中反复出现的多次反孔浪潮。出于独立思考,精思明辨,他逐渐摆脱了早年所承受的反孔思潮的影响,对先秦时期的百家之学进行了全面而深入的探讨,在思想上经历了"否定之否定"的辩证的发展过程,从而对"文化大革命"中出现的所谓"批孔"运动也就能以洞瞩其荒谬与危害。由此之故,他在拨乱反正阶段就能及时提出对孔子的评价问题,随之又提出了编写《中国思想家评传丛书》的构想,并亲自撰写了《孔子评传》一书作为表率,这样也就为正确对待传统文化作出了巨大贡献。

改革开放之后,中国步入了快速发展的新时期。最近中央又提出了建设和谐社会的新要求,得到了广大人民的热烈拥护。中国人民历经磨难,如今终于走上了正确的发展道路。

中国这个文明古国,如今正在稳步复兴。但也有人指出,中国的崛起目下还只限于经济层面,欧美文化在此仍以强势文化出现。试观中国青少年中所受西方文化的影响之深,即可明白。中国的传统文化,正在承受着新一轮的冲击。从长远来看,这或许只是一种短时的现象。随着中国国力的增强,国人的民族自豪感也在不断提升。中国几千年的古老文明,历史上出现的杰出人物,他们的伟大业绩,已经成了激励国人的精神力量。他们在不同领域中展示的先进思想,自是传统文化中的基本内容。《中国思想家评传丛书》中收入这些人物,对他们的先进思想作了科学的阐释,必将在建设新时代的人群中产生巨大影响。这也就是说,这一套丛书所内涵的人文精神,必将在文化建设中起巨大作用。中国日后的发展,自当从这些先进思想家所创造的光辉业绩中汲取滋养。将来有一天,中国文化能像盛唐时期那样,吸引世界各地的学人前来学习,中国的崛起才能算是真正完成。

(原载《光明日报》2006 年 8 月 28 日第 12 版《学术》)

有关"《选》学"珍贵文献的发掘与利用

我国古代文学研究的领域内称得上专门之学的,首推"《选》学"一目。《旧唐书·儒学上·曹宪传》曰:"初,江淮间为《文选》学者,本之于宪,又有许淹、李善、公孙罗复相继以《文选》教授,由是其学大兴于代。"可见自唐代起,"《选》学"即趋兴旺发达。

自唐末采用木版刻书之后,《文选》的传播渐以刻本为主流。如果敦煌莫高窟中的珍贵文献至今未被发现,世上怕已难以见到《文选》在各种版刻之外还有什么其他的本子流传。宋代先后刻出李善注、五臣注等数种本子,后来又有人将之合编而有所谓六臣注或六家本之说。然在唐代享誉一时的公孙罗注等等,却已遗佚殆尽而仅存于书目中。

唐、宋两代,学术界有关《文选》注本的优劣之争,一直引起人们的关注。吕延祚上《集注文选表》时批评李善注曰:"忽发章句,是征载籍,述作之由,何尝措翰。"而在介绍五臣注之优点时则曰:"相与三复乃词,周知秘旨,一贯于理,杳测澄怀。目无全文,心无留义,作者为志,森乎可观。"随后明皇即予嘉赏:赏绢采百段,并命高力士宣口敕以褒扬。由于皇家政治上的支持,五臣注在中、晚唐时一直居于显要地位,深为学界重视。但自晚唐李匡义在《资暇集》与丘光庭在《兼明书》中批判五臣之后,宋代苏轼、洪迈等人更对五臣注本大肆诋斥,由此这一注本的地位日益下降,李善注的崇高地位遂无可动摇。尽管二者的优缺点本难一概相量,但学识的高下,还是可以判定的。

清代《选》学大盛。这一时期的学者研究《文选》时,无不依据李善注而进窥《选》中各篇的原意。《四库全书总目》在《六臣注文选》的提要中列举五臣之疏谬后说:"今观所注,迂陋鄙倍之处尚不止此,而以空疏臆见，轻诋通儒，殆亦韩愈所谓蚍蜉撼树者欤。"这也可以说是表达了其时众多学者的普遍看法。

清代"《选》学"除注释外，还有词章、广续、雠校、评论诸端，都取得了可喜的成绩。研究范围扩大了，方法多样了，眼光不同了，收获也就远超前代。清末民初，国外又输入了新的学术观点与研究方法，于是骆鸿凯等人开始对《文选》作综合的研究，条理更为密察，分析愈见细密，与前此的《文选》学家研究著作的面目又已不同，于是学界推崇骆鸿凯的《文选学》一书，以为可视作总结"传统《选》学"的阶段性成果。

骆鸿凯在民国初期于北京大学读书时，黄侃正在该校讲授《文选》，《文选学》一书就是在听课的笔记上扩展而成，故多引用其师之说。例如此书《义例第二》内先引阮元《书文选序后》，又引章太炎《文学总略》，随之就二家之说加以分析，而自"窃谓文之封域，本可弛张"以下，全袭黄侃《文心雕龙札记》内《原道第一》中文。据程千帆先生见告，骆氏的《文选学叙》原为张采田的一份书稿，张氏本来也想作一"《选》学"方面的著作，后因循未就，骆氏向其讨教时，张氏遂以此稿赠与。张氏为骈文高手，故此叙文词尤为出色。

黄侃等人沉潜"《选》学"至深，故创获甚多。他们的研究工作，除了受时代之赐，在观点、方法等方面有新的开拓外，还与他们有机会见到一些前代学者无法见到的珍贵文献有关，如罗振玉印出的《唐写文选集注残本》十六卷，杨守敬自日本带回的白文本《文选》二十一卷等。这些珍贵的材料对这一时期的《文选》学者提供了很大的助益。

清代末年，敦煌石窟与东邻日本发现了一些珍贵的《文选》钞本，学术界对《文选》版本的观念大为改变，知道这一典籍除李善注、五臣注与六臣注之外，还有白文无注本与其他各家的注本存世。这就引发人们去多方面地思考：《文选》的原貌到底是怎样的，李善、五臣等注本所呈示的《文选》其面貌是否与萧统的选本一致？各种注本之间的优缺点是否还可作更多的论证？

但在二十世纪的大部分时间里，"《选》学"并未因新材料的出现而有大的发展。五四之时，兴起了白话、文言之争，代表新思潮的学人猛烈攻击古典色彩的作品，声讨"桐城谬种""《选》学妖孽"之声不绝，其后白话文争得了主导地位，作为社会各阶层绝大部分领域中的思想交流手段，文言文的使用范围日益缩小。骈文更为重视修辞技巧，学习时需要花更多的准备功夫，随着文化的日趋平民化，骈文的使用范围更见狭隘，"《选》学"随之盛况不再，少见精深之作问世。五十年代之后，内地因为意识形态方面的原因，不太重视魏晋六朝时期的贵族文人之作，"《选》学"也就进一步陷于困境。

进入八十年代之后，内地实行改革开放政策，国际文化交流的渠道日益通畅，于是日本学术界有关"《选》学"的成果逐渐被介绍了过来。中国台湾地区有关《文选》研究的成果也有介绍，两地从事"《选》学"的成员不断展开商讨，并对有关《文选》版本的珍贵资料也进行了交流。

比之过去，学界的眼光大为扩展；比之前人，掌握的材料更为丰富，这就促进了"《选》学"的发展。有的学者认为这一传统学科已进入了一个新的时期，因此提出了"新《选》学"之说。俞绍初、许逸民在《中外学者文选学论集》中的《文选学研究集成序》中提出，《集成》丛书拟包括十二项选题，中如(5)《文选》集校，(6)《文选》汇注，(7)《文选》唐注考，(8)《文选》版本学等数项，都与数十年来陆续发现的新材料有关。① 应该说，学术界在《文选》研究工作中转而重视《文选》的文献学研究，正是这一传统学科的一大进步，它说明《文选》的研究工作已经

---

① 中华书局 1998 年 8 月出版。

不满足于通论式的介绍，也可表明当代学者的文献整理工作已经不满足于停留在清儒的校雠成果上再作若干补充。

李善注与五臣注的优劣之争，经过长期的反复争论之后，后人已有统一的认识。清代朴学大盛，行文重视征事数典，以此作为主要标准衡量两种注本的优劣，自然会把五臣注的学术水平贬低了。

近人对此态度渐趋客观。有的学者在尊重李善注的前提下，也对五臣注的优点作了很多发掘。常言说，智者千虑，必有一失，李善注也不能免于此病。例如班孟坚《答宾戏》"商鞅挟三术以钻孝公"下，《文选》李善注引服虔曰："王霸、富国、强兵为三术。"五臣李周翰注则曰："三术谓帝道、王道、霸道，而商君说秦孝公用此三术，孝公用其霸术也。"按商鞅说秦孝公事见《史记·商君列传》，可证李周翰说为胜。又如范蔚宗《后汉书·皇后纪论》中云："爰逮战国，风宪愈薄，适情任欲，颠倒衣裳。"李善注："《毛诗》曰：'绿兮衣兮，绿衣黄裳。'"《文选集注》中《文选钞》引《诗》则云："东方未明，颠倒衣裳。"二者比较，自以《钞》之注释为精确。盖李善以为此处文字出于《邶风·绿衣》，《文选钞》则以为出于《齐风·东方未明》。按《东方未明》首章即云"东方未明，颠倒衣裳"。《诗序》曰："东方未明，刺无节也。"范晔行文用的自然是这一典故。

由此可见，《文选》之学发展至此，已经进入了一个新阶段。即以文献学而言，也不应以李善注自限，应该广泛参考其他各家的注本，以期对《文选》中的众多篇章求得正解。何况近人所能看到的李善注本不再限于胡克家所刻的一种，除宋本外，还有其他钞本与国外的一些刻本可资参阅。

《文选》古钞、古刻的价值日益被人认识。大家希望能够看到更多珍贵的文献，掌握更多的资料，以利研究。只是限于各地的具体情况，这一工作的开展还存在着许多困难。

日本保存的这一种《文选集注》钞本，按其原来的篇目标示，此书当有一百二十卷之多。因为萧统原来的本子共三十卷，李善详加注释，篇幅扩大，遂分为六十卷。《文选集注》除首列李善注外，又加上了《文选钞》《文选音诀》、五臣注、陆善经注和编者按语，篇幅更为扩大，故又细分为一百二十卷。然而清末董康等人前往日本金泽称名寺探访时，已仅见三十二卷。由于他的提议，经过日本京都帝国大学内藤虎博士等人的努力，此书列为国宝，只是其时日本保存文物的法制还未完备，其后仍不断有所散失。

《文选集注》确是一部奇书。这样名贵的唐人钞本，不见古今书目，新、旧《唐书》的《艺文志》和《日本国见在书目录》等书中均未著录。书中引用的《文选钞》《文选音诀》、陆善经注等，古代书目中虽有所记载，但已遗佚殆尽。前人之所以只能参考李善、五臣二种注本，即因无法看到其他唐人注本之故。

罗振玉于民国初年寓居日本时，发现此书，乃搜得残本十六卷，以《唐写文选集注残本》为名，辑入《嘉草轩丛书》，于民国七年（1918）影印行世。中国学人始知天壤之间还有这一种《文选》注本。

民国初期的一些学者利用此书进行研究，取得了不少成绩，例如余嘉锡《四库提要辨证》卷三考《晋书》时引《文选集注》卷六十二中的公孙罗《文选钞》与《隐录》，考许询的生平，补充了重要的史料；《世说新语笺疏》上卷（下）《文学》"左太冲作《三都赋》初成"条注〔一〕引《文选集注》八，《钞》引王隐《晋书》，言"吴事访于陆机"，也是不见他书的珍贵材料。

但罗振玉因条件的限制，大多数的本子托人模写，有的还只是作了过录，又加上当时印刷水平不高，以致这一《残本》距离原样颇远，势难据为典要。

罗振玉对保存此书决心极大。他于民国八年离开日本回国时，将京都净土寺町的一所寓宅捐给了京都文科大学，让出卖后把所得款项作为影印日本所藏中国古写卷子的费用，并托内藤虎次郎、狩野直喜两位博士经理此事。二人后来编成了一套《京都帝国大学文学部影印旧钞本丛书》，《文选集注》计有二十三卷，列在第三集至第九集。这一丛书基本上是按原样影印的，较之《残本》，在质量上有了很大的提高，例如罗本《文选》卷六十二（胡刻《文选》卷三十一）前后均无题记，京都大学本《文选》卷六十二则前端第一行题"文选卷第六十二□梁昭明太子撰□集注"；又如罗本《文选》卷八十八（胡刻《文选》卷四十四）前后均无题记，京都大学本《文选》卷八十八于卷末题"文选卷第八十八"，可知这些地方的原有文字已为誊录人员径行略去，故已失原貌。

《文选集注》原本也已有严重损毁，不少卷中已多残佚，但吉光片羽，亦足珍贵。此书之所以不致全部损毁，罗振玉作出的贡献是不可磨灭的。

处在上世纪的二三十年代，日本对汉学尚极为重视，所以当内藤、狩野二博士登高一呼，向藏书家和藏书单位征求这一国宝影印时，大家还能热情支持。目下日本对汉学的热忱已大不如前，因此这一工作如果放在现在来做，能否顺利完成，恐怕就要加上问号了。

这一唐钞珍本之影印始于昭和十年（1935），后于十七年（1942）完成，这时正值抗日战争时期，故流入中国者为数甚少，国内学者难于见到，用作研究者更为罕见。

日本学者利用此书作出了很多成绩，特别是以斯波六郎教授为首的一批学者，以广岛大学为据点，形成了一个"文选学"的研究流派。八十年代之后，他们的成果逐渐介绍了进来，冈村繁教授等人又多次来中国参加会议，因此他们关于《文选集注》的成果逐渐为人所知。大家认识到此书的珍贵，但因大陆地区不易见到此书，无不感到遗憾。

我于 1994 年赴日本国立奈良女子大学任教，在该校横山弘教授的帮助下，从天理图书馆中借出《文选集注》一套，由博士生大平幸代同学帮助复印，携回国内供研究之需。1995年，中国文选学研究会委托郑州大学举办'95文选学国际学术讨论会，我在会上介绍了国内外的几种名贵版钞，与会代表认为我与学术界和出版界联系较多，自己也有一套《文选集注》的复印件，因而希望我能将这一珍贵的材料公开出版，让大家都能读到此书。1996年，上海古籍出版社决定接受此书，影印出版。但考虑到读者购买时承受的能力，比之京都大学影印本版面有所缩小，改成了十六开本。当年内藤、狩野二博士向原藏《文选集注》残本的单位或个人求得原件或底本时，即按原样印入，因此，京都大学影印本的次序前后重出或颠倒的很多，不便阅读与使用。出版社商请复旦大学陈尚君教授参考李善注本的次序重行编定，且拟篇名目录，读者称便。我又商请横山弘教授编了一种《〈文选集注〉研究论著目录》，将自1856年起至1999年止的论著与单篇文章悉数收入，又请隽雪艳女士拟制了一种《现存〈文选集注〉一览表》，介绍现存各卷的收藏单位与个人，以便复核；最后还请吴正岚女士制作了一种《〈文选集注〉引书索引》，便于工作日益繁忙的当代学者检索。

此书之所以能够出版，首应感谢日本京都大学的兴膳宏教授。因为此书的版权属于京都大学，兴膳教授时任文学部部长，正是该书的法人代表。没有他的支持，此事也就无从说起。

陈尚君教授编排此稿时，发现罗振玉《唐写文选集注残本》第七十三卷中曹子建《求自试表》内"良曰此岂好大言于主而曜于俗哉……"下原有的二十行，京都大学影印本中已佚，其后北京大学傅刚教授告知，北京图书馆中尚存一断片，查看后始知即原罗振玉所印《残本》中的两页。这一断片后附田潜题记，介绍他在日本任督学时购得《文选集注》残卷的经过。由于这一断片的发现，使我联想到罗振玉印《残本》时，其中的第七十三卷当从田潜处借来，后田潜将所得《文选集注》

钞本悉数售与北京琉璃厂正文斋书店,而从第七十三卷中截下二十行,本拟留作纪念,后又售出,遂辗转入藏北京图书馆善本部。周叔弢也得一残卷,后捐给了天津艺术博物馆。这一第四十八残卷之卷轴上所粘标签题"唐写文选残卷",下为双行小字"日本国宝金泽文库收藏","宣统庚戌伏侯所收并记",可知亦为田潜当年所购回者,周叔弢所购得者则当是从正文斋中所辗转流出者。因为这是一卷残本,故周氏不太重视,《自庄严堪善本书目》中未见著录。①

台湾"中央图书馆"藏有《文选集注》第九十八卷,也是田潜所购回者,京都大学影印本中未收,实为一大缺憾。此卷当是海盐张氏旧物,罗振玉印《残本》时欲收入而未果者。我在赴台湾开会与讲学时与汉学研究中心多次商洽,得到他们的帮助,提供胶卷,纳入《汇存》,为该书增色不少。

这里应该提到的是,上海古籍出版社印制《唐钞文选集注汇存》时注意质量,给我不少帮助。原来他们为成本计,不打算印入《引书索引》,经争取后始得如愿。而他们在 1999 年第三季度时准备工作已一切就绪,且在《古籍新书目》第 123 期上登了介绍,征求预订。正在这时,横山弘教授于 11 月 19 日寄来了富永一登、衣川贤次的《新出〈文选〉集注本残卷校记》一文,始知《文选集注》第六十一卷江文通《杂体诗》内潘黄门(悼亡)中原缺二十五行,尚存于世,现为日本御茶之水图书馆成篑堂文库所收藏。② 此时《唐钞文选集注汇存》印行在即,如未能印入已知的文字,总是一大缺憾,于是我立即通知上海古籍出版社,要求暂缓开印,一方面由横山弘教授向御茶之水图书馆商洽,说明中国正在印行此书,要求他们提供相片,借使此书能有最大限度的完整。

---

① 天津古籍出版社 1985 年 7 月出版。
② 载日本中国中世文学会《中国中世文学研究》第 36 号,1999 年 7 月。

御茶之水图书馆一时不明究竟，故不置可否。按照该馆规定，像这样名贵的文献，读者只能前去阅读，或进行抄录，但不能摄影或复印，因此这二十五行文字至今未曾公开发表过。但经过我等反复说明，告知此乃中日文化交流中的一件盛事，他们终于同意了我们的请求。但御茶之水图书馆虽系东京府立的机构，成篑堂文库却是由石川文化事业财团主办的，对于这一文献的处理，要由董事会决定。这事延至2000年5月，经董事会通过后，才同意提供给我相片一幅，但得保证只能用于《唐钞文选集注汇存》一书，到九月份后必须寄还相片。横山弘教授寄来这相片后，我立即派博士生吴正岚送往上海。为了此事，上海古籍出版社整整等了半年时间不得开机，给他们的工作造成不少困难。

这次添入二十五行，为数虽小，却使此书大为增色，然而又使出书增加了不少麻烦。吴正岚制作引书索引，必须重做。上海古籍出版社的版子已经全部做好，他们考虑到出书的时间和制作的成本，打算把这二十五行附于书后，我则坚持要求插入第六十一卷之中。最后他们同意了我的要求，第一册后面部分的版子重新做过，为此又拖后了出版日期，增加了成本，但此书的质量却有了新的提高。对此我很感谢他们的支持和配合。

通过此事，使我了解到了很多有关文化交流中的棘手问题，深知成事之不易。《唐钞文选集注汇存》的出版，得到了各界朋友的关心和支持，终得如愿。其他珍贵文献，能否顺利印出，恐怕又会碰到新的问题。

本来我还想编一种《文选古钞集成》，但想到出书之难，不禁知难而退。

敦煌石窟中发现的古钞《文选》卷子，不论其属英、法、俄等何地所藏，大都已经正式印出，或许搜集起来正式出版比较容易一些。有些已经印过的卷子，如观智院本《文选》卷第二十六，三条家本《五臣注文选》卷第二十，现藏日本天理图书馆，且已编入《天理图书馆善本丛书汉籍部》第二卷，1980年由八木书店印行，与之交涉，要求辑入《集成》，或许好交涉一些。但如九条家本《文选》所存二十卷，保存了不少三十卷本《文选》的原貌，价值重大，此书现藏日本皇宫内，作为一名普通的中国学者，还不知如何去交涉。

当年杨守敬从日本带回了一种古钞《文选》残本二十一卷，一般认为接近萧《选》原貌，价值重大。民国初期高步瀛、黄侃等人都曾参考此书，进行研究。徐行可、向宗鲁等人曾经借钞誊录，惜均已佚去。目下屈守元先生处尚保存着一种临摹本；北京图书馆中还有一种傅增湘的过录本，将古钞本的异文过录在胡刻《文选》相应的文字上面，但若将这样的本子辑入《文选古钞集成》，无疑是不理想的。

杨守敬的古钞《文选》残二十一卷原本，现藏台湾"故宫博物院"。因为政治上的原因，目下两岸文化交流还嫌不畅，如欲求得底片，还不知能否如愿？

《文选》学的发展亟须在珍贵文献方面进行拓展，学者应该尽可能地占有资料，这样才能进窥萧《选》和李注、五臣注等典籍的原貌，并与唐代其他注本作比较，这样也就可以在文献的整理上突过清儒。只是《文选》的珍贵文献分散各地，国家与地区之间政治制度不同，对待文物的态度有异，各处对保存与传播资料的规定也有不同，这就给从事汇编的学者增加了不少困难。希望各国与各地区的政府主管部门订出一些有利于文化交流的政策措施，推动这一工作的顺利实施。

假如上述问题可以解决，正式出版还会遇到不少困难。如九条家本，书眉和夹缝中还有不少小字，阅读已很困难，印刷之后能否清楚，也难有把握。况且目下处在商品经济时代，出版社出书必然考虑到成本和销路，《文选》古钞大都属于零碎的残片，购买的对象很窄，只有部分专家学者有兴趣，即使加上个别的博物馆、图书馆和研究机构，为数还是很少的。制作成本很高，印刷技术要求也高，这就形成了很大的矛盾，费用大而收效少。如无有力的单位资助，看来很难成书。我于此事迟迟不敢启动，原因很多，此亦不易突破的难关，谨请关心此事者提供宝贵意见。

（原载《中国典籍与文化》2001 年第 4 期）

〔又记〕

范志新先生认为《文选集注》第九十八卷并非海盐张氏旧物，而是楚中杨氏即杨守敬的旧藏。[①] 此说有误。日本学者关靖所编《金泽文库图录》[②]和阿部隆一所编《本邦现存汉籍古写本类所在略目录》[③]上均有记载，《文选集注》第九十八卷的原藏者为张元济。《金泽文库图录》已将《文选集注》第九十八卷末页书影辑入，在书影下端说明中标示"上海张元济氏藏"。此书乃请京都小林写真部制版，关靖与其主人小林忠次郎熟识，而小林即受大阪某会社之托，请董康代向上海某君（当即张元济）洽购《文选集注》者，事见董康《书舶庸谭》卷八下民国二十四年（乙亥，1935）五月十三日日记。由此可知，《图录》中之书影当为董康或小林所提供。阿部曾于 1970 年与 1971 年两次赴台湾访书，与该地"中央图书馆"原善本部主任后任台湾"故宫博物院"副院长的

---

① 载《文选版本论稿》下编：写本编，《关于〈文选集注〉编纂流传若干问题的思考》，江西人民出版社 2003 年 9 月出版。

② 载《金泽文库图录》上册"七一《文选集注》"，日本幽学社 1935 年 9 月出版。

③ 载《阿部隆一遗稿集》第一卷《宋元版篇》，日本庆应义塾大学附属研究所斯道文库编，东京汲古书院 1993 年 1 月出版。

昌彼得等人熟识，自能了解到《文选集注》残卷的来龙去脉。当年田潜在日本时除购得《文选集注》数卷之外，还购回了宋黄善夫《史记》三家注本七十二卷，后均售与北京正文斋书肆。正文斋将《史记》与《文选集注》残卷拆开、分截后出售，张元济于清宣统季年于正文斋中购得《史记》三家注本六十六卷，《文选集注》当亦同时购得。后《史记》归涵芬楼，其后又归北京图书馆；《文选集注》第九十八卷则辗转流入了台湾"中央图书馆"。杨守敬观海堂遗物，大都收藏在台湾"故宫博物院"，专家多人曾去查勘，未闻曾入藏《文选集注》第九十八卷。台湾"中央图书馆"内也有部分杨氏旧藏，然亦未见有关《文选集注》的任何记录。①

（原载南京大学古典文献研究所编《古典文献研究》总第十一辑，凤凰出版社 2008 年 3 月出版，原题《关于〈文选集注〉第九十八卷的流传》）

---

① 参看阿部隆一《中国访书志》，汲古书院 1983 年出版。赵飞鹏《观海堂藏书研究》，台湾汉美图书有限公司 1991 年出版。今按：阿部所说的"中国"实指中国台湾地区，故访书之处集中在该地的"故宫博物院""中央图书馆""中央研究院"等机构。

谈笔记在唐代文史研究中的重要性

"笔记"一名，作为文体来说，涵义很含混。它的内含与外延究竟怎样确定，很难说明。人们往往是在不能确定而又似乎约定俗成的状态下加以使用的。

按前人著作以"笔记"冠名，起于宋祁的《宋景文公笔记》、苏轼的《仇池笔记》和陆游的《老学庵笔记》等书。《宋史·艺文志》将宋、陆二人之作归入史部的"传记"类，这看来是适当的。因为宋、陆二人都是宋代名人，阅历多，见闻广，所记内容，大都具有史料价值，足供治史者参考。《仇池笔记》的情况有所不同，此书是否真是苏轼的作品，争议很多。一般认为，内有出自苏轼笔下的一些零星文字，实为苏轼书写的随笔，内容五花八门，很难归类。因此这里使用的"笔记"一词，也就和现代汉语中的定义差不多了。按目下在汉语区中广泛运用的工具书《辞海》中，"笔记"一词的释义如下：

> 文体名。泛指随笔记录，不拘体例的作品。其题材亦很广泛。有的著作可涉及政治、历史、经济、文化、自然科学、社会生活等许多领域，但亦可专门记叙、论述某一个方面。①

如此说来，唐代虽无以"笔记"命名的著作，却有很典型的作品传世，吾人可将段成式的《酉阳杂俎》一书列为"笔记"的代表。

鲁迅《中国小说史略》叙此书曰："《酉阳杂俎》二十卷凡三十篇，今

---

① 此据上海辞书出版社 1990 年 12 月缩印本第 1 版，第 2112 页。

徐波集

具在,并有续集十卷:卷一篇。或录秘书,或叙异事,仙佛人鬼以至动植,弥不毕载,以类相聚,有如类书,虽源或出于张华《博物志》,而在唐时,则犹之独创之作矣。"①这里说是其书"如类书",可见其内容的丰富与庞杂了。

《酉阳杂俎》中记叙的东西,有的确是录自"秘书",但有相当大的比重其材料则出于传闻。例如续集卷二《支诺皋中》曰:"上都浑瑊宅,戟门内一小槐树,树有穴,大如钱。每夜月霁后,有蚓如巨臂,长二尺馀,白颈红斑,领蚓数百条,如索,缘树枝条。及晓,悉入穴。或时众鸣,往往成曲。学士张乘言浑令公时,堂前忽有一树从地踊出,蚯蚓遍挂其上。已有出处,忘其书名目。"说明这些故事口耳相传,虽有典籍加以著录,但段氏本人则重视其原始出处。又如同卷另一条云:"于季友为和州刺史时,临江有一寺,寺前渔钓所聚。有渔子下网,举之重,坏网,视之,乃一石如拳。因乞寺僧置于佛殿中,石遂长不已,经年重四十斤。张周封员外入蜀,亲睹其事。"张周封为段氏同时人,此则故事当系张氏面告。

总的看来,段成式在《酉阳杂俎》中的记载得之传闻者,其比例不会比阅读所得者为少,这就与古代目录中有关"小说"一词的定义相重合。

《汉书·艺文志》在《诸子略》中为"小说家"下定义时说:"小说家者流,盖出于稗官,街谈巷语,道听途说者之所造也。孔子曰:'虽小道,必有可观者焉。致远恐泥。'是以君子弗为也,然亦弗灭也。闾里小知者之所及,亦使缀而不忘。如或一言可采,此亦刍荛狂夫之议也。"因为"笔记"与"小说"的内容大都来自"街谈巷语,道听途说",因此二者的内容经常混淆不清。这类著作,有人也就称之为"笔记",有

---

① 此据北京人民文学出版社 1952 年据《鲁迅全集》单行本纸版重印本。

人则称之为"小说"。到底是"笔记"这一概念包容的东西多,还是"小说"这一概念包容的东西多,可不易说清。二者之间有相通处,又有其特指的地方,但要细列二者之间的同异,也有难处。郑樵在《通志·校雠略》中撰《编次之讹论》十五篇,内云:"古今编书,所不能分者五:一曰传记,二曰杂家,三曰小说,四曰杂史,五曰故事。凡此五类之书足相紊乱。""笔记"的内容近于"传记",已见前述,而"传记"与"杂史""故事"又相近。总的看来,"笔记"中的大部分著作其笔法与"杂家"最为接近。这里说的"杂家",非指思想家中《吕氏春秋》一类著作,而属"四库全书"内"小说家"中的"琐语"或"杂事"一类著作。

晚清西学东渐,学术界每按西洋的学术观点区分中国的典籍,学校中也按西洋的标准分科教学。像《酉阳杂俎》之类的著作,乃至《因话录》《资暇集》之类的书,有的归入文学类,有的则归入历史类。因此,目下中文系或历史系的教师都很关注这类著作,与前此学术界视之为小道,观念上已大不相同。

中国自清末起,受到西洋学术的影响,开始注意民间文学。中文系的课程中,已有民间文学之类的课程。胡适讲授文学史时,提倡白话文学,其主要内容也以民间文学为主。鲁迅讲授中国小说史,依傍西洋的小说观念甄别材料,清理中国小说的发展线索。他在研究六朝小说时,将之区分为志怪小说与志人小说两大类;到了唐代时,也就突出介绍传奇这一文体的巨大成就。但当他叙及另一类内容更庞杂的著作,如《酉阳杂俎》等书时,也就无法归类,只能另外标举"杂俎"一名。这在小说史的研究中可以有此一举,但在目录学中却无法形成共识。

"传记""杂史""故事"中的材料,往往以人为主,如稍具情节,人们也就往往以文学作品看待。因为这样的作品兼具"笔记""小说"的特点,因此学术界也就兴起了"笔记小说"一词。因为这一名词的覆盖面比较大，既可以称《国史补》之类叙述史实的"杂史"类著作，也可称《杜阳杂编》之类侈陈怪异的"小说"类著作，也可称《资暇集》之类考订名物随笔似的著作，也可称《酉阳杂俎》之类包罗万象类书似的著作。因此，目下使用"笔记小说"一词的学者似有逐渐增多之势。

"笔记""小说"二词出现甚早，"笔记小说"一名的使用则较迟，因为这一名词不能彻底克服原有二词中的含混，因此有的学者对此仍持异议。我认为，这种质疑是有道理的，但在目下尚无最佳方案出现的情况下，笔记小说一名不妨试用。常言说"名无固宜，约定俗成谓之宜"，人们用久之后，是否可形成一些共识？当然，这一名称也不能用之过滥，像《韩诗外传》与《独断》等著作，自不能归入笔记小说类。①

近百年来，随着贵族社会的不断瓦解，平民文化日益得到重视。五十年代之后，人类学家雷德斐（Robert Redfield）的大传统与小传统之说风行一时，而史学界兴起的所谓精英文化与通俗文化之说，影响甚大。大传统与精英文化为上层知识阶层所形成，小传统或通俗文化则为一般下层民众所形成。前此人们研究文史时总是着眼于正经、正史，也就是在大传统与精英文化的范围内考察与研究。自从上述学说陆续传入后，人们的观念有所改变。大家认识到，大传统或精英文化与小传统或通俗文化实际上是无法割裂的，二者经常处在相互排斥而又相互交融的状态中。人们接受这种观念后，视野大为开阔，研究的成果也有了新的提高。例如唐人的宗教信仰，正史上很少记载。唐代开国君主的崇佛或崇道，带有强烈的政治色彩，学者如对其时的宗教典籍无所涉猎，势难作出新的结论。

----

① 参看拙作《唐代笔记小说的内涵与特点》，载《唐人笔记小说考索》，江苏古籍出版社1996年版。又程毅中《读〈唐人笔记小说考索〉》，载《燕京学报》新四期1998年版。

但要研究唐代佛教，不光是阅读《宋高僧传》等几本典籍就能了然的。研究者如能泛读"笔记""小说"，则可看到佛教在民间传播的盛况。例如牛肃《纪闻》叙黄山瑞像曰：

> 鲁郡任城野黄山瑞像，盖生于石，状如胚混焉。昔有采柏者，山中见像，因往祈祷，如愿必得，由是远近观者数千人。知盗官恐有奸起，因命石工破山石，辇瑞像，致之邑中大寺门楼下。于是邑人于寺建大斋，凡会数千人。斋毕众散，日方午，忽然大风，黑云覆寺，云中火起，电击门楼，飞雨河注。邑人惊曰："门楼灾矣。"先是僧造门楼，高百馀尺，未施丹艧，而楼势东倾，以大木撑之。及雨止，楼已正矣。盖鬼神以像故而扶持焉。（《太平广记》卷一〇一引）

又如张鷟《朝野佥载》卷三叙白铁余谋反事曰：

> 白铁余者，延州稽胡也，左道惑众。先于深山中埋一金铜像于柏树之下，经数年，草生其上。绐乡人曰："吾昨夜山下过，每见佛光。"大设斋，卜吉日以出圣佛。及期，集数百人，命于非所藏处剧，不得。乃劝曰："诸公不至诚布施，佛不可见。"由是男女争布施者百馀万。更于埋处剧之，得金铜像。乡人以为圣，远近传之，莫不欲见。乃宣言曰："见圣佛者，百病即愈。"左侧数百里，老小士女皆就之。乃以绯紫红黄绫为袋数十重盛像，人聚观者，去一重一回布施，收千端乃见像。如此矫伪一二年，乡人归伏，遂作乱，自号光王，署置官职，杀长吏，数年为患。命将军程务挺斩之。

再如段成式《酉阳杂俎》续集卷七《金刚经鸠异》叙党项羌中事曰：

永泰初，丰州烽子暮出，为党项缚入西蕃易马，蕃将令穴肩骨，贯以皮索，以马数百蹄配之。经半岁，马息一倍，蕃将赏以羊革数百，因转近牙帐。赞普子爱其了事，遂令执蠹左右，有剩肉、馀酪，与之。又居半年，因与酪肉，悲泣不食，赞普问之，云有老母频夜梦见。赞普颇仁，闻之怅然，夜召帐中语云："蕃法严，无放还例。我与尔马有力者两匹，于其道纵尔归，无言我也。"烽子得马极骟，俱乏死，遂昼潜夜走，数日后为刺伤足，倒碛中。忽有风吹物窸窣过其前，因揽之裹足。有顷，不复痛，试起步走如故。经信宿，方及丰州界。归家，母尚存，悲喜曰："自失尔，我唯念《金刚经》，寝食不废，以祈见尔，今果其誓。"因取经拜之，缝断，亡数幅，不知其由。子因道碛中伤足事，母令解足视之，所裹疮物，乃数幅经也，其疮亦愈。

由此可知，唐代的佛教活动可注意者，非仅限于玄奘等人的译经与播道，而是牵涉至广，内容丰富。过去有一种说法，以为中国人无宗教信仰可言，中国是一个没有宗教的国家，这种说法显然是不妥的。如果研究者能把眼光投向笔记小说类著作，则可明白中国实为民间信仰极为丰富而又特别复杂的国家。中国人自有其宗教信仰。由此切入，则对中国佛教与原有民间信仰的交融，民间文学、民间结社、民间习俗乃至周边地区的民情风俗等问题，都可有新的认识。

《酉阳杂俎》中有《寺塔记》上、下二卷，详记长安的许多寺院，内容极为丰富。从中可见许多佛教故事，文人雅士众多的题咏与画像，以及建筑与植被的壮丽。读之可知，唐代的寺院实为上至贵族下至平民时常前往的一种娱乐场所。人们研究唐代宗教时，如对这一类的著述缺乏认识，则在知识结构上也就会出现严重的局限。

如上所言，小传统或通俗文化中的材料大多著录于"笔记"或"小说"中,由此可知其价值之重大。可以说,近几十年来唐代文史领域研究中许多成果之获得,与人们开始关注小传统或通俗文化有关。但在中国这样一个具有古老文明的国家,传统往往成为一种惯性,束缚人们的视野,影响学术的开展。即使是像赵翼这样的历史名家,仍持排斥小说的态度,尽管他在《廿二史劄记》中列有《旧唐书前半全用实录国史旧本》等目,但对唐代国史的来龙去脉不作深究。随着近年来学术界对唐代国史问题的关注,人们对笔记小说中沿用国史材料的问题认识上有了很大的提高。因为唐代的国史并不深锁内庭,外人如有机会,也可自由阅读与运用。不管是纪传体的《国史》抑或编年体的《实录》,一般知识分子也有机会接触。因此他们从事著述时,往往径引国史入其著作。这样的材料,人们自不能视之为道听途说的"小说家言"而予以否定。

经过众多专家的发掘,可知像《谭宾录》《芝田录》《大唐新语》等书中,都包含有好多国史材料。这样的材料,即以史料价值而言,也不会比新、旧《唐书》与《资治通鉴》等书中的材料为差。一些记叙性的诗歌,如郑嵎的《津阳门诗》、白居易的《长恨歌》等,也有其依据《国史》而写作的背景。郑诗有云:

> 四方节制倾附媚,穷奢极侈沽恩私。堂中特设夜明枕,银烛
> 不张光鉴帷。

原注:"虢国夜明枕,置于堂中,光烛一室。西川节度使所进。事载《国史》。"可知这一记载源出《国史》。

白居易作《长恨歌》,陈鸿作《长恨歌传》,都是脍炙人口的名篇。按《长恨歌传》传世者有三种,一附《白氏长庆集》中的《长恨歌》前,又见《文苑英华》卷七九四;一附《文苑英华》中的《长恨歌传》后,云出《丽

情集》及《京本大曲》；一见《太平广记》卷四八六杂传记类，当自陈翰《异闻集》中转录，此文末云："……使者还奏太上皇，上心嗟悼久之。馀具《国史》。"可知陈鸿撰文时看过《国史》中的有关记叙，于此他有所吸取，有所舍弃，但参考过《国史》则无可疑。

又《文苑英华》本与《白氏长庆集》附的《长恨歌传》后云：

> 世所知者，有《玄宗本纪》在。

这一"本纪"绝不可能出于其他史书，只能是纪传体《国史》中的《玄宗本纪》。陈鸿《长恨歌传》和白居易的《长恨歌》中当然会有很多文学上的创造，但二人在创作前都曾阅读过《国史》，已是不争的事实。

我们要问：《津阳门诗》与《长恨歌》《长恨歌传》都是人们常读的文字，前人为什么不能发现其与《国史》的关系？这是因为人们受到时代与学术观念的限制，还是把诗文视为小道，把"国史"视为常人无法接触的著作，因此对其中的《国史》《玄宗本纪》等字样视而不见，只作一般词汇对待。现在我们了解到笔记小说与诗歌中都有《国史》的成分，那么大家对这类丛残小语的价值将会有新的认识，从而用作重要史料，从中得出新的研究成果。

（原载台湾逢甲大学中国文学系主编《六朝隋唐学术研讨会论文集》，文史哲出版社 2004 年 7 月出版）

陈寅恪的治学方法与清代朴学的关系

陈寅恪先生生于清末光绪十六年(1890),成长于民国初期,其时清代朴学仍在学术界占重要地位,陈氏日后治学自然会受到乾嘉学术的影响。

俞大维在谈到陈寅恪的学术素养时说:"他对'十三经'不但大部分能背诵,而且对每字必求正解。因此《皇清经解》及《续皇清经解》,成了他经常看读的书。"①可知他的学术道路仍然有其沿袭清人的地方。陈氏门人,著《陈寅恪先生编年事辑》的蒋天枢也认为其师"沿袭清人治经途径"。② 陈寅恪在清华大学的同事萧公权说"陈君治学一贯承乾嘉朴学之家法"③,萧氏学生汪荣祖也认为陈氏"一贯承袭乾嘉朴学的家法"④,这种判断有其可信之处。生在这一时期的学者,又出身于儒学世家者,都会受到朴学的影响。这在陈寅恪的著述中留下了很多踪迹。

俞大维说:"关于国学方面,他常说:'读书须先识字。'因是他幼年对于《说文》与高邮王氏父子训诂之学,曾用过一番苦功。"⑤陈氏著述中,不少地方讨论到文字问题。他在《从史实论切韵》一文中引《世说

---

① 俞大维《谈陈寅恪先生》,载《谈陈寅恪》,台湾传记文学出版社 1978 年再版。

② 蒋天枢《陈寅恪先生编年事辑》卷中,上海古籍出版社 1981 年版。

③ 转引自许冠三《新史学九十年》上册第八章《陈寅恪:喜聚异同宁繁毋简》,香港中文大学出版社 1989 年第一版第二次印刷。

④ 汪荣祖《史家陈寅恪传》第三章《较乾嘉诸老更上一层》,台湾联经出版事业公司 1997 年 10 月增订二版。

⑤ 俞大维《谈陈寅恪先生》。

新语·豪爽》篇云："王大将军年少时,旧有'田舍'名,语音亦楚。武帝唤时贤共言伎艺事,人皆多有所知,唯王都无所关。"又引《宋书·宗室·长沙景王道怜传》曰："道怜素无才能,言音甚楚,举止施为,多诸鄙拙。"又引《梁书》卷四八《儒林·沈峻传》略云:

> 沈峻,吴兴武康人。家世农夫,至峻好学,与舅太史叔明师事宗人沈麟士门下,积年,昼夜自课。吏部郎陆倕与仆射徐勉书荐峻曰:凡圣贤可讲之书,必以周官立义,则周官一书,实为群经源本。此学不传,多历年世。北人孙详、蒋显亦经听习,而音革楚、夏,故学徒不至。惟助教沈峻,特精此书。

陈寅恪于"楚、夏"二字下加案语曰:

> 《魏书》玖壹《术艺传·江式传》云"音读楚、夏,时有不同",《颜氏家训·音辞篇》云"著述之人,楚、夏各异",皆以"楚""夏"对举,并同此例,其"楚"字,盖据《孟子·滕文公篇》许行章之古典,以楚为夷,即"非正统"之意,与本文所论之"楚言",实不相关涉也。[1]

此例正可用以说明"读书须先识字"的重要。陈氏读书至精,一字都不轻易放过。文中辨析,"楚"字寓有方言、"田舍"、夷三义,后二义与文中所要解决的问题不合,陆法言《切韵序》中叙及之"楚"自当作方言看。

《李德裕贬死年月及归葬传说辨证》一文辨析典籍中党、黨二姓之

---

① 陈寅恪《金明馆丛稿初编》,上海古籍出版社 1980 年 8 月第一版。

混淆，以为黨为汉姓，党为羌姓。宋章定《名贤氏族言行类稿》卷四八中之黨氏应作党氏，此处当为编写《四库全书》之清代文臣误改。这也可作读书须先识字之例。①

陈寅恪在另一论文《顺宗实录与续玄怪录》中引涵芬楼影南宋本《续幽(玄)怪录》壹《辛公平上仙》条中文云：

> 洪州高安县尉辛公平，吉州庐陵县尉成士廉，同居泗州下邳县。于元和末偕赴调集，行次阌乡。(绿衣吏王臻)曰："我乃阴吏之迎驾者，此行乃人世不测者也。幸君能一观！"

陈氏下加案语曰：

> "幸"字初视之，极可通。细审之，则疑是"辛"字之讹。盖所以别于下文之"成公"也。徐乃昌先生《随庵丛书续编》覆刻李书，附有校勘札记，"幸"字未著异读。②

于此可知陈氏读书之仔细。这种改字的方法，从校雠学来说，应属理校一类。陈氏读书写作时每先对引文作一番处理，遇有不通或可疑之处，则常用理校或他校之法加以疏通，例如牛僧孺《玄怪录·张佐》中有云："叟曰：'吾宇文周时居岐，扶风人也。姓申名宗，慕齐神武，因改宗为观，十八，从燕公子谨征梁元帝于荆州。……'"陈氏在这一段文字之旁批曰："'观'应为'欢'，'子谨'应为'于谨'。"③又在诠释白居易

---

①②　陈寅恪《金明馆丛稿二编》，上海古籍出版社 1980 年 10 月第一版。

③　陈寅恪遗作《〈唐人小说〉(汪辟疆校录)批注》，包敬第整理，载《中国古籍研究》第一卷(1996 年 8 月)，上海古籍出版社 1996 年 11 月出版。

《新乐府·新丰折臂翁》时言及开元初捕斩突厥默啜之边将郝灵佺，史传、文集中时而记作灵荃、灵筌、灵俭，陈氏乃云："佺字乃取义于尧时仙人偓佺，与灵字有关，不可别作他字也。"①

《顺宗实录与续玄怪录》中所引之《续玄怪录·辛公平上仙》一文，文字脱漏甚多，陈寅恪一一以理补足，而又有未尽满意处，故于引文前先申明说：

> 李书则其名称异同，著作年代及文句校释诸端，颇多疑滞之义，未易通解。但兹篇所引据之李书一节，为太平广记所未收入者，其字句无从比勘。

可知他在研究工作开始时，总要先对文字作一番校勘，以免根据误文进行论证，陷入错谬的歧途。

蒋天枢论及陈寅恪对中译本佛经之研究时，亦曰："其治理方法，首先着眼于'校勘工作'。《高僧传初集》卷首识曰：'此书若以高丽藏本校之，当有发明。'后来确曾以宋元本、高丽本校过。卷首'各卷目录'，并以释宝唱撰《名僧传》分别引校于书眉及行内，各卷皆然。"②

陈寅恪的治学方法所受清儒的影响，当然不仅限于上述数端，但读书须先识字、研究之始应先对文字作校勘等项，正是清儒坚持的重要原则，于此可见其与清代朴学的渊源。

西学东渐，中国学人的治学方法必然会受西方学术的影响，尽管早期的学者都认为乾嘉学者已经掌握了科学方法，但以其时输入的西

---

① 陈寅恪《元白诗笺证稿》第五章《新乐府》，古典文学出版社 1958 年 4 月第一版。

② 蒋天枢《陈寅恪先生编年事辑》卷中。

方学术,即如严复所介绍的资产阶级新兴学术而言,还是有其差距。一般来说,清儒与西方学者在研究工作中运用的方法,基本上是形式逻辑方面的知识,只是西方学者的著述于此论述得更全面,更系统,更易于掌握,因此民国初年的学者对于名学的学习甚为重视,以为有助于研究工作的开展。

顾颉刚自述接受科学方法的训练时说:

> 后来进了大学,读名学教科书,知道惟有用归纳的方法可以增进新知;又知道科学的基础完全建设于假设上,只要从假设去寻求证据,更从证据去修改假设,日益演进,自可日益近真。①

顾颉刚是胡适的学生,胡适曾提出著名的论点:大胆的假设,小心的求证,可知其对假设的重视。于此亦可窥知其时学人对假设的重要性认识之一般。陈寅恪对假设也极重视,文中常见"作一假说"之类的提示。

他在《论隋末唐初所谓"山东豪杰"》中说:

> 此"山东豪杰"者乃一胡汉杂糅,善战斗,务农业,而有组织之集团,常为当时政治上敌对两方争取之对象。兹略引史料,稍为证明,并设一假说,以推测其成立之由来,或可供研治吾国中古史者之参考欤?②

《武曌与佛教》中说:

---

① 顾颉刚《古史辨》第一册《自序》,朴社 1926 年 9 月再版。
② 《金明馆丛稿初编》。

武曌在中国历史上诚为最奇特之人物……兹篇依据旧史及近出佚籍，参校推证，设一假定之说，或于此国史上奇特人物之认识，亦一助也。①

《崔浩与寇谦之》中说：

崔浩与寇谦之之关系，北朝史中一大公案也。治史者犹有待发之覆，兹就习见之材料，设一假说，以求教于通识君子。②

大家知道，陈寅恪在论证魏晋南北朝的政权向唐代演变时，提出了两个重要概念，一曰关陇集团，一为山东豪杰。"关陇集团"为北周君主团结胡汉贵族而形成之权力中心，也就是陈氏文中常说的贵族阶级。"山东豪杰"则流品较杂，依据陈氏的分析，其中至少可以包括三股力量：（一）窦建德、刘黑闼等；（二）翟让、徐世勣等；（三）青、齐、徐、兖诸豪雄。"综合上引关于山东豪杰之史料，就其性强勇，工骑射，组织坚固，从事农业，及姓氏多有胡族关系，尤其出生地域之分配诸点观之，深疑此集团乃北魏镇戍屯兵营户之后裔也。"③

所谓北魏镇戍屯兵营户，其位于东南方者，亦即保卫北魏政权布防于山东的边镇之兵。前后分布于冀、定、瀛、相、济、青、齐、徐、兖等州，充任兵役者其重要成分为胡人，尤其是敕勒种族。

上述山东豪杰的特点，乃经概括而提炼，这里用的正是归纳法。但清儒归纳诸多材料某一现象的共性时，例证的性质大体上是一致的，陈寅恪在归纳山东豪杰的特点时，所持的标准则非一端，而是从一

---

① 《金明馆丛稿二编》。

②③ 《金明馆丛稿初编》。

善战、二胡姓、三胡种形貌、四务农、五组织力强,几种标准综合起来着眼而得出的结论。这样归纳问题,因为标准多,牵涉广,虽能说明很多社会现象,但其结论也会显得游移不定。因此陈氏提出的两个概念,"关陇集团"之说用的人较多,也就是说已为史学界中相当多的专家所认可;"山东豪杰"之说则不太为人所使用,也就是说史学界中专家尚还不太认同。

这些地方,可以看到时代的影响,正如顾颉刚在自我介绍中所言,这时的学者认识到假设和归纳的重要,因此在研究工作中广泛运用。陈寅恪也具有同样的特点。

陈寅恪在论及魏晋南北朝时期的人物时,云是"研究当时士大夫之言行出处者,必以详知其家世之姻族连系及宗教信仰二事为先决条件",《陶渊明之思想与清谈之关系》一文即由此入手而分析问题。

根据近代学科分类,陶渊明是一名文人,以诗文创作著称,但因彼时文人注重思辨,陶渊明在诗文中也时常触及当时思想领域中的一些问题,故陈氏借此论证陶渊明在思想史上的地位。

他得出的结论是:"渊明之为人实外儒而内道,舍释迦而宗天师者也。推其造诣所极,殆与千年后之道教采取禅宗学说以改进其教义者,颇有近似之处。然则就其旧义革新,'孤明先发'而论,实为吾国中古时代之大思想家,岂仅文学品节居古今之第一流,为世所共知者而已哉!"①这样高的评价,不但在此之前没有看到过,之后也没有看到过。大家都把陶渊明称为大文学家,似乎还没有什么人跟着称之为大思想家的。

陈寅恪称陶渊明为魏晋南北朝时期的大思想家,实际上也是一种假设。随后他就提出了一系列的例证,然后进行归纳,证成这一假设。

①　《金明馆丛稿初编》。

陈寅恪对陶渊明的评价，主要是由分析《形影神》这一组诗得出的。《形赠影》诗否定旧自然说，《影答形》诗为主张名教者之言，质言之，"形"代表旧自然说，"影"代表名教说，"神"则代表新自然说。这是陶渊明发明的新说，"两破旧义，独申创解"，"结束二百年学术思想之主流，政治社会之变局"，所以陈氏据此称之为"中古时代之大思想家"。

陶渊明在组诗中的意见，最重要的话，在于《神释》诗中"甚念伤吾生，正宜委运去。纵浪大化中，不喜亦不惧"几句。后人是否可以根据这几句话就称陶氏为大思想家，也就见地不一，有的注释就把这几句话看得很平常。

陈氏论文还经常提到要注意研究对象的"家世遗传"与"地域熏习"（或称"环境熏习"）。陶渊明之所以能提出新自然说，即与其"家世遗传"与"地域熏习"有关。

考陶渊明之"家世遗传"，云自曾祖陶侃之前就已是天师道教徒，故陶氏本为天师道世家。但《晋书·陶侃传》上无此记载，也可以说任何典籍上都没有提到这一点，那么陈氏又是怎样提出这一看法的呢？

陈寅恪所提出的唯一证据，是《世说新语·容止》篇上记载温峤称陶侃为"溪狗"，但这是中原士大夫在轻诋吴人呢？还是陶侃确是谿族而有此称？陈氏自己也不能遽加肯定，他还要寻找其他旁证。

陈寅恪在《魏书司马睿传江东民族条释证及推论》中叙及谿族时就以陶侃为例，说明"地域熏习"的问题。

《晋书》上说陶侃"本鄱阳人也。吴平，徙家庐江之寻阳"。这一地区有谿族杂处。《世说新语·贤媛》篇上又说陶侃少时任鱼梁吏，刘孝标注引《幽明录》又说侃曾在寻阳取鱼，凡此均可说明陶侃本出身低微，这就更增加了陶氏本为谿族的可能。

陈寅恪又引陶渊明的《桃花源记》，内有"武陵人，捕渔为业，缘溪行"等语，遂与前面的论证联系起来，以为《桃花源记》虽有寓意，然亦写实,此文正说明了谿人以渔为业。陶家既为谿人,又以渔为业,而谿人又多天师道教徒,这不就证明陶渊明出身于天师道世家了么?

由于陶渊明为天师道世家之后,故持自然说,而他于此又别具胜解,故能提出新自然说,与慧远分庭抗礼,不受庐山佛教团体的影响。可见陶渊明在思想上确是卓有树立,故陈氏称之为中古大思想家。

陈寅恪的论述,看起来体系完整,有根有据,逻辑颇为谨严。但若细加推究,则不难发现,文章虽然援据繁富,但提出的每一个证据都非铁证。如云陶侃被人诋为"溪狗",有可能本为谿人;陶侃居于庐江,其地有谿人杂处,因此陶侃有可能是谿人;孙恩的天师道军队中有谿人,因此谿人有可能信天师道;陶渊明《桃花源记》中讲的"武陵人,捕鱼为业",有可能在说谿人业渔。但这又可以反过来说,陶侃"溪狗"之说只是北方士大夫对南人的轻诋之词;庐江之地也有汉人杂处;孙恩队伍中有谿人,也有其他族人;《桃花源记》中的记载只是假说之词,并无深意。这样看来,陈寅恪所提供的例证,只是一个个"可能",由一种"可能"推到另一种"可能",众多"可能"加起来,也不能认为"必然"。

再从文章的逻辑程序来看,这里提出的一个个例证,看似围绕一个中心议题,但内容并不一致,因此并不符合归纳的要求。这里的论证方式,实际上是层层推论,由一个推论进入第二个推论,再过渡到第三个推论,直到导致假设中提的论点为止。因此,这种论证方式也可构成如下顺序:孙恩为天师道信徒,因此其军队为天师道成员的组合;他的军队为天师道部队,其中有谿人,因此谿人为天师道徒众。谿人居于庐江,庐江人每捕鱼为业,陶侃也是庐江人,也以渔为业,故应为谿人。何况他还曾被人骂为"溪狗",尽管这种骂人的话还不能截然当真,但若加上前面的层层推论,陶侃之为谿人,应是大有可能的了。

然如上所言,陈寅恪在推论时所举的一些例证只是提供了各种可能,其结论不一定可信。陶渊明为大思想家的新说,也就有人相信,有人不信,或许不信的人还多于相信此说者。

但陈寅恪在这一问题上还另有申发。他曾撰《桃花源记旁证》一文,对陶渊明的这一名文"别拟新解"。① 陈氏以为魏晋南北朝时人们为避免战乱,每屯聚坞壁据险自守,时人于此亦多有记载。东晋末年戴延之从刘裕入关灭姚秦,就其见闻撰《西征记》二卷,最堪注意。戴书虽失传,然《水经注》等书中常引及其文,中多有关坞壁的记载。而《陶渊明集》中有《赠羊长史诗》,其序云:"左军羊长史,衔使秦川,作此与之。"说明陶渊明与征西将佐本有交往,"疑其间接或直接得知戴延之等从刘裕入关途中之所闻见。《桃花源记》之作即取材于此也"。这里使用的论证方法,与前所述及者一致,据此例证而言,也只是提供了一种"可能",其中并无"必然"的联系。

再以《赠羊长史诗》而言,这里提供的只是一个孤证,"衔使秦川"四字与戴延之"西征",只是一种偶合,羊长史不一定会像戴延之那样关心路上的景象。陈寅恪这里作此假设,依据的一些资料,有可能助成其新说,而不是必然如此。陈氏只是通过丰富的联想将材料贯穿,比附而成一种新说。

这里还可注意的是:陈寅恪在论证时经常仅凭孤证作推论,建立新说。他在《魏书司马睿传江东民族条释证及推论》中论证陶侃为谿族时,亦用此法。《后汉书》卷一一六《南蛮传》言长沙武陵蛮为槃瓠之后,同书同卷章怀注引干宝《晋纪》,云:"武陵、长沙、庐江郡夷,槃瓠之后也。杂处五溪之内。"而《晋书》卷六六《陶侃传》上说:"陶侃,本鄱阳人也。吴平,徙家庐江之寻阳。"陈氏乃云:

> 或谓士行自鄱阳徙居庐江之寻阳,则其种族当与干宝所言无

---

① 《金明馆丛稿初编》。

关。然晋书士行传载其徙居在吴平之后,据晋书玖柒匈奴传郭钦疏请徙北方戎狄,以为"宜及平吴之威,谋臣猛将之略"。则晋之平吴,必有迁徙吴境内少数民族之举。郭氏遂欲仿效已行于南方之政策,更施之于北方耳。由此言之,士行之家,当是鄱阳郡内之少数民族。晋灭吴后,始被徙于庐江。令升所记,乃指吴平后溪族分处之实况。晋书陶侃传特标"吴平"二字,殊非偶然。读史者不必以士行之家本出鄱阳,而谓其必非溪族也。

陈寅恪这里提出的例证,是《晋书·匈奴传》中郭钦提出的一项建议,以为应该利用"平吴之威",迁徙北方的一些少数民族,陈氏因而联想到前时吴国境内也会有迁徙南方少数民族的举措。陶侃适于此时由鄱阳迁庐江,而庐江境内有溪族杂处,故陶侃必为其时迁徙少数民族政策下迁来的溪族。这种推论,中间也只存在或然的可能,因为史书中并无晋人强行迁徙南方少数民族的记载,陶侃很有可能只是出于个人的某种原因而迁居,陈氏这里所作的推论并无"必有"此事的关联。

近人研究陈寅恪的学术思想时,每将他与陈垣等人并论,以为既继承了乾嘉学派的传统,又吸收了西方学术的新说,故能有此成就。这种说法当然可以成立。但也应看到,陈寅恪的研究方法与其同辈中人有很大的不同。

梁启超在论述清代学术时,曾对乾嘉朴学的特点作过一些总结,如云学者"最喜罗列事项之同类者,为比较的研究,而求得其公则";恪守"孤证不为定说"等学术规范。① 这些原则,清末民初的学者大都遵守,但陈寅恪的情况则有差别。

----

① 《清代学术概论》十三,《中国近代思想文化史料丛书》本,复旦大学出版社 1985 年 9 月第一版。

陈垣撰文,内容有很新的,如论宗教等,但其方法,则每用归纳,特别是在一些有关文献学的著作中更是如此。陈寅恪则常用推论,且时而根据孤证作推论。因此,陈寅恪所提供的有些结论,学界往往不敢贸然接受。

　　但陈寅恪学问博大,"综贯会通"的结果,常能提出一些让人感到意想不到的新见。例如魏晋南北朝时有一种奇怪的现象,一些世家大族不避家讳,例如琅玡王氏中的王羲之、王献之等人父子名字中同用一字,这种现象如何解释? 陈寅恪从《魏书》与《北史》记"寇谦之"之名字有异这一现象中得到启发,以为《北史》中只记作"寇谦","之"字并非脱漏,此字实为道教徒的一种标志,故可省略;然若同用一字,家族之中亦不以为嫌犯。这是一个重要的发现。① 读者依此阅读,可以发现情况确实普遍如此,故可借此认知哪些家族信从道教。

　　这种父子同名的现象,有人也已注意到,陈垣《史讳举例》第五十三中有《南北朝父子不嫌同名例》,发表在《燕京学报》第四期上,时在一九二八年。② 但陈垣只是提出了许多例证,何以如此,则没有作出解释,因此只能说是罗列了一些现象而不能作出科学的结论。只是陈垣还提出了王僧达之后叔侄都以"僧"为名,又引《廿二史考异》,言魏宗室多同名。然则从一个时代而言,父子同名还不能仅用道教问题来解释。因此,魏晋南北朝时期父子同用"之"字命名还只能说是个案,这种现象还有可能经过深入考察而作出新的解释。

　　众所周知,陈寅恪早年长期在德国、瑞士、法国与美国等地学习,初意在为研究东方学作准备。十九世纪后期,历史语言学派风行欧

---

　　①　陈寅恪《崔浩与寇谦之》,载《金明馆丛稿初编》。

　　②　此文后收入陈垣《史讳举例》,为卷五《避讳学应注意之事项》第五十三,科学出版社 1958 年 1 月第一版。

美,所以陈氏学习多种语言,接受这一学派的训练。历史语言学派的学者从种种不同语言的词汇中发现问题,通过词义的不同译述,语音的对应规律,说明不同语言系统中人的文化交流与相互影响。陈寅恪在《魏志司马芝传跋》中就使用了这种论证方法,《传》中记云:

> 特进曹洪乳母当,与临汾公主侍者共事无涧神,系狱。

陈氏云:

> "无涧神"疑本作"无间神",无间神即地狱神,"无间"乃梵文Avici之意译,音译则为"阿鼻",当时意译亦作"泰山"。裴谓无涧乃洛阳东北之山名。此山当是因天竺宗教而得名,如后来香山等之比。泰山之名汉魏六朝内典外书所习见。无涧即无间一词,则佛藏之外,其载于史乘者,惟此传有之,以其罕见之故,裴世期乃特加注释,即使不误,恐亦未能得其最初之义也。
>
> 据此可知释迦之教颇流行于曹魏宫掖妇女间,至当时制书所指淫祀,虽今无以确定其范围,而子华既以佛教之无间神当之,则佛教在当时民间流行之程度,亦可推见矣。①

《魏志司马芝传跋》一文文字简短,只谈了无间神的问题,其目的是在说明中国文化受印度的影响,佛教在汉末已传播朝野,《魏志》中的记载可以说明曹魏宫廷之中也已受到影响。

与此类同,日本学者藤田丰八撰《甚么是"不得祠"?》一文,以为《史记·秦始皇本纪》三十三年中说的"禁不得祠",实亦记载印度佛教

---

① 《金明馆丛稿二编》。

传播中国之事,他说:

> 汉时佛教传入中国,其始译 Buddha 为"浮屠"。嗣因忌"屠"字,而称为"浮图",后"佛徒""佛陀"之译字亦出现,后世中国学者,因习于此等名称,对于"不得"系 Buddha 的对音,自然想不到。然若如吾人之解释,"不得祠"系"浮屠"之异译,则《史记·秦始皇本纪》谓三十三年曾禁止之,颇饶意味。此后,中国文献久绝其教之迹者,固其所矣。

由此可见,其时东方学者阐述中印文化交流时,常是采用历史语言学派的研究方法,从语音的对应中发现问题,寻找二者之间联系的脉络。从中可见,他们提出的证据,往往是孤证,使用的方法,往往是推论。陈寅恪之常以孤证通过推论而提出一些出人意表的新见,即与早期所接受的东方学的训练有关。

这种论证方式与清儒的论证方式不同。因据孤证立论,故其可信程度颇难断言。佛教于汉末已遍播朝野,或许情况就是如此,要说秦代之时佛教已遍播朝野,则似乎难以信从。

陈寅恪在《刘复愚遗文中年月及其不祀祖问题》一文中叙及桑原骘藏《蒲寿庚事迹考》及藤田丰八《南汉刘氏祖先考》,可见其对日本东方学者研究著作之重视。值得注意的是,陈寅恪与藤田丰八都对刘姓的家世饶有兴趣,因为他们都认为可以通过刘氏一些不同于汉人的文化观念阐述唐代的文化交流问题。

陈氏引用了杜甫在潭州所作之《清明》二首之一,云:

> 朝来新火起新烟,湖色春光净客船。绣羽衔花他自得,红颜骑竹我无缘。胡童结束还难有,楚女腰肢亦可怜。不见定王城旧

处,长怀贾傅井依然。(下略)

这里引用的杜诗,据涵芬楼景宋《分门集注杜工部诗集》本,陈氏下加案语曰:

  "胡童"二字所见诸善本皆不著异读,(仅近日坊贾翻刊杜诗钱注本作"夷童",盖钱注本原避清代疑忌,故以"胡"字作空阙,翻刊钱本者遂臆补"夷"字,非别有依据也。)自无舛误,亦必非"湖童"之讹脱,盖"湖童"一名殊为不辞故也。据此,"胡童"之"胡"必作"胡人"之"胡"解无疑,不论杜公在潭州所见之胡童为真胡种,抑仅是汉儿之乔妆,以点缀节物嬉娱者,要皆足证成潭州当日必有胡族杂居。若不然者,则其地居民未尝习见胡童之形貌,何能仿效其妆束,以为游戏乎?故依杜公此诗,潭州当日之有胡商侨寓,可以决言,然则复愚之自称长沙刘蜕,即其寄居潭州之证,又岂无故耶?①

这里使用的方法,如读书须先识字,识字得讲求版本,引用材料要经过校雠,常使用理校法等,均可见其读书的特点,这是与清儒治学相合的地方。他撰此文的目的则在证明杜甫时潭州有胡人居住,故可推论刘蜕之自称长沙刘蜕亦系胡人寄寓。刘蜕不祀祖,由此可推知其为伊斯兰教徒。

  陈寅恪在《三国志曹冲华佗传与佛教故事》一文中考华佗之事迹,先引杭大宗世骏《三国志补注》肆引叶梦得《玉涧杂书》中文,疑其医术之神异,陈寅恪则以为有关华佗的一些异闻佛经中多见记载,因此华

———————————

  ① 《金明馆丛稿初编》。

佗故事也是中印文化交流的产物。即如华佗一名,也与印度语言有关,陈氏文曰:

> 夫华佗之为历史上真实人物,自不容不信。然断肠破腹,数日即差,揆以学术进化之史迹,当时恐难臻此。其有神话色彩,似无可疑。检天竺语"agada"乃药之义。旧译为"阿迦陀"或"阿羯陀",为内典中所习见之语。"华"字古音,据瑞典人高本汉字典为r_a^∞,日本汉音亦读"华"为"か"。则"华佗"二字古音与"gada"适相应,其省去"阿"字者,犹"阿罗汉"仅称"罗汉"之比。盖元化固华氏子,其本名为旉而非佗,当时民间比附印度神话故事,因称为"华佗",实以"药神"目之,此魏志后汉书所记元化之字,所以与其一名之旉相应合之故也。①

不但此也,即如著名的竹林七贤故事,"七贤所游之'竹林',则为假托佛教名词,即'Velu'或'Veluvana'之译语,乃释迦牟尼说法处,历代所译经典皆有记载,而法显(见佛国记)玄奘(见西域记玖)所亲历之地。此因名词之沿袭,而推知事实之依托,亦审查史料真伪之一例也"。凡此均可说明,研究陈寅恪的研究方法不能不注意其东方学的背景,这是他与清代考证学派截然有异的地方,也是他与同时的一些学者具有不同面貌的地方。

总的看来,陈寅恪的研究方法,不能纯用承袭乾嘉学术作解释。他喜作假设,每用孤证,从一种提供可能性的例证推导出结论。有时会用一连串的推论,辗转互证,以期得出新的结论。尽管这样的结论有时不能让人接受,因为"可能"相加不能成为"必然",但读他的文章,

---

① 陈寅恪《寒柳堂集》,上海古籍出版社1980年6月第一版。

总觉得浮想联翩,特富文学意味。且因陈氏对其材料的语言环境有具体而深入的了解,对有关的各种社会现象之间的联系有全面而透彻的观照,又兼天资颖悟,时而发言微中,其成果卓然有异于人,有非他人之所能及者。而他在论证过程中,又常是渗透个人的身世之感;评价研究对象时,纯依个人的感受作出判断,这些更增加了文章特有的文学意味。

我在前面说到陈寅恪的文章具有个性。读这样的文章,常能获得特有的兴味。他的行文特点,我想用"史家的眼光,文学的意味"来作说明。

(原载南京大学古典文献研究所编《古典文献研究》总第七辑,凤凰出版社 2004 年 7 月出版)

重视中国古典文学特点的研究

我是《文学遗产》的老读者，担任编委也已多年，然而没有出过多少力，心中常感不安。但我仍为期刊越办越有特色而感到高兴。近几年来，《文学遗产》又组织了论坛这一以文会友的新形式，分由各地高校承办，就古典文学界普遍关注的若干问题进行讨论。从上四届论坛的情况看，业已取得不少成绩，预见这种组织形式还将继续下去，并将取得更大的成绩。中国地域辽阔，自然风光各异，从古典文学而言，各地区的文人所呈现的风貌也常有其特异之处。这次《文学遗产》论坛由四川省的西华师范大学承办，该校和其他协办单位都位于川北地区。自古以来，四川盆地以其特殊的地理条件，形成了极富特色的地域文化。三星堆出土的青铜器中，那种诡奇壮丽的气象，其他地方很难见到。"蚕丛及鱼凫，开国何茫然"，遥远的传说，总是勾起这一地区民众的无穷遐想。从《汉书·地理志》到《太平寰宇记》，都记载有这一地区聚居的众多少数民族，诸如獽人、獠人、賨人、羌人等，由于居民成分复杂，彼此相互影响，因此从大处来看，巴蜀地区北部的民情风俗更有其特异的地方。宗教信仰也纷糅殊甚。汉末张道陵创道教于此，当与这一环境有关。李白五岁时由西域迁至绵州昌隆县，二十四岁前一直居住此地，且到处游赏。他的成长，他的特殊风貌，自然与这一地区的人文环境与地域文化有关。杜甫晚年寄居蜀地，辗转于各州县。川北崇山峻岭，河道纵横，山明水秀，历史遗存众多，在在激发杜甫的诗思，从而留下了许多诗篇。研究唐诗的人，如不亲自到这一地区去观赏，那么对于李、杜这两位诗人的经历与成就，怕会有所隔膜。

我在 2000 年第 1 期的《文学遗产》上发表过一篇文章《文学"一代有一代之所胜"说的重要历史意义》，介绍先师胡小石首先在文学史的讲授中引用扬州学派中人焦循提出的这一著名观点。所谓"唐诗、宋词、元曲"，确是我国文学史上最光辉的篇章，但学者从事研究时，还得注意每一位研究对象的独特面貌，不能把李白说成和杜甫差不多，把杜甫说成和李白差不多，尽挑二人作品中的一些所谓人民性之作，不再关注二人所特具的奇光异彩。试观巴蜀地区对于两位大诗人的深远影响，就可知道二人之风貌有异，实与他们的经历与文化传承有关。

　　为了准备这次论坛的召开，《文学遗产》编辑部还草拟了一份征稿启事，要求大家审视近一二年来学科研究的新特点、新问题以及未来几年的发展趋势，并提示近年来古典文学界已呈现出若干值得注意的问题，例如研究方法、评价尺度日益发生深刻的变化，传统文体学的研究得到了越来越多的重视……这些现象，在高等院校的博士生选题时也有明显的表现。我觉得，这种变化内涵深刻，值得重视。

　　百年以来，西学东渐，学校注重分科教学，中国古典文学也成了独立的一门学科，比起过去的文学观念来，确是清晰了不少。国人引进了许多西方的理论，透视中国古典文学，确是推动了这一领域的研究，也为建设中国文学史这一新学科作出了很大贡献。试观清末至民国时期的一些文学史著作，在论及正题之前总要花上很多笔墨，引进很多西方的理论，探讨文学的定义。他们的这番努力，自属可贵，但在这一过程中，却也产生了另一方面的问题。由于中国的积弱，人们往往缺乏自信，所谓"月亮也是美国的圆"，一切都是西方的好，本国的"月亮"也就不受重视，中国古典文学本身的一些特点，也就遭到了忽视。

　　新中国成立之后，这种崇拜西方的心态，有所改变，但在文学研究领域，可还没有得到有力的纠正，有些地方可以说是更为严重。过去学者的接受西学,往往是自发行为,但在新中国成立之初学习苏联的大潮中,苏式理论以政府行为强行贯彻,古典文学教学和科学研究也必须"一边倒"。其时教育部在北京大学办了一个学习班,聘请苏联专家毕达可夫讲授文艺学,培养出来的年青教师,回校后替换了原来讲授该课的老教师,于是苏联的文艺理论也就一统天下,成了人人必须遵循的正宗理论。毕氏原为苏联乌克兰大学的一名副教授,学术水平并不高,而他受业的莫斯科大学主讲文艺学的季摩菲耶夫教授,才是这一领域的权威,此时也已有人把他的一本教材《文学原理》翻译了过来。这是当时中国高等学校讲授文艺学的一部重要参考书。凡在上一世纪五十年代学习或从事研究的人,无不深受其影响。

苏联文艺学也是一种西学,因此这一时期的西学东渐,来势更猛,力度更大。真正做到了一代有一代之文学。

阅读季摩菲耶夫的《文学原理》,可知他的理论,总结的是欧洲十九世纪文学创作的经验,因为是苏联人在讲课,所举的例子多是普希金、托尔斯泰、契诃夫等人的作品。征引的理论,除了马、恩、列、斯之外,还大量引用俄罗斯别林斯基、车尔尼雪夫斯基、杜布罗留勃夫等人的理论。苏式理论中自然会贯彻阶级观点,因此也常引用高尔基等人的作品为例证。这种理论跟其时教师、学生的原有知识结构差距甚大,但大家认为这是文艺学中的唯一的科学知识,因此无不努力学习。

《文学原理》译者明言,季摩菲耶夫是着重地从亚里士多德《诗学》中摄取了精华而建立其文学理论的。由是可知,苏式理论与西方原来的理论差别不大,只是加入了阶级论,最后将社会主义现实主义的创作方法推为极致就是了。从这一角度看来,西学东渐的内容有其一致之处,他们都以古希腊为始源的文艺观念来冲击中国原有的文学观念。

季摩菲耶夫讲文学的类时介绍了抒情诗、史诗与戏剧,这也就是西方学术界奉为正宗的诗歌、小说、戏剧三种文学样式,而这与国人原有的文学观念有很大的不同。我国向来诗文并称,向来把散文视作正宗,向来把散文大家视作大手笔,但在西方文艺理论中,却是找不到应有的位置。民国时期的有些文学史已经把散文排斥在外,最具民族特色的"赋"体,更是遭到了"四不像"的嘲讽。

自上世纪五十年代后期起,社会主义阵营发生分裂,中国为了摆脱苏联的影响,要求以毛泽东思想为纲,建立自己的文艺理论,取代苏式文艺学。江苏省委文教部长俞铭璜首先在南京大学讲授毛泽东文艺思想,编成了《毛泽东文艺思想纲要》这一教材,其后他奉调出任中共华东局宣传部副部长,仍然抓这一工作,调集华东地区几所大学的文艺学教师继续编写,最后由叶以群接手,审订后以《文学的基本原理》为名公开出版。这书以毛泽东《在延安文艺座谈会上的讲话》为纲,可在论及文学的特点时,仍然不脱前此理论的范畴,大谈"形象"等等,而这是西方学界总结十九世纪小说、戏剧的创作经验而提出来的。

新中国成立之后的古典文学研究者,面对的是中国数千年来的文学遗产,但所奉持的指导思想,却是针对现代文艺问题而发的若干政治原则和西方有关十九世纪文学的研究成果。为了将二者磨合,中国古典文学研究者真是煞费苦心。那时人们普遍感到困惑,像孟浩然的五绝《春晓》:"春眠不觉晓,处处闻啼鸟,夜来风雨声,花落知多少?"这诗到底对待人民的态度如何,在历史上有何进步意义?很费思量。又如贾谊的《过秦论》、陆机的《辨亡论》等文,里面到底有什么形象?研究者也是搜索枯肠,还是得不出可信的结论。

我总觉得,一个国家民族自信心的高下,与本国国力的强弱有关。随着中国经济高速发展,国力不断增强,国人的民族自信心也大为提升。大家不再一味地去指责古人,而是更为珍视本国的民族文化传统。在这种时代背景下,我们古典文学研究者也更为重视中国古典文学特点的研究了。传统文体学的普遍受到注意,即是明证。人们评价散文时,也不再横挑鼻子竖挑眼,再用什么"形象"等等去要求了。思想上的条条框框少了,研究对象的本来面目呈现,这样的研究工作才能取得更大的成绩。

(原载《文学遗产》2006 年第 2 期)

探索与困惑

——研究宗教与六朝文学的一点思考

每一个时代的知识分子面貌都不太相同。

六朝时期的知识分子喜好思辨。因为自后汉末期起，政治混乱，军阀争战不歇，一些世家大族遭到严重打击，儒家礼教约束人心的力量大为削弱，老庄思想逐渐扩大影响，玄学应运而生，在知识阶层中迅速传播。佛教在东汉时期传入中国。人们在生死线上挣扎，精神上寻求寄托，因而佛学在六朝时期也迅速扩展。与此一致，佛教与道教在一些著名的家族中都产生过巨大影响。

六朝时期留下了很多玄学与佛学的论著，文人在诗文中也经常援用玄学或佛教的理论表达个人的观点，只是诗文毕竟与学术论文性质不同，因此后人依据这些诗文探究作者思想时，常是感到有些模糊之处，难以解释清楚。

我在二十世纪六十年代初期讲授陆机《文赋》时，发现此赋受到"言不尽意论"的影响，因为《赋序》中首先就说"恒患意不称物，文不逮意"，其后还再三强调"若夫随手之变，良难以辞逮"；"若夫丰约之裁，俯仰之形，因宜适变，曲有微情。……譬犹舞者赴节以投袂，歌者应弦而遣声。是盖轮扁所不得言，亦非华说之所能精"；"患挈瓶之屡空，病昌言之难属。故踸踔于短韵，放庸音以足曲。恒遗恨以终篇，岂怀盈而自足"。这不是在明白表示"言不尽意"的感受？大家知道，"言不尽意"是当时玄学中的三大论题之一，陆机受此影响，应当在他由吴入洛之后。因为他在江东家居之时无缘接受玄学。江东学术比较保守，

《易》主今文学说,陆机的族祖陆绩又是《易》学专家,根据世家大族恪守家学传统的通例,陆机不可能在年轻时写作此赋。

但我始终对陆机的另一段话无法确解。他说"故作《文赋》,以述先士之盛藻,因论作文之利害所由,他日殆可谓曲尽其妙",则又似乎寓有"言尽意"的意思在内了。为什么会这样前后矛盾?我想只能用陆机本不是一位突出的玄学家来作解释。因他并不以此见长,故在阐述理论时体系上就有不完整处。当然,文学作品中的文字每婉转多姿,这也会导致后人歧解,《文赋》中的这几句话后人就争议颇多。

这种情况给六朝文学的研究带来很多困难。我们应该透过作品研究作家的思想,但诗文不像学术论文那样体系完整,作家也可能不像理论家那样考虑得周到,因此后人对作家的看法常会发生分歧,结论每不相同。

大家一定对陈寅恪有关六朝时期的论文很熟悉,因为他曾提出过许多新见,发生过很大影响。我在重读这些论文的过程中,又产生了很多困惑。

我总觉得,在当代研究魏晋南北朝的文史专家中,陈寅恪的论文与众不同,有他个人的特点。这特点是什么?可又不易讲清。

八十年代,我为研究生开了一门近代学者治学方法研究的新课。讲到陈寅恪时,我就选了一篇《陶渊明之思想与清谈之关系》,进行分析。因为我觉得,此文反映了陈氏治学的很多个人特点。

陈寅恪在文章中提出,"研究当时士大夫之言行出处者,必以详知其家世之姻族连系及宗教信仰二事为先决条件",而且认为这是治史之常识,可见这种认识的重要。

陈氏有关魏晋南北朝时期的论文,如《天师道与滨海地域之关系》等文;唐代的论文,如《记唐代之李武韦杨婚姻集团》等文,阐述姻族连系与宗教信仰问题尤为充分。

《陶渊明之思想与清谈之关系》一文,则从哲学与宗教的角度深入阐发。

根据近代学科分类,陶渊明是一名文人,以诗文创作著称,但因彼时文人注重思辨,陶渊明在诗文中也时常触及当时思想领域中的一些问题,故陈氏借此论证陶渊明在思想史上的地位。

他得出的结论是:"渊明之为人实外儒而内道,舍释迦而宗天师者也。推其造诣所极,殆与千年后之道教采取禅宗学说以改进其教义者,颇有近似之处。然则就其旧义革新、'孤明先发'而论,实为吾国中古时代之大思想家,岂仅文学品节居古今之第一流,为世所共知者而已哉!"这样高的评价,不但在此之前没有看到过,之后也没有看到过。大家都把陶渊明称为大文学家,似乎还没有什么人跟着称之为大思想家的。

陈寅恪对陶渊明的评价,主要是由分析《形影神》这一组诗得出的。《形赠影》诗反对旧自然说,《影答形》诗为主张名教者之言,质言之,形代表旧自然说,影代表名教说,神则代表新自然说。这是陶渊明发明的新说,"两破旧义,独申创解","结束二百年学术思想之主流,政治社会之变局",所以陈氏据此称之为"中古时代之大思想家"。

陶渊明在组诗中的意见,最重要的话,在于《神释》诗中"甚念伤吾生,正宜委运去。纵浪大化中,不喜亦不惧"几句。后人是否可以根据这几句话就称陶氏为大思想家,也就见地不一,有的注释就把这几句话看得很平常。

陈氏论文还经常提到要注意研究对象的"家世遗传"与"地域熏习(或称环境熏习)"。陶渊明之所以能提出新自然说,即与其"家世遗传"与"地域熏习"有关。

考陶渊明之"家世遗传",云自曾祖陶侃之前就已是天师道教徒,故陶氏本为天师道世家。只是《晋书》与《南史》的《陶侃传》上都无记载，也可以说任何典籍上都没有提到这一点，那么陈氏又是怎样提出这一看法的呢？

陈寅恪所提出的唯一证据，是《世说新语·容止》篇上记载庾亮称陶侃为"溪狗"，但这是中原士大夫在轻诋吴人呢，还是陶侃确是谿族而有此称？陈氏自己也不能遽加肯定，他还要寻找其他旁证。

陈寅恪在《魏书司马睿传江东民族条释证及推论》中叙及谿族时就以陶侃为例，说明"地域熏习"的问题。

《晋书》上说陶侃"本鄱阳人也。吴平，徙家庐江之寻阳"。这一地区则有谿族杂处。《世说新语·贤媛》篇上又说陶侃少时曾作鱼梁吏，刘孝标注引《幽明录》又说侃曾在寻阳取鱼，凡此均可说明陶侃本出身低微，这就更增加了陶氏为谿族的可能。

陈寅恪又引陶渊明的《桃花源记》，内有"武陵人，捕渔为业，缘溪行"等语，遂与前面的论证联系起来，以为《桃花源记》虽有寓意，然亦写实，此文正说明了谿人以渔为业。陶家既为谿人，又以渔为业，而谿人又多天师道教徒，这不就证明陶渊明出身于天师道世家了么？

由于陶渊明为天师道世家之后，故持自然说，而他于此又别具胜解，故能提出新自然说，与慧远分庭抗礼，不受庐山佛教团体的影响。可见陶渊明在思想上确是卓有树立，故陈氏称之为中古大思想家。

陈寅恪的论述，看起来体系完整，有根有据，逻辑颇为谨严。但细加推究，则不难发现，文章虽然援据繁富，但提出的每一个证据都非铁证。如云陶侃被人诋为谿狗，有可能本为谿人；陶侃居于庐江，其地有谿人杂处，因此陶侃有可能是谿人；孙恩的天师道军队中有谿人，因此谿人有可能信天师道；陶渊明《桃花源记》中讲的"武陵人，捕渔为业"，有可能在说谿人业渔；但这又可以反过来说，陶侃溪狗之说只是北方士大夫对南人的轻诋之词；庐江之地也有汉人杂处；孙恩队伍中有谿人，也有其他族人；《桃花源记》中的记载只是假说之词，并无深意。这样看来，陈寅恪所提供的例证，只是一个个"可能"，由一种"可能"推到另一种"可能"，众多"可能"加起来，也不能认为"必然"。

但陈寅恪在这一问题上还另有申发。他曾撰《桃花源记旁证》一文，对陶渊明的这一名文"别拟新解"。陈氏以为魏晋南北朝时人们为避免战乱，每屯聚堡坞据险自守，时人于此亦多有记载。东晋末年戴延之从刘裕入关灭姚秦，就其见闻撰《西征记》二卷，最堪注意。戴书虽失传，然《水经注》等书中常引及其佚文，中多有关堡坞的记载。而《陶渊明集》中有《赠羊长史诗》，其序云："左军羊长史，衔使秦川，作此与之。"说明陶渊明与征西将佐本有交往，"疑其间接或直接得知戴延之等从刘裕入关途中之所闻见。《桃花源记》之作即取材于此也。"这里使用的论证方法，与前所述及者一致，据此例证而言，也只是提供了一种"可能"，其中并无"必然"的联系。

再以《赠羊长史诗》而言，这里提供的只是一种孤证，"衔使秦川"四字与戴延之"西征"，只是一种巧合，羊长史不一定会像戴延之那样关心路上的景象。陈寅恪这里作此假设，依据的一些资料，有可能助成其新说，而不是必然如此。陈氏只是通过丰富的联想将材料贯穿，比附而成一种新说。

近人研究陈寅恪的学术思想时，每将他与陈垣等人并列，以为既继承了乾嘉学派的传统，又吸收了西洋学术的新说，故能有此成就。这种说法当然可以成立，但也应看到，陈寅恪的研究方法与其同辈中人有很大的不同。

梁启超在论述清代学术时，曾对乾嘉朴学的特点作过一些总结，如云学者主要使用归纳法，恪守孤证不能成立等学术规范。这些原则，清末民初的学者大都恪守，但陈寅恪的情况则有差别。

陈垣撰文，内容有很新的，如论宗教等，但其方法，则每用归纳，特别是在一些有关文献学的著作中更是如此。如上所言，陈寅恪则常用推论，且时而根据孤证作推论。因此，陈寅恪所提供的结论，学界往往不敢贸然接受。

但陈寅恪学问博大，"综贯会通"的结果，常能提出一些让人感到意想不到的新说。例如魏晋南北朝时有一种奇怪的现象，一些世家大族不避家讳，例如琅琊王氏中的王羲之、王献之等人父子名字中同用一字，这种现象如何解释？陈寅恪从《魏书》与《北史》记"寇谦之"事名字有异这一现象中得到启发，以为《北史》中只记作"冠谦"，"之"字并非脱漏，此字实为道教徒的一种标志，故可省略，家族之中亦不以为嫌犯。这是一个重要的发现。读者依此阅读，可以发现情况确实普遍如此，也可借此认知哪些家族信从道教。

这种父子同名的现象，同时也有人已注意到，陈垣《史讳举例》第五十三中有《南北朝父子不嫌同名例》，发表在《燕京学报》第四期上，时在一九二八年。但陈垣只是提出了许多例证，何以如此，则没有作出解释，因此只能说是罗列了一些现象而不能作出科学的结论。但陈垣还提出了王僧达之后叔侄都以"僧"为名，又引《廿二史考异》，言魏宗室多同名，然则从一个时代而言，父子同名还不能仅用宗教问题来解释。因此，魏晋南北朝时期父子同用"之"字命名还只能说是个案，这种现象还有可能经过深入考察而作出新的解释。

总的看来，陈寅恪的研究方法，不能纯用乾嘉学术作解释。他喜作假设，每用孤证，从一种提供可能性的例证推导出结论。有时会用一连串的推论，辗转互证，以期得出新的结论，尽管这样的结论有时不能让人立即接受，因为"可能"相加不能成为"必然"，但读他的文章，总觉得浮想联翩，特富文学意味。而他在论证过程中，又常是渗透个人的身世之感；评价研究对象时，纯依个人的感受作出判断，这些更增加了文章的文学意味。

我在前面说到陈寅恪的文章具有个性。读这样的文章,常能获得特有的兴味。他的行文特点,我想用"史家的眼光,文学的意味"来作说明。

（原载葛晓音主编《汉魏六朝文学与宗教》,上海古籍出版社 2005年 9 月出版）

三教论衡的历史发展

当今世界的许多地区，都为宗教问题所困扰。前几年巴尔干地区的冲突，具有复杂的宗教背景，可说至今仍未彻底解决。目下的中东地区，更为宗教问题所困扰，虽然历时已久，人民遭受到了巨大的灾难，但其发展前景仍然迷茫，苦难似未有穷期。反观中国，应该说是情况要好得多。何以如此，当然可从多种角度进行分析，但传统文化的巨大作用，应该列在首要位置。

中国历史上从未发生过宗教战争。应该说，中国人在宗教问题上自始态度就比较宽容，到了唐宋之后，不同教派之间都能彼此尊重，因而社会上也就显得比较和谐。后人自应把这看作是中国文化的优胜之处。

历史上一些执政者的措施，起到了良好的作用。

殷商之时宗教的影响很大。从遗存下来的卜辞看，商王不论做什么事，都要用占卜的方式乞求神灵的指示，这就说明其时宗教与政治尚融而未分。周公制礼作乐，以礼乐文化替代前朝的宗教活动，孔子继承的是周公的事业，认为人事迩而天道远，因此"敬鬼神而远之"。他们着重政治教化，不再以宗教手段干预日常的现实生活，这就形成了周人理性的治国方略。可以说，周公首先将政教分开了，这就为我国的历史发展作出了巨大的贡献。

商周时期有关宗教的活动还处在原始阶段，尚未形成经典、仪规和组织都很完整的宗教。一般认为，佛教自东汉时始传入中国，土生土长的道教是在佛教的激发下才逐渐形成的，其时已在东汉后期。这些宗教出现后，由于文化背景不同，时而代表各个时期不同阶层的利益,不断引起冲突,这就更进一步引起了高层人物的注意。

儒家敬天法祖,当然可以说有其涉及宗教的方面,但儒者注重人事,不太关心来世,孔子不语怪、力、乱、神,还说"未知生,焉知死",因此从儒家的思想体系来说,很难说是一种宗教。只是历代帝王实施统治时依据的是儒家的政治理论。他们自称真命"天子",掌握政权时又称"替天行道",于是有人称儒家为"儒教",从而有儒、佛、道三教之称。

周公巩固王权,将宗教控制于王权之下。自此之后,三教的地位此起彼落,似不固定,实则都处在王权的调节之下。

三教各有其教义,各有其支持者,各有其存在的背景,自然会在传播过程中产生矛盾,引起冲突。处在王权的绝对控制之下,土生土长的道教因文化背景接近之故,容易适应中国社会。历代王朝建立的封建政权,都以君臣父子为核心结构,故以忠孝为人伦处世的首要准则。道教自建立之始就接受同一观点,故与王权并无严重冲突。印度情况不同。按古印度而言,宗教的地位在王权之上,婆罗门有独尊之势,而佛教徒则不结婚,不成家,这在中国人看来,势必断子绝孙,所谓"不孝有三,无后为大",这一问题可谓极其严重。其他生活习俗也有截然背违之处。无怪乎自汉代起,一直到六朝时,佛教与以王权为代表的儒学冲突不断。不论是哲学领域中的"神不灭论"或"神灭论",还是沙门应该不应该跪拜王者,都争论不休,冲突不歇。随着时光的推移,僧俗之间不断磨合,矛盾逐渐缓解,佛教终于在中国扎下了根,取得了比之本土更为全面的成功。因此,国外也有学者夸张地称这一过程为"佛教征服中国",而在中国学者看来,佛教为了适应中国的情况,采择了许多本土的思想,放弃了很多原有的教义,因此这一过程应该称之为佛教的中国化。二者各有其道理,只是各人观察问题时角度有所不同罢了。

从三教之间的矛盾冲突到三教圆融,王权起到了重要作用。如从这一角度考察,应该认为这一过程是以中国本土文化为主吸收外来文化而完成的。

如果说,自南北朝到唐初,佛教、道教与儒学还在努力角逐互争高下,到了中唐之后,"三教"之间已经不再针锋相对,而是友好相处,携手共存了。

这从唐代的"三教论衡"这一特殊仪制中可以看出。

有关"三教论衡"的情况,史书与笔记中多见记载。可知自唐初起,即已经常进行。释氏所撰《集古今佛道论衡》四卷中亦有记载。由于这书只是佛教的一家之言,辩难时均以道教失败告终,记载是否属实,颇难断言。而在中国古籍内,著名中唐诗人白居易的文集中,却是留下了一篇《三教论衡》,似可认为存世最为完整的一份记录,从中可以看出很多问题。

唐德宗时正式形成了"三教论衡"的制度,并且定于皇帝诞辰的那一天进行,当今皇帝亲临主持,可见其对此事的重视。白居易参加的一场辩难,是在唐文宗大和元年十月皇帝降诞日举行的。出席的人物,第一座:秘书监、赐紫金鱼袋白居易;安国寺赐紫、引驾沙门义林;太清宫赐紫、道士杨弘元。可知参与者都是身份很高的代表性人物,水平应是旗鼓相当。

僧问儒者:"《毛诗》称六义,《论语》列四科。何者为四科?何者为六艺?其名与数,请为备陈者。"白居易解答时,除了依据儒家经典加以阐释外,还比附佛典,说是《毛诗》六义,亦犹佛法之义例,有十二部分。孔门四科,亦犹释门之有六度;仲尼之有十哲,亦犹如来之有十大弟子。"夫儒门释教,虽名数则有异同,约义立宗,彼此亦无差别,所谓同出而异名,殊途而同归者也。"众所周知,《诗大序》中首先提出"六义"之说,孔颖达《毛诗正义》:"风雅颂者,诗篇之异体;赋比兴者,诗文之异词耳。"可知"六义"的内涵本身就可分为不同的两大部分。这是唐代法定经典中的定义，白居易不容不知，而他持此与佛家的十二部相比附，说明其着眼之点首重二者之同，不再细析二者之异。

后人如以严格的学术眼光来分析"六义"与"十二部"说，那就很难同意白居易的解说，但白氏此举却是很好地体现出了其时参与者的一种心态：求同存异。这在其他几次提问与答复的来回商讨中也可看出。

白居易对佛教代表发问，则是《维摩经不可思议品》中的"芥子纳须弥"之说，《维摩经》即《维摩诘所说经》，这是自六朝起最受士人欢迎的一部佛家经典，《经》中提到的"纳须弥于芥子"之说，正是儒家典籍中所缺乏的内容。可知儒者之关心佛典，正由后者的描述与义理可补前者的不足，士人阅读佛家典籍，可起充实人生丰富理性的作用。

白居易对道教代表发问，则是《黄庭经》中养气存神、长生久视之道。儒家追求的目标是"修身、齐家、治国、平天下"，"修身"云云，是指忠孝诚敬之道，它与道教中的养身之道不同，但并不矛盾。因为人们在追求个人的成功之馀，也会想到突破生命的局限而追求永生。《黄庭经》为道教中的内丹经典，自魏晋至唐宋，一直受到人们的重视。因为《经》中的内容，也是儒家经典所缺乏的，所以白居易要就此问个明白。

道士与和尚的发问，则集中在儒家的忠孝之道，可见佛、道中人对此特别关注。应该说，儒家的忠孝之道虽然是其学说的核心，但在哲理上却没有什么深文奥义，佛、道代表就此提问，目的当在尊重儒家宗旨，求得共识。

可以看出，"三教论衡"时的气氛甚为和谐，彼此提问时，总是先对对方的人品与学识恭维一番，涉及的问题都是本派教义中所缺乏的，可见这种论辩所体现的基本精神是尊重对方，涉及各家的理论时，求同的趋向超过别异，所以《南部新书》卷乙在叙及德宗年间的"三教论衡"时，云是"初若矛盾相向，后类江海同归"，宗教上的辩论，于矛盾统一后结束。

大家知道，宗教的特点是门户森严，各派的教义不可混杂。一种宗教与另一种宗教之间，各种宗教之内的各个教派之间，常常展开激烈的斗争，互争正宗。各种宗教虽然大都声称慈爱相亲，但对异教徒，往往充满着敌意，历史上不乏虐待异教徒的事例，特别在中世纪时，尤为普遍。但在唐代"三教论衡"的公开辩论中，却是呈现出另一种气象，这在世界宗教史上揭开了祥和的一幕。

这一现象很特殊，因此近代一些学者也曾提出过许多新的解释。

陈寅恪在《元白诗笺证稿》中附论"乐天之思想行为与佛、道关系"时也论及"三教论衡"，以为"其文乃预设问难对答之言，颇似戏词曲本之比"。但《旧唐书》白氏本传上叙此事时，说是"居易论难锋起，辞辩泉注，上疑宿构，深嗟挹之"。可知白氏的辩辞本非宿构，并非"预设"，而又有那么突出的表现，所以深得文宗的欣赏。

近代一些研究戏曲的学者，以任半塘为代表，极力夸大"三教论衡"中的"嘲谭"成分，他在《唐戏弄》的《剧录》中甚至说"在德宗，已不啻听说书，看杂技"，这就未免与事实距离过远。

阅读唐史记载，再读白居易文，可知参加"三教论衡"的一些儒者，如唐初的陆德明、孔颖达，中唐时期的徐岱、许孟容、白居易等人，都是方正有节操的儒家代表人物，怎么可以把这一批人视作粉墨登场的俳优呢？

任半塘还举唐末俳优李可及戏三教之事，坐实"三教论衡"中的"嘲谭"成分。按此事发生在懿宗时，高彦休《阙史》卷下《李可及戏三教》曰：

咸通中，优人李可及者，滑稽谐戏，独出辈流……尝因延庆节，缁黄讲论毕，次及倡优为戏，可及乃儒服岌巾，褒衣博带，摄齐以升崇座，自称"三教论衡"。其偶坐者问曰："既称博通三教，释迦如来是何人？"对曰："是妇人。"问者惊曰："何也？"对曰："《金刚经》云：'敷座而坐。'或非妇人，何烦夫坐，然后儿坐也？"上为之启齿。又问曰："太上老君何人也？"对曰："亦妇人也。"问者益所不喻。乃云："《道德经》曰：'吾有大患，是吾有身，乃吾无身，吾又何患？'倘非妇人，何患于有娠乎？"上大悦。又曰："文宣王何人也？"对曰："妇人也。"问者曰："何以知之？"对曰："《论语》云：'沽之哉！沽之哉！吾待贾者也。'向非妇人，待嫁奚为？"于是上意极欢。

这种情景确是有趣。如上所云，释迦牟尼、太上老君、文宣王都是圣人，李可及却将其作为戏谑的对象，公然"侮"圣，可谓大逆不道，但他行若无事，懿宗也不予问罪，反而"宠锡甚厚"，可谓匪夷所思。于此可见我国朝野宗教观念的淡薄。

只是这里应该注意的是，《阙史》中明言"缁黄讲论毕，次及倡优为戏"，可知此乃仪制之后的馀兴节目，怎么可以把馀兴节目中的嘲谭成分视作主要节目中的正式辩难呢？

由上可知，至迟自唐代中期起，"三教论衡"的场面中一直由和谐的气氛所主宰，其中不见宗教冲突的痕迹。在王权的主导下，三教中人彼此尊重，求同存异，这样的气氛有助于推动各种宗教信徒之间的融合，从而引导国人对不同宗教持宽容的态度。于是个人的宗教信仰，也每兼容各种教义，混而难分。如王维其人，以摩诘为字，说明他是佛教的虔诚信徒，而他立朝为官，信守儒家的教义，对朝廷推重的道教也备致景仰之意。白居易本人的情况也类似，除信守儒家的原则外，对佛、道二教均表示信崇。

我国的这一文化传统，为避免宗教之间的冲突创造了很好的条件。历史上的所谓"三武法难",是由经济等众多原因促成的,并非纯出信仰方面的原因。比之其他地区的宗教冲突,其危害可谓微不足道。

中国向以王权为至上,对宗教问题比较宽容,但不能由此说对各种思想都能持包容的态度。自周代建立封建制起,至迟到汉代,即明确地以三纲五常为立国之本,这是不能稍有逾越的,人们于此稍有违碍,就会受到法律的制裁与舆论的批判。《唐律》中对"十恶"等大罪的处罚,可谓严酷,执行起来也极为认真。但唐人对宗教问题确很宽容,也是事实。国人在宗教问题上持包容的态度,有助于社会稳定,已经成为大家普遍拥有的一种精神财富。

（原载南京大学古典文献研究所编《古典文献研究》总第九辑,凤凰出版社 2006 年 6 月出版）

西学东渐下中国古代文学研究的艰难处境

　　大约是在 1958 年前后吧，全国已经出现"大跃进"的形势。中国与苏联的关系日趋紧张，我的副博士研究生头衔已经成了嘲讽对象。系里人手又短缺，于是就让我去教中国文学作品选课。过后不久，索性改为助教，正式成了一名年轻教师。

　　教了一年书之后，"大跃进"的步伐更见加快，学生大编教材，需要教师参予，我就不再讲授作品选了，前后投入编写文学史与批评史的战斗之中。但作品选还得有人教，系里的年轻教师都去大编教材了，实在抽不出人来，于是学校只能从社会上去吸收一些人来临时授课，中文系也就到江苏省文史馆里去请了几位老先生来接替我们上课。

　　当时来了好几位老先生，这里我只介绍两位。一位是陆先生，一位是冯先生。陆先生是国民党副总统李宗仁的秘书，冯先生是政学系首脑张群的秘书，视其头衔，即可知非等闲之辈。

　　应该说明，国民党政要的秘书和共产党高官的秘书有很大差别。如以传统文化的修养而论，国民党政要的秘书要高明得多。因为国民党政要在官场上活动时，还是要用文言来应酬，秘书经常要做一些寿序、贺词等文，这些例用骈文写作，平时还要代拟一些诗文参预酬唱。因为他们代表的是最上层的人物，在传统文化的修养上，自必要有很高的水平。

　　那位接替我上课的冯先生，是出名的四川才子。他不但能大段大段地背诵汉赋，自己也能作赋。诗文水平更不用说了，字也写得好。先师胡小石先生常用的一把折扇上，就是冯先生自书的诗作。有一次，胡先生拿给我们看，指着其中两句"人随春水茫茫去，花逐柳絮款款飞",赞叹道:"才人啊,才人!"足见冯先生的水平之高。

但过了两三个月,忽然有人告诉我:"学生在贴冯先生的大字报,对他的教学大为不满,要求你回去教他们。"我大为惊讶,赶到图书馆前去看,果然看到了好几张这样的大字报。学生措辞很激烈,但主要是说冯先生不会讲课,倒还没有牵扯到他曾为国民党服务之事。

我可没有一般年轻人那么容易自我陶醉,真觉得自己有什么了不起、学问上有什么高水平。我想了好久,总觉得对古典文学而言,我与冯先生之间的差距太大了,一个研究生课程还只念了一半的年轻人,能和老师宿儒四川才子相比么?

当时流行这么一种观点:老年教师有材料,年轻教师有观点。后者的资本也就在这里,年轻一辈底气十足的根本就在这里。但我在这方面无资本可言,在观点上自知也没有什么优势。因为从掌握阶级观点而言,一般认为出身好的人苦大仇深,一心跟着党走,可以自发地掌握马列主义毛泽东思想。我出身不好,无法达到这种高度。从我的政治身份来说,非党非团,说明自己觉悟很低,要说观点上定比老先生高明,也无法开这个口。

我一直感到纳闷,找不到一个合适的理由来说明何以会比老先生更受学生欢迎。直到改革开放以后,传入了很多新名词,这才发现其中有一个常用的词颇能说明问题,那就是"包装"。我突然感到,我之受到欢迎,是我会包装;冯先生之所以不受欢迎,是因为他不会包装。

那我又是用什么手段包装的呢?只是因为学了文艺理论,学会了用新的词语来包装古代文学作品,这就显得新鲜和精彩,可以吸引年轻的学生。

那我用的又是什么理论呢?分析起来,主要内容为苏联式的文艺理论。

新中国成立初期,特别强调向苏联老大哥学习。大约是在1953

年吧，教育部请了一位苏联专家来讲文艺理论，在北京大学内办了一个学习班，好多高等院校都派教师前去学习。这种理论迅速扩展到了全国，大家奉之为金科玉律，一切研究都得奉之为准绳。此人叫做毕达可夫，原是乌克兰大学的副教授。我在北京工作时有一次在戏院里见到过此人，一个手臂已截去，是在卫国战争中致残的。当时苏联年轻人都上前线，毕达可夫勇敢地参加卫国战争，见到他时，我真心存敬意。但这与学问是两回事。毕达可夫的这份讲义虽然风靡全国，控制了中国学界，但他的水平却不能说很高，感觉不到有多大精彩之处。

毕达可夫是莫斯科大学的毕业生，他的老师季摩菲耶夫才是这一领域的权威。与此同时，季氏的书《文学原理》也分三册翻译出来了，这是最有代表性的苏式理论，大家又热情地学习了一番。我的老师方光焘先生看了这书后，微笑着说："这与我们讲的差不多。"

方先生是新中国成立初期教我们文艺理论的老师。他先后在日本与法国留学，学的当然是正宗的西方文艺理论。当年他教文学类型时，也从亚里士多德的诗歌、戏剧、小说理论讲起，诗歌中讲到抒情诗与史诗，且按这一文体的严格意义为说，认为《诗经》中的《生民》《玄鸟》等诗还不能称为史诗，因此在我们看来，方先生的理论更高一筹，他是在西方文艺理论的基础上又有发展了。

方先生耿直敢言，但他毕竟年事较高，讲话有分寸，故无大碍。其时，程千帆先生在武汉大学也讲文艺理论，毕竟年轻气盛，对毕氏大为不敬，说是他应该来听我的课，我怎么会去听他的课？程先生被错划为"右派"，这也是罪证之一。因为这是对待苏联老大哥的态度问题。在中国，讲话要看时间，假如这话放在"反修"的时候讲，那就没有问题。因此知识分子在日常生活中也要贯彻辩证法。

我过去一直认为，清末西学东渐，对中国产生了极为重大的影响，现在才懂得，学习苏联时受西学的影响实际上更深。因为过去的学习,是无组织无纪律的,这时的学习是政府安排的,如果违反纪律,就要受惩处。因此这时的苏式文艺理论,发挥的作用更大。

我那时用以包装的,就是这种理论。回想起来,手法并不高明,也不过是在思想性、艺术性此高彼低上换换花样,有时还可讲讲艺术形象的塑造、主题与题材的关系、情节的开展等等。如果要提高作品的价值,还可讲讲现实主义与浪漫主义的结合、采用阶级观点分清作家的进步与落后等等。可惜冯先生满腹诗文,这样的包装也不会。这也是老教师中普遍存在的弱点。汪辟疆先生教韵文选,讲到韩愈、李商隐的诗时,可以立即写一首韩诗风格、玉溪生诗风格的诗来给学生看看,但在讲解时,却无法说清,因而学生大为不满,反对他来上课。我懂得,老教师不光是观点上有问题,他们还吃亏在不能包装。

我对何以会受到学生欢迎,总算清楚了。冯先生之遭到反对,说来可怜,只是因为他受西学东渐的影响小些。

这还使我想起另一件事。大约是在二十世纪八十年代后期,法国汉学家侯思孟来访问南大,与我们座谈文化交流。他突然向我提出一个问题,如何看待汉乐府中“公无渡河”一诗,这可把我问住了。这诗极为简单,只有四句:“公无渡河? 公竟渡河。渡河而死,将奈公何?”这诗何以千古以来列为佳作,我想不出多少道理,只能支支吾吾地说:“中国的古诗中有些天籁之作,纯出自然,没有任何人为修饰,也被视为上品。”我想这种答复不痛不痒,不会使他满意,我只是在想他为什么要提出这样一个问题? 隔了一段时间,我在一本港台地区出版的书上看到一篇文章,就是分析“公无渡河”一诗的。作者时任香港中文大学某系主任。他是介绍新方法的一位有代表性的人物,大约花了十万字左右,用结构主义的方法分析“公无渡河”一诗。我对新方法一窍不通,但想学学,看看到底有些什么花样,这时下定决心,定要把这篇文章啃下去。只是思想准备还是不足,难度太大,越读越难受,读到中间实在读不下去了,心想阅读文学作品本来求的是身心愉悦,干吗这么折磨自己?因而最后还是中途停了下来。我认识到,我已经成了老一代的人,接受新品种的西学已有困难了。

由于工作需要,其后或多或少读过一些新方法写成的文章,得到的印象是,读这类文章,犹如接受日本朋友赠送的礼品。日本朋友有赠送小礼品的习惯,包装极为讲究,刚到手时,会引发你无穷遐思,急着打开来看看到底是什么东西。打开包扎的彩带,剥掉密封的贴片,解开外面的封皮,里面还有一层包纸。再小心翼翼地打开,里面有一只精致的小盒子。打开来看,礼品外面还有纸张包裹。再打开一看,原来是一条小小的手帕。手帕不坏,但受礼者还是会起疑问,这么一点东西值得这么包装么?这可叫做包装过度。读一些用新方法研究古代文学的论文时常是会起这种感受。

这是西学东渐进一步扩大影响的结果,包装手段已有压倒内容之势。

最后我再讲一件有关学习古代文学的趣事。八十年代,华东师范大学一位老教授招收硕士研究生,面试时,拿出一首白居易的七律《钱塘湖春行》,叫应试的学生讲解一下。这位学生看了一会,发表高见说:"这诗开头嫌平淡,不太能够吸引读者。中间四句对得倒还整齐,早莺啊,新燕啊,乱花啊,浅草啊,写得很形象,把春天的气息反映出来了。最后两句没有什么韵味,引不起读者的什么联想。"那位老教师说:"我不是叫你作鉴赏。你先给我一字一句讲清楚,然后串起来再总讲一遍。"那位学生憋了很久,最后老实交待说"读不起来"。这位考生后来还是被刷掉了。我觉得这个学生真倒霉,竟然遇到了这么一位死心眼儿的老教授,还要恢复章句之学。如果碰到一位追求宏观把握的教师,结果可能就大不一样了。

这使我感觉到,西学东渐可能已经发展到另一种境界。大家都认为，西学重分析、重鉴赏，东渐之后，逐渐熔化百家，已经形成了一套路数。作品当前，你可以不读它，超越它，也可以讲出一番道理来。这里说的或许较极端，但类似情况，可不能说不存在。

这使我想到，"包装"的问题实在太复杂了。你的成果要被人接受，那就得考虑接受对象如何。面对一代一代的新人，你得不断变换包装手法。目下的接受对象大都是在欧美文化熏染下成长的一代新人，苏式口味的理论也已不能满足。想要端出古色古香的东西来吸引他们，效果往往也不理想。而且年轻人的欣赏口味往往受到政治、经济、文化等种种复杂因素的影响，不考虑国情，不考虑现实，很难处理得当。表达方式应该与内容协调，最好是从内在的东西中生发出来，不是外在的，但人们常是从外在的东西去进窥其内在的东西，而外在的东西总是受到种种时尚的影响，处在不断变化之中。因此，我总为研究方法之事想不清楚而犯难。

讲到这里，我也应该坦白地讲一些内心的感受。在这庄严的场合，探讨研究古典文学的历史发展，竟然不断用上一个粗俗的词"包装"，实在有伤大雅，真是"其文不雅驯，荐绅先生难言之"。但我又为什么想起这个词来的呢？因为我注意到，中国内地学术界，自九十年代起，慢慢地兴起了一股思潮，在对过去的研究方法进行反思。好多人指出，民国时期常用的现实主义、浪漫主义等术语，原为西方十九世纪文艺思潮的产物，是总结了小说、戏剧、诗歌等方面的成果而提出的，用在中国古代作家身上并不太合适。与此类同，近时输入的好些新名词新方法，也是西方学人总结他们的一些文艺现象而提出的，未必符合中国国情。因此，内地学术界开始注意采择西方学术成果时要取郑重的态度。试将民国时期的文学史、六十年代内地的文学史与九十年代写作的文学史相比较，就可看出前后之间的差别。例如，过去的文学史上都把《诗经》与"楚辞"视作现实主义与浪漫主义的源头与典范之作,九十年代之后即少见这一提法了。这使我想到,民国时期的古代文学研究者热衷于采择西方用语,内心深处或许有一种唯西方是从的想法,试观朱维之写作《中国文艺思潮史略》的自序,就可看出当时学人一味规仿西方文学史而写作的热忱了。新中国成立之后五六十年代的依据苏式文艺理论而立论,也有借助老大哥的高见来抬高声势的用意。这样的研究,不从实际出发,只是关注如何吸引听者或读者,从实质上看是否可以叫做"包装"? 我之采用这一名词,大体上就是这么一种思路。

九十年代学术界的这种变化,或许与中国国力的增强、民族自信心的提升有关。当然,目前中国虽说正在崛起,但仍处在西学东渐大潮的包裹之下。我想,只有中国真正崛起了,中国文化成了一种强势文化,世界各地的人都有进一步了解中国文化的愿望,我所提到的上述种种尴尬局面或许才会成为历史遗迹。

(原载张宏生、钱南秀编《中国文学:传统与现代的对话》,上海古籍出版社 2007 年 12 月出版)

从古今不同教育方式说起

一

从古人来说，接受教育的目的首在谋求出仕。此举可以立身扬名，光宗耀祖，还可以解决个人或家庭的生活问题，因此无不把"学而优则仕"作为切实可行的准则。

从汉代起，朝廷"独尊儒术，罢斥百家"，儒家学派之外的其他学派逐渐衰歇，儒家学派的几部重要典籍则被尊称为"经"，于是"经明行修"者在社会上占有重要地位，通经者即可取得入仕的资格。

"经"学的内容甚为复杂。即以《诗三百》而言，内有所谓"今文""古文"之分。然而不管各个流派的"诗经"学者如何使用不同方式诠释其中的篇章，由于《诗经》内容包罗万象，经师讲授时，弟子学习时，都要涉及与此有关的许多知识，如在《大雅》与《颂》中会接触到商、周创业者的早期历史，读到《七月》等诗时，就会接触到月令与农业上的问题。因此，学习经典时也就接触到了各种各样的专门知识，大至天文地理，小至虫鱼鸟兽，不管是抽象的道理，具体的事物，林林总总，都会在经典中遇到。换句话说，学子可以通过学习经典掌握各种各样的知识。

孔子说："小子何莫学夫诗？诗可以兴，可以观，可以群，可以怨；迩之事父，远之事君；多识于鸟兽草木之名。"（《论语·阳货》）按照今人的学科分类，《诗经》已被视为文学作品，但在孔子看来，此书可以作为一种重要的政治读物，然又并不囿于此道。学人不但可以从中学到

"事父""事君"的道理，而且可以学到有关动植物的好多具体知识。可想而知，不管是今文学派的鲁诗、齐诗、韩诗，抑或古文学派的毛诗，他们的经师都要掌握与《诗》有关的各种知识，以之传授给学生。

这种学习方式，也就成了以各种经典为核心的综合教育。汉代经生凡通一经者即可谋求入仕。可以想见，汉代学子从入学始，主要精力即放在专治某一经典上，他们尽毕生精力，最多精通一两种经典，只有像郑玄那样极为个别的学者，才能博通群经，而且兼习今文与古文。

唐代实行科举考试，程序更为规范，但士子的学习对象，考试的科目，仍以经典的训练为重。士子都得精习法定读物《五经正义》，他们都得经过严格的"帖经"考试，这就要求他们熟谙从中出题的经典中任何一条经文，且须对之有透彻的了解。

科举考试中除进士、明经与制科外，还有明法、明学、明算、史科、道举、《开元礼》、童子等科目，应这些科试的士子，当然着重各科专门知识的学习，但因仕途的关系，专业考试者显得极为冷落，形成不了什么气候。后代的情况也大体如此。

科举考试一直沿续下来。尽管方式方法有所变化，主要经典也有不同。自宋代起，历朝历代都把朱熹注的"四书"与"五经"并列，作为应试的经典。因为这是朝廷功令所在，学子接受的教育，仍是一系相承的综合教育，通过学习几种经典而掌握各种各样的知识。

中国的这种教育方式一直沿续千年，因为没有什么可资比较的另外方式，也就不易形成促其改变的动力。直到清末，随着资本主义国家的步步侵入，国人始从西人船坚炮利的实效上认识到了西方学术的先进。随着清政府对外交涉的节节失败，国难的日益深重，危亡迫在旦夕，终于使日薄西山的清政府痛下决心，废除行之千年的科举制度，而代之以近代的学校教育。

光绪二十七年（1901）至光绪二十九年，清政府以上谕的方式先后颁布《钦定学堂章程》与《奏定学堂章程》,大学分科仿日本例,分为政治、文学、格致、农业、工艺、商务、医术等七科,后为顾及中国国情,又增加经学一科。这就说明,清政府内的要员权衡再三,还是要保留"经学"一科,只是事与愿违,"经学"的地位与前已有根本不同。"经学"只是与"文学"等并列的一科,不再具有统率一切的特殊地位。

"文学"科内还分"历史"等七目。可知这一"文学"还是一个大概念,颇与前代的"文史"一词为近,若与后世所分化出来的文学相比较,范围大为宽泛;反过来说,后世的文学一词所包含的内容,正是在不断"澄清"的过程中形成的。

后人将融入了西方教育模式的新教育方式称为新制,若与前此科举制度下培养士子的教育方式相比较,不同之处甚多。就以二者所形成的观念而言,就有很大的差异。兹略举数端如下:

(一)古人推重博学,所谓"一物不知,儒者之耻"。今人崇尚专精,强调"学有专长"。

(二)古人学习时抓住几部经典不放,反复钻研,故而说是"书读百遍,其义自见"。今人受自然科学领域中学人的影响,强调读书要有速效。例如美国考试时,每取选择法,考卷上列出的选择题甚多,应试者要在规定的时间内一一勾出正否,目的在于测试应试者的思维敏捷程度。这样教育界也就更为注重学生的快速反应能力了。

(三)由于近代报章杂志等媒体的影响,下笔千言的人更能适应快速发展中的社会现状。因此人们不再看重精雕细凿,这又与古人观念有异。中国学界早就注意到文士的思维有快慢之异,但其结论往往强调慢工出细活。例如司马相如与枚皋均善赋,枚皋下笔神速,但其地位显然要远低于精心结撰的司马相如。

从目前的情况看,中国仍然着力于以欧美的学术体系为重要参照,制定种种方针政策。因为中国目下正急于发展科技,提升国力,提高人民的生活水准,而从世界上的大势来看,也有偏重科技而忽视人文精神的趋向。中国的各级领导人,差不多都是学自然科学出身,这就给一切方针政策的制定涂抹上了一层注重实效的色彩。上至教育部的指令,下至各高校自行制订的各种评估体系,考核老师与学生的业绩时,无不采取所谓"量化"的方法,要求多出成果,快出成果。提出种种高指标,硬任务,迫使老师与学生拼命向前。于是大家无不追求速效,十年磨一剑的情况难以再现。这种做法引起了人文学科领域内师生的很多不满,这里就有旧传统与新情况的矛盾存在。

再从中国的现状来分析。新中国成立之后,中国实施计划经济,教育领域内专业的学习更趋细密。即以中文系而言,学习文学史时,就要分为古代文学与现代文学两大块,有的还要加上当代文学一块。古代文学中,有的以时代分,如先秦两汉、魏晋南北朝、唐宋、元明清等等;有的以文体分,如赋、诗、词、曲等等;有的则又分为散文与韵文。为了更趋专精,有的老师毕生只读一本书,如《文心雕龙》;有的只研究一个人,如李白、杜甫。这样做,也就是所谓单科独进。然而快则快矣,效果却未必好。一些教师对研究对象的情况确能迅速掌握,却未必很深入。因为就其所钻研的一本书或一个人而言,实际上牵涉至广,就以《文心雕龙》而言,阅读此书,不能不对先秦至梁代的典籍与众多人物,乃至时代思潮社会动向都得有所了解。阅读一部书,不是只认识这部书中的一个个字,他对这些字中的含义都得有足够的了解。

中国的专业教育已经经历了一百多年,利弊得失,初步呈现。大家把当下的学者与前相比,发现目前活跃于学坛的大都是一个个小专家,已经少见堂庑博大的学者。

用苏式教育培养出来的学者,也包括某些采纳欧美教育体系培养出来的专家学者,最常见的是一些博士论文型的学者。这就是说,他们在做博士论文时下过一番功夫,等到取得学位,参加工作后,一方面已很少有精力再去进行开拓，一方面前此积累的资源全部花在论文中，已无多馀的资源可用，也无能力再行积累，于是就吃老本，躺在博士论文上吃用一辈子。处在这种情况下，势难涌现出什么杰出的大学者。

因此有人悲观地说，目下已是不见大师的时代。

二

我们再以文学为例加以考察。阅读中国文学史时，接触到的人，不论是唐代的韩愈、柳宗元，还是宋代的王安石、苏东坡，他们都是读儒家经典与个别其他家数的典籍成长的，如果我们对这些典籍缺乏基本的认识，又如何了解研究对象的成长？

从清末林传甲等人编《中国文学史》始，就已注意到了这个问题。他们所编的教科书中，仍是包罗万象，包括经、史、子、集中的许多重要文献。而受清代学术的影响，他们还要首先介绍文字、音韵、训诂等小学方面的知识。在他们看来，中国的学术确是应该走上分科教育的道路，但在学习古代文学时，还是应该重视中国的传统，否则就谈不到对中国文学有真正的了解。

只是学术的分科教育毕竟是大势所趋。废科举，兴学校，这是时代的需要，也是中国历史必然要走的道路。以往那种综合式的教育，显然已经不能满足时代的需要，因此人们还得努力把文学与学术相区分，将古代文学清理出一条线索来。

五四时期，中国已经接受了西方关于文学是感情的产物的观点，从而将散文中的政论文等切割了出去。周作人等人提倡晚明小品，林语堂等人提倡闲情小品，也是在对散文作清理。中国向来散文韵文并重，西方文学界，自亚里士多德起，则是将散文另作处理的。中国学人在散文上作区分，保留某些重情的部分，也是重视西学又尊重传统的一种体现。

有关赋体的评判，分歧更大。一些全盘接受西方文学观的人，坚决拒绝将赋体纳入文学的范畴；一些尊重中国文学传统的学者，则为之辩护，以为汉代文坛主要流行这种文体，可作一代文学之标志，因而坚决主张纳入。从后来的情况看，中国文学史的写作，还是以骚、赋、南北朝文、唐诗、宋词、元曲、明清小说为主线。从中也可看到中国传统力量之强大，因为传统毕竟是在事实的基础上形成的。

不过人们在阅读汉赋以下文体时，不论是研究其作者，或是阅读其作品，还是要接触儒家的几部经典。由于现代的学人已经不是首先从学习"四书五经"开始，他们缺乏这方面的深厚基础，因此进行阅读或研究时，不免产生隔膜。他们在阅读的过程中，还得不时补课，遇到疑难问题时，还得再去查书，借以求得较好的了解。

从文学史的编写来说，从清末到民国十年左右，即从林传甲的《中国文学史》到谢无量的《中国大文学史》阶段，撰述者总是先从一些重要经典讲起，因此只能求其"大"而难以求得其"纯"。其后历经努力，文学史的内容总算慢慢"纯"了起来，然而钻研纯文学时，又会遭遇很多传统方面的问题，必须想法补救。因此，即使是那些新派的学者，如长期担任清华大学中文系主任的朱自清，也要写上一本《经典常谈》，让年青学子掌握有关经典的基本知识，庶几乎不致成为一知半解的学人。而自二十年代至今，有关国学常识的书大量出现，其背景也出于同一目的，同一需要。

二十世纪的二三十年代，还出现过一阵知名学者为年轻学生开国学基本书目的热潮。1932年，清华学校有四个学生将赴美留学，作为中国人，他们想读一些代表中国文化的基本典籍，于是写信给胡适，请他开一份书目，于是胡适开了一份容量很大的书单。梁启超就此提出评论，以为这一书目不能包括国学中的重要典籍，随之自己也拟了一份"国学入门书要目及其读法"，最后还精减成一"真正之最低限度"的书单，且云"以上各书，无论学矿，学工程学……皆须一读。若此并未读，真不能认为中国学人矣"。

中国学人应该读哪些基本书，可谓见仁见智，人言言殊，很难达成共识。但其实际意义则是，大家认为若想了解中国文化，仅重个人专业，那是远远不够的。

后人在科学观念的激发下，又向工具书方面寻找解决办法。胡适开出的书单中首先列出的就是工具之部。中文系的课程设置中至今还有"工具书使用法"这一课程，大家希望通过工具的使用，迅速掌握需要的知识。从三十年代始，洪业等人在哈佛燕京学社的支持下，编制了很多索引，如《论语索引》《庄子索引》等，帮助学者查找需要的文字，借以弥补人们记忆之不足。

随着科技的不断进步，工具的作用越来越显著。使用电脑后，查找资料容易多了。我们阅读清儒的著作，不得不佩服他们的博闻强记，但若细加查核，则还是会发现问题，如引文错误等等。有的学者每凭自小就记下的东西，就加引用，只是记忆很难全然凭信，总是会有一些不应有的错误出现。

郭沫若著《李白与杜甫》，解释李白《上安州裴长史书》中"咸秦"这一地名时，想当然地认为就是"碎叶"的异写。这种问题，当然与郭氏浪漫成性有关，但也与当时电脑未被采用有关。假如当时电脑已经用得很普遍，那他只要让秘书点一下查询系统，就可发现唐人大量运用过"咸秦"一词，并不难看出，这里指的就是长安地区。由此可见，科技的运用确是可以解决学习方面的不少困难，让后人弥补早年不从经典下手之不足。

但过分依靠电脑等手段，忽视熟读深思，则又往往陷于罗列材料，不能深入。

目下常见这样的论文,作者想出一点新见后,大量铺排材料,平铺直叙,以为行文的能事已毕。这样的论文,常是缺乏深度,更谈不到新的开拓。

这样看来,目前的教学方式还得考虑改进。过分偏重专业的训练,忽视与之相关的学术,而从观察源流演变的角度看,对中国文化的传统缺乏基本的了解,显然也会产生不少局限。事实也已证明,过分强调专业,过分依赖科技,忽视大脑思维的融会贯通,同样无法取得满意的成绩。因此,传统与现代的沟通与结合,仍有很多工作要做,仍有很多问题要探讨。

学问之道,贵在根底深厚,博学多能,才能纵横驰骋,触类多通。试问,基础单薄、见解狭隘的学者如何能有大的开拓,大的收获?

这里可以引用一下胡适的话:"为学要如金字塔,要能广大又能高。"这是有道理的。假如某人只在自己的几分自留地上耕耘,尽管利用新的科技手段,网罗材料,精细编排,还只能是在平面上爬梳,而不能做到立体的、纵深的开拓与提高。

(原载南京大学人文社会科学高级研究院《通讯》第三期〔2007 年春季号〕)

郁贤皓《胡小石〈中国文学史讲稿〉的建构特点》讲评

中国文学史是一门研究中国文学发展演变的学问。自清末以来，文学史类著作层出不穷，至今已有数百种之多。由于时代的变迁，人们文学观念的变化，前后产生的各种文学史面貌大异，内容形式多有不同，因此文学史本身的发展也已成了一种研究对象。中国内地自八十年代后期起就兴起了一股研究中国文学史各类著作的热潮，但其中还存在着一些问题亟待解决。研究者往往仅凭一本本文学史的出版年代先后排列，由此勾勒文学史编写历程中的发展和变化，殊不知有的著作虽出版在后，实际上作者早就从事研究或已讲学多年；有的著作发表年代虽早，实际上却受到后来才正式付印的某一著作的影响。他们往往仅从西方和日本学者所著的文学史来说明中国学者受到的影响，而对这一学科与中国古代学说的联系缺乏认真的分析与探讨。这也就是说，研究者对各种文学史产生的时代背景、学术系统和著者的个人特点注意不够，发掘不深。郁贤皓教授根据大量材料说明胡小石教授讲授中国文学史的情况，说明其著作的特点，"一代有一代之所胜"说的重要价值，探讨胡小石教授的学说与中国学术史的内在联系，且从胡小石教授的教学活动说明他在建设这一学科时所作出的重要贡献和发生的重大影响，这就把学术史上隐而不彰的一页公布于世，对研究中国文学史者有很好的启示作用。

（原载台湾辅仁大学中国文学系、中国古典文学研究会主编《建构与反思——中国文学史探索学术研讨会论文集》上册，学生书局 2002年 7 月出版）

古籍整理:"考文献而爱旧邦"

时　　间:2007 年 9 月 7 日晚
地　　点:东北师范大学东师会馆 401 室
访谈嘉宾:周勋初、周国林、曹书杰
主 持 人:陈虎、梁枢

主持人:古籍是国学的载体,借助于《古籍整理研究学刊》编委扩大会议这个机会,《光明日报》国学版有幸约到三位先生,就古籍整理的一系列问题,谈谈自己的看法。三位先生认为中国的古籍整理做了哪些方面的工作? 取得了哪些方面的成就?

周勋初:我先把成绩比较大的几项工作简要介绍一下。古籍整理最大的成绩就是让世界了解我们传统文化,知道我们古老文明的博大和对人类文明的贡献,不敢漠视我们。第二个就是现实意义,培养我们的爱国主义情操。这我不细说了。在台湾的统一问题上也起到很大作用。台湾与我们同文同种,拥有相同的文化传统。台湾有人要搞台独,它最难割断的就是文化联系,现在讲台湾与内地的联系主要就是文化的联系。我在台湾生活过一年多,在台湾各大学讲学、参加学术会议等,因此对台湾情况了解比较多。台湾问题确实非常麻烦,要解决它也不容易。但文化高一些的台湾人都知道,两地文化是一系相承的,是不可分割的,而支持台独的人主要是传统文化素养差一些的人,糊里糊涂地跟着跑。1995 年时古委会派我为代表与台湾沟通,要求两岸合办一个古籍会议。我们与台湾沟通最好的载体就是文献,是双方都能欣然接受的东西。1996 年第一次会议,我们还办了个规模很

大的古籍展览，国内的古籍所都有很多成果参加展出。刚好当时两岸出现紧张，古委会恰在这时组织了这么一次学术活动。学者队伍非常庞大，台湾方面也说，从来没看到过一个内地代表团那么强大的，对台湾的影响也很大，对促进两岸文化交流有作用。第二次时隔两年，台湾代表团来内地，此后隔了三年又办了一次，平时也常有古籍研究工作者往返于台湾、内地之间，促进两地学者的文化认同。就我个人来讲，能够在其中起一点作用，也感到非常愉快，台湾的朋友对此也有所认同。

主持人：您刚才说这个整理工作非常难，能不能具体描述一下。

周勋初：就全国而言，从事古籍整理工作，在目前的体制下，工作是十分辛苦的。它是一项比较费时间的工作。如《全宋文》，是四川大学曾枣庄他们搞的，很多人耗费很多时间从有关文献中把宋文抄录出来，编成一部《全宋文》。搞这方面工作的人，往往一辈子把很多时间都耗在里面。但我国现行体制中的评估体系对学者的要求还不够合理，每年要多少篇公开发表的论文，要在不同级别的刊物上发表，很多高校还将古籍整理的成果排除在考核范围之外。这对我们古籍整理研究者来说，是很不公平的，也是不合理的。比如说，很多大部头文献的整理必须投入很多人的很多精力，而成果的产生需要很长时间，于是对研究者的评职带来了困难，甚至生活水平也要低于其他工作者。我觉得这个工作是很有意义的，可以说是文史研究的基本建设，应该鼓励学者们投入，但是遇到的具体困难很多，有些问题不是我们领域内的人能够解决的，需要相关的决策者注意到这个群体的困难，调整国内高校的评估体制。目前还存在这样一个问题，过去很多国家领导人都是文科出身，可是到了现在，多数领导人是理工科出身，他们建立的是理工科的评估体系，这样对我们从事古籍整理的人是对不上号。其实，目前的评估体制对我们这辈人的影响并不大，我们的社会地位以及在学术界的位置已经确定了,影响不到我们。第二次古委会改组的时候,老一辈的副主任,如白寿彝、邓广铭等,下来成了顾问,年轻一辈上来,四个副主任,包括我在内,应该说我们的位置早就确定了,所以后来的评估体系对我们没有起到多少限制作用,问题是这对年轻一辈的影响很大,会影响到这一学科的发展,其长远的影响则将危及中国传统文化的继承和发扬。目前,很多大学的工作人员仍在默默地作出贡献。如武汉大学百年校庆时,中央电视台的白岩松采访武汉大学古籍所所长宗福邦,他谈到《故训汇纂》这项大工程时,十分自豪,但这一成果的取得是那些研究者在没有任何奖金的情况下仍然坚持工作而完成的,很难能可贵,虽然成果出来了,实际上收入仍很微薄。不过,我仍然鼓励学者们多做古籍整理工作。我们南京大学的很多学者,如现任所长程章灿等人,他们与国外的联系与合作都是很密切的,由于他们外语能力高,就可以将文献传播出去。目前,我们刚将《册府元龟》校订本推出,共12册,3000元一套。这项工作从1993年开始,到现在才能面世,投入了大量人力。我给我们的教师讲,整理古籍要耐得住寂寞,要全身心地投入,才能获得成绩,最终会得到大家认可的。我平时也写单篇论文,也写专著,应该说各方面的成果还算可以,但我个人仍然喜欢古籍整理方面的工作,所以我还是在搞《全唐五代诗》《唐人轶事汇编》《宋人轶事汇编》等古典文献的整理。这项工作有一个好处,它的学术生命力较强。当前,学术风气不好,许多人希望一夜成名。有的人做什么作家研究,抄袭别人成果,然后进行恶搞,引发一些同好的共鸣,造成所谓轰动效应。试问:这样的专题研究也算有成就么?这是评估体系出了问题之后的又一恶果。因为现在的标准只讲什么量化,但在质上却没有什么明确的界限,因此一些人可以不择手段,专搞歪门邪道;有的则着眼在量上取胜,一年可以出七八本书。这样下去,势将破坏人们的价值标准和道德准则。只是从学术的本身来看，劣质的东西过一段时间就没人看了，是没有学术生命的。我们古籍整理工作所出的成果，经得起时间的检验，传后几十年是没有问题的。如果做得够精细，可以流传更长的时间。我对《唐语林校证》一书的流传很有信心，至少能在百年内供学术界使用。历史还是公平的，你投入的多，取得的成果尽管不能立即引起广泛关注，但生命却很长。

主持人：刚才您也讲到点校"二十四史"，包括这一时期整理的第一部文献《资治通鉴》，而这些工作我觉得主要还是出于政治原因，请问当时是出于一种什么样的考虑？

周勋初：我也认为《资治通鉴》的整理与毛泽东有很大关系，他比较注意历代帝王的统治经验。"二十四史"的整理与周总理有关系，"文化大革命"前他就开始组织学者整理"二十四史"了。出于怎样的考虑，我想应该是由于当时的"二十四史"没有一个好的本子，殿本经过清统治者删改，民国时期商务印书馆有张元济的百衲本，这个本子作为版本来讲是非常可贵的，但只适合于专家参考。而且这些书都是没有标点的，不便供大众阅读，因而社会上要求出版一种有新式标点和分段的本子。周恩来很支持古籍整理工作，也认识到这项事业的重要性。为了推进新中国的文化建设，总理也就着手组织学者整理"二十四史"。工作刚刚开始，"文化大革命"就爆发了，把当时的整理队伍也打散了。后来周恩来下命令把一些老专家集中在一起，把他们保护起来继续进行整理工作。由于这一安排，很多专家得到了较好的保护，有的青年学者在此也学到了很多，受益匪浅。"二十四史"整理出来以后，得到了学术界的广泛赞誉。但这部"二十四史"还存在很多问题，在体例、文字校勘等方面都有可商榷之处，说明古籍整理工作不是一朝一夕就能彻底完成的。像《资治通鉴》的整理，从事者都是一流专家，还请顾颉刚审订过，但吕叔湘从语法的角度看，又写了一本小册子纠错,于此可见古籍整理工作是十分艰难的,没有一个人可以说我整理的文献没有一点错误。很多事情都是相对的,没有绝对的。"二十四史"是先后出版的,水平也是参差不齐,有的好些,有的差一些,所以目前中华书局正准备重新整理出版。无论如何,新中国成立后整理"二十四史"应该说已达到了很高的水平。

(原载《古籍整理:"考文献而爱旧邦"》,《光明日报》2007 年 10 月 25 日《国学》32 期 · 总 56 期)

怀念老校长匡亚明同志

匡亚明同志任南京大学校长与名誉校长，自 1963 年起，至今已有三十多年，今将我所知道的若干事件略作介绍，寄托我怀念老校长的一份心意。

我自 1959 年起由研究生改为助教，一直在南京大学中文系工作，自八十年代后期起又帮助老校长编辑《中国思想家评传丛书》，因此一直称他为匡校长。这时他年岁大了，大家都称他为匡老，我却仍不改旧习。但他最希望人家称他为同志，这是参加革命七十多年长期培养而成的一种感情和习惯。

他来南大之时，三年困难时期刚过，学校里仍然困难重重。教学用房困难，教师住房困难；比之其他学校少评了一次职称，好多本该升为讲师的年轻教师仍为助教，而且据说南大教师的工资也比其他学校要低一级，这又必然会给南大师生在精神上和物质上增加负担。匡校长到校后，经过一段时间的调查，发现问题之后，立即大刀阔斧地着手解决问题。在 1964 年，补评了一次职称，百馀名助教升为讲师，从而与其他学校拉平了差距。

匡校长还抓紧解决用房问题，在高教部的支持下，兴建了面积较大的教学大楼，以及几幢学生宿舍，并在校园内铺设柏油马路。以前南京大学校区内都是沙砾铺的道路，每天有成千上万的师生在活动，条件之差不难想见。经过一系列的抢建之后，情况有了改观。

但当时正处在极左思潮的控制之下，到了 1964 年时，已经不大可能有所作为，事后大家感叹，匡校长能发挥作用的时间太短，如果能有更多的时间，让他有回旋的馀地，加上他雷厉风行的作风，南京大学的情况必然会有更大的改观。

"文化大革命"陡起,康生代表"中央文革"首先点他的名,匡校长一家随之陷入了苦难的深渊。那些所谓造反派的残暴,出人想象,真可以说是创造了中国历史的新纪录。一些打着革命旗号的人翻来覆去地去"抄家",家中财物被洗劫一空,一家人困居在阴暗的地下室里,长达数年之久。我们教师常说,如果不是他胸怀坦荡,有坚定的革命信念,也就无法承受这样残酷的折磨。能活下来,且体质不受影响,真是奇迹。

"文革"中期,造反派忙于内讧,无力再去看管"牛鬼蛇神"。"革命委员会"成立后,便把匡校长安置在中文系的资料室中,但中文系资料室里的负责人也不敢安排他工作,于是他就抓紧时间学英语,因为这时他还没有资格多读革命书籍。

尽管他在"文化大革命"中受到了这么多不公正待遇,但我从未听他发过一句牢骚,发表过什么怨言。有位教师参加过审查他的专案组,在他复职后,颇感不安,还曾有过调走的想法,但后来看到匡校长毫无追究过去的表示,也就安下心来了。匡校长的这种作风,也使大家深感钦佩。

"文革"结束,匡校长在历经磨难之后,终告复职。这时他看到的南大,是一片残破景象,于是他大力整顿教学秩序,建立规章制度,并为"文革"中被定性为"臭老九"的知识分子恢复名誉,调动他们的积极性。"文革"之前,他曾把化学系一位学习成绩突出的学生树为标兵,因而遭到过重大灾难,认为这是培养修正主义苗子的突出事例。经过摧残文化的大"革命"之后,使他更加深了对人才问题的认识,于是采取措施,大力培养人才和搜罗人才。这里就有好些生动感人的事例。

就以中文系而言,今天能够发展到这地步,都与他不避风险,大力吸引人才有关。

匡校长商请著名剧作家陈白尘出任"文革"后第一届中文系主任。白尘先生党龄长，享有副部长级待遇，但"文革"中被诬陷为"叛徒"，由中央组织部立案审查，当时还未作结论。这时请他出山，风险很大，但匡校长以事业为重，迎着风险上，特地请他从北京来南京就职。

程千帆先生在某大学被错划为"右派"之后，一直遭到打击和迫害，后且被勒令"自愿退休，安度晚年"，被"下放"到街道上。1978年时，有人向我校中文系推荐，系里立即向匡校长汇报，匡校长经过调查，得知千帆先生确有真才实学，立即批示吸收，并命后勤部门申报户口，安排房子接待。当时该大学中还有一位被错划为"右派"的张月超先生，得知千帆先生要回母校工作（千帆先生毕业于金陵大学，新中国成立后已与中央大学合并，改名南京大学），要求一起回来。月超先生原为中央大学外文系的高材生，匡校长从他原来的老师处了解情况后，立即决定一起接受。这一件事，办得极为干脆利落，可见匡校长办事之果断。

程、张二先生一到我系，马上面临一个待遇问题，财务处要发工资了，究竟照哪一级的职称计算？因为千帆先生等在错划"右派"之后，工资大大降低，仅够糊口而已，后虽为之摘帽，但工资一直没有恢复。南大党委决定，每人先按月暂发150元，但财务处仍感为难，不知此款从哪一项名目下支出。匡校长表示：从哪里支出我不管，但每月必须先把这一笔钱发下去，财务处也就照办。

当年旧历年底，中央下达甄别错划"右派"的决定，匡校长立即打电话给中文系总支副书记朱家维同志，要他立即赴程、张原任职的大学办平反手续。时届春节前夕，考虑到去也找不到人，于是改于次年初八前去。之前匡校长已让校办买好了两张飞机票，朱家维与保卫处一干部赶到该校，校方却表示，程千帆平反之事不能考虑。磋商多时无效，朱家维等只能返回。匡校长乃将此事告知江苏省省长惠浴宇，由他写信给湖北省省委第一书记陈丕显，上峰出面干预，千帆先生之事才能圆满解决。

凡是经历过这一段艰难岁月的人都能懂得，办成这些事情多么不容易。这时距离"文革"结束不久，极左思潮还未彻底肃清，人们大都心有馀悸，一些经过折磨重新任职的人大都抱着多一事不如少一事的态度。尤其是碰到有关"叛徒""右派"等敏感的政治问题时，更是顾虑重重，不敢轻易表态。匡校长在"文革"中遭受到那么多的迫害，恢复工作伊始，仍然保持他过去的作风，大刀阔斧地干。他在吉林大学工作期间，礼请于省吾先生出山任教，为吉林大学培养了大批古文字方面的专家学者。至今又不避风险，为南京大学多方吸引人才。他常说，要作一个真正的革命者，真正的共产党员，这些地方确是充分反映出了他作为一个革命家和教育家的风范。

白尘、千帆先生不负众望，努力工作，为南京大学中文系培养了大批人才。我校中文系戏剧研究室和古代文学专业之所以能够争取到博士点，后者并成为全国重点学科，白尘、千帆两先生是作出了重要贡献的。匡校长礼请他们来校执教，正是为国家挖掘人才。这种行动，受到教育界的一片好评。我想如果有大批的领导干部能像他那样不计个人的利害得失，爱惜保护人才，那高教界定会涌现出更多的先进人才基地。

匡校长因年事日高，后来退出了学校领导班子，转而担任省里的人大工作。按照我这样一个平民百姓的看法，像他这样的革命资历，为革命所作出的贡献，这时他所享受的待遇与荣誉，是有些不相称的。但他仍然胸怀坦荡，并无一丝一毫的不满表示，因为他平时就不考虑个人的名誉地位。古人说："君子坦荡荡，小人长戚戚。"他是一个革命长者，也是传统道德规范中所说的君子。

当时他已八十高龄，但他老当益壮，又筹划起《中国思想家评传丛书》的工作,并亲自写了一本《孔子评传》为先导。在他被任命为国务院古籍整理出版规划小组(后改称国家古籍整理出版规划小组)组长之后,更是日夜思考如何发扬传统文化的重大问题。在这几年工作中,也有许多爱惜培养人才的生动事例。因为学术界对这些事情大都有所了解,这里我就不再细说了。

(原载《匡亚明纪念文集》,南京大学出版社 1997 年 10 月出版)

周林任职南京大学时期的高风亮节

1983 年 11 月,我到北京参加古籍整理研究工作委员会成立大会,有机会再次在周老领导下工作,感到特别高兴。他在 1976 年前后曾任我校——南京大学的革命委员会主任和党委第一书记,历史上有此一层因缘,故倍感亲近。特别是他在历史重要关头所表现出来的高风亮节,一直使我景仰。

1975 年底,周老奉命来南大。前此邓小平同志复出,主持中央工作,大力整顿各方面的秩序,周老即在此时复出。但在 1976 年初,"四人帮"掀起了所谓"批邓"和"反击右倾翻案风"的运动,周老过去担任过贵州省委第一书记,邓小平在西南局又工作过很长一段时间,因此有人就放风,说周老的复出,就是邓小平派来搞右倾翻案风的。

周总理逝世,举国同悲,南大师生在悼念过程中燃起了讨伐"四人帮"的烈火,三月底、四月初,许多学生冲出校门走上街头,在鼓楼、新街口等闹市区和车站、码头张贴标语,声讨"四人帮"篡夺党和国家领导权的阴谋。他们还把标语用油漆和沥青刷在南来北往的列车上,形成了讨伐"四人帮"的强大声势。但当时"四人帮"正炙手可热,南大师生随即遭到了镇压。当时的"中央"还发出了关于"南京事件"的通知,命令追查事件的"幕后策划人"和"谣言制造者",对南大师生展开了排查、深挖等一系列的迫害。当时任副主任与副书记的章德同志因儿子也参加了声讨,已被停职审查。周老身为学校主要领导人,在这复杂的形势面前态度坚定,虽不能硬顶,但仍坚持软磨,对上面来的压力不取迎合态度。因此,尽管师生中有数人因为被人认出而遭逮捕,好大一批人还是避免了牢狱之灾。

这时政治上的斗争异常尖锐复杂。尤其是在毛主席死后，"四人帮"加紧了篡党夺权的步伐。当时上海已在"四人帮"的控制之下，江苏成了斗争的前沿阵地。江苏省委书记彭冲等人曾奉邓小平之命，抓过徐州地区铁路上的造反派，这时江苏地区的"四人帮"分子便想乘机打倒省委里的几个主要领导人员，夺取江苏领导权。南大为"文化大革命"中两派必争的前哨阵地，学校里的一些造反派这时便日夜围攻周老，要他表态，证明省委确是执行了复辟路线。在这历史的重要关头，周老表现出了一个老干部可贵的坚强党性，丝毫不为所动，明确表态省委是正确的，南大党委坚决服从上级领导。这样短兵相接的斗争延续了好几天。北京突然传来"四人帮"被抓的消息，形势也就急转直下，南大的斗争也以周老的彻底胜利而告终。

俗话说"疾风知劲草"，周老在这场狂风暴雨中，岂止是一株劲草，他的表现，犹如一株坚强不屈的青松。

现在的年轻人回顾这一场斗争时，情况似乎很简单，但经历过这一复杂时期的人都可明白，周老有此表现多么不易。因为"四人帮"的"批邓"和"反击右倾翻案风"，都曾得到毛泽东的支持，都是在他老人家的名义下发动的，到底是谁在执行毛主席的革命路线，似乎有些说不清楚，况且"四人帮"大权在握，好像不久就要正式"登基"，那些经历过冲击的干部，在利害面前，也不免有所考虑。因此，在当时的南大领导班子里，"四人帮"的爪牙固然来势汹汹，一些结合进去的干部，不少都持观望态度，暗中留下后路，因此真正态度鲜明坚决斗争的人为数是不多的。周老在当时的情况，正是所谓处在风口浪尖上，非常危险。但他临危不惧，遇难不乱，表现出了崇高的气节。

事后人们议论，周老在此起了中流砥柱的作用。假如他丧失立场，表示屈服，转而批判省委，表态皈依"四人帮"，那他身为第一书记，下面必定会有一大批干部照样画葫芦，最后必定有人落得个身败名裂。周老带头顶住了压力,也就保护了一大批干部,让他们不犯错误,保持了名节。这一贡献,对南大来说,是无形的,但又是极为重大的,这就是我在重逢周老时表示景仰的原因。

周老已因高龄而离开了人间,但他的高风亮节将永播人间。我身为南京大学和古委会两机构中的一员,一定遵从他的教导,学习他的榜样,为完成他的遗志而作出努力。

（原载高澍主编《永恒的魅力》,南京大学出版社 2002 年 4 月出版）

孙望先生的人格魅力

    有些人与之交往已久，且朝夕相处，平时也老张老李，可称亲热，但细细一想，彼此之间实际上没有多少感情上的维系。有些人相交时间不算长，平时交往也不算多，但有若干事件总萦绕心头，这样的人总是具有突出的人格魅力，让人一生感动。

    我认识孙望先生很迟，直到 1977 年时才建立起间接的关系，他于 1990 年时去世，前后相交仅十多年。又因分别在二校任职，彼此工作都忙，平时晤谈的时间更少，只是他对我的帮助，蔼然仁人的形象，却时时映现心头。

    "文化大革命"中，古代文学成了毒草，家中的书都奉命上缴。1972 年时郭沫若的《李白与杜甫》出版，此书有来头，工宣队才开禁，允许教师读读古书。我因这一契机，精力集中到唐诗上来，花了一年多的功夫，写成了《高适年谱》的初稿。

    1976 年，"四人帮"覆灭，李俊民先生复职，出任上海古籍出版社社长。这时学术界已成一片荒漠，出版社无新书可出，李俊民先生知道我手边有那么一本薄薄的稿子，也就叫我拿去看看。社里经过三审，决定接受，这可给我增加了不少思想负担。

    "文革"之前我是教中国文学批评史的。当时处在计划经济时代，学校似有一条不成文的规定，教师一般不大进入其他教师主管的专业中去，因此我对唐诗中的问题从未考虑过，只是停留在读读《唐诗三百首》的水平上。尽管由于写作《高适年谱》的关系，涉猎了唐代文史中的一些基本文献，只是投入精力毕竟过少，稿子内必然会有很多问题。如果公开出版，则白纸黑字，错误无法掩饰，难免贻笑大方，且贻害读者。万全之计,只能请一位水平高的学者审读一过,才能放心交稿。南京大学中文系缺少这方面的专家,南京师范学院中文系孙望先生于此素负盛誉,只是我与他从未有过交往,如果贸然把稿子交去,无端花去他不少时间,他能答应么? 我很犹豫。

当时也确是无法可想,我就转托孙先生的高足郁贤皓先生将稿子转交过去。孙先生说他手边有事,一时不能看,要等上一段时间再说。我就只能耐心等待。

过了两个月,稿子送回来了。孙先生附上三张纸,密密麻麻地写满了字,共提了二十一条意见。

孙先生看稿子非常仔细,小至一个错字,大至一个事件的考订,都要详细地分析,内中包含着他几十年来研究唐诗的心得。如今为了帮助一个不熟悉的人,竭尽所知和盘托出,这种精神,怎不让人感动!

下面摘引孙先生的几条意见,借以显示他态度之认真与见解之精辟。

《高适年谱》在景云二年[时事]下记:"陈子昂为射洪令段简囚死狱中。"孙先生下按语曰:

郭沫若《李白与杜甫》书中曾作此说法。罗庸先生作《陈子昂年谱》定其卒年为四十二,时长安二年也。似以罗《谱》为是。

我在此前,还不知道罗庸曾有《陈子昂年谱》之作,只能根据郭沫若书中的新说写入。孙先生的这一提示,为我开拓了新知。

高适于开元二十八年旅游相州,故《年谱》于是年内引《铜雀妓》诗为证。孙先生曰:

按《全唐诗》王适卷亦收此诗,郭茂倩《乐府诗集》卷 31 亦作王適诗歌。故此诗作者尚有争议。王適，武后时人。又句中"迴"字，《四部丛刊》本《高常侍集》如此作。《全唐诗》高適卷及王適卷，《乐府诗集》王適诗均作"迴"。从诗本身来看，亦以作"迴"字为胜。年谱中引《通典》一节话，似为解释"迴"字的意义，说明往来便捷的，愚意可以斟酌。

我写此书还在1974年时，有关《全唐诗》的参考资料很少，河南大学唐诗研究室所编的《全唐诗重篇索引》尚未问世，依我的水平而言，实无发现作者另有所属与诗中异文的问题。孙先生考订详明，我即据之作了修正。

《高適年谱》于天宝八载下原有如下文字："春，接待刘眘虚、畅当。"孙先生写了长长的一段文字，纠正我的错误。这是一篇精到的考证文字，从中可见其功力之深厚。今将全文征引于下，借示前辈学者治学之精审与态度之诚挚。

天宝八载：引韦应物《寄畅当》诗，置于天宝八载下论述，不妥。天宝八载，韦应物尚只十四龄。此《寄畅当》诗当作于代宗大历十三年左右。《新唐书·畅当传》谓"当，进士擢第，贞元初为太常博士。……"按："畅当父璀于肃宗至德初拜谏议大夫，累转吏部侍郎。代宗广德二年十二月为散骑常侍、河中尹、兼御史大夫。永泰元年复为左散骑常侍。大历五年兼判太常卿，迁户部尚书。大历十年七月卒。"（《旧书·畅璀传》）韦应物诗题原注"闻以子弟被召从军"，就是指畅当父亲的这些显要职衔而言。《唐才子传》谓畅当登大历七年张式榜进士第，则韦应物诗中"出身文翰场，高步不可攀"云云，知以子弟被召从军，事在登第后。《全唐诗》卢纶卷有《送畅当赴山南幕》诗，与韦应物诗所咏为一事。《唐才子传》

谓"时山东有寇"云云，误，韦诗云"寇贼起东山"，辛文房倒植"东山"为"山东"，致滋后人之疑。这样看来，这个畅大究竟是否指畅当，还得研究。依望愚见，认为"畅大"当指"畅当"之父"畅璀"，宋章定所撰《名贤氏族言行类稿》（四库珍本初集有此书）有云："唐户部尚书畅璀，尚书左丞畅悦。璀子常、当，当进士擢第，为太常博士。悦子偃。并河东人。"此定证畅璀为老大，而畅悦为老二。又《册府元龟》"代宗为元帅，以谏议大夫畅璀等为副使判官"。而《文苑英华》381卷有贾至授畅璀谏议大夫制，称关内盐河判官畅璀。高適此诗，题中明言"畅大判官"，排行既合，官衔亦符。而贾至与王维、高適等均同一时代，畅当则又后一代矣。《全唐诗》岑参卷亦有酬畅当诗，然该诗一作卢纶诗。按一作卢纶是，作岑参者误，盖亦时不相及也。岑仲勉《唐人行第录》作"畅大当"者，实误。若按《名贤氏族言行类稿》璀子常、当言之，畅当亦应是畅二，畅常方是畅大。盖岑氏于此未及深考，致有此误。

我在写这一条文字时，也曾感到畅当之说欠妥。畅当为中唐诗人，按例无与高適于天宝时结交的可能。但限于我当时的水平，只能依靠岑仲勉的《唐人行第录》定排行，依靠《元和姓纂》等常见书考畅氏家庭关系，故于畅当之事虽心存疑团，却无力加以解决。孙先生介绍章定《名贤氏族言行类稿》这一较罕见的材料，我在他点拨下，也就避免了错误，并提高了《年谱》的学术水平。

由上可见，孙先生的指导后学，确是倾囊相助。他本可利用几十年来所积累的这些资料撰写论文，而在他人求助时，即将成果毫不吝惜地转让他人。如此高风亮节，真足以照耀士林。

我的这本小书，就在他的帮助下避免了不少错误，并在原有基础上提高了一步。孙先生这种以学术为天下公器的精神，使我深为感动。事后我在《高适年谱》的末尾写上了一小段文字,表示我的感激之情,却被编辑删除了。在那个时候,编辑可以不征求作者意见而擅自增删,为此我一直深感遗憾。后来我把这层意思写入了《写作〈高适年谱〉的机缘与甘苦》一文后,才算是了却了一些心愿。

孙先生乐于助人,不限于我这一事例,而是遇到任何事情,都有崇高的表现。如上所言,他积累了丰富的材料,本拟为唐代诗人一一作考证,汇成一种专著,然而系里要招一名进修《诗经》的日本学生,他就中断自己的研究工作,改备新课,先完成这一任务。又如他正着手作《韦应物编年笺注》整理工作,系里又要他出任《宋代文学史》的主编,为此他花去了晚年的全部精力,而韦集的笺注工作也就无法完成。他先人后己,先公后私,乐于奉献。以瘦弱的病废之躯,默默地为人耕耘。言及学术,娓娓不倦,不矜己,不矫饰,蔼然仁者之言,使人有坐浴春风之感。他的人格,具有强烈的感召力。

孙先生去世已有多年,但不论是与之相交甚久的老友,还是接触有限的后学,提及先生,总是肃然起敬,从未听到过有异议者。这也是公道自在人心的表现吧。

(原载《诗海扬帆——文学史家孙望》,南京大学出版社 2003 年 1 月出版)

古之遗直的现代遭际

——纪念周本淳先生

本淳先生去世已有多年了。当年他在淮阴师院去世，没有给我发来讣告，隔了很久才知此事，已经无法表达哀思。前年（2003）我校古籍所与中文系古代文学教研组一起赴淮阴师院进行学术交流，本拟利用这一机会拜访一下周夫人，面致我对本淳先生的悼念之情，谁知当我打听住处时，承告不久前她已在南京去世。我知道，他们夫妇之间感情极好，一方先走，另一方总是难以接受，二人相继弃世，也可以说是携手同归，但在他人看来，总是难以为怀。

我与本淳先生谊属同门，先后相识已经将近半个世纪。记得二十世纪五十年代初，我回南京大学从胡小石师当副博士研究生，一起考进来的有谭优学、杨其群二人，从本科考上来的有吴翠芬一人。胡先生为我们开讲《说文解字》部首，郭维森、侯镜昶一起参加听课。洪诚先生为三十年代中央大学的老学生，这次也来重新听课。这些都是本系人员，自然熟识。周本淳、王明孝二先生其时正在南京市教师进修学校任教，也来听课，初见面时自然较为陌生。只是本淳先生性格开朗，又健谈，不久大家也就很熟了。

本淳先生的年龄正介于中间阶段。比起洪先生来要小些，比起我们一帮学生来，又要大上几岁。他是抗战时期的流亡学生，大概是在后方的浙江大学毕业的。前来听课时，学问已经成熟，因此经常写些文章呈胡先生请教。我们看他的署名，都感到好笑。因为他每署称"小门生周本淳拜呈"，这与当时的社会风气距离太远了。解放初期，已有横扫一切旧传统之势,人与人之间都称"同志",有的人称呼父亲、母亲也仅称"同志"。我们这帮学生当然还没有完全达到这样革命化的高度,称呼老师时仍称"先生",自报家门时则称"学生",因此看到本淳先生自称"小门生"时,都觉得太迂拙,时常引为笑谈。

革命形势正在迅速发展,识时务者为俊杰,有些先进分子,早就起而批判那些资产阶级知识分子行列中的老师。本淳先生这样的尊师重道,显然已经滞后于发展中的形势。

年龄大一些的人受到传统道德规范的影响显然要深些。洪诚先生也是恪守传统道德规范的老实人,本淳先生于此可称古道可风。记得当年暑假他曾前去莫干山游玩,下山后专程前往杭州大学探访老师王驾吾先生。他对老师一直怀有深厚的感情。

同学不久,鸣放即起。运动开始,上级号召鸣放,帮助党整风,揭发一些党员的违法乱纪。有些事情可说是严重的,颇引起老百姓的不满。我们一起上课,总要提前一刻钟左右等待胡先生前来,大家常是利用这段短短的时间交换一些信息。本淳先生对一些党员的劣迹很激愤,也举出过许多事例,具体情况已经记不起,但我相信他决不会乱加编造。按他的品性,按他当时的觉悟,他决不可能编造。他的哥哥是个老革命,按照他当时的身份,也不可能走上反党的道路。当他愤然揭发一些事例之后,最后总要说"现在还有党中央管着他们,否则不知会坏到什么地步",可见他对党中央的信任是毫不动摇的,他坚信党中央正领导大家克服这些不良现象。

但运动的发展非始料所及。不久风向转变,进修学校两位旁听者都不来上课了。我预感,直心直肚肠的本淳先生一定遭到了麻烦。

果然,随后听到他已被划成"右派",从此也就无法再联系了。

我们再次重逢,已在打倒"四人帮"之后。他在淮阴师范学院工作,与于北山、萧兵等先生一起,从事该院中文系的学科建设,并已取得很大的成绩。八十年代初期,省教育厅在南京等地举办了好几次古代文学的会议。本淳先生性格依旧,风采依旧,但年事已高,学问上更成熟了。他常来南京与程千帆先生等人讨论学问,还常到南京图书馆看书。我们常在馆中见面。

改革开放之后,迎来了知识分子的春天。我和他曾一起赴安徽亳县(今亳州市)参加三曹会议,会上组织大家赴黄山游玩。那时大家年纪毕竟还算轻些,曾经一起登上最高的莲花峰,且合影留念。每当我翻出这张照片时,知识分子苦尽甘来的感受总会涌上心头。

八十年代后期,九十年代初期,我们在学术上的交流最多。我有书出来,常是送他请教,他有著作出来,也常是送我。这时他的所长才能充分发挥。他为人民文学出版社和上海古籍出版社整理了好几种古籍,像《苕溪渔隐丛话》等书,其水平不知要超过原来一本据称是名家整理的本子多少倍。而他在江苏教育出版社出版的一本论文集,取名《读常见书札记》,可见他仍保持谦虚的美德,决不会因身份改变而摆什么架子。

在他晚年,还做了一件大好事,为我系的古籍整理一大项目《全清词》的顺康卷作了审订和加工。其时程千帆先生年迈体衰,工作时已力不从心,幸有本淳先生相助,才使这一大项目有完善的结果。记得我在接洽此事时,请本淳先生来南京面谈且共同筹划,并偕夫人钱煦女士一起前来。我知道,钱煦夫人为浙江大学名数学家钱宝琮教授之女,钱先生不光在自然科学方面卓有建树,在人文科学方面也成绩可观。他写的《太一考》一文发表在《燕京学报》第十二期,是《楚辞》方面的一篇名文,我在当学生时就一再拜读,故与钱煦夫人见面时倍感亲切。当时我在南京大学接待餐厅设宴为本淳先生夫妇接风,千帆先生夫妇一起参加,席间畅谈学术,共庆传统文化终于出现复兴之势,彼此庆幸劫后馀生,尚能待到杯酒酬酢的一天。此情此景,今日思之,仍倍感神往。

历史终于恢复了本来面目。人们痛定思痛,才能认识到今是而昨非。本淳先生一类人物的品格,才能受到大家的认可与尊重。

随着改革开放的不断深入,经济建设不断发展,人们的生活水平日渐提高,但人们的道德水平却很难说是与时俱进。二者不协调的情况引人深思。所可知者,物质的东西破坏之后,重建起来还比较容易,传统道德破坏之后,想要重建可就没有那么容易。这使我不时想起,像本淳先生这样恪守传统道德规范的人,可谓"古之遗直",他的当代遭际,因其"迂拙"而横遭厄运,也就成了一种必然。他的坦率诚恳,他的正直热情,他的尊师重道,前时因其有违时尚而不被人认同,今日思之,当今又是多么需要这种精神的注入。

(原载周本淳子女编《我们的父亲母亲》,自印本,2006年3月。后收入《本淳学洽　薪尽火传:周本淳先生百年诞辰纪念集》,研究出版社2021年12月版)

我与李珍华教授的四次相聚

人与人的相聚，是一种缘分。我与李珍华先生的相聚，则得益于改革开放所提供的机缘。

"文化大革命"前，中国高等院校中的教师闭关自守，不要说与国外的学者交往，就连省外的学者，市内的学者，也难得聚会。八十年代后，情况有了根本的改变。1982年时，中国唐代文学学会成立，其后每隔两年举行一次年会，我与珍华先生就因这一机缘而相识。

回想起来，我们前后一起参加了四次年会。中国各地历史地理有异，这些会址也洋溢着不同地域文化的绚烂风情。

1984年时，西北师范学院承办年会。会后同赴敦煌游览，我与珍华先生一路同行。从柳泉到敦煌，汽车奔驰在戈壁滩上，大家都为窗外的广阔景象所震慑。眼前一片荒漠，只有几丛灌木在风中摇曳。我想起了鲍照"孤蓬自振，惊砂坐飞"的名句。珍华先生掏出相机，不断拍摄，意欲留作一段美好回忆。那时国内人很穷，很少有相机的。西北师范学院办会的人考虑得很周到，预先发票，每人可拍一张彩色照片留念。他们对我额外开恩，拉我又加拍了几张，心中自是特别高兴。从珍华先生不断拍摄的神情中，可以看出他对敦煌地区奇特风光的沉醉，而从旁人羡慕的眼光里，也可看到大家对提高生活水平和文化享受的追求。

到敦煌后，我和珍华先生受到照顾，安排在新落成的敦煌宾馆住宿。邻室而居，交往自然增多。据他人介绍，他曾参加过国民党的军队，赴美学习后，转入密歇根州立大学教书。中国打倒"四人帮"后，他多次回国，联系学术界中人，希望为祖国的建设和发展尽一份心力。

那时中国正是一穷二白,教师很少有人住过宾馆,因而闹出了一些笑话。敦煌古时邻近瓜州地区,瓜果特别好吃,会上给每个房间里放了不少西瓜,有几位北方中小城市来的老教授,将瓜皮随手丢进了抽水马桶内。珍华先生见后不禁叹息。但他也能理解,这种现象正是人们长期过着闭塞生活的结果。北方中小城市的教授家中,少见抽水马桶,长期下放农村,更难培养现代人的生活习惯。

1986年时,河南省社科院文学所承办年会,会场安排在洛阳。时值牡丹节开幕,大街小巷都摆满了牡丹花的花盆,王城公园内更是姹紫嫣红开遍,展出了很多优良品种的牡丹。代表们论学之馀,尽情欣赏。大家还到龙门参观石刻,欣赏豫剧《抬花轿》。中有一幕,二三十人抬了一顶花轿,不断变换队形,起伏徘徊,缓缓行进。演员齐声歌唱,轿中的新娘也穿插其中纵情歌唱。舞台气氛异常热烈,此情此景只能用"繁音激楚,热耳酸心"二句来形容。场内观众也异常兴奋,台上台下形成了强烈的感情交流。我与珍华先生坐在一起,感受到了他的兴奋情绪。交谈中,他深情地说:"国外无法看到这样的戏。几十年了,只有回国才能感受这样的气氛。"

1988年时,山西大学牵头承办年会。珍华先生因故未来,在这次会上,我代表江苏的五所高校提出申请,希望接办下次年会,大会批准了我们的请求。我们决心把这办成一次高规格的国际学术会议。唐代文学已成国际性的一种学问,但中国学术界却因闭关锁国之故,无法与国外同行交流,作为唐代文化的传承者,中国本土的学人也无法起到核心作用。以往开唐代文学年会时,只有个别国外学者参加,像珍华先生这样专程赶来的人很少。个别参加者,往往是些正在内地讲学或旅游的人,学术水平也就难有保证。我们决心借这次办会之机,遍请国外的唐代文学专家,共襄盛举,借此形成一种长期友好交流的机制。只是我等虽有此心,却又觉得困难重重。长期封闭,不知道国外到底有哪些人在研究唐代文学？于是我们列出各个地区的熟人，一一与他们联系，希望他们提供一份该地区研究唐代文学的学者名单，好开展工作。

我与李珍华教授联系，告知此事，随即接到了回信，他很赞同我们的想法，并表示要尽力促成此事，他本人也一定要争取参加这次会议。其后他开具了一份名单，差不多网罗了美国研究唐代文学的所有知名学者。其后虽因种种原因，有的因有事，有的研究方向转移，未能与会，但还是来了多名学者。美国唐代学会会长艾龙教授派了联络员车淑珊教授前来，威斯康星大学的倪豪士教授正是通过珍华教授的介绍而联系上的。

1990年的南京会议办得很成功，可称是一次高规格的国际会议。日本、韩国最负盛名的学者多人与会，我国台湾、香港地区的知名学者多人云集此地。大洋彼岸的美国学者的与会，使会议更为增色，这事得到了珍华教授的大力帮助。

这次会上，大家一起参观了秦淮河、栖霞山和扬州古城。江南佳丽之地，给珍华先生留下了深刻印象。

1992年时，厦门大学承办唐代文学国际会议，珍华教授也参加了。这次他回到故乡，重游泉州等地，心情很舒畅。但我隐隐约约地感到，他的精神似已不如以往那么健旺，不知其时是否已经受到恶疾的困扰。

苏轼诗云："人生到处知何似，应似飞鸿踏雪泥。泥上偶然留指爪，鸿飞那复计东西。"我与珍华教授分居两地，暌隔万里，能有机会一起在祖国的美好河山上偶留踪迹，真是人生有缘。此缘又因唐代文学而起。这使我感到，中国传统文化何等精深博大。一位居留异地的游子，历经多年而不变其情操，山山水水萦绕胸怀，使他情不自已。多次返乡，希望能为故国效力。汉唐盛世的梦想，激励着千千万万的华夏子孙,竭尽心力为此奋斗,这种精神已成了各地学者之间的联系纽带。

（原载卢伟编著《李珍华纪念集》,北京大学出版社 2003 年 10 月出版）

叶子铭的道德文章

解放之后,有些事总让人想不清楚。譬如培养人才问题吧,一方面大量培养人才,一方面又肆意摧残,这为了什么?就以叶子铭为例,他家境贫寒,靠教小学的嫂子的薪酬才上了大学,因此他对新社会,那是由衷拥护。但在反右派时,只是对一些过火行动不满,对因上纲上线而被错划为右派的同学表示同情,也就改变了分配计划,取消了他留校资格,定要分发出去。

他学习成绩突出,毕业论文作茅盾研究,已经取得很好的成绩,得到作者本人的赞赏。当时他才二十出头,热情阐扬党在文艺路线上的成就,但却给他带来重重苦难,这也让人百思不得其解。茅盾其人,早期杰出的左翼作家,《子夜》等书,自是小说中的杰作。作者一生清白,没有做过什么坏事;叶子铭本人又是一个单纯的大学生,以此作为研究对象,这又犯了什么法,定要让他遭受磨难?

文艺战线上的问题,更是让人闹不明白。大家都把眼光盯在三十年代党的领导问题上,起初说是冯雪峰等人协助鲁迅领导左翼阵线取得了伟大成就,后来又说周扬是正确路线的代表。"文化大革命"一起,上述诸人又都成了反动分子,文艺战线上的杰出人物,原来是三十年代上海滩上那位三流明星的蓝苹。正是乱哄哄你方唱罢我登场。但让人想不明白的是,你们这些上层人物翻来覆去地闹,干什么要殃及无辜?叶子铭从事茅盾研究,为什么就要把他驱入黑线中去?一个单纯的学生,进行纯学术的研究,又犯了什么罪?你们这些上层人物想流芳千古,但不能把一些年轻人踩在脚下。

"文化大革命"中的事，尤其让人难以明白。一些善于在运动中大显身手的人，事后立即转向，表示早就看清"四人帮"的真面目，因而已有抵制云云。叶子铭在"文革"之后，没有什么豪言壮语，他在谈到"文化大革命"的感受时，只是说对问题搞不清楚，他之所以不卷入其中，只是因为江青等人调子太高，自己跟不上。这里可以看出他的为人，真诚坦率，不伪装，不唱高调。江青是毛泽东的亲密战友兼夫人，这时出任"文化大革命"的旗手，照常理来说，高举的自然是毛泽东思想的伟大红旗，尽管后来有人解释，说是毛主席早就和她分居了，但个中隐情，下面的小小老百姓如何能看得清楚？那些一贯正确者的表态，反倒容易引起怀疑。叶子铭的一番话，正是为人正派的表现。

实际说来，叶子铭最有条件混到"四人帮"的高层中去。他在六十年代前期编《文学的基本原理》时，与徐景贤等人朝夕相处，如想投入，以他已经取得的成就和学术界的身份，自必受到"四人帮"的重用。不像有些小文人，为了向上爬，定要百般迎合上海的这批人物。因此，叶子铭与"四人帮"保持距离，自觉地划清界线，在那浊水横流的年代，只能洁身自好。有些人之积极活动，最后没有进入"四人帮"的圈子，只是因为资格不够，不能引起徐景贤辈的赏识。

我常想，中文系的教师中，有些人对叶子铭窃窃私语，可能因为他年轻时就出名，因而总有那么一些文人相轻的味道。可是反过来说，如果有人处在叶子铭的位置上，那不知又会怎样意气风发，不可一世。叶子铭为人沉稳厚道，宁愿自己受委屈，从不伤害他人，因此从无私敌。比起那些善于要手腕的人来，又是何等可贵。现在还有一些人对他的茅盾研究妄加评论，对此也要仔细分析。叶子铭在学生时代进行的这项研究，在南京大学中文系开创了作家作品研究的一条新路，其后在全国也发生了巨大影响，这是他在近现代文学研究中作出的重大贡献，可以预期，这些都将铭记在新文学的研究史上。

（原载《别梦依稀——叶子铭教授纪念集》，南京大学出版社 2006 年 11 月出版）

文化同根倍情亲

《三国演义》开头就说："话说天下大势，分久必合，合久必分。"这话深入人心，差不多每一个中国人都记得。今日内地、台湾虽然还未统一，但从整个中国历史来看，这只是暂时的情况，统一的历史潮流是不可阻挡的。

自 1949 年至八十年代中期，两岸阻隔将近四十年，分居两地的亲人望眼欲穿，不知道何时才能沟通，才能团圆。然而隔离的阀门一旦打开，两岸交流即快速发展。即以我等学人而言，以前若是说到要与台湾学者交往，不是谈虎色变，就是觉得不可思议，但只经过短短的几年功夫，就已来去畅通；瞻望日后，当更为方便。

回忆这几年中与台湾友人的交往，充满着温馨之感。

1988 年时，唐代文学学会在山西举办第四届年会暨学术讨论会，我代表江苏五校（南京大学、南京师范大学、苏州大学、扬州师范学院、徐州师范学院）申请接手承办第五届年会暨学术讨论会。当时我有一个想法：唐代文学已成一门世界性的学问，各国都有不少学者在研究，以往的几次会议偶尔有些国外学者参加，但文化交流的规模显然太小，应该举办一次大型的唐代文学国际会议，才能有力地推动学术界的交流，促进唐代文学研究工作的开展。

若要这样做，则首应邀请台湾学者前来与会。大家都是中国人，都有一支庞大的研究队伍，都视唐代文学为国之瑰宝，首先应该进行沟通。两岸学者共同参加，才能反映出全中国的唐代文学研究现状。我们应当以此为主体，然后再来考虑国际间的学术交流。但一想到真要与台湾学者挂钩，可犯难了，这时大家对台湾学术界的情况，可说是一片模糊，如何确定邀请名单，成了一件颇为棘手的事。

我就想起了台湾大学的罗联添教授。据美国方面的朋友说，他是台湾方面研究唐代文学的专家，刚好我与他曾有一段文字因缘，可以借此联系。还在八十年代中期，福建社科院文学所的蔡厚示教授告诉我，我早年发表在《中华文史论丛》第五辑上的一篇文章《梁代文论三派述要》，罗氏已把它编入学海出版社的《中国文学史论文精选》和学生书局的《中国文学史论文选集续编》。这时不妨直接给他写信，邀请他与会，并请他转约一些同道前来。

信去不久，就接到他回信，联添先生除本人参加外，果真邀约了好几位学者同行。

台湾的学者也很重视这次会议，说明他们也有交流学术的迫切要求。为此他们组成了一个团，由东海大学的杨承祖教授任团长，内有成员台湾大学的罗联添、吴宏一教授，台湾师范大学的汪中教授，政治大学的罗宗涛、李丰楙教授，东吴大学的王国良教授，并由前辈学者辅仁大学讲座教授王梦鸥先生任顾问。其时吴宏一教授正出任"中央研究院"文哲研究所筹备处主任，可见这一团队确是具有高水准的"代表"意义。

这次通过其他渠道来开会的台湾学者，还有花莲师范学院的李殿魁教授，中国文化大学的郑向恒教授，空中大学的沈谦教授等，与团队汇合，真可谓济济一堂，极一时之盛。香港方面的朋友说，他们也从未见到过台湾方面曾组成这么一个强大的阵营外出开会的。

会议计 7 天，除小会讨论、大会发言外，大家还赴扬州参观游赏，事后汪中教授曾赋《扬州绝句》12 首分记诸胜事，中咏参观广陵古籍刻印社曰："刊书剩此见灵光，景印终输蝓麋香。淮海少年天下士，楼台雾失断人肠。"自注："扬州犹存宇内仅有刻书处。余得彊邨本《淮海词》已无墨香。东坡最赏《踏莎行》'雾失楼台，月迷津渡'一阕。"该日于富春茶社进食，维扬细点品味之佳，与会者莫不赞叹，王梦鸥教授夫人梁静训女士即表示：他俩以近九十的高龄来此远游，即此一餐，也已不虚此行。

会议结束，与会的部分中外代表又应浙江郑虔纪念馆馆长王晚霞先生之情，前往浙东参观访问。台湾方面前去的，有杨承祖、罗联添、汪中、吴宏一、罗宗涛、李丰楙诸先生与部分家属。这次一路同行，观赏浙东山水，因有各地政府隆重接待，故条件颇好，天台山石梁飞瀑等胜景，自足令人流连。经过多日接触，彼此也已相当熟悉了，且路途多暇，倾谈的机会多了，也就对双方教育界的情况增加了了解。

这时才知道，像杨、罗、汪等几位，都是早年从内地过去的，他们年岁与我相若，对于过去种种，容易形成共同感兴趣的话题。罗先生去台湾后，在台湾大学上学，随后工作至今；杨、汪二先生则是台湾师范大学的早期毕业生。台湾筹办师范大学时，潘石禅（重规）、高仲华（明）、林景伊（尹）等先生都在该校任教，这些老一辈的学者，都是我校南京大学的前身——中央大学毕业的，出于黄季刚、胡小石、汪辟疆等先生门下，与我校程千帆教授都是同门好友。我则于新中国成立后入学，时黄季刚先生早已去世，胡、汪二先生还健在，我听过他们的课，后且做了小石先生的副博士研究生。这时才知彼此师承同出一源，因此不论在学风方面，在评价古人方面，都有相通之处。罗、吴二先生出于台静农教授门下，小石先生在重庆时，与台先生也多有交往。

王梦鸥教授于四十年代曾在"中央研究院"历史语言研究所工作，这次偕同夫人回南京，曾在学生罗宗涛、李丰楙、王国良教授的陪同下，重访鸡鸣寺下故址，且摄影留念。梦鸥先生长子王薇生先生为我大学时期的同学，他学俄文，我学中文，但常有机会一起活动。彼此话旧，共同的语言也就很多。王勃诗云："海内存知己，天涯若比邻。"这次大家见面，谊属初交，当然还谈不上什么"知己"，但"天涯若比邻"的感受却是很深的。

中国的知识分子向来重视师承关系，凡出同门的人，都有一种亲切感。1991年时，我与南京师范大学的金启华教授出席新加坡国立大学举办的"汉学研究之回顾与前瞻"国际会议，遇到高仲华教授。高先生时已八十开外，当然是我俩的前辈。当他知道我们出于中央大学及其后身南京大学之后，非常高兴。我们介绍了从胡小石先生受业的经过，高先生即深情地说："小石先生是我的恩师呀！小石先生能讲课，我在台湾教书，人家也说我讲得好，我是完全学胡先生的。"共同的师承关系，立即使人感情上靠拢。

这时台湾的"中央大学"也迅速地与我校建立起了联系。1993年暑假，台湾方面以"中央大学"为主组成了一个代表团，来此访问。南京方面则以我校为主，负责接待，进行学术交流。台湾方面由当时的"中央大学"文学院院长蔡信发教授任团长，他和团内的"中央大学"教授颜昆阳等人都是台湾师范大学毕业的。台湾高等教育界师范大学的毕业生特别多，其后熟识的王更生、张高评、蔡宗阳、龚鹏程等教授都是师大毕业生。

1995年时，南京方面组团回访，内以我校教师为主，前往"中央大学"时，受到了该校师生的热烈欢迎。台湾的"中央大学"校友会在会长虞兆中教授的主持下，还在台北景豪大酒店设盛宴接待。虞兆中教授曾任台湾大学校长，他说"中央大学"出身的人曾有7人出任过台大校长，席问话题当然仍以"中央大学"的校史为主。

这次赴台，是以"第二届两岸文学创作与研究新趋势研讨会"的名义前去的。双方的论文题目很多带有介绍两岸学术情况的性质，大家亟需增进了解。

多年来的学术活动，使我对我国内地以外的汉学研究的情况增进了了解。我深切地感受到，我们从事中国传统文化研究的人，也应与外界加强交流,特别是我国台湾学者的研究成果,不容忽视。我们也应该注意日本与欧美学者的研究方法与学术趋向。闭关自守,故步自封,只能导致学术上的落后,即使是在所谓"国学"的范围内,也是如此。

这是我第一次去台湾。根据中央大学的安排,4月16日这天,参观台北中山纪念馆。刚巧那天台北发生"台独"大游行,到处可见"告别中国"的标语,心里颇不是味道。其时曾碰到几个台湾的知识分子,看出我们是从内地去的,立即上来打招呼,并对外边的"台独"大游行表示愤慨。陪同我们的一些朋友不便谈这一敏感问题。但我作为一个接受过传统文化教育的知识分子,从内心深处来说,是决不愿意看到中国永久分裂的。我深信,两岸之间的分裂,从历史上来说,只将是短短的一段插曲,"分久必合",这是必然的趋势。同是中国人,具有同样的文化背景,千百年来生活在共同的国土上,怎么可能永久分裂下去呢?大家都已逐渐认识到,文化具有巨大的凝聚力,它能使人相亲而少隔阂,两岸的人应该重视传统文化所产生的这种力量。

处在当前这种复杂多变的政治局面下,自知一介书生,也不可能对形势多说什么,但我觉得应该站在一个中国知识分子的立场,尽一份力量,使两岸从事传统文化工作的人先接近起来。这是两岸的人彼此之间最有共同语言的地方。从八十年代起,我就在全国高等院校古籍整理研究工作委员会(以下简称"古委会")和国家古籍整理出版规划小组兼任职务,台湾方面也有不少同行,大家都极珍视中国传统文化的载体——古籍。这时我恰好接受了古委会的一项任务,与台湾的有关方面磋商,举办一次两岸古籍整理学术研讨会。看到上述情景之后,更感到了在传统文化方面进行交流的必要性与迫切性。

当时古委会内已有一些成员开始与台湾学界接触,探讨两岸联合办会问题。古委会与台湾的汉学研究中心已有了一些联系。我有机会亲至其地，也就可以进一步了解，探讨各种可能，看如何办会最为合适。

那时同行的人已回内地，我一人则多留了几天，先后接受杨承祖、李立信二教授的邀请，赴东海大学讲演；受林庆彰教授邀请，赴"中央研究院"文哲所讲演；受张高评教授邀请，赴成功大学讲演；受王国良教授邀请，赴东吴大学讲演；受台湾"中国唐代学会"邀请，赴"中央图书馆"讲演。时间安排得很紧，但奔波于台北、台中、台南等地，以文会友，心情很愉快，也幸亏有各地朋友的帮助，才使此行得以诸事顺当。

去台中东海大学时，遇到了杨、李与汪中教授。汪先生是著名的学者、诗人、书法家，蒙惠赐书法一幅和影印本多种，讲演后还一起赴全国大饭店用自助餐，畅叙欢甚。本来还要去中兴大学讲演，因时间紧迫作罢。

去台南时，因时间关系，晚上先至高雄，丽文文化公司的杨丽源先生夫妇驱车来接，安排在台湾"中山大学"活动中心住宿。俯瞰高雄港湾风光，旖旎浩瀚，令人心醉。我的《中国文学批评小史》台湾版即在丽文出版，杨先生来大陆时曾有交往，这次蒙他在高雄、台南之间接送，后又在高雄港湾边请吃海鲜，约请台湾"中山大学"文学院前院长鲍国顺、现院长徐汉昌、中文系主任王金凌等教授一起欢晤。鲍教授于1993年时随"中央大学"团队曾来南京；王教授研究《文心雕龙》，彼此情况熟悉；徐汉昌教授研究先秦诸子，说是读过我的《〈韩非子〉札记》。由于此书，我在国外与港台结交了一批朋友，闻之心喜。

这次我至三地讲演，还有一个计划，想把内地十年来古籍整理的成果在三个城市展出，让台湾学术界进一步了解内地这一方面的工作。在台中时，得到杨承祖教授等大力支持，初步定下了展览的计划；到台南后，与张高评教授商量，他说成功大学本身就可以承办，但得与校长吴京教授商量。为此我又拜访了吴校长，蒙热情接待，且一口承诺,表示大力支持。

在台北时,幸有王国良、林庆彰二教授帮助,开着汽车满城跑,才使我能在短短的时间内办完好多事情。当时也够紧张的了,住在"中央研究院"学术活动中心,想到对面胡适公园去看一下都抽不出时间。直到今年才有机会参观胡适墓与董作宾墓。

经过多方了解,大家都以为首届两岸古籍整理会议由汉学研究中心来承办最为合适。恰巧我在4月19日赴"中央图书馆"作讲演时,蒙汉学研究中心负责联络工作的刘显叔先生不弃,也来听讲,事后即至他的办公室商谈。大家都表示了促进两岸文化交流的愿望,表达了在古籍整理领域中合作的热忱,原则上作出了在1996年4、5月间联合举办会议的决定。可以说,这是我在1995年台湾之行中意义最为重大的一次会晤。

为联系会议,我两次去台湾"中央图书馆",经介绍,也参观了他们的善本书库。"中央图书馆"藏书极为丰富,我就想到,假如两岸的图书馆能互通有无,又能做到简便易行,则对中国传统文化的发展与传播当大有裨益。我在该馆的展览橱柜中看到了季振宜《唐诗》的原稿和宋绍兴辛巳建阳陈八郎崇化书坊刊本五臣注《文选》,都是天壤之间仅存的珍本。现在大家阅读的御定《全唐诗》,主要依据季书编成,馆藏此稿保留着季氏所用各种本子的原貌,对于后人了解《全唐诗》的编成与流传,极为有用。目下我与几位志同道合的朋友正在组织国内唐诗学界的很多专家编纂《全唐五代诗》,季书即为主要参考书之一。此稿现有影印本行世,为编纂工作提供了不少方便。五臣注《文选》的出现,纠正了学界长期存在的一种错误观念,以为中国已无五臣注,现有的各种本子都是从六臣注中分出来的。骆鸿凯《文选学》一书,颇具权威意义,即持此说。八十年代,台湾"中央图书馆"已将这一宋本五臣注影印行世,而印数甚少,故内地学界知之者还不多。我去参观时,蒙该馆出版品国际交换处主任张汪雁秋、特藏组主任卢锦堂等先生厚爱,惠赠此书一部。1994 年我在日本讲学时,曾将京都大学文学部影印的《文选集注》复印后带回,这次又得到五臣注《文选》,可以说是内地兼有这两种难得的珍贵资料屈指可数者之一。为了推动魏晋南北朝文学的研究,将《文选集注》一书在内地印出,我已征得日本京都大学文学部兴膳宏教授的同意,商请上海古籍出版社影印出版。宋本五臣注《文选》,希望不久也能在内地印出。

1995 年年底,我在本校举办了一次魏晋南北朝学术研讨会,杨承祖、李立信、王国良等教授都前来。这年内地上一共举办了三次有关魏晋南北朝文学的国际会议,北京大学举办的《文心雕龙》会议,郑州大学的"《文选》学"会议,以及南京大学的魏晋南北朝学术会议。中国文化大学的洪顺隆教授都参加了,台湾师范大学的蔡宗阳教授则参加了一、三两次,可见我国台湾学人对于两岸学术交流的重视。中兴大学文学院院长胡楚生教授来此与会,他是台湾方面筹备两岸古籍整理学术研讨会的委员,承告他们正在积极开展工作,会议当可如期举行,我即将这一可喜的讯息通知古委会,因为这里也得抓紧准备。

南京会议期间,白天展开热烈讨论,晚上安排昆剧演出、品尝秦淮风味小吃与夜游夫子庙等活动,还到丹阳参观南朝齐、梁王室的陵墓,回程时又到甘家巷看六朝石刻。这些安排,与会者大都表示满意。中国学人每发怀古之幽情,也是对故土的一种情结。这种对以往灿烂历史的共识,使大家拥有相互接近的动力,因此各类学术会议的举办,所起的作用,不光是最新成果的发表,而且还有文化上的认同,共同情愫的凝结。与会者称赞这次会议组织得好,几位朋友看过昆剧演出后,深为其高雅的格调所吸引,改变了他们对传统戏曲的看法。秦淮夜游街头漫步,情调与气氛均佳。看到梁武帝与简文帝墓前的石刻,更会使人产生华夏文化源远流长、绚丽多姿的感受。台湾学人有带子女前来的,他们也着眼于文化上的寻根。

今年4月,筹备了一年的"两岸古籍整理学术研讨会"终于如期举行了。这是很不容易的。因为在此之前,海峡间正经历着一场强烈的风波,会议之所以能不受影响如期召开,并圆满结束,说明两岸的人都有在传统文化的交流与发扬上不再发生障碍的要求。

目下去台,必须经过香港,内地高校学者一行二十二人前去时,住在香港中文大学的曙光楼,中文系主任邓仕梁教授热情接待,王晋光教授不辞烦劳,做了大量的接待工作。中文系与中国文化研究所还联合召开与内地学人的座谈会,前辈学者饶宗颐、刘殿爵教授等都参加了。大家所以共同关心这次两岸会议,也是基于文化认同所产生的凝聚力。凡是从事中国传统文化研究的人,都是希望两岸人民共同振兴中华的。

到达台北后,受到了汉学研究中心朋友们的热情接待,使人有宾至如归之感。我对这次会议当然抱有很高的热情,事后也证明了,通过沟通,双方增进了解,共同的语言多了,这为日后的交流打下了牢固的基础。

会议期间,内地代表接到了很多邀请,前往台湾大学、中国文化大学、东华大学与台湾"中央研究院"历史语言研究所、文学哲学研究所访问,还参观了台湾"故宫博物院"等著名历史文化场所,并去阳明山与太鲁阁公园等地旅游。汉学研究中心主任曾济群先生自始至终关心着会议。秘书长刘显叔先生精心筹划,措置合宜,外出时又始终陪伴着大家。这次会议,他出力最多,贡献最大。中心的其他朋友也极为辛苦,对内地与会代表作了细致妥帖的安排。

会议取得成功,不言而喻,内地方面也作出了巨大的努力。古委会秘书处,所属的十几个古籍所,都尽到了应尽的责任。特别是古委会副主任兼秘书长安平秋、副秘书长杨忠、曹亦冰三位先生,在临行前的一段日子里,工作的紧张和辛苦,几乎达到了饱和的程度。国家教委港台办、国务院港台办等单位的积极支持,也是会议能如期召开的重要因素。即以南京方面而言,我在去年赴台的过程中,即曾得到江苏省港台办的大力支持;今年与卞孝萱教授同行,又承本校港台办和江苏省公安厅出入境管理处大力支持,在时间极为紧迫的情况下迅速办好手续,在此亦应一并致谢。

同样使我难以忘怀的是,这次又受到了台湾诸老友的热情接待。开幕那天,欢迎酒会进行到中间,杨承祖、罗联添、汪中、胡楚生、罗宗涛、李丰楙、王国良、蔡宗阳、高明士等教授又在宁福楼饭店接着举行接风盛宴,内地学者中有五人应邀。去年我离开台北时,罗联添教授邀约多人即于此楼为我饯行。这次重聚,倍感亲切。前任唐代学会理事长王寿南教授也参加了欢迎宴会。去年蒙他不弃,曾到"中央图书馆"来听我讲演,这次相遇,可谓"二见如故"。谈话中始知我即将在台湾"商务印书馆"出版的《诗仙李白之谜》一书,就是由他审稿的,平添一层文字因缘,更觉亲切。他是著名的历史学家,著作很多,但台湾书价太贵,内地学者不易购买,这次蒙他惠赠大著多种,中如《唐代政治史论集》中《唐代文官任用制度之研究》等文,着重典章制度方面的分析,对于学习唐代文学的人,很有启发。他的《隋唐史》一书,在典章制度方面也用力甚多。"九通"之学,在内地学者中有所忽视,似应借鉴。今年十一月,他将筹办台湾第三届唐代文化学术研讨会,内地学者八人应邀参加,我忝列其中,届时又有机会与诸友再次欢晤,商量学术,预见将会结交更多新友。

在古籍整理会议上,又遇到了台湾"故宫博物院"的吴哲夫教授与台北市立师范学院的刘兆祐教授。刘教授即主持季振宜《唐诗》原稿之影印者,书前并有长序叙其始末。去年至台北时,王国良教授曾在"故宫博物院"前面的上林赋饭店设宴,请这几位台湾学界资望甚高的学者一起畅叙，当时还请了台湾"故宫博物院"副院长昌彼得教授前来，刚巧我们去时汽车受阻，他又要赶上飞机外出，未能谋面。这次内地参加古籍整理会议的学者参观台湾"故宫博物院"，蒙昌彼得教授在上林赋设宴招待，却又因人多，未能聚谈。他撰有《说郛考》一书，颇负时誉，我因近年来也在研究笔记小说，本想向他多请教，这次又未能如愿，只能留待他日了。

（原载《中国典籍与文化》1996 年第 4 期）

我与《唐宋史料笔记丛刊》的文字因缘

　　1978 年时，我受南京大学的指派，到北京各大图书馆访书，负责《韩非子校注》的定稿工作。此书在"文化大革命"中已完成初稿，编写组在工作中就注意到努力排除"四人帮"的恶劣影响，因而基础尚好，至是编写组乃决定将此"法家著作"改写成一部具有较高水平的学术著作，由我最后加工。我为增加此书的学术分量，考虑到首先得在文字上取信于人，这就必须增加校勘记。为此我在东城区的崇文旅馆内住了两个月，每天奔波于各大图书馆，用各种善本进行校勘。

　　这时全国还实行每周六天工作制，北京图书馆善本书室则规定星期六也休息。一到星期六，我就无事可做。想起"文化大革命"前我还有两篇文章寄交《新建设》杂志社，之后一直下落不明。原来一直想，"文化大革命"中不知有多少知识分子家破人亡，自己丢了两篇文章又算得了什么，因此一直不在意，也不想去追查。这时反正闲着无事，也就想到，不妨找杂志社去查一下，看能不能找回旧稿。

　　经了解，《新建设》杂志社在新中国成立门内大街 5 号，原来就在中国社会科学院内。到传达室询问时，说明是来索取旧稿的，接待的人颇为诧异，说是该社早已撤销了，已经没有什么人负责，不可能再找到什么稿子。我正想退出，忽然旁边有一个人说，某人原来就是《新建设》杂志社的，他现在某处工作，你可以去问他一下，看有没有什么头绪。他指了一下前面的一幢楼，我看路也不远，就走了过去。

　　该人听清了我的来意，觉得很有趣，说是还从来没有一个人来要稿子的。当年《新建设》被一锅端，全体人员赶下乡，什么东西都没有拿下去，你的稿子也无下落可寻。我明白，大家都是受害者，我不能再在两篇文章上纠缠，于是告辞离去。但该人忽又想起，说是有一位同事当年曾挑了一捆稿子带下去。那是一位编辑，他说人家辛辛苦苦写出来，也不容易，现在一把火烧掉，太作孽，因此他挑选了一捆稿子带下乡了。你可以找他问问，看在不在内。但这人今天未上班，下星期你可以来找他一下。

七十年代后期，办公室里一般没有电话。反正我已提起精神来了，一不做，二不休，下个星期六再去找那位挑稿子下乡的同志。但那人无奈地说，《新建设》的下放人员在各地乡下转移了好几次，他也吃不消了，最后还是把稿子烧掉了。当我正要告别时，他又突然想到，说是当年《新建设》杂志跟中华书局《文史》杂志合作，有些投到《新建设》的稿子，编辑认为改在《文史》上发表更合适，就转到该社。他建议我去《文史》杂志社找一找，看在不在那里。我看时间尚可，就一鼓作气赶到了中华书局。

我向中华书局传达室询问，知道《文史》复刊还不久，编辑工作现由傅璇琮先生负责。当我说明来意，傅先生就把我的通讯地址留下，说是"文革"之前的旧稿子很乱，《新建设》杂志社转来的旧稿还不知道放在哪里，不过他会抽空帮我找一下。结果如何，他会写信告诉我。正题已毕，大家又闲谈了一会儿。

我在之前已听到过一些有关傅先生勤学的传闻，说是办公室里放了行军床，以备工作之馀，晚上攻读。只是在星期六回家，星期天做好家务后又赶回办公室读书。这时我看到，办公桌旁真的有一张行军床摆在那里。办公桌上放了很多书，内有岑仲勉的《元和姓纂四校记》等，知道他当时正在研究唐代文史。

过了一两个星期，亲戚家就来了消息，中华书局寄来了一包东西，我知道稿子来了，赶过去看，正是十多年前先后寄到《新建设》杂志社去的《〈文赋〉写作年代新探》和《王充与两汉文风》二文。经过长期捆扎,稿子皱皱巴巴,已有破损,纸质也已发黄。我很兴奋,这毕竟是我多年构思的结晶,失而复得,太难得了。从稿子的生命来说,可谓绝处逢生,这都得归功于傅先生的大力帮助。这种职业道德,可供业内人士效法,我必须向他当面道谢。

这次见面,大家进行了一些学术上的交流,我知道他正作唐人行年和流派的研究,我也正在修订《高适年谱》,他就约我为《文史》写稿。我本打算写一篇关于《高常侍集》版本的文章,但得附好几张图片,他说《文史》上的文章一般不附图片,当时沈玉成先生正在编《文物》杂志,可投那里去试试。我的唐诗研究,只是在"文化大革命"中无事可做,偶尔投入的;做《高适年谱》,也只认为逢场作戏,因而有关版本考的文章一直拖着没有动手,后来也就遗忘了。

据傅先生后来介绍,当我破门而入自报家门时,他也知道我一些情况,因为读过我1964年时发表在《中华文史论丛》第五辑上的《梁代文论三派述要》。他还说到,找两篇稿子时很辛苦,旧稿堆在一间小阁楼上,那时天还热,他从一捆捆烂稿子中捡出二文,闷出了一身大汗。对此我当然很感激。

其后他要在《文史》第八辑上集中发表一组研究唐诗的文章,来信约稿,我就利用此前在故宫博物院图书馆中读书时积累的资料,写成《叙〈全唐诗〉成书经过》一文,寄了过去。这样,我们之间的交往与文字上的沟通也就不断增加。

不久,傅璇琮先生升任中华书局古代史组组长。他规划了一种《唐宋史料笔记丛刊》,打算把这方面的史料作一番新的搜集与整理。这套丛刊,在学术界产生了很大的影响。

自从民国元年进步书局编印《笔记小说大观》之后,学术界也就随之称这类史料为笔记小说。进步书局的这种本子是石印的,他们雇人抄写,版本的选择很不讲究,也没有什么整理加工。但时代向前发展了，人们的观念已有转变，大家不再把注意力仅放在正经正史上，这类生动活泼的笔记体史料，更易引起知识界的兴趣，因而其后有不少同类型的著作出现。只是人们编写这类著作时仍很草率，像吴曾祺编《旧小说》时，也只是从《太平广记》等书中作些摘录，汇编一下即成书。

《唐宋史料笔记丛刊》情况不同，收入丛刊中的著作每一种都要作认真的整理，附上相关的资料，最后形成的本子可供学术界便捷且放心地使用。

傅先生来信，希望我为其中的一种——《唐语林》作加工整理。以前我对唐宋史料笔记小说从未关注过，更说不上下过什么功夫，而《唐语林》的情况又极其复杂，自觉很难担当这项任务。况且步入改革开放新阶段后，教学、行政与学术活动激增，终日忙忙碌碌，也抽不出多少时间来整理一种复杂的古籍。但傅先生认为，我在唐代文史研究上已积累了一些专业知识，处理复杂问题时当能应付，因而还是恳切地劝我接受这项任务。我以前时受到过他的大力帮助，又蒙厚爱，也就决定勉为其难，尝试一下。

这套丛书，没有制订什么统一的整理要求，每一位承担者可以根据自己的观点来加工出一种理想的文本，但中华书局还是寄来了一种参考书：唐刘𫗧《隋唐嘉话》和唐张鷟《朝野佥载》的合订本。前书是由程毅中先生整理的，后书是由赵守俨先生整理的，二书之前各有一篇《点校说明》，内有他们整理此书的心得；前书还有一篇《点校凡例》，大约也就是这套丛书通用的凡例了。其他的书自可依此办理。

这两种书，确实具有范本的意义。二人在校勘和辑佚上下了很大的功夫，反映出了深厚的功力，而在他们撰写的《点校说明》中，显示出了很高的识见。由于《唐语林》中没有收入《朝野佥载》一书，因此我在工作时查阅此书的机会不多，对于《隋唐嘉话》，那就倍加关注，反复学习了许多遍。

程毅中先生在《点校凡例》的第一条中就说明:"本书的整理工作,重点在于标点,并尽量改正显著的脱误,辑补佚文,兼及版本的考订。"这是整理任何一种古籍的首要任务。程先生在上述几个方面做得都很出色。

第二条说明:"本书以《阳山顾氏文房小说》本为底本,参校各本,择善而从,凡大致可以确定底本错误的径行改正,并在校记中说明依据。重要的异文写入校记,各本异同不一一列举,以免烦琐。"而在第九条"本书参校主要用书的版本"中详列各书的版本与简称,这里确是包括进了此书各种重要的版本。这种细微的地方,正可看出整理者功力的深浅。

程先生对此书的每一条文字都作了细致的校雠,在此基础上,他将点滴心得提升为研究成果,而在《点校说明》中作简要的表述。他首先介绍了此书在书目中著录的情况,以及《隋唐嘉话》作者刘餗的生平和有关记载。前人对刘餗及其著作的记载相当杂乱,名称都不一致,读者于此大都摸不着头脑,以致《四库全书》的编者还以为《隋唐嘉话》是一种伪书而不予著录。程先生经过详细的比勘,辗转互证,终于得出了新的结论。他说:

> 根据本书的初步校勘,大致可以认为,今本《隋唐嘉话》,实即《传记》(亦即《国史异纂》)及《小说》的异名。但在宋代却有四种书名并行,不但书目中重见迭出,而且类书、丛书里也兼收并蓄。今本《隋唐嘉话》,比《直斋书录》所著录的多两卷,不知是多少不同还是分卷不同。而且今本卷数虽与《国朝传记》相同,也未必就是《国朝传记》的原貌,因为各书所引的《隋唐嘉话》或《传记》《异纂》,还有不见于今本的佚文(详见本书补遗)。所以本书仍用《隋唐嘉话》的名称,各书称引不同,则各存其旧,一一写入校记,以备校核。

经过这番研究，《隋唐嘉话》中存在的问题才被彻底阐明，人们对此书才有了正确的认识。这一事例足以说明，在文献整理的坚实基础上进行的科学研究，结论最为可信；反过来说，也只有在研究的基础上进行古籍整理，才能产生高水平的定本。

中华书局这种组稿的方式，很高明。他们提供一种样书，也就是提供了一种范本，依此模式做去，就可达到高的整理水平。《唐宋史料笔记丛刊》从总体上说取得了很好的成绩，即与程、赵二先生提供的范本有关。

我经过努力，在整理《唐语林》的工作中也可说是取得了一些成绩。我将《唐语林》中涉及的几十种笔记小说写成提要，利用我在整理过程中积累的点滴心得，也提出了一些个人的看法。其后我还把内容较充实的几种提要扩大为单篇论文，其中《〈隋唐嘉话〉考》一文，就是在程毅中先生为《隋唐嘉话》所作的《点校说明》的基础上扩展而成。再进一步说，我在八十年代开始的唐人笔记小说研究，都是在中华书局的一些朋友的劝导和支持下开始的，为此我对中华书局自然怀有深厚的感情。

一家好的出版社，不光能出好书，还能引导读者和研究工作者往新的方向开拓，提高国家的总体文化水平。通过古籍整理，使祖国的传统文化易为大家所接受，为散居各处的华人提供高水平的范本，让汉学进一步传播于全世界。我在投入这一丛刊的过程中，对中华书局一直抱有这样的厚望。

（原载中华书局编辑部编《我与中华书局——中华书局成立九十周年纪念文集》，中华书局 2002 年 5 月出版）

〔又记〕

2001年时,我为庆祝中华书局成立九十周年,曾撰《我与〈唐宋史料笔记丛刊〉的文字因缘》一文,叙及我与璇琮兄结识的经过。而自1978年后,璇琮兄先后出版了《唐代诗人丛考》《李德裕年谱》《唐代科举与文学》等几种影响深远的大著,我也先后出版了《高适年谱》《唐语林校证》等几种书与《叙〈全唐诗〉成书经过》等文,彼此在学术上的交往遂更形密切。

唐代文学研究,自八十年代起,取得了迅猛的发展。随着唐代文学学会的成立,更有了定期交流研究成果的机构;自九十年代起,学界又启动了合作编纂《全唐五代诗》的计划,我们都积极参与了上述活动,因此见面的机会更多了,彼此了解也更深了。

璇琮兄在学术上的建树,大家已有一致的看法与高度的评价,但他何以能够取得如此巨大的成就,则似乎还有进一步思考的余地。

我总觉得,目下一些人对他的看法还不够全面,因而还不能圆满解释他何以能取得成功。

现在大家都称他是唐代文学研究方面的专家,这自然是不错的。自九二年起,他即出任唐代文学学会会长,一直得到大家的尊重与拥护;他所主编的《隋唐五代文学编年史》,荣获国家最高的图书奖,这些都可说明他在唐代文学方面所取得的成就。但其成就可绝不仅限于唐代文学。早在上世纪六十年代,他即从事于宋代诗文研究资料的搜辑,且完成了《杨万里、范成大卷》与《黄庭坚和江西诗派卷》等多种著作,后且出任《全宋诗》的第一主编,可见他在这一领域中的成就与地位。而他在魏晋南北朝文学方面也有《潘岳系年考证》《左思〈三都赋〉写作年代质疑》等著作问世。足见他在古代文学的很多领域都有创获,也可说明其基础之深厚。

新中国成立之后,国家大量培养人才,各方面的专家不断涌现,但却似乎少有大才出现。原因何在，值得探究。我总觉得"文革"中林彪的几句话，集中暴露了此中弊端：他说要"急用先学""立竿见影"。反映在教育领域中，也就是分工过细，单科独进。一个教师往往一辈子只教一门课，研究一两个小题目，以求速效。这样培养出来的人才，专则专矣，却是基础薄弱，难以有大成。

璇琮兄在为陈良运《周易与中国文学》撰序时说："我对《周易》是爱好的，说也奇怪，我对其中的忧患意识特别感到亲切。可能这与我曾长期处于逆境有关，我常把《周易》所说'终日乾乾，夕惕若'作为座右铭。我总觉得作《周易》者，无论经文与系传，确都有一种深切的忧患意识。这从某一点上，是合乎我们华夏民族的传统意识的，也是一种可贵情思。"于此可见其沉潜于中国传统文化之深，也可见出他的知识面之广。

他的情况有些与众不同，因为他不是任职于高校，或某一科学研究机构，而是终生在出版社工作。按照一般人的理解，社中人员只是在为他人作嫁衣，自己无缘披红戴绿。璇琮兄的情况打破了这种一般见识，他的事业可以作为这一领域中取得成功的范例。璇琮兄在《我和古籍出版工作》中说："我自己一直认为，我真正进入研究工作，并在学术领域作出一定的成绩，是在出版社，我的学术研究，与商务印书馆、中华书局这样有历史文化传统的出版社是分不开的。"

中华书局是中国历史最久、文化积累最为丰厚的出版社之一。即以研究工作需要的参考资料而言，该局拥有的文献，就可与一些著名大学的图书馆相比。而中华书局的编辑负责一部书稿的加工时，往往可以宽以时日，务求完美，这也给该局编辑创造了钻研的条件。璇琮兄曾相告，他曾在好几个编辑室辗转耽过，编过各种不同性质的书稿，这也给他提供了积累各种知识的机会。他的基础与创辟能力应该是在这样日积月累的情况下取得的。

也许有人认为璇琮兄的遭遇虽有受压之时，然而进入出版社后，有利条件很多，这就要看个人如何对待面临的局面了。应该说每个人的面前都有很多有利条件和不利条件，就看你如何充分利用有利条件克服不利条件了。璇琮兄天分高，勤奋过人，而又目标明确，不是随着手上的稿件不断游走，而是像很多人所提到的，他具有强烈的学科意识，能将平时的积累集中在某一方面加以突破与拓展。他在唐代文学方面的建树，即是学科意识明确的表现。

璇琮兄是宁波人。最近宁波市在发展经济的同时大力从事文化建设，且举璇琮兄为新时期浙东学派的代表人物而加以介绍，我想这是很合适的。考浙东学派之起，乃因该地区的学人不满于道学之士的空谈义理而起，他们转而注重事功，亦即讲求实效。璇琮兄长期在出版社工作，不但为社里作出版方向的谋划，而且在个人的科研、学会的建设等许多方面都有具体的计划，且一一加以推进，取得实效。按其个人身份而言，视之为新浙东学派的代表人物，孰云匪宜？

2007 年 4 月 7 日

（原载《浙东学派当代名家——傅璇琮学术评论》，宁波出版社 2007 年 7 月出版。编者将此文附于上文之后，以"〔又记〕"作标示。）

凤凰出版集团的骄人业绩

江苏向称文化大省,自古以来人才辈出,凤凰出版集团作为本省的一个重要出版单位,自然承担着传承宣扬本地区内文化业绩的重任。他们先后出版了《江苏地方文献丛书》《江苏省志》等规模宏大的几种系列地方文献,博得了学界的赞誉。当然,作为全国出版业中成绩卓著的一个集团,它所承担的义务与努力的方向决不仅限于为本地区服务。集团立足本省,放眼全国,甚至可以说是放眼世界。江苏古籍出版社积极参与敦煌文献的整理与出版,内如《中国国家图书馆藏敦煌遗书》等,受到中外学者的欢迎。又如《日本汉诗选评》等书的出版,对于中日汉学界的文化交流也有重要意义。

我因个人专业的关系,关注的是古代文史典籍方面的出版情况,对江苏古籍出版社——即今凤凰出版社的情况了解较多。今即就此略抒己见。

中国进入改革开放时期之后,由于国运转盛,人们学习传统文化的热情空前高涨,出版界也打破了过去计划经济下形成的封闭模式。自上一世纪八十年代起,全国先后创办了几十家古籍出版社,这就形成了激烈的竞争态势。经过几年的角逐,江苏古籍出版社终于脱颖而出。社里出版了不少高质量著作。翻阅历年来全国或地区内有关出版物的评奖项目,江苏古籍所得的奖项之多与级别之高,均占全国前列,内如《清诗纪事》《唐刺史考》等大型著作,均足传世。

江苏古籍出版社的工作,不趋时,不媚俗,严谨完美,每一种书都达到了很高的水平。他们的出版物,版式疏朗,装帧优美,可称内容形式俱佳。国内外的许多知名学者乐于与江苏古籍合作,是与社内首重优质的传统有关。

我与江苏古籍关系深切，一直得到他们的大力支持。即如 2000 年时出版《周勋初文集》七卷本而言，这一感受就很深切。为了赶上由江苏出版部门负责主办的全国书展，从约稿到参展，只花了一年时间。其间我对收入文集中的十六种著作一一作了修订。稿子完成后，几位责编立即取去加工，随即送至南京理工排版校对有限公司排印。如此流水作业，效率之高可以想见。社内还拥有一流的设计装帧人员，即如郭宝林为此文集设计的封面，只在左侧加上半块玉饰，简洁大方，见者均称大气。在此我还可介绍一下《唐诗大辞典》出版时的类似情况。这是为了配合 1990 年 11 月江苏五校联合举办唐代文学国际会议而赶印出来的。我们联系全国唐代文学方面的专家，分门别类撰写辞条，江苏古籍则组织了精干的编辑校对队伍，最后移师上海印刷三厂，花了两个月的时间突击，赶在会议前夕运回南京。那次会议规格特高，来了很多日、美、韩与港台地区的知名学者，他们看到这一美轮美奂的辞典时，无不对江苏古籍的工作称颂不已。

我因薄有著述，故与各地出版社多有交往。如上所述，几种大型著作的合作，既很默契，又有效率。日后的工作，更是倾向于多与江苏古籍联系。下面还可介绍几次愉快的交往。

1998 年时，我在台湾某高校任教，彼地的朋友认为我在魏晋南北朝文史方面的研究成绩还算不错，但论文散在各处，无法找到，我回南京后，偶与江苏古籍的朋友说起，他们立即帮我编了一种《魏晋南北朝文学论丛》，将有关的论文悉数纳入。随后我编《周勋初文集》时，各种著作按年代排列，社里自然希望我将《论丛》列为第二分册，可我又不愿将一些文章从《文史探微》《文史知新》两部论文集中抽出，他们也就表示尊重我的个人意愿。彼此能够友好地磋商，正是合作愉快的前提。

2004 年时，我指导的一名博士生余历雄，在结束学业返回马来西亚前，突然交出了三年的听课笔记。如何培养博士生，可谓各显神通。有的老师读过这份笔记后，认为内容不错，这一教学方式也可公之于世，供人参考，于是我与凤凰出版社联系，他们立即表示接受。我还把参与国内外许多学术活动的有关文字纳入，作为教学生涯的一份小结。这书得到了许多学生与老师的认可，这也使我深感愉快。

最近我们又进行了一次愉快的合作。我所任职的南京大学古典文献研究所，早在上一世纪的九十年代就已开始从事《册府元龟》的校订工作。此书价值至高，可至今还没有一种经过整理的新本子行世。因为工作难度大，一般单位也难于进行。我所在古委会的支持下，经过十多年的努力，终告完成。凤凰出版社得知后，立即前来联系，基于多年合作所建立起来的友谊与信任，大家在全书的印制与向社会推介等问题上很快达成共识。经过几个月的努力，印刷精美的十二大册巨著又告完成。应该说，这是我国古籍整理领域内的一件盛事。这书由江苏的两个单位携手完成，具有纪念意义。

如上所云，我自己的书，乐于请凤凰出版社出版；朋友的书，我也乐于向社里推荐。上一世纪九十年代，香港浸会大学的邝健行、吴淑钿教授花数年之功，编了一套《香港中国古典文学研究论文选粹》，内分诗、词、曲、小说、戏曲、散文、赋、文学评论等篇，有意在内地出版，我就积极向江苏古籍出版社推荐，不久即以三大册分装印出。香港的一些优秀论文，以前因两地阻隔，此间不易看到，此书问世后，一些向往已久的论文，也就可以容易看到了，此事有功学术匪浅。

江苏凤凰出版集团之所以能够不断推出精品，除了领导部门有远见，印刷条件优越等因素外，各个出版社内拥有一批高素质的编辑人员，当是最重要的原因之一。即以江苏古籍而言，如薛正兴编审，能在繁重的行政事务之馀，积极投入古籍整理的业务中去，他所整理的《范仲淹全集》，即以质量高而荣获 2006 年省内优秀图书一等奖。又如拙著《魏晋南北朝文学论丛》的责任编辑王华宝博士，完成编辑任务之后，即在《书品》杂志 2000 年第 4 期上发表了《创新的精神　实证的方法——评周勋初〈魏晋南北朝文学论丛〉》的书评，足见他工作时不废钻研，本身具有很高的研究能力。凤凰出版集团拥有这样一批既尽心尽力又能够积极钻研学术的编务人员，这是他们能在全国出版界拥有骄人业绩的最好保证。

（原载《凤凰情缘》，江苏文艺出版社 2007 年 9 月出版）

二十世纪中国文学批评史的见证人与参与者

　　蒋凡兄是二十世纪中国文学批评史领域中的幸运儿。这样说，是因为他是这一学科从创建、折腾到发展的见证人。他的学术生命一直伴随着这一学科的成长而升腾。

　　中国文学批评史的发展一直与复旦大学结下不解之缘。新中国成立之后，郭绍虞、朱东润两位批评史的奠基人一直在复旦大学执教。蒋凡兄先是作为朱东润先生的研究生而受教，后又长期任郭绍虞先生的助手，亲蒙熏沐，登朱堂而入郭室。这样优越的条件，不是其他人所能仰望的，难怪他不但在该学科的建设中卓有建树，而且熟悉中国学人早期建设这一学科的掌故。

　　五十年代，中国文学批评史课一度被废，但到社会主义阵营发生分裂，中国反对苏联修正主义路线的态度日趋激烈时，中央要求教育界高举毛泽东思想伟大红旗，写作新的中国文学批评史和中国历代文论选，这两项任务都交给了复旦大学，其后由郭绍虞主编的《中国历代文论选》三册和由刘大杰主编的《中国文学批评史》上册乃于六十年代初期陆续由中华书局上海编辑所（上海古籍出版社前身）出版。

　　"文化大革命"结束，天日重光，《中国历代文论选》再次组织成员进行修订，且于七十年代后期由上海古籍出版社出版。蒋凡兄参加了这次修订工作。

　　进入八十年代，复旦大学中文系又组织校内人员进行规模更大的开拓，由王运熙、顾易生二教授主编的《中国文学批评通史系列丛书》于九十年代先后出版。蒋凡兄与学长顾易生兄负责编写了《先秦两汉文学批评史》《宋金元文学批评史》部分，此时蒋凡兄已成复旦批评史队伍中的主力。

从批评史发展的流程看,蒋凡兄的发展道路很顺畅,且步步高升,令人羡慕。但情况并非全然如此。《中国历代文论选》仍由郭绍虞先生任主编,参加修订的人员仍有多人由他校调入。不同系统的人员合作共事,难免会有一些新的矛盾产生。复旦人才辈出,强手如林,蒋凡兄虽然条件优越,但在千古华山一条路的情况下,也难免会在拥挤和碰撞中受到一些挫折。我身在南京,有时也会听到一些蒋凡兄处境不佳的消息,但我深信,这种情况定能改变,随后果有好消息不断传来。

为什么我有这样的预测?因为我对蒋凡兄的处世之道有所认识。

1980年11月,我和他一起参加了武汉大学主办的中国古代文学理论学术讨论会,一起住进了东湖宾馆。这也就是毛泽东主席跟江青写信时称为"白云黄鹤"的地方。"文化大革命"中知识分子饱受折磨,如今有幸进入禁苑,实属三生有幸。我在"文化大革命"前教过中国文学批评史,蒙蒋凡兄不弃,引为同道,也就一见如故,谈笑甚欢。有一次,我们正在东湖岸边散步,忽有一人拍拍他的肩膀,拉到一边,讨论韩愈的《顺宗实录》。蒋凡兄笑而不言,一直听那人讲话。最后那人说:"如果你在原来的基础上再提高一步,也就可以得出我的结论。"我很惊讶,这人怎么这样不客气?我虽不了解事情的底细,但对蒋凡兄的受"辱",还是愤然不平。蒋兄却仍不发一言,温和地笑笑。我很佩服他的雅量。

时隔两年,蒋凡兄在《文学评论丛刊》十六辑上发表了《今本〈顺宗实录〉作者考辨》一文,有理有据地解决了此书的作者问题,结论令人信服。常言说"君子报仇,十年未晚",蒋凡兄能沉着应付,取得最后胜利,由此我相信他不管处于何种情况下,一定能够最后解决问题。

1982年时,我应某杂志之邀,为先师罗根泽撰写传记。罗先生在燕京大学当研究生时,曾从郭绍虞先生问学,这段早年历史,我不太清楚,因欲前往郭府讨教。蒋凡兄时任郭先生助手,乃由他先行联系,且陪同我前往。这次谈话,使我了解到了罗先生早年的好些事情,又得亲睹郭先生的风采,自觉收获不小。

访问结束,与蒋凡兄漫步街头,也就谈到了老辈治学的问题。蒋凡兄感慨颇多。他说郭先生固为一代大家,但他享有的优越条件,也是我们无法相比的。他的治学方法,我也清楚。只要外面出现一本新书,他就立即叫人买下,看到重要材料,就作出标记,让人抄写,或用另购的副本剪下,再归到相关的档案中去。郭著以材料丰富著称,就是这么数十年如一日积累下来的。蒋凡兄言此颇为感慨。他说我们每月一共拿六七十元钱,上有老,下有小,平时看到心爱的书,价钱稍贵一些,就不敢买。外面常说我们这一代的知识分子不如老辈,他们为什么不考虑一下我们这一代的生存条件?

蒋凡兄的感慨,我深有同感。在与郭先生谈话时,看到好几个人在为他服务,师母张方行女士及时端水提醒郭先生服药,看来一切家务,包括一些学术活动,都由她安排。旁边坐着一位中年妇女,正在为郭先生抄稿子。蒋凡兄如不是陪我们谈话,恐怕也正忙着尽助手之劳。那时郭先生住在上海南京路大华公寓,除了面积颇大的工作室外,里面还有书库存放资料。反观蒋凡兄其时的居室,两小间房子,上有老母,下有孩子,夫妻俩只能睡到阁楼上去,且长达十馀年之久。正常的生活条件尚且缺失,遑论什么窗明几净的书房了。蒋凡兄较早的几部著作和诸多论文,就是在小小的缝纫机台面上,甚至在饭桌上,甜酸苦辣五味杂陈的气息中诞生的。同病相怜,我的居住条件和工作条件,也不比蒋凡兄好。我与本师罗先生的工作条件与生活条件,也像郭先生与蒋凡兄一样。我们那时的年龄,正是郭、罗等人成果迭出之时,而我们在拉网式的运动中侥幸度过重重难关后,仍然过着清贫生活。人家还说我们这一代知识分子是喝着蜜水成长的,因此得警惕成为修正主义的苗子。他们如果不是漠视现实，就是仅凭深厚的理论修养而推导出了革命的结论。

随着国家改革开放步伐的加快，知识分子的生活条件和治学条件也不断改善。蒋凡兄在大好形势下，不断推出研究成果。除了在中国文学批评史的领域中大展鸿图外，还在中国传统文化、古代文史与名人传记等方面迅猛开拓，试阅他在 2001 年结集出版的《蒋凡学术论文集》上、下两册，就可见其内容的丰富和见解的深入了。

世纪之交，我辈在饱经忧患之馀，陆续进入晚年。人到这一阶段，总希望不时能听到远方友人的好消息。蒋凡兄前后寄来了有关《世说新语》和《易经》的研究著作，对此我感到特别高兴，可知他已由心境的平和发展为精神境界的潇洒。祝愿他日后的生活与事业更为顺遂。

（原载《诗书薪火——复旦大学中文系教授荣休纪念文丛：蒋凡卷》，上海古籍出版社 2006 年 12 月出版）

罗根泽《中国文学批评史》序

中国史学起源甚早，成果也多，但偏于政治史一类，其他各种学术史则发展得很迟。因此，中国过去只有"文苑传"一类的记叙，没有出现什么中国文学史类的著作。

西学东渐，中国学人在新形势的激发下才有这一类新型的著作问世，而在文学史类的著作中，日本学者的早期著作起到了参考和激励的作用。

日本自明治维新后，努力吸收欧美资本主义国家的各种成果，用以形成新的学术观点，解决本国的问题。自唐代起，日本在中国的影响下形成了具有本土特色的文化，汉学一直占有重要的地位，至是日本学者乃参照西方学者的治学方法和著作体例，编写"中国文学史"一类著作。其时中国为了挽救帝国的危亡，开始派遣学生赴日本学习，私人去留学的为数也很多。自清末起，也已出现私人编撰的《中国文学史》。

中国文学批评史的产生年代要晚些。铃木虎雄编撰的《中国诗论史》于 1925 年由日本京都弘文堂书房出版，之前已有论文陆续发表。时隔两年，陈钟凡先生编撰的《中国文学批评史》于上海中华书局出版。

南京地区的一些学者首先在大学里开设中国文学批评史课。胡小石先生在金陵大学讲授中国文学史时，开始积累中国文学批评史方面的材料，陈钟凡先生则在东南大学开设此课。胡小石先生于清末在两江师范学堂求学时，学的是农博科，教师中有从日本聘请来的教授多名，因此他在学生时代就已通晓日语，从而了解到日本学术界的动态。他在自撰的《中国文学史》中表明曾经阅读过笹川种郎等人的著作多种。

胡小石先生和陈钟凡先生是两江师范学堂的同学。二人在南京一起筹划中国文学批评史的建设，经常交换资料与心得，其后陈钟凡先生将讲义交付在中华书局任职的左舜生，并立即出版。胡小石先生在金陵大学讲授此课时本来也打算编撰一种新的《中国文学批评史》，然仅完成稿本而未及定稿，其后更因时局动荡而被迫停止。

胡、陈二人的学问成熟于清末民初，因此在著作中留下了早期学人的痕迹。他们对古代文献极为熟悉，而在撰述中国文学批评史时使用的材料，以及编写时所使用的笔法，仍深受传统的影响：除了诗文评部分外，不出历代文苑传、诗文集和若干著作中的有关论述；他们介绍这些材料时，大都随文敷演，略作阐释，这对后人来说，自然觉得新意不多和分析不够细致了。

其他地区受新文化运动熏染更深的一些学者，从事这一新学科的建设时，对文学批评这一新的观念作了更为深入的钻研，因此在采择材料和组织成文时，显得更为符合现代学术规范。

二十世纪三十年代，郭绍虞先生、罗根泽先生在北京讲授中国文学批评史，朱东润先生在武汉讲授中国文学批评史，并各有著作行世。中国学术界一致认为，三人可称中国文学批评史这一新学科的奠基者。

三人中，郭绍虞先生从事中国文学批评史的年代略早一些。他在燕京大学中文系任主任时，即已集中精力研究中国文学批评史，其后罗根泽先生进入燕京大学国学研究院当研究生，从冯友兰、黄子通先生学习哲学，也已开始研究中国文学批评史。因为郭绍虞先生同时在研究院任导师，故罗先生亦以师礼事之。其时郭绍虞先生还在清华大学兼职讲授中国文学批评史，后来燕京大学作出新规定，本校教授不得在外校兼课,于是郭先生乃推荐罗先生至清华任教,罗先生遂将主要精力转向中国文学批评史的研究。

朱自清先生曾在评介郭绍虞先生《中国文学批评史》上卷时说:"'文学批评'一语不用说是舶来的。现在学术界的趋势,往往以西方观念(如'文学批评')为范围去选择中国的问题;姑无论将来是好是坏,这已经是不可避免的事实。"这是西学东渐之后的大趋势,中国文学批评这一领域自不能例外。但可以看出,中国学人处在这一潮流中,一方面参照西方的文学观念,用来考察中国学术,以期在筹划新学科时能有新的开拓和建树;一方面则坚守中国学术的本位,力求从中国文学批评的材料中发掘出固有的体系,梳理出一条符合中国文学批评实际的历史发展线索。

郭、罗、朱三人中,朱东润先生的外语水平最好,能够直接阅读国外学者的英语著作。他的《文学批评史》中,时而径引某一著作或某一学说作参照,如在研究司空图的诗论时,引 H. G. Giles 所著 *A History of Chinese Literature* 中的论点分析其思想,并进行考辨;又如他在论述唐人诗论时,将殷璠、高仲武等归为"为艺术而艺术"类,元结、白居易、元稹等归为"为人生而艺术"类,于此可见其寝馈西洋学术之深。

郭绍虞先生在北京任职时,古史辨派中人发起的学术论争正在激烈展开,这对他的学术活动当有影响,他曾声称:"文学批评又常与学术思想发生相互连带的关系,因此中国的文学批评,即在陈陈相因的老生常谈中也足以看出其社会思想的背景。"他在撰史时首先对儒道两家对文学的影响等问题作了深入的研究,进而对文学批评中的一些术语,结合不同时代的思想潮流进行分析,而这也是郭著批评史中最具特色的地方。

罗根泽先生在清华大学国学研究院和燕京大学国学研究院学习

时，以先秦诸子和中国哲学为研究对象，因而注重理论上的钻研。他在从事批评史的研究时，首先对文学批评的内涵作了深入的探讨，这方面的成果，反映在《批评史》的第一册第一篇第一章中。

罗先生在《绪言》中引用了当时一些有代表性的国外著作，如英人森次巴力(Saintsbury)的《文学批评史》(*The History of Criticism*)中的理论，进而分析中国古代的相关论述。因为引证与论述的文字颇多，所以朱自清先生在称赞罗著《批评史》的同时也批评"《绪言》(第一册)似乎稍繁"，不过我们也应看到，著者正是凭借这种细致的辨析，才能如朱先生所说的，"能够借了'文学批评'的意念的光，将我们的诗文评的本来面目看得更清楚了"。罗著《批评史》中有许多新开拓的领域和新发掘的材料，正是"靠了文学批评这把明镜，照清楚诗文评的面目。诗文评里有一部分与文学批评无干，得清算出去；这是将文学批评还给文学批评，是第一步。还得将中国还给中国，一时代还给一时代。按这方向走，才能将我们的材料跟那外来意念打成一片，才能处处抓住要领；抓住要领以后，才值得详细探索起去"。

这里可举《文心雕龙》一书为例，将同时产生的几种批评史作并行的比较，以示罗著《中国文学批评史》如何借了"文学批评的意念的光"，认识到此书的重要价值，从而将其安排在突出的位置上。

郭绍虞先生在《中国文学批评史》中已给《文心雕龙》一书以重要地位，但未列专章论述。第四篇第二节第二目"《诗品》与《文心雕龙》"中，介绍得很简单，第三节《时人对于文学之认识》内，虽然在"形文与声文""情文""风格""体制""文笔之区别"五目中也介绍了刘勰的学说，但似都把他的相关理论作为例证而提出，最后又在相隔两节之后安排了《刘勰与复古思想之萌芽》一节。由于内容分散，《文心雕龙》的理论体系也就难于把握，其他一些见解深刻的文学理论也未见介绍。方孝岳先生的《中国文学批评》一书，列有《发挥"文德"之伟大是刘勰的大功》一节，介绍的内容极为简单。作者何以仅着眼于此，或许与他出身于桐城世家有关。

返观罗著《中国文学批评史》，对于《文心雕龙》一书的介绍与评价也就有所不同了。书中专设《论文专家之刘勰》一章，内分"一、刘勰以前的文学批评家"，"二、作《文心雕龙》的动机"，"三、几个主要的文学观"，"四、文体论"，"五、创作论"，"六、文学与时代"，"七、批评及其原理"。可以看出，刘勰《文心雕龙》中的主要问题确已一一抉出。这也就是说，罗先生对这部伟大著作的价值和内容已能全面而明确地把握。

按郭著《中国文学批评史》上卷于 1934 年时在商务印书馆出版，罗著的周秦汉魏南北朝部分同年于北京人文书店出版，方著《中国文学批评》同年于上海世界书局出版。应该说，罗著在批评史的撰述中作出了独特的贡献。也可以说，后起的各种文学批评史中对《文心雕龙》一书的阐述当然有深浅之别，但从其基本格局来看，变化不大，于此可见罗著《批评史》对后来这一学科的发展影响之大。

罗先生凭借他对"文学批评"内涵的理解，大力发掘有关材料，这方面的成绩，博得了学术界的公认。郭绍虞先生在为中华书局上海编辑所出版的罗著《中国文学批评史》第三册作序时说："雨亭之书，以材料丰富著称。他不是先有了公式然后去搜集材料的，他更不是撷拾一些人人习知的材料，稍加组织就算成书的。他必须先掌握了全部材料，然后加以整理分析，所以他的结论也是持之有故，而言之成理的。他搜罗材料之勤，真是出人意外，诗词中的片言只语，笔记中的零楮碎札，无不仔细搜罗，甚至佛道二氏之书也加浏览，即如本书中采及智圆的文论，就是我所没有注意到的。当文学批评史这门学问正在草创的时候，这部分工作是万万不可少的。而雨亭用力能这样勤，在筚路蓝缕之中，作披沙拣金之举，这功绩是不能抹煞的。"这样的评语，出于同一专业的权威学者之口,当可作为定论。

罗先生对材料的处理也下了很深的功夫,在编著的体例上也作出了贡献。他参照古代史书的体例,撷取编年体、纪传体、纪事本末体之长,创立一种"综合体"。从全书看,材料的安排确很妥帖,既能照顾时代的特点,又能"照事实的随文体而异及随文学上的各种问题而异"分入各章各节,各个时期的一些伟大批评家,则特设专章加以叙述。如此安排,可谓纲举目张,巨细无遗。由此可见,罗先生既能从西方新兴学术中获取新的观点,又能结合本国文化的实际情况去熔铸新知。他之所以能在这一领域中取得杰出的成就,绝非偶然。

但也应指出,罗先生在《绪言》中介绍了很多西方有关文学的学说,而对据以构建全书框架的一种学说却未明言。读者如细心阅读,即可发现书中常用载道、缘情或尚用、尚文这两组对立的概念去分析中国文学批评史上各种文学思潮的冲突与发展,而这或可根据《绪言》中"历史的隐藏"一节中的解说拟制一表加以概括:

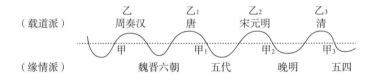

这一研究成果,体现了罗先生的努力方向,试图以此勾勒出中国文学批评的发展规律。但每一个时代的文学思想都是极为丰富多彩的,研究者的视角如仅偏于一端,则每陷于片面。即使对某一具体的文学批评家而言,理智与感情也是无法割裂的。研究者不能过分强调一点而忽视其另一方面的表现。例如罗先生在论述晚唐五代的文学批评时,为了勾出一条从"尚用"向"尚文"转变的线索,也就把皮日休和陆龟蒙二人的论点生硬地向一个方面靠去,仅强调其重隐逸和重形式的地方,而对他们思想中的重要部分,即批判现实的抗争之音和用世的理论,也就不能给予应有的评述。实则其时尚有罗隐等人纷纷写作尖锐泼辣的小品,这些又怎能不予重视而将晚唐仅视为尚文的时代?

按文学中的这一理论,源于十九世纪英人德昆西(De Quincey)的学说,他以为:"文学之别有二:一属知识,一属情感。属于知识者其职在'教',属于情感者其职在'感'。"这种学说曾经发生过很大的影响,日本汉学家儿岛献吉郎就把中国文学分为"理智文学"与"感情文学"两大部分。"五四"运动之后的很长一段时期内,学界一直流行这样的观点,以为文学是感情的产物,从而批判理智的干扰。罗先生在写作《中国文学批评史》时受其影响,也就把古代的文学批评归为"载道"(或称"尚用")与"缘情"(或称"尚文")两大主潮了。

周作人于1932年间曾在辅仁大学作过关于"中国新文学的源流"的几次讲演,就把中国古代文学的发展看成是"载道派"和"言志派"的矛盾与递嬗。郭绍虞先生在《中国文学批评史》中常用"纯文学""杂文学"这种二分法来分析问题,朱自清先生指出这也是受了德昆西的影响,并批评说:"'纯文学''杂文学'是日本的名词,大约从 De Quincey 的'力的文学'与'知的文学'而来,前者的作用在'感',后者的作用在'教'。这种分法,将'知'的作用看得太简单(知与情往往不能相离),未必切合实际情形。"

由上可知,罗先生之所以如此立说,也是受到时代的影响。罗先生毕竟是位"五四"时期成长起来的学者,自然会带有这一时代的特有烙印,因此我们阅读他的这一著作时,在充分肯定他的成就之馀,也应把这看成是一部产生于特定时代的杰作,并以知人论世的态度来看待其中一些不足之处。

(原载罗根泽《中国文学批评史》,上海书店出版社 2003 年 1 月出版)

郑良树《百年汉学论集》序

时至晚清,中国处于存亡绝续之交。其时的一些年轻学者,出于爱国热忱,向外寻求新的视角与理论,用以研讨本国的传统文化,遂使这一领域呈现出与前迥异的面貌。这一过程中,学术界出现了很多成就卓异的学者,他们的业绩,已经成为今人研究的热点。由此可觇中国传统文化生命力之健旺,每随国运的转变而生生不息。后起者随着时代的发展,不断吸收新材料,形成新观点,产生新成果。他们的成就,也已成了可供探讨的热点。

中国本地的学者以及港台地区的学者,是这一研究队伍中的主力;海外的华人学者,队伍庞大,成绩突出,亦应重视。其中马来西亚籍的华人学者,不但人数多,而且水平也高,几十年来硕果累累。其中郑百年(良树)教授的著作,已成整个汉学界的一份财富。私意以为,他的业绩也已成了可供探讨的对象。

百年教授著作多,方面广,初学者似难把握。阅读这一新著《百年汉学论集》,则可进窥其治学的心路历程。

全书分四部分,其中有对顾颉刚、钱宾四、王叔岷三教授的专题研究论文多篇。窃以为,百年教授的研究工作曾受三人巨大的影响,但他能够随着时代的发展,利用新的材料,培养新的思路,进行新的开拓,从而取得崭新的成就。

民国初年,随着启蒙思潮的崛起,胡适之先生引入了实验主义思想,对中国的传统学术形成巨大的冲击。顾颉刚先生在多种学术领域内从事考辨,对古史记载进行全面清算,确对古籍中的混乱情况有所澄清。钱宾四先生之治子学,着力于文本的细读与史料的辩证,综览全局,构建新的体系。王叔岷先生以校证细密享誉学林,又在南洋一带尽力培养国学种子。他们的研究方向,所开辟的道路,以及取得的成果,都对百年教授有所启示。但正如俗语所云,长江后浪推前浪,百年教授已在新的历史条件下作出了新的贡献。

随着近几十年来大量地下资料的出土,顾氏等人光着眼于在传世文献中找破绽的工作已嫌不足,因此学术界有了走出疑古时代的要求。百年教授自上世纪七十年代起,即随考古工作的进展不断推出新的研究成果,早在八十年代,就有《竹简帛书论文集》问世。王国维曰:"古来新学问之起,大都由于新发现。"由此新路而取得新成就者,代不乏人,百年教授成果迭出,自当名列新学问的前端。

"古史辨派"是从辨伪工作入手的。从顾氏校点《古今伪书考》始,到张心澂的编纂《伪书通考》,一系相承,不断清理夹杂在古籍中的杂质。但他们似仅尽心于具体问题的考辨,而未能具备学科意识。百年教授除了编有《续伪书通考》外,尚有《古籍辨伪学》一书问世,对辨伪工作的意义、源流以及研究方法作了全面的探讨,且多举范例以说明之。由此可见,百年教授利用新出土的文献,破一味疑古者之拘执,但他并不否定辨伪工作的重要,故从理论上加以总结,进而从事学科的建设。这是作为后起的新型学者的突出贡献。

百年教授对钱氏的子学研究推崇备至,始终以私淑弟子自居,但真所谓"当仁不让于师",对于钱氏学说中的不足之处,则以其思辨的新成果与研治新材料而形成的新观点,起而矫正。他所提出的新观点,并不流于纯理论的推导,而是秉承本师王氏的治学方法,从文本的校证中提炼而出。例如《老子新校》一书,即据近年来出土的多种帛书研治而成。不但如此,他还将多种考辨成果集合成《诸子著作年代考》一书,且于《后记》中总结其治学心得曰:"有些子书恐怕是多次、多人、多时及多地才结集而成。换句话说,有些子书恐怕不是一人之作,而是一个学派的集体作品，由学派中的第二代、第三代等不断搜集、不断制作、不断编辑，最后才结集成一部大书，在安书名的时候，就把学派的祖师爷的名字题上去。"这一结论，也是考辨工作的总结。比之前人，他似更为重视理论上的建树。

百年教授治学极为勤奋，自从以博士论文扩展而成的《战国策研究》始，至今日结集的《百年汉学论集》，研究领域广及经、史、子、集各个领域，且多有拓展与提升。这种治学精神，至可宝贵。我于上世纪八十年代以研治《韩非子》而结识百年教授，至今亦已历有年代，对他的好学与勤勉，至为钦佩。但因居处不在一地，治学范围也不全然相合，港台地区的书籍，此间难以见到，而百年教授又著作等身，自知难窥全豹，无法作出合适的评价。然百年教授不耻下问，请我序此新著，这就让我左右为难，既惧佛头着粪，又怕却之不恭，辜负多年的交往，今在不得已的情况下草此小文，希望得到百年教授与读者的指正。

（原载郑良树《百年汉学论集》，台湾学生书局2007年4月出版）

《中国文学批评小史》香港版序

　　岁月如流，转眼已到八十高龄。人到老年，常是回忆过去。今应香港三联书店之请，为即将出版的《中国文学批评小史》作序，不禁又想起有关这书的许多往事。

　　我们这一辈人，生当社会剧烈震荡之时，"革命"不断，"运动"不歇，但在有些人说来，却又似乎风平浪静，国泰民安。我因薄有著述，在当今的学生看来，就像是舒舒服服过了一辈子，终日关在书斋内，伏在洒满阳光的书桌上，不断著书立说的一个时代宠儿。实则在我写作的每一本书中，都有一些离奇曲折的故事，为此我已为几种著作的产生介绍过时代背景，在此也不妨对《小史》的问世说明一些情况。

　　我在上世纪五十年代考入南京大学中文系，老师中有中国文学批评史这一新兴学科的奠基者罗根泽先生，只是这一课程在新中国成立后已经停开，因此罗先生没有教过我批评史。他只教过我一年文学史。其时我已患了好几年肺病，平时常躺在床上休养，学习很差，真是辜负了包括罗先生在内的许多老师的教导。

　　但到 1958 年时，中国文学批评史课却又突然走红起来。原来这时社会主义阵营发生分裂，中苏纠纷尖锐化，中国急于消除"老大哥"的影响，在教育领域内要对"苏修"的各种思想彻底消毒。新中国的政治领导人一向重视老百姓的思想教育，然而前此高等院校中文系的文艺思想却一直以苏式理论为指导，这时中国共产党的宣传部副部长周扬便挑起重担，组织编写各种大学教材，要用毛泽东思想统率一切。就文艺思想而言，《在延安文艺座谈会上的讲话》主要阐发的是针对当前文艺界各种问题的方针政策，这时为了强调中国各方面的独立自主,理论上还要寻找传统的依据,于是写作新的中国文学批评史提上了议事日程。

中国建立中国文学批评史这一学科的几位元老其时都集中在复旦大学与南京大学。周扬便让两校各编一种批评史与古代文论选。这时郭绍虞先生与朱东润先生便起到了重要作用。郭先生在中共华东局的大力支持下,还集中了多位学养深厚的外校教授,住进上海国际饭店,先后编出了《中国历代文论选》三卷本;而在刘大杰教授与王运熙教授的领导下,先后又编成了《中国文学批评史》三卷本。通过这些大项目的锻炼,复旦大学中文系培养出了一大批中国文学批评史的年轻专家。中国步入改革开放之后,他们先后编出了《中国文学批评通史系列丛书》七卷本和《中国文学批评史新编》两卷本。其后很多学者还出版了专题研究著作多种,成绩可谓洋洋大观。

相映之下,南京大学的情况不免陷于凄凉。第一本《中国文学批评史》的撰写者陈中凡先生已是七十高龄,无法投入突击,罗根泽先生患高血压与肝硬化,也已无力紧跟形势。况且前时展开"拔白旗"运动时,罗先生被列为主要批判对象,这时心有馀悸,思想上也转不过弯来,因此处在"大跃进"运动中掀起的大批判之后,转入大编教材之时,罗先生便再也调动不起积极性,即使参加会议,也只是稍作敷衍便了事。

大编教材前期,我被吸收进《中国文学史》的编写队伍。所谓学生大编教材,实际上有年轻教师与研究生参加,而且往往担任主力。南京大学组织了好几个班子,分别编写各种教材,后来发现中国文学批评史的编写队伍力量过弱,遂把我抽调了过去。这时我的身份还是先秦两汉文学的副博士研究生,入学后一直在跟导师胡小石先生学习甲骨文与金文,这时胡先生又应同学谭优学之请,正在讲授"楚辞",为此我当然不肯轻易放弃听课。厕身大编教材的队伍中,真是"身在曹营心在汉"。

南京大学大编教材的阵势也可谓轰轰烈烈，结果可是不妙。同学大编而成的批评史，开头有的同学还颇为自我欣赏，还想送到文坛大佬郭沫若那里去领回几句好话，结果落了个空。其后我与其他两位年轻教师合编了一种文论选，送到一位老教师那里去审订，结果石沉大海，成了一堆废纸。为了编这两种书，我却是浪费了不少精力。

到了1959年时，系里把我改为助教，让我立即去上中国散文选等课程。这时各校都已纷纷开设中国文学批评史课，我校本在老大学的行列，这时自不甘落后，可罗先生已无法再上讲堂，于是系领导让我立即去开这一新课。

中国文学批评史是五年级的课程。我在大学毕业之后做了两年多行政干部，回校当研究生也仅两年，而且大部分时间用在大鸣大放、大字报、反右派、交心、大批判、拔白旗、大炼钢铁，以及平时的大搞卫生，加上中间穿插进去的打蚊子拍苍蝇"除四害"等任务上，这时仓促上阵，压力很大，但已成了过河卒子，只得拼命向前。

郭绍虞、罗根泽、朱东润三位先生的著作已嫌观点陈旧，同学大编而成的革命著作又嫌粗糙，我就只能边学边干。这时毕竟还年轻，肺病已愈，平时读书还算用功。这样一连教了四年，同时讲授《文心雕龙》。其中有半年轮空，我就每天上南京图书馆读书，认真积累原始资料，编成了一种《中国文学批评重要专著篇目索引》。

应该说，我的这段学习经历还是效率颇高的，前后写了几篇稿子，《梁代文论三派述要》一文发表在《中华文史论丛》第五辑上，说明我在古代文论的领域中还是可以占有一席之地。只是这时已经处在"文化大革命"的前夕，极左思潮排山倒海而来，我的这一文章，可以说是侥幸漏网，其后还会在台湾的多种学术选本中转录，简直有些不可思议。

1964年时，教学工作结束，下乡去上阶级斗争的主课，投入四清运动。1965年回城，校领导又忙着动员师生到溧阳去办分校。1966年时，"文化大革命"爆发，千千万万的中国知识分子整整浪费了十年生命。像我这样的一名白色小知识分子，自然处境艰难。前后数年，浑浑噩噩，先是充当批判斗争对象，后是下农场走五七道路，身心交困，度日为难。家中的书都已奉命上缴，因此已与中国文学批评史彻底告别。

但我的身份本属使用对象，正像列宁所说的，已是拧在教育机器上的一只小小螺丝钉，政治任务到来时，还是可以废物利用，因此"文化大革命"后期又开始忙起来。一会儿编《辞海》；一会儿被吸收进《马恩列斯文艺论著选读》的编写工作，为马克思、恩格斯《德意志意识形态》中一段文字和斯大林《给高尔基的信》作注；一会儿参加"评法批儒"，注释法家著作《韩非子》。这可不是生来就是打杂的命么，突击之馀忙里偷闲却也写下了不少札记。

就在"文化大革命"前夕，中华书局上海编辑所来约稿，让我为他们的一套畅销书"古典文学基本知识丛书"编一本《中国文学批评简史》，我就利用四年讲课时逐步修改而成的讲义，很快写出了初稿，但还没有来得及交出，横扫传统文化的"大革命"就爆发了。

我前期写的好几本书，情况大体相同，都是在运动的间隙中抢着赶出来的。大跃进随后带来大饥荒，接着有三四年较稳定的时期，所谓调整阶段，《中国文学批评简史》就是在"调整"的过程中见缝插针写下来的。

"文化大革命"结束，情况逐步好转，但我已不再去教中国文学批评史课，因为已有其他专职教师承担，我就不断转变方向，应付各种突发任务，如三次参加高考出题等。这时我就抽空整理先前写下的几部稿子，于是在 1980 年时分别出版了《高适年谱》与《〈韩非子〉札记》二书。

正在这时，偶然看到一份人民文学出版社的出版通讯，云是敏泽的《中国文学理论批评史》一书已经订入明年的出版计划，这倒使我紧张起来了。"文革"之后，出现书荒现象。上海古籍出版社（其前身即中华书局上海编辑所）急着抓前此的约稿计划，让我把《简史》的初稿寄去，只是过后不久就退回来了，说是内容与体例均不合。这也不奇怪，毕竟是"文化大革命"前夕写的么，事后看看腔调都不对。我也不以为意，忙着干其他工作，因此稿子一直闲放着，这时看到有另外一种批评史要出版，也就感到不能再大意了。通史一类著作，基本材料大体相同，这时我已决定把《简史》改名《小史》，"小史"的内容必然要比人家的著作少得多，假若二者出现相同之处，那就难逃抄袭的嫌疑。为此我必须抢在别人出书之前，一年之内把自己的书赶印出来。

经过程千帆先生的介绍，《中国文学批评小史》终于抢着与人同步，1981年时在长江文艺出版社出版。

上世纪八十年代，中国学界风起云涌，一片繁荣气象。"文化大革命"之后，压抑下的创造力一下子爆发出来。中国文学批评史类的著作先后出版了一二十种，其中有个人著作，也有集体编写的，篇幅一般都很大，我的这本《小史》，薄薄的一小册，挤在里面很不起眼，但八千本书不久就卖完了。说明它还是具有一些优点，能为学界所接受。

1986年时，我赴汕头大学参加韩愈学术讨论会，遇到新加坡国立大学讲授中国文学批评史的杨松年先生，承告已把《小史》列为教学主要参考书。当时颇感诧异，原来此书竟已"走出国门"了。

1991年时，在新加坡国立大学主办的"汉学研究之回顾与前瞻国际会议"上，从台湾大学张静二教授提交的论文中，始知彼处崧高书社已经出了一种《小史》的盗版。随后我在前来学习的一位韩国博士生那里，又看到了一种盗版的《小史》，不知是在韩国还是在香港地区印刷的，只是将长江文艺的版本加以影印，其他未留丝毫痕迹。台湾的盗版书印得很差，我就想到，可以出一种正规的书去替代它，于是请高雄的丽文文化公司出了一种新版,然而我于 1995 年、1996 年去台湾开会时,却是发现盗版书、新版书在书店中并列出售。朋友告诉我,应该见怪不怪。你想制止人家盗版,就是请律师去打官司,得到的赔偿还不够支付请律师的费用,因而不必劳神,一切得顺乎自然。

这时内地书架上也缺书已久,于是辽宁古籍出版社在 1995 年时又出了一次新版。2000 年时,江苏古籍出版社为我出了一套《周勋初文集》,又把《小史》纳入其中。2007 年时,复旦大学出版社又印了一种新版。就在此书即将出版时,北京一家很出名的出版社来与我商量,打算印行《小史》,当我告知复旦大学出版社已捷足先登时,来人表示遗憾。

随着国际交往的日益开展,我曾先后多次至东亚地区的许多地方开会或讲学,得知香港大学、日本奈良女子大学、韩国的首尔大学以及其他多所大学都曾用作教材。上世纪九十年代初,时任韩国首尔大学东亚文化研究所所长的李炳汉教授来南京大学访问,他热情奔放,与我一见如故,还把我拉到一边,说:"汉城大学(当时大家都用这一名称)是韩国最著名的大学。用你的著作做教材,是很光荣的。"听到这话,直有受宠若惊之感。

1993 年时,韩国外国语大学的全弘哲先生等三人将《中国文学批评小史》译成韩文,由理论与实践出版社出版。2007 年时,日本鹿儿岛大学的高津孝教授将之译为日语,由勉诚出版社出版。或许可以说,这也是颇为难得的事,说明这一《小史》至今还能为世界各地的读者所接受。

这些年我一直在想,为什么这本貌不惊人的《小史》在大浪淘沙般的潮流中未遭淘汰,还能够取得较好的效应,分析起来,下列几点似可供大家参考。

一、正确定位。写一种书,要有个人的特点,不要千篇一律,与其他人的著作大同小异,这样很难脱颖而出。现在学生负担很重,不大可能啃大部头的书，我的这本《小史》，向"少而精"的方向努力，写得还算简明扼要，可以提供一些基本知识，满足本科生学习和硕士生、博士生入学考试的需要，或许由此得到大家认可的吧。

二、不要花哨。现在的人总是喜欢高谈理论，而理论界的情况是：三十年河东，三十年河西，老是此起彼伏，变化多端。有的学者喜欢介绍时髦理论，他们写的著作，像是在用中国古代文论去为洋式理论作注脚，这样常是闹得不伦不类，读起来很吃力。我就想到，写书不能故作高深，用平常心去对待，努力做到深入浅出，反而会受到读者的欢迎。

三、注重原文。从事中国古代文学研究的人，最好接受一些清代朴学的训练，一切从文献出发，有一分材料说一分话，不要渲染，不能拔高。既是写史，还要把史料串起来，勾勒出一条清晰的线索，尽量讲清前因后果，好让读者有所启发。

上述云云，当然卑之无甚高论，录之仅供参考。但我自觉庆幸。三四十年前的一本小书，居然还能流传至今，有多种文字在世界各地广泛传播。对此我还有那么一点人生感悟，为人不必大红大紫，像当年的一些培养对象，政治条件优越，成长环境良好，轻松愉快过日子，结果却未必会有什么预期的成就。而作为一名使用对象，尽管像是棋盘上的一只小卒，任人摆布，到处抛掷，东一榔头西一棒，谈不上什么专业方向，但只要认真对待每一项工作，一步一个脚印，努力使自己的知识深化与系统化，这样尽管辛苦些，也未必做不出成绩。当然，在我人生旅程中最大的庆幸，是在步入中年之后赶上了改革开放的新时期，否则一切不堪设想。

（原载周勋初《中国文学批评小史》，香港三联书店 2008 年 5 月出版）

竺岳兵《唐诗之路·唐诗总集》序

浙东之地,风景佳丽,人文荟萃,向为历代士人所艳称。考其原始,则与北人南下有关。五胡之乱,西晋覆灭,中原的士大夫纷纷前往江南避难,继而又往浙东寻求安居。一到山明水秀之乡,自然心旷神怡,掩抑不住满心的喜悦。丘迟《与陈伯之书》曰:"暮春三月,江南草长,杂花生树,群莺乱飞。"其意即在以此良辰美景劝导北去的友人归来。

《世说新语》上屡记东晋名流对浙东山水的赞美之词,《言语》篇曰:"顾长康从会稽还,人问山川之美,顾云:'千岩竞秀,万壑争流。草木蒙笼其上,若云兴霞蔚。'"又"王子敬云:'从山阴道上行,山川自相映发,使人应接不暇。若秋冬之际,尤难为怀。'"可见众名士对此地景色的倾倒了。

南朝各代,文人雅士一直于此出没,留下了许多嘉话,于是此地以其自然景观吸引人外,又增加了丰富的人文底蕴,吸引后人的关注。

诗仙李白出峡东下,有诗云:

> 霜落荆门江树空,布帆无恙挂秋风。此行不为鲈鱼脍,自爱名山入剡中。

按伯 2567 敦煌唐诗选残卷亦录此诗,题作《初下荆门》,可知他离家而进入中原大地之后,立即就想到剡中游览,说明这一地区对他具有多么大的吸引力。

奇怪的是,李白在此之前一直生活在中国的西部,与东方间隔颇远,又无亲友在那里居留,为什么一开始就想"东涉溟海"了呢?

李白因家世的原因,受魏晋南北朝的历史与文化影响至深。他"一生好入名山游",浙东之地,山山水水留下了众多名士的足迹,也触发了许多名篇的产生,这些当然会对李白产生强烈的吸引力。李白诗文中常是咏及谢灵运等人之轶事,备致仰慕之意。我们也应注意的是:剡中的许多名山都与道教中的神仙有关。浙东本是神仙的家园,这些当然也会对笃信道教的李白产生影响。《天台晓望》中说:"观奇迹无倪,好道心不歇。"可见浙东之地,景色之美与神仙之异对他产生了双重的影响。

与此类同,浙东又是佛家的圣地,沃州山对白居易的吸引力,犹如天台、天姥之于李白,从而留下了传诵千古的诗文。

自唐初至唐末,诗人如过江之鲫,前往浙东游览。他们的心态与李白、白居易类似,陶醉于浙东的山光水色,迷恋于佛道二教的传说与踪迹,仰慕南朝文士的文采风流。

随着浙东地区的进一步开发,更多景点与神灵之区被发现,唐代诗人笔下的诗篇,见诸吟咏而涉及的地区也就远超南朝,这就为浙东地区积累了丰厚的精神财富,更使这里的山光水色进一步扬名于世。人们阅读这类诗篇,可以帮助观赏者领略其地景色之秀美、传说之奇异以及诗篇措辞之佳妙,从而提高他们的人文素养。

但这些吟咏浙东山水的诗篇,散落各处,人们不易遍览。随着浙东旅游资源的逐步得到开发,人们对这类读物的需求更形迫切。竺岳兵先生生于斯,长于斯,对家乡的山山水水怀有极为深厚的感情。他又热爱唐代文学,为此毅然担当起了辑录唐人吟咏浙东山水诗篇的任务,且按各个景点分别安排,读者按类索骥,即可在领略良辰美景之馀,通过前人的生花妙笔,提高欣赏者的水平和情趣。这是一项很有意义的工作,自当受到社会上的重视和欢迎。预见此书定将不胫而走,成为旅游事业中的一朵奇葩。

(原载竺岳兵《唐诗之路·唐诗总集》,中国文史出版社 2004 年 5 月出版)

毛水清《唐代乐人考述》序

在世界文明史上占有重要地位的几个古老民族，只有中国文化绵绵不断，延续至今，随着历史的发展而不断丰富，不断壮大。这一历程当然也是很曲折的，从中可以发现如下轨迹：一些执行开放国策的王朝，国力随之壮大，人民的文化生活也就显得丰富多彩；一些执行闭关自守国策的王朝，社会生产得不到发展，人民的文化生活也就单调乏味，缺乏生气。

国人艳称汉唐为盛世，即因这两个王朝执行的是开放的国策。

汉代首通西域，且向周边地区全面开拓，各地的音乐歌舞，西方的珍宝异物，随之涌入中土，遂使中国的社会面貌和文化生活发生了巨大的变化。试观汉画像石上的种种生动图像，诸如宴饮、出游、跳丸、击剑之类，无不体现出汉人乐观向上的面貌。张衡《西京赋》咏长安之乐曰："大驾幸乎平乐，张甲乙而袭翠被。攒珍宝之玩好，纷瑰丽以佾靡。临迥望之广场，程角觚之妙戏。乌获扛鼎，都卢寻橦。冲狭燕濯，胸突铦锋。跳丸剑之挥霍，走索上而相逢。……"可知其时生活场景的丰富多样。唐王朝自太宗始，一直执行开放的国策。因此不论在唐人的绘画中，还是在唐人的诗文内，无不呈现出气象万千的新面貌。

比之汉代，唐人有关音乐的记载更为丰富，更为完整。《旧唐书·音乐志》《新唐书·礼乐志》《唐会要》和《通典》中有关"乐"的部分，都有详细的记叙。可知其时音乐的使用范围之广，以及朝野对于音乐的重视。唐王朝的乐署中有"十部乐"的建置，其中除"清商"部为前代延续下来的音乐，"燕乐"为本国新创造的音乐之外，其他的"西凉""高昌""龟兹""疏勒""康国""安国""天竺""高丽"等八部都是从边地民族或域外民族中所传入的,这就极大地开拓了音乐的广阔领域和丰富了音乐的表现能力。各种不同的乐器和演奏方法,各种不同内容、不同风格的乐调,各个不同民族中的乐手,竞相演出。乐手穿戴不同,演出氛围亦异,给予听众的感受也就不同。唐人的诗文和小说中,都有生动而具体的记载。

唐诗中的所谓边塞诗一派,其中的代表人物,如高适、岑参等,都有关于边疆民族乐舞演出的描写。只是这一题材绝非边塞诗人所专有,唐代诗人中大都有这一方面的作品传世,李白、杜甫的集子内有很多关于乐舞的诗篇,元稹、白居易、杜牧、李商隐等人的情况同样如此。王维本人就是一位杰出的音乐家,"阳关三叠",传诵千古,或许因为唐代诗乐尚未彻底分途,所以一些诗篇的传播,往往随着音乐的演奏而更易为社会上的各式人等所接受。王之涣、王昌龄、高适旗亭画壁的故事,生动地体现出唐代诗人的文采风流,后人更可从中领悟到唐诗的神韵,凭借音乐的表现力而得到极度的彰显。

上述情况说明,研究唐诗的人应该对唐代的音乐有所了解,才能把握唐人风貌的整体。可惜学术界关注这一问题的人还不算太多。这或许是从事这一课题的研究者需要具备更多的知识,除熟悉唐代诗文外,对唐代的音乐也要有所了解。如想进行全面的考察,那就不能只读有关唐代的正史与典章制度方面的文字,还要从各种不同系列的文献中去彻底发掘材料,细加辨析,才能将活跃在唐代乐坛上的人物全面地加以展示。

水清教授大著《唐代乐人考述》的问世,可以满足大家的期盼。他在唐诗方面的造诣,人所共知,毋庸我多言;他在唐代音乐方面的造诣,将借这一成果的问世而为人所知。阅读水清教授的这一新著,可以感受到唐人欣欣向荣的蓬勃精神。汉唐盛世的绚烂,常是引起后人的向往。唐代社会,高度开放,生活其中的人,更显得多姿多态。这一情况何以形成,将会吸引读者去领会,去钻研,从而启发后人进一步去思考。

（原载毛水清《唐代乐人考述》,东方出版社 2006 年 11 月出版）

姚曼波《〈春秋〉考论》序

孟子曾称"孔子作《春秋》而乱臣贼子惧",这就把孔子的崇高地位,《春秋》的巨大威力,作了精要的说明。这一告示,在封建社会中一直具有巨大的影响。

孔子是圣人,《春秋》是经书。孔子借《春秋》而宣扬的政治思想、伦理原则、史学观点,为国家、民族、阶级、性别等各种社会关系树立准则,规范人们的行为,影响时代的发展。

这一说法,几千年来一直没有遭到过有力的质疑,只是到了近代,才有人从不同角度提出疑问,从而成了史学上也是思想史上难以究诘的一个复杂问题。

人们要问,《春秋》究竟是一部怎样的书? 过去的人都说《春秋》是鲁国的史书,那么其他诸侯国中有没有史书? 刘知幾在《史通·六家》中说:"春秋家者,其先出于三代。案《汲冢琐语》记太丁时事,目为《夏殷春秋》。……《琐语》又有《晋春秋》,记献公十七年事。《国语》云:晋羊舌肸习于《春秋》,悼公使傅其太子。《左传》昭二年,晋韩宣子来聘,见《鲁春秋》,曰:'周礼尽在鲁矣。'斯则《春秋》之目,事匪一家,至于隐没无闻者,不可胜载。又案《竹书纪年》,其所纪事,皆与《鲁春秋》同。孟子曰:'晋谓之《乘》,楚谓之《梼杌》,而鲁谓之《春秋》,其实一也。'然则《乘》与《纪年》《梼杌》,其皆《春秋》之别名者乎? 故墨子曰'吾见百国春秋',盖皆指此也。"可见上至夏商二代,近与鲁国同时,各国都有史书。"春秋"一名,就是史书的代称。《春秋》一名只能说是《鲁春秋》的习惯称呼。

儒家系统的人以为孔子修订《春秋》时贯注进了深奥的政治哲学,

这也是后人学习《春秋》时需要深刻领会的原因。但在一些具有思辨能力的士人中，如宋代的王安石，就径称《春秋》为"断烂朝报"，则是直截了当否定了《春秋》中内涵有什么寓意。后代史官坚持的"《春秋》笔法"，只是一些后起的思想家所规定的原则，假托孔子而树立宗旨，以此作为行文规范罢了。

在阐发《春秋》微意的人中，董仲舒具有十分重要的地位，不过他所阅读的《春秋》到底是什么样的本子？在他心目中的《春秋》到底是怎样的一种书？这些都是难以究诘的问题。

解释《春秋》的经典，又有《左传》《公羊》《穀梁》三种。一般认为，《公》《穀》二书是解经的，《左传》是记录史事的，但这似乎很难截然区别。《公》《穀》难道没有记录史事？《左传》难道一无史学思想可言？况且三书的作者历史都不详，这就更增加了人们探索时的困难。

传述《春秋》学的人中又有今古文之分。古文学者重《左传》，今文学者重《公羊》，二者相互攻讦，但对揭露事实的真相少有进展。

人们发现，先秦诸子提到的《春秋》，实指《左传》一书。那么《左传》与《春秋》之间又是怎样的一种关系？

近代疑古之风崛兴，学者希望用实证的手段，暴露孔子与《春秋》的真实情况。只是面对几千年积累下的材料，零乱而难以理出头绪，至今似未得出能为众人所普遍接受的结论。

但这问题极为重要，人们不能知难而退。尽管大家一时难以穷其究竟，只要有人知难而进，努力探求事实真相，在这些领域中迈进一步，就应得到大家的尊重。

研究《春秋》学的人，不能停留在过去约定俗成的几点认识上。要想有新的发现，就应该鼓励大家跳出前人设定的种种圈子，挖掘新的证据，采用新的观点，提出新的解说。凡持之有故、言之成理的著作，都应得到人们的高度评价。而每一种新说的建立，代表着一种新的探索,对于他们不畏艰难的精神,首先应予肯定。

曼波对这问题的探索已有十年之久。她敏锐地发现有关孔子作《春秋》的古老传说中存在着种种疑点,后人的解说中存在着许多习非成是和隔靴搔痒的地方,这些都困扰着人们对传统文化中重要一环的正确认识,从而激发她试图加以解决的决心。这些年来,她利用了全部课馀时间,发掘史料,对相关的记载重新加以考核,并对前人的研究成果予以总结和评判。她所提出的新观点,建立在坚实的材料基础之上,有人或许对这些观点会有不同意见,但这是用细密的考辨得出的结论,言之有理,持之有故,至少可以作为一家之言看待吧。在这类古老而至为重要的问题上采取一种新的视角,启发人们对这类问题的新思考,也就是在学术上作出了新的贡献。曼波于此作出的努力,自当得到大家的尊重和高度评价。

我对《春秋》问题素乏研究,而对先秦学术颇感兴趣。曼波从此书的酝酿时始,即常来进行商谈,历时已将十年。其间我目睹她艰难跋涉的整个历程。她努力垦辟,不畏艰难,精神甚为感人,因而自觉有向学术界介绍的责任,故聊缀数语如上。

草于台湾东海大学寓所

2002 年 6 月 12 日

（原载姚曼波《〈春秋〉考论》,江苏古籍出版社 2002 年 12 月出版）

左健《中国古代文学鉴赏自得说》序

　　左健于上一世纪八十年代毕业于南京大学中文系,取得硕士学位,论文曰《自得说——中国古代文学鉴赏理论探索》。自此他继续钻研,于九十年代出版了《古诗鉴赏法》一书;今又作了深入的探讨与全面的开拓,完成了《中国古代文学鉴赏自得说》这一新著。我有幸一一先读这些著作,今略叙观感如下。

　　一曰:这是一本很有特色的新著。目下有关中国文学批评方面的文字可谓汗牛充栋。大而至于几百万字的大著,小而至于一字一句的专题,都有人钻研,都有人发掘。但观其选题,一般都着眼于与当今文艺理论有关者,如用内容与形式的关系分析"辞情",用风格说分析"体性"等,这类题目易与西方理论相比对,可将中国的旧有命题转化为容易被人接受的新理论。有的专家喜欢讨论"意境""境界"等说,这也可与新的美学理论比附,采用西方最时新的学说加以审视,借以显示个人修养之高,又能有所参照而易奏功效。左健此书,则以"鉴赏"为中心,进而探讨"自得"之说。这一选题,以前似未见有人涉及;即偶有触及者,也只是涉及其中的部分内容,而像这样全面深入进行探讨者,学界似未出现过。如果真是如此,那就可以认为这是一本有特色的书。如用当下常用的话表达,也可说是填补了中国学术的空白。

　　二曰:这是一本可以满足学界要求的书。读者如果用另一角度观察,或会提问:这书的选题何以会显示新的特色?阅读全文,可知作者提出了一种根本性的看法,首先对鉴赏与批评这一对文学理论中常用的概念作了细致的区分。作者认为,批评每着眼于群体的接受。一些群体常持相同的观点,遵循共通的准则,对文艺方面的问题进行顺理成章的剖析。鉴赏则是偏于个人的行动,读者对某一种文艺方面的现象进行欣赏,这种审美活动,其中的喜好,决定于他的个人情趣。作者以"鉴赏"与"自得"为中心加以探讨,突破了过去着重群体接受而进行正面教育的模式,重视个人在欣赏文艺作品时的独特体会,从而可将读者引入文学艺术的深邃殿堂。

中国自古遵奉儒家思想以立国。儒家重群体,重伦理道德方面的教育,这已成为一种民族文化心理。前此我们施行的教育方针,所谓政治标准第一,艺术标准第二,分析作品首先得看作者对待人民的态度。这类准则,都是"批评"第一的表现。至于"鉴赏"问题,则每遭忽视。这种情况,曾对学界中人形成很大的困扰。读者阅读孟浩然的《春晓》等诗,不知道怎样才可把思想性与艺术性这两项标准摆平?人们习用批评眼光观察一切,针对这类抒情小品,往往无从下手。显然,人们如用鉴赏的眼光去阅读,也就必然会有很多新鲜的心得体会。读者如从这一角度考察此书,也就可以知道左健提出的这一命题具有重大的现实意义和理论价值。

三曰:这是一本很见功力的书。"鉴赏"与"自得",对一般人来说,显得虚无缥缈,难以说清。按"自得"一词的本义来说,就在说明这是个人的体会,一些微妙的感受,又往往是纯个人的心灵活动。要想通过语言来表达,难以说清,所谓"言语道断",无疑是个棘手的难题。前提既如此,还要将此复原为一种完整的理论,拟成一种新的体系,且作史的叙述,其难度可想而知。

从中国的学术传统而言,着重个人内心感受的学说,自然要从老庄哲学中去寻找根源。其后佛家学说中也有很多相关的理论,如禅家之言"悟"等。然在表达时往往语涉玄虚,且仅留下片言只语,如想对此进行系统的分析,必须细心一一爬剔,发掘其理论线索,不夸大,不拔高,要在保存原意的前提下,进行理论上的剖析。这就必须依恃个人的敏感，又不废勤奋的探索，从发掘到积累，再进行梳理，用史学的眼光勾勒出每一阶段所取得的成就和达到的水平。每一个环节都得谨慎行事，不能草率，不能陷于牵强附会。

左健为了深入探讨这一问题，作了大量的准备工作，他将鉴赏自得说这一体系之内的各种相关学说，如"亲历""设身处地""虚静""吟诵""想象"等说，作为重要命题，一一进行专题研究。还对中国历史上先后出现的一些生动事例，如陶渊明的"好读书，不求甚解"；中国文学批评史上的一些重要理论家，如刘勰、谢灵运、朱熹、黄生、金圣叹、张竹坡、脂砚斋等人的自述或评点之说，进行深入的发掘。在此基础上，构拟出新的体系，作出新的解说。

此书也有很多"自得"之见。如他把"自得"说的成熟，定在宋代，且以朱熹为例，介绍了他的"去序观诗"说，从而全面地说明朱熹"自得"说的完整体系。又如他以金圣叹为例，详细介绍他在小说与戏曲方面的评点理论，以及他对唐诗方面的分析，通过这样的深入考察，也就可以了解到中国步入明清时期以后，由于新的社会阶层的出现，人们在个性解放方面的要求有了明显的提升，这才形成了以金圣叹为代表的鉴赏文字大量涌现。

这一书稿，表明作者在旧学即文献方面的功夫深厚，也可以看出作者在新学即文艺学方面的修养全面。时至今日，研究中国古代文学理论，只是沿用过去的成说，用传统的诗话、词话式的文体来表达，往往语焉不详，而仰求于读者的自行参悟，显然也不切实际。因为学术上的进步总是通过不断的积累和提高实现的。学者如对当前发展到最前端的学说无所了解，也就难以将其成果推向学术前沿。左健对"自得"说与西方现代接受理论作了认真的比较。他对西方现代文学理论的转向，即偏于作品研究后出现的各种流派，如新批评、解释学和接受美学等都作了精要的介绍与评说，因此他的研究工作，可谓知彼知己,在分析读者的感受时,每以主体性与审美感受差异等为说,能将中国固有的学说为主体而进行阐发,不像某些著作,仅以摘录中国古代文论中的片言只语为西方新理论作注脚,从而构拟出一些与西方接受美学相仿佛的论著。这是《鉴赏自得说》此书的成功之处,也是作者显示功力的地方。

左健取得学位后,即任职于本校出版社,他从基层工作做起,一直到升任社内主要领导,其间付出的劳动,不言可知。但他自从写作硕士论文始,紧紧抓住这一有价值的题目不放,锲而不舍,通过 20 年的工夫,终于完成《中国古代文学鉴赏自得说》和《中国古代文学鉴赏论》这两种有价值的著作。这种甘于寂寞工作与研究两不误的精神,也可为目下充塞于学坛的浮躁之风下一针砭。

(原载左健《中国古代文学鉴赏自得说》,中华书局 2008 年 11 月出版)

武秀成《〈旧唐书〉辨证》序

　　《旧唐书》在中国史学史上的地位，可谓一波三折。李唐灭亡之后，后梁、后唐继起，中国自有继起的王朝及时编写前朝历史的传统，因此梁、唐二代君臣即有纂修前代历史的计划。但因唐末战乱特甚，史料难以征集，因而未能实现。石晋继起，重议此事，卒在宰相赵莹等人的努力下，完成了《唐书》二百馀卷，这就是后人所称的《旧唐书》一书。

　　五代十国，历时仅五十馀年。这是中国历史上最为衰乱的一个时期。石晋立国仅十馀年，疆土仅限黄河以北部分地区，尚不时遭到辽人的侵逼，晋室国运败落如此，还能在四五年内编成唐代的一部国史，也可称为难能可贵的了。

　　《旧唐书》编成后，历经汉、周以至宋代初年，一直沿用，说明这书已在史书中获得了重要地位。即使在《新唐书》编成后，宋仁宗还下旨表示要新旧并存，也可见到这书已为宋王朝所认可。

　　但宋仁宗为什么还要让宋祁、欧阳修等人重修一部新的《唐书》呢？这从曾公亮的《进唐书表》中可以窥知。《表》中批评《旧唐书》"使明君贤臣、隽功伟烈与夫昏虐贼乱、祸根罪首，皆不得暴其善恶"，所以《新唐书》要秉《春秋》之旨，进行忠奸顺逆的褒贬。这就是说，《旧唐书》中的记载不合修史的"书法"，因为石晋时代史家的价值判断已经不合宋人的要求。宋代的执政者要根据自己的价值判断对前代历史重新编写。

　　自宋初起，史学领域内一直在为建立正统观念而努力。太宗时编《太平御览》，以蜀、吴、五胡十六国、宋、齐、梁、陈、北齐为偏霸，置《偏霸部》，秦与东魏、北周入《皇王部》；宋真宗时编《册府元龟》，则以秦、蜀、吴、宋、齐、梁、陈、东魏、北齐、后梁为闰馀，入《闰位部》，十六国及五代中之十国，另立《僭伪部》。《太平御览》采用前代的史料编成，观点也大都沿袭前人；《册府元龟》编者重行甄别，体现了宋代的历史正统观点正在形成。其后欧阳修私撰《五代史记》，更明显地体现了这种历史正统观点。

由此可见，宋仁宗继前代而起，要求在唐史的编写中贯彻正统观点。至是《旧唐书》也就遭到批判，必须另编新著取而代之了。

自此之后，《旧唐书》的地位日趋低下，继起的几个王朝都把这书排除在正史的系统之外。幸亏明代嘉靖年间翻刻古书成风，闻人诠觅得宋本重行版刻，此书方得传世。应该说，《旧唐书》之得以避免踏上《旧五代史》的湮没之路，其命运是很侥幸的。

到了清代时，《旧唐书》的命运有所好转。因为清王朝也是由汉族之外的民族建立的，因而不会全部认同宋人的历史正统观点。况且清代朴学崛兴，评价史书对材料的重要性有了新的认识。一些史学家对新、旧《唐书》作了并行的比较，也就得出了比较客观的结论。

赵翼《廿二史札记》中有"《旧唐书》前半全用实录、国史旧本"一条，强调这类原始史料之可贵。因为唐代征集史料、编纂实录和写作国史的组织措施比较规范，根据这类史料写成的纪传，也就比较可信。翻阅旧史，可知晋代在修书之前，在征集史料上确是下了很大的工夫。《五代会要》卷十八载监修国史宰相赵莹为此事而上的奏本，详列征集各类史料的组织措施，可知其工作的认真和细致。其时参加修史的史臣有张昭远、贾纬、赵熙等人，都是唐史方面的专家，他们依据长期积累的史料编纂成书，后人不应轻加否定。

赵莹等人特别重视"本纪"的撰写，表文中说："本纪之法，始于《春秋》，以事系日，以日系月，以月系时，以时系年。刑政无遗，纲条必举。须凭长历，以编甲子，请下司天台，自唐高祖武德元年戊寅，至天祐元年甲子，为转年长历一道，以凭编述本纪。"因为纪传体中的"本纪"部分起到了小型编年史的作用，其他部分人物的活动，其历史年代的先后，都要按帝王的年代顺序编写。如果缺乏这一依据，那又怎能理出历史发展线索呢？因此，纪传体的史书之所以被尊为正史，比之编年体更受重视，正因为本纪部分可以起到编年史的部分作用，而编年体的史书却无法包涵纪传体的长处。

《新唐书》的本纪部分是由欧阳修编写的。这位古文家过于讲求《春秋》笔法，文字过分追求简练，比之《旧唐书》中的本纪，内容也就减少不少，以致赵翼也批评道："欧公本纪则不免草率从事，不能为之讳也。当日进呈时，宋仁宗即有旨，《旧唐书》不可废，其早有所见欤？"

时至今日，大家对史学的观念又已不同。古人修史当文章做，《新唐书》由欧阳修、宋祁执笔，人们倍加赞颂，或因震于二人的大名。新、旧《唐书》史观有异，今人也已不太介意，因为不管是张昭远修史，还是欧阳修修史，都已不再具有规范后人思想的作用。人们对前代历史的要求，首先着眼于史料的是否可信与完整。特别到了民国时期，中国史学界深受欧美史学的影响，傅斯年等人甚至提出了史学就是史料学的口号，《旧唐书》的重要性自然更进一步受到重视。一些史学专家告诫后学读史时，大都认为应该先读《旧唐书》，特别是要认真阅读其中的"本纪"部分，因为这是依据唐代的实录、国史编纂起来的。

但我们仍然可以提出疑问：这一部分的文字是否全然可信？

唐代的实录、国史在征集史料编写成文时，在某些环节上是否会有差错？史家在撰写过程中是否会有讹误？后人付诸版刻，是否也会出现错误？这些都是应该考虑的。有人曾经提出过问题，但囿于上述成说，未见有人专心发掘。武秀成君对此作了认真的检查，发现问题不少，特别是在本纪的系年方面，出入更多，试观本书中的《干支系时讹误考校》部分，差不多在每一位帝王名下的条文中都有所纠正。这些都是经过细心的辨析而得出的结论,可谓条条得来匪易。

秀成对误记的史实作辨证时,除了详引相关史料,辗转互证,以期毫发无遗憾外,在治学方法上也有新的突破。这里试举数例,以示著者的眼光与功力。

《穆宗本纪》:"长庆元年正月己亥朔,上亲荐献太清宫、太庙。"有人据陈垣《二十史朔闰表》,以为长庆元年正月戊戌朔,而非己亥朔,己亥是正月二日。秀成详引《文苑英华》中的《长庆元年正月三日南郊改元赦文》以及《册府元龟》《唐大诏令集》中的同一文字,逆推"长庆元年正月己亥朔"不误,进而对陈著提出质疑。大家知道,陈垣的《二十史朔闰表》为考古代历法的权威著作,史家每据此而定古时时日,秀成指出,"陈《表》所定朔日确有不可信据者",并举唐代墓志数方上的记载以明之。按我国历法的研究起源甚早,著述亦多,陈垣此书乃继汪曰桢《历代长术辑要》而成,但秀成认为"陈《表》以及明清以来的各家历表主要是历家推步的结果,这种推步与实际行用之朔闰并非完全一致。因此,我们不能简单地以各家历表作为校考古文献的纪日资料的绝对依据"。这对治史者无疑是一种有价值的忠告。

秀成对《旧唐书》的考辨主要放在"本纪"部分,但在"列传"及其他部分也有精彩的辨证,例如《高适传》中记"梓州副使段子璋反,以兵攻东川节度使李奂,适率州兵从西川节度使崔光远攻子璋,斩之"。中华书局出版的《旧唐书》在《校勘记》中说:"梓益二州,'梓'字各本原作'绵',《廿二史考异》卷五九云:'案至德二载,置东川节度,治梓州,"绵"当为"梓"字之讹。'今据本书卷四一《地理志》改。"按中华点校本二十四史均由专家负责整理,向称精审,此处又有钱大昕的考辨为依据,结论容无疑义。《旧唐书》卷四一《地理志四》"梓州"条内确有"乾元后,分为东、西川,梓州恒为东川节度使治所"之说。秀成以为东西二川的分合至为复杂,东川治所亦非一无变更,前此即曾移镇遂州。

考《册府元龟》卷一二二《帝王部·征讨二》亦载此事，与《新唐书·肃宗本纪》同，前者作"袭破绵州"，后者作"陷绵州"，与《旧唐书》同。《册府元龟》所载唐代史事每袭用国史《唐书》及历朝实录旧文，此处与《旧唐书》本纪记载相同，皆当本于国史，后人不应据钱氏之说改动原文。《旧唐书·肃宗本纪》记此事本当作段子璋"袭破绵州"，而不当改为"袭破遂州"。

总结上言，可知秀成的校雠工作恪守传统规范，而不迷信前人成说。对一些似乎已成定论的学说，如《旧唐书》"本纪"部分最为可信，陈垣《二十史朔闰表》中的历日绝对可靠，梓州恒为东川节度使治所等说，也敢于大胆怀疑，并且通过细致的辨证，得出可信的结论。因此，《〈旧唐书〉辨证》一书不但在史实的考订上提出了许多科学的结论，而且在治史的观念和方法上也提供了不少值得重视的新见。

秀成于八十年代曾从杨明照教授攻读校雠学的硕士学位，毕业后即来南京大学古典文献研究所工作，至今已有十多年之久。他谦虚谨慎，勤奋好学，不急功近利，耐得住寂寞，是古籍整理领域中不可多得的优秀人才。他在本所所刊《古典文献研究》(1989—1990)和《古典文献研究》(1991—1992)两期上先后发表了《〈旧唐书〉本纪干支纪日考校》上、下二文，当时我就认为这类文字具有很高的学术价值，因而鼓励他继续探讨，扩充篇幅，把这写成一部规模更大的专著。经过多年的努力，这一计划终告完成。我目睹了此书从萌芽到成熟的过程，当此专著正式出版前夕，乐于表达我对此书的一些感想，并希望获得读者的认可。

2002 年 12 月 8 日于南京大学

（原载武秀成《〈旧唐书〉辨证》，上海古籍出版社 2003 年 5 月出版）

徐国荣《中古感伤文学原论》序

国荣作博士论文,以汉魏六朝文士的生命观及其文学表述为题,取得了学位。经过几年的修改和提高,今已扩展成专著,我就想到为之作序时,可就国荣选题方面的问题作一番分析,或许对步入撰写论文阶段的学生会有一些帮助。

作博士论文,题目不宜太大。一些近于通史、通论性质的题目,就不一定合适。这类题目常是采取陈述式的写法,上下多少年代,纵横多少地域,牵涉太广,论点容易分散。逐一介绍,势必沿用他人的许多成果,缺少个人的精到分析。宏观把握的结果,读者易起空泛之感。

反过来说,题目也不宜太小。有的题目很具体,分析起来容易显得精到,但解决的问题不多,只能做出一篇篇幅较小的论文,读后更无联想之馀地。学生写作这类题目,触及的面嫌窄,得不到驾驭复杂问题的锻炼。

确定博士论文,也不能面目太旧。有些前人已经做过多次的题目,难以推出新意。如果不能有新的开拓,尽可不必再去尝试。即使你采用了很多新的名词术语粉饰一番,也难逃明眼人看清底细。

以上所作的分析,只是就目下博士生的一般情况而说的。世上之事都有一般与特殊之别。一些水平高的学者,不论遇到什么样的题目,都能写出好文章来,但对正在学习阶段的青年学子来说,恐怕还是走一般的常规道路为妥。

选择博士论文题目,还应结合个人的特点,不能脱离实际,看人家怎么做就跟着走,随着学术界新出现的热门话题而竞相投入。须知各人所积累的知识不一样,驴子跟马跑,就会蹩断脚。因此,学生选择题目时，还应结合个人的情况而作考量，看自己的素养与这题目的内涵是否切合。要扬长避短。不过写作论文也是一种学习，可以此弥补不足，做到扬长补短，从而得到新的提高。但得注意自己的才性，不能根本相违。有些学生抽象思维的能力很差，偏要做理论性特强的题目，也就难以取得满意的成果。须知才性的改变绝非易事，在两三年的时间内难以见到成效。

应该说，一篇好的博士论文总得具有一定的理论深度。纯以编排材料为能事，或作纯考证的文章，不能算是论文中的上品。博士生写作论文，推动本学科的发展，不具备一定的理论素养，也是难以做到的。

国荣在博士论文的写作上取得了一些成绩，即与正确择题有关。他喜读汉魏六朝文学，这一阶段的文人身处混乱时局，每易遭致不幸，因此在作品中充塞着一股感伤的情绪；与此相应，由老庄哲学发展而来的玄学，以及佛道等宗教，风靡朝野，这些又在文学作品中盖上了诸多斑斓的色彩。国荣对哲学也有兴趣，前此已经写过有关老子与庄子的文字。他来南京大学求学，一直沿着综合研究的方向前进。因此，他以这一阶段文人的生命观为题，考察这一命题在文学中的表现，正与个人的爱好与平时的素养结合。

《古诗十九首》中说："人生非金石，岂能长寿考。奄忽随物化，荣名以为宝。""生年不满百，常怀千岁忧。昼短苦夜长，何不秉烛游。"……这一类诗歌，汉魏六朝时期多有。阮籍《咏怀》，郭璞《游仙》，抒写忧生之嗟，隐寓末路之悲，身处动乱的时代，更易触动人们对生命的关注。"死生亦大矣"，人们对此进行了多方面的探讨，国荣以此为考察内容，可谓抓住了时代的脉搏。

有关汉魏六朝时期生命观的文字，自八十年代起已经出现。一般作者仅举有关作品以为例证，说明作者的身世之感，用以分析作者世界观的形成。这样的写法常是缺乏新意，内容不免显得单薄，他们的有些提法虽然很新，但因论证方法的限制，时而给人以老一套的感觉。

生命观的形成，原因复杂，牵涉至广。尽管分析某一人物的生命观时，可从特定方面着手而进行分析，但如论证一个时期的生命观，则与其时的政治、社会、哲学、宗教、民族、风俗等等方面都有关系。从具体人物来说，情况各有不同，这与各人所处的时代背景和政治环境，接受的哲学思潮、宗教观念、学术传统、文学爱好等方面密切相关。因此，各人的风貌都不相同，心态也就不同。他们对待生命的态度，自然也会不同。由于时代的发展各个阶段的生命观有所不同，对此进行系统的考察，也就可以构拟为一部内容丰富的心灵史。

国荣围绕汉魏六朝生命观这一主题，分别从上述诸多方面展开论证，从书中章节的安排上，即可知其沉潜之深。全书首先从"生命意识和悲慨传统"这一中心问题切入，开宗明义，促使读者注意这一问题的内涵，介绍个人研究的路数。随后即对"感伤思潮的心理历程"进行史的考察。文章逐层展开，讨论到了丧葬文化的意义，并从宗教与哲学的角度予以阐释。国荣注意到了其时士林对丧服礼的重视，讨论了厚葬与薄葬的风气何以形成，并从情与礼之间的对立、统一的关系予以阐释。作为中文系的一名博士生，国荣自然会对哀悼文的内容和体制加以注意，中如对诔文、挽歌、哀策文和吊祭文的考察，都很深入。大而言之，他对感伤文学的主题和意义，都有精到的解释。

汉魏六朝有关生命观的诗文，大都具有深沉的感情色彩，国荣准备写作时，固然重视文学上的鉴赏品味，但在撰述成文时，尤重理论上的深入剖析。例如他在步入正题时，就对悲美与悲怨之间的关系作了深入的阐发。可见此书的特点不在于描述而重在理论上的思考。

总的看来，国荣这一论文之所以取得成功，选题恰当，当是关键原因之一。题目内容有新意，与个人的才性素养又切合，阐发之时也就可以发挥得比较充分。汉魏六朝时期的文学多深湛之思,惹人喜爱,但因其时距今已久,留存下来的作品不多,目下钻研这类文学的队伍又很庞大,因此,学术界每有汉魏六朝文学题目难选之叹。此说未必正确。汉魏六朝时局混乱,文士常遭不幸,但思想上束缚较少,各个领域都有新的开拓。因此,今人自可从各种不同角度去发现新的题目。但有一点,写作论文时应该重视理论上的钻研,因为这一时代思想领域中的活动特别显得复杂而丰富多彩,阅读国荣的这一论文,自可得到多方面的启发。

（原载徐国荣《中古感伤文学原论》,中国社会科学出版社 2001 年 12 月出版）

张智华《南宋的诗文选本研究》序

智华以南宋诗文选本为题，就《古文关键》等著作一一写成论文，先行发表，获得了学术界的很高评价。这种情况，固然说明了智华学业有成，写出了高质量的博士学位论文，引起他人重视，而且反映了我国学术界风气的改变。

总的看来，二十世纪的中国一直处在急剧变化之中，只是其间还是有若干大的阶段可以划分。

民国时期，基本情况是诗文并重。依文学选本来说，《古文观止》和《唐诗三百首》等读物，同样拥有大量的读者。《古文辞类纂》和《经史百家杂钞》等选本，在社会上流传广泛，还是受到人们的重视。然而到了二十世纪中期，中华人民共和国成立后，情况可就不同了，重诗轻文的现象越来越明显。这种趋向，一直要到八十年代中国步入改革开放阶段之后方才有所改变。

清末民初，西洋的文学观念已在学术界发生影响。西洋以诗歌、戏剧、小说为文学的主要门类，散文则被视为非文学的另一门类。这对中国学术界形成冲击。五四运动之后，白话文作为重要的社会交际工具，逐渐取代了文言文的地位，古文选本的价值相应地也受到影响。但在民国时期，社会上似有一种约定俗成的风习，人们在日常交往中，多用白话文写作，而在政府的文告，上层人物的交游，以及寿诞、悼念等特殊的庄重场合，仍然要用文言来传情达意，这就为古文选本争取到了存在的空间。

民国时期的古文选本，如上面提到的几种，都反映了桐城派的观点。中国几千年来都以儒家思想治国，这些选本之中当然反映了正统的儒家思想。特别是在议论文中，更是充溢着儒家的正统观念。五四运动的批判矛头直接指向儒家，这对古文选本的流传当然也会有所影响，只是其时尚有很多上层人物支持与宣扬儒学，所以古文选本的传播仍有其市场。

新中国成立后，政府以阶级观点为武器，对宋明理学进行清剿，对儒学思想反复进行批判，在各种社交活动中，文言文均被封杀，古文选本自然遭到了否决，在社会上也就不再流传。况且这时苏联文艺学的影响很大，中国的诗文传统不再平衡发展，研究诗歌的队伍日渐庞大，研究戏曲和小说的队伍日渐发展，研究散文的队伍则日渐萎缩。在中国文学史的教学中，古代散文的比重大大低于讲授诗歌的总量。

这种情况，在古代文学理论的研究领域中也有所反映。新中国成立之前出现的几种中国文学批评史，对南宋时期的几种诗文选本还有所介绍，而像方孝岳先生的《中国文学批评》一书，在卷下三十一《宋代几部代表古文家的文学论的总集》一章中，还有精到的分析与热情的颂扬，但在新中国成立后出版的同类著作中，就不再见到相关的篇章了。中国步入改革开放阶段后，各方面的情况有了很大的改变，但南宋的古文选本仍未受到应有的重视。几种大型的中国文学批评史中有一些笔墨提及，然而大都在哲学层面上用力，对道学家的观点展开批判。

南宋古文家以选本的形式标明宗旨，对唐宋古文运动从理论上加以总结，即以其中首出的人物吕祖谦而言，与理学家的文论也并不一致。而且南宋古文家更为重视古文写作的技巧，在篇章、用笔、字法、句法等方面都有深入细致的分析，发展出了对后世影响很大的评点之学。就以《古文关键》一书来说，文章夹行之中旁批小注，文中紧要字句之旁画一直线，亦即评点家所说的"掷"或"抹"，这是中国独具特色的批评方法，重在启发式的教育，有别于西洋文论中着重分析的批评，文字逐层展开而详尽无遗。评点之学后来又发展出评注和圈点,仍然着重于诱导与点拨,给读者留下进一步思考的馀地。

由此可知,南宋诗文选本体现了我国文学理论的传统特色,从内容到形式自有其值得深入探讨的地方。智华以此为研究对象而撰写博士论文,弥补了向被忽视的一项缺憾,在古代文学理论研究中进行了新的开拓,而他对南宋古文选本所作的分析,理论与文献并重,在研究的方法上也有新的发展。由此得出的结论,笃实可信,自然会受到学术界的欢迎。

智华在探讨过程中,锐意开拓,闯入了不少领域,诸如古代文论、诗文鉴赏、版本目录等,都曾进行过系统的学习,学识从而不断得到提高。他对南宋诗文选本的多样性与丰富内涵作了深入的发掘,研究能力和写作水平随之不断得到提高,这为他日后的发展打下了深厚的基础。一篇好的博士论文,对学术界作出了贡献,对个人也是一种很好的锻炼。我预祝他日后取得更大的成功。

2001 年 8 月

(原载张智华《南宋的诗文选本研究》,北京师范大学出版社 2002年 6 月出版)

俞士玲《陆机陆云年谱》序

　　陆机、陆云二人在文学史上的地位，前后落差极大。当年陆氏兄弟由吴入洛时，年纪很轻，但晋代的开国功臣、文坛大佬张华就曾兴奋地说："伐吴之役，利获二俊。"梁代钟嵘撰《诗品》，古今一致认为品评的当，乃探骊得珠之作。其评陆机曰："才高辞赡，举体华美。""咀嚼英华，厌饫膏泽，文章之渊泉也。张公（华）叹其大才，信矣。"从而将陆氏兄弟列入上、中二品。于此可见六朝文士普遍认为二人在文坛上的地位鲜与伦比。

　　唐代前期，情况仍然如此。唐太宗李世民为中国历史上最为杰出的帝王之一，他对陆机的创作成就高度赞扬，修《晋书》时自为赞语，《陆机传》末制曰："观夫陆机、陆云，实荆衡之杞梓，挺珪璋于秀实，驰英华于早年，风鉴澄爽，神情俊迈。文藻宏丽，独步当时，言论慷慨，冠乎终古。……其词深而雅，其义博而显，故足远超枚、马，高蹑王、刘，百代文宗，一人而已。"这样的言词，出于千古一帝之口，简直有些不可思议。

　　但自唐代中期起，陆氏兄弟的地位开始不断下降。宋代之后，贬抑之声不断，例如清代的王渔洋就曾指责钟嵘品评失当。不过陆氏虽不能享有前此尊荣，仍不失为晋代的杰出人物。只是到了新中国成立之后，由于强调阶级观点和现实主义的文学观，出身高门而又文辞华赡的二陆才遭到彻底否定。在前十七年所编的文学史中，陆机、陆云常是被作为形式主义作家看待的。

　　二陆的地位大起大落，内中就有很多问题值得研究。这一现象在唐代中期开始呈现，说明他们作品中的艺术特征已经不太适应时人的要求，因为唐人的时代风貌已经开始形成，经过盛唐各大家的开拓，已经涌现出了一大批体现盛唐气象的成熟作品，因此二陆之作已经不再符合唐人的口味，他们的创作技巧也就难于博得高度评价了。这是文学史上的正常现象，符合继承与发展的规律。至于近人首从政治标准着眼而否定二陆，更是一种片面的文学观在起作用了。

二陆地位日见沉沦，关注他们成就的学者也就日见其少，为二人编年谱的，更为罕见。过去较流行的，只有姜亮夫先生的《陆平原年谱》一书。此书篇幅无多，内容颇嫌简略。例如陆机历史上的大事，何年入洛，史书上本有不同记载，姜著却仅列一种而不作任何分析；又如陆机《文赋》作于何时，也有不同说法，姜著却只记下了不太可靠的一种，不引时人新说。因此严格地说，这书已经过时，必须有人起而改作。学术界应该提供一种新的可靠的年谱来供人参考。

随着近年来有关玄学问题研究的深入，陆机的哲学思想，以及陆氏家族中人的哲学思想，也都日益引起人们的重视。因为陆绩的《易》学，陆机的思想转变，都呈现出时代变迁在思想领域中的投影，这方面的研究丰富了魏晋南北朝文学的内容，也开拓了玄学研究的新路。这方面的成果，姜氏《年谱》自然无法体现。各种文学史与报刊杂志上的论文也难于提供完整的知识积累。

陆机、陆云出身于显赫的世家大族，自小就接受了良好的教育，早年即以文才出众而享盛名，国破家亡之后仓皇北上，厕身文学群体，参预复杂的政治斗争，卒致身殒族灭。二人的历史展现了西晋时期政治、军事、文化等众多方面的广阔场景，为之编写年谱，也就可以全面揭示晋代历史的真相，特别是有关太康文学方面的许多具体事例，更有助于今人的文学史研究。

俞士玲的《陆机陆云年谱》可以满足上面所提到的各种要求。她在陆机、陆云的时代背景、个人历史和诗文创作等方面都有详细的介绍和精密的论证。因为二陆涉及的方面很多,有些问题前此一直没有得到很好的梳理,人们对此的认识,大都是模糊的,士玲予此一一进行新的研究,顺着二陆的活动所附入的考证文章,达数十处;这也就是说,她对二陆历史上的几十个重大问题都进行了探索。因此,这一年谱不是一般人所想象的只是像流水账一样的事实编排,而是在许多重大问题上提供了新的结论。这对晋代的学术研究有所推进,也可为二陆研究作一小结。在此我谨向读者郑重推荐此稿,相信定能开卷有益。

(原载俞士玲《陆机陆云年谱》,人民文学出版社 2009 年 2 月出版)

郝润华《〈钱注杜诗〉与诗史互证方法》序

润华的《〈钱注杜诗〉与诗史互证方法》即将出版,索序于余,因有所感,略叙浅见如下。

杜诗的注释已成一门专门的学问,人称"杜诗学"。此"学"经久不衰。自宋代起,即有"千家注杜"之说,清代又兴起了注杜的高潮,产生了好几种名著,如仇兆鳌的《杜诗详注》,浦起龙的《读杜心解》,杨伦的《杜诗镜铨》,至今还拥有广大读者。近代注杜的著作仍层出不穷,因为杜诗的内涵太丰富了,研究者不时推出新见,随之也就会有吸收各家新见的注本出现。

但综观古往今来的杜诗注本,若以其影响之大而言,还应首推钱谦益的《钱注杜诗》。这是因为钱氏建立了一种寓研究于注释的方法,除用于注释杜诗外,推而广之,还可用于其他人的诗歌,如李商隐等,可见这种方法具有普遍适用的意义。

杜甫的诗歌,当时即有"诗史"之称。因为他身处大唐天下由盛转衰的关键时期。诗人身经离乱,饱经忧患,出之以吟咏,记录下了这一段历史。他用敏锐的目光观察政治的得失,用深沉的感情关怀着广大人民的欢乐与痛苦,用无与伦比的艺术创造力将之化为千百首诗歌,记录下了一幕幕令人难忘的情景,以此抒发他的爱国热情和民胞物与的胸怀。杜诗之被称为"诗史",就是因为他用文学手法反映了唐代的历史。诗歌是用精炼的语言构成的,对于叙及的史实来说,时移势改,旁人难得明白,后人在理解时困难更多。这就有待于注者依据史籍而加以阐发,或作必要的补正。宋代黄希、黄鹤父子名其著作为《补千家集注杜工部诗史》,就可理解为,他们的着眼之点在于杜甫诗歌与当时历史的相互证发。

这种注解诗歌的方法，后人称之为"诗史互证"。应该说，古人早就使用过这种方法。即以先秦而言，人们讨论《诗经》中的一些篇章时，或用史实说明某一些诗的由来，如前人注释《诗经》时，每引《左传》隐公三年卫人同情庄姜而赋《硕人》，即是以史证诗的做法；而杜诗《秋兴》中有句云"匡衡抗疏功名簿"，事见《汉书·匡衡传》，言其引《国风》而指陈春秋时诸侯朝政之得失，则是可以作为以诗证史的例证。由此可见，诗史互证的方法可谓古已有之。

孟子论诗，一则曰知人论世，一则曰以意逆志。前者用于释诗，也就是"以史证诗"。因为诗人总是在一种特定的环境中有所感触而发之于吟咏，读者如欲确切地把握这诗的用意，就得了解这一诗篇的历史背景，努力复原产生此诗的特定环境。但诗人形诸笔墨时，还受外部各种条件的影响，或不便明言，或不愿明言，他们表达时还有一个独特个性的问题，注释者得注意诗人所采用的表现手法。他们必须"以意逆志"，而不为某种表面现象所迷惑，这样才能深入诗人的内心世界。

后代叙事性的诗歌大量产生，特别是当杜诗荣膺"诗史"的桂冠之后，处在"千家注杜"的盛况之下，人们才能较为明确地去采用和掌握这一方法。钱谦益身处改朝换代的动乱时期，本人又有以诗存史的愿望，后因与朱鹤龄发生两种注释思想的冲突，遂在杜诗的注释上投入了巨大的精力，也就发现前人对诗史互证的方法有所运用，但还存在着很多的问题，时见偏差。他在《注杜诗略例》中曾举出八种常见的弊病，内如伪造故事、颠倒事实等，可见有的注家态度很不严肃，实际上在以史乱诗。钱谦益要以一种新的著作树立典范，肃清前此的不良学风。

钱氏总结前人注杜的得失时，也涉及了诗史互证的问题，云是"黄鹤以考定史鉴为功，支离割剥，罔识指要，其失也愚"，可见"考订史鉴"之馀，还应识其"指要"，这就说明注诗的目的还在把握诗人的心意。

这里可举钱氏最为自负的几首诗来加以探讨。他在《草堂诗笺序》中假借钱遵王之口曰:"若《玄元皇帝庙》《洗兵马》《入朝》《诸将》诸笺,凿开鸿蒙,手洗日月,当大书特书,昭揭万世。"他在《入朝》《诸将》的笺注中发表的意见,后人大都表示赞同,而在《玄元皇帝庙》《洗兵马》等诗的笺注中发表的意见,则引起了不少争议,其中又以《洗兵马》一诗所引发的争议为多。

钱谦益以为:"《洗兵马》,刺肃宗也。刺其不能尽子道,且不能信任父之贤臣,以致太平也。……故曰'安得壮士挽天河,净洗甲兵常不用'。盖至是而太平之望益邈矣,呜呼伤哉!"潘耒则起而力斥,云是:"《洗兵马》一诗,乃初闻恢复之报,不胜欣喜而作,宁有暗含讥刺之理?上皇初归,肃宗未失子道,岂得预探后事以实之?"后人起而驳之者尚多,以为《洗兵马》的主旨是歌颂唐帝国的中兴,字里行间虽有抑扬之意,但作品中的情绪还是高昂的,绝非"呜呼痛哉"的绝望腔调。大家认为钱氏之病在刻意求深,穿凿过甚。

但钱谦益之所以自称"凿开鸿蒙",当是以为发掘出了这段历史隐寓的含意。按杜诗《寄裴施州》下,钱氏考裴冕之仕履曰:"史称自施移澧,(裴冕)碑不详其后先,以公诗考之,冕盖久于施州,当是自澧移施也。史于移官先后,如高适彭、蜀,严武巴、绵之类,每多错误,皆当据公诗考正之。"这类事例说明,《钱注杜诗》在个别史实的考证上作出了很大的贡献,但贯穿此书的主要线索,也是钱氏最为得意而特别强调的地方,则在抉发玄宗、肃宗父子之间的矛盾。他认为杜甫在诗中多处表达了对此事的愤慨,不满于肃宗的有失子道。《洗兵马》一诗的争论焦点就在杜甫诗中究竟有没有这层寓意。潘耒认为肃宗的失尽子道有一个发展的过程,杜甫作此诗时,肃宗还未有此恶行,其他各家则认为杜甫对他们父子之间的矛盾已有所感,但《洗兵马》的主要精神则是歌颂,而非贬斥。可见诗道精微,各家虽然都在采用知人论世的方法,而在以意逆志之时,对诗人情绪与手法的把握上则每见仁见智,从而产生了很多分歧的意见。

按诗人常用比兴的手法,言在此而意在彼,后人逆探诗人用意,因无确切无疑的轨迹可循,常是得出不同的结论。杜甫《杜鹃行》等诗歌,后人大都以为即在隐射玄宗、肃宗父子之失和,这或许接近事实,但这里也只能用"或许"二字,因为没有直接的证据可以说明这一诗歌必然是咏唐代皇室中事。而像《洗兵马》等诗,用的是直陈其事的赋的手法,照例不该发生多大分歧,只是后人又说这类诗歌"似颂实讽","似颂实讥","似颂实刺"……因为古时即有皮里阳秋之说,注释诗歌的人自不能停留在字面上,为某些表面现象所迷惑,他们在"知人论世"之时还应"以意逆志",而发掘诗人隐微的心意。

后人指责钱谦益过为穿凿,是说他在观察问题时求之过深,失掉了分寸感,甚至歪曲了历史的真相。可见他在形成和完善这一诗史互证的方法时起过很大的作用,但在使用上还存在着不少问题。

不管人们是否自觉地去使用诗史互证的方法,他们在某种程度上却在以史证诗或以诗证史,然因各人态度不同,结果也就不一样。如果有人品评古人时怀有更多的私意,也就会离事实更远。有的研究者指出,郭沫若在《李白与杜甫》中评杜甫时,就像是"文化大革命"中办专案似的,洗垢索瘢,肆意臧否,书中认为玄宗、肃宗父子形成了两党,杜甫与高适分属两党而有矛盾,倒像是"文化大革命"中参加了两派群众组织似的。这样的研究工作,距离诗史互证的要求也就更远了。

这就说明,人们即使采用了诗史互证的方法,还有一个基本态度问题得首先解决。从主观上说,不能存私意和偏见,应该宅心仁厚,对古人抱理解的同情,从而以实事求是的态度去对待每一个人和每一首诗。

总结上言,似可得出下述结论:

前人注杜,虽名著甚多,而以钱谦益的贡献为大。因为他将古来以史证诗和以诗证史的方法系统化了,形成了一种较为完整的诗史互证的体系,具有方法论的意义。润华以此为研究对象,对中国学术史上的这一特殊现象作了深入的探讨,将这一理论的形成和发展作了系统的归纳和阐发,并对这种方法的意义作了多方面的考察,这样的研究工作,具有重要的价值,可以帮助后来的注释者和研究人员更自觉地去把握这一重要的传统方法。

后人为古人的诗文作注释,看似简单,实则不易。即以诗史互证方法而言,既要求对诗歌的背景有全面而透彻的了解,还要求从事此道的人客观而公正地对待研究对象,不陷于穿凿和武断,敏锐地直探诗人的内心世界。这样也就牵涉到了研究者的品性问题。润华为人厚道,分析问题时具有女性特有的敏感与细致,所以她得出的结论和作出的判断,大都平实可信。

润华曾从陕西师范大学黄永年教授学习史学,得硕士学位;后来南京大学,从卞孝萱教授进修,最后在我和莫砺锋教授的指导下得博士学位。我等治学,都主张文史兼通,润华在这样的环境中受教,自然会受到这种学风的浸润。因此她曾提出史家的褒贬之说与诗人的"比兴""美刺"手法相通,即可证其对文史之学玩味有得。而她又成长于学术界注重方法论的八十年代和九十年代,于是在学习的最后阶段,选择《钱注杜诗》为研究对象,既显示出她出身于文献学专业的个人特点,又可看出她向理论方面寻求发展的趋势。因此,这一著作既体现出了她成长的轨迹,也体现出了她自强不息不断突破的奋斗精神。

我忝为她的老师,看到她经过不懈努力而取得的成绩,感到高兴,因而发表个人的一些感想如上,是为序。

2000 年 10 月于南京大学

(原载郝润华《〈钱注杜诗〉与诗史互证方法》,黄山书社 2000 年 12 月出版)

吴正岚《六朝江东士族的家学门风》序

我于五十年代初期进入南京大学中文系学习。那时特别重视阶级观点的培养,对于文学史上的人物,都要进行阶级分析;对于他们的作品,都要从思想性与艺术性上进行考察。根据当时的理解,只有政治上先进的人才能写出艺术性高的作品,政治思想差的人不可能写出艺术上完美的作品。因此,学习古代文学史,也就是对古代作家进行政治鉴定。政治上有了结论,其他也就不难说明了。

学到魏晋南北朝文学时,问题就大了。因为这时门阀贵族当政,文学史上提到的一些人物,绝大多数出身于门阀贵族,因此,学习文学史而进入魏晋南北朝阶段,犹如进入黑暗时期一样。老师讲到左思《咏史诗》中"世胄蹑高位,英俊沉下僚。地势使之然,由来非一朝"这几句时,总要对这种社会现象大加批判,同学听后也无不义愤填膺。

王谢高门,最易遭到挞伐。高等院校中每次搞大批判,常把谢灵运拉出来痛骂一顿,什么生活腐朽,作品形式主义严重等等,当时的古代文学论文中常见这种论调。

我在几年之后转到教师岗位,多读了一些书,觉得这些门阀贵族中人确很腐朽。例如王羲之的儿子王凝之,任会稽内史时,孙恩来攻,凝之迷信五斗米道,竟云已请大道,许以鬼兵相助,贼将自破,结果城破被杀。又如另一儿子王徽之,任车骑将军桓冲的骑兵参军,桓冲问他担任何职,答称"像是管理马匹的机构";问他"管多少马",答称"'不问马',怎么知道马的数目";又问"近来死了多少马",答称"'未知生,焉知死'"。如此玩忽职守,还要借用《论语》中的话来打哈哈,这样的名士太可恶了,难怪这时国势衰弱之极。

但在通读《世说新语》与南朝各家的传记之后，却又产生了另一些想法。一是王谢等高门贵族子弟，从现在的眼光看，有其腐朽的一面，但也不能否认，这些家族中确是人才辈出。二是这时的人常是早熟或早死，像谢灵运，只活了四十九岁，但学问博大，儒、释、道三教中的典籍无不精通，在创作上也留下了很多作品。《山居赋》中说："六艺以宣圣教，九流以判贤徒。国史以载前纪，家传以申世模。篇章以陈美刺，论难以核有无。兵技医日，龟策筮梦之法；风角冢宅，算数律历之书。或平生之所流览，并于今而弃诸。"这就不能不让人感到惊奇，这人在短短的一生中怎能闯入这么多的领域？三是一些高门贵族中的妇女，也有很高的修养，她们谈吐风雅，仪态端庄，教育子女得法，这也颇让人感到惊奇，在腐朽的环境中为什么能生长出这样的女性？

返观近世，在不断出现政权更迭的情况下，一些掌了权的高官，往往培养出一批无赖子弟。这类人物只会利用父兄的特权，为非作歹，害国害民，因此整个二十世纪，老百姓对"八旗子弟"的骂声不绝。这又使我想到，魏晋南北朝时的门阀贵族中，无赖子弟似乎不多，这又是什么原因呢？

"八旗子弟"的一些作为，时而令人有匪夷所思之感，老百姓骂他们时，常是说"没有教养"。中国过去一直重视家庭教育，如今社会变迁加速，新旧道德失序，家庭教育几无规范可循。社会上发生的种种事端，往往就与家族在社会上的特殊地位有关。魏晋南北朝时，门阀贵族时而又称士族，或称世族、势族，也就是说他们是以士人的身份为其立足点，这是一批在社会上得势的人。这些家族经历了许多朝代，仍然处于不败之地，原因何在？当与家学有关。陈寅恪在《崔浩与寇谦之》中说："东汉以后学术文化，其重心不在政治中心之首都，而分散于各地之名都大邑。是以地方之大族盛门乃为学术文化之所寄托。中原经五胡之乱，而学术文化尚能保持不坠者，固由地方大族之力，而汉族之学术文化变为地方化及家门化矣。故论学术,只有家学之可言,而学术文化与大族盛门常不可分离也。"这可能是门阀贵族得以长久保持尊荣的重要原因。

中国步入改革开放时期后,研究魏晋南北朝的人大为增多,批字当头的文章也少见了。大家较为平心静气地去看待这一时期的一些人物。从汉代发展至唐代,魏晋南北朝人起了承上启下的作用,他们在特定的社会条件下,在许多不同领域内作出了贡献。正像商代社会中的许多贡献是由奴隶主作出的一样,魏晋南北朝社会中的许多贡献是由门阀贵族中人作出的,一些大姓中人各自作出了不同的贡献,而这往往与他们家学有关。

家学决定门风,大姓世族中人作风也有不同,阅读《世说新语》或《南史》等著作,常是看到一些个性鲜明的人物。他们的学术,他们的身影,容易引起读者兴趣,吸引人去钻研。因此自八十年代起,不断有人以六朝的门阀士族为对象,进行研究,这些地方足以体现中国学风的变化,人们业已摆脱了种种清规戒律的束缚。

正岚以《六朝江东士族的家学门风》为题,阐发这一新的热门话题,比之他人,视角有所不同。以往人们研究这一问题时,往往偏于侨姓中的王、谢二家。二家人物鼎盛,记载也较完整,容易措辞。正岚以江东士族为研究对象,则另有其深意。因为按照唐代柳芳论氏姓时的分类,王、谢为"侨姓",朱、张、顾、陆为"吴姓"。吴国是被北方的晋国灭掉的,江东大姓自是亡国之虏,当年很多大姓中人前往北方政治场合中去谋求发展,常是受到歧视与侮辱。永嘉南渡之后,以琅琊王氏为代表的侨姓中人作为骨干而与司马氏共天下,江东士族只是团结对象,地位显然有别。王导之所以在当时与后代均获好评,就因能采取合适的措施团结南方人士。在此情况下,江东士族中人身处逆境,不断奋斗,为个人与家族谋求发展,争得荣誉,确有很多可供探讨的地方。我在以往的研究中，也曾注意到一些大姓中人的动态，如在研究陆机《文赋》时，注意到陆家门风的转变。陆家原以军功著称。《世说新语》中说："吴四姓，旧目云：张文、朱武、陆忠、顾厚。"陆逊、陆抗等人，忠于王室，成了吴国的中流砥柱。家族中人如陆绩等，则以经明行修著称，"陆忠"的家风自然与儒学家教有关。陆机率军参与八王之乱，当然与他想以军功继承家业有关，但他在家世儒术的基础上转而攻习玄学，则又可见其适应环境变迁而开拓新途的努力。又如南齐时期的陆澄，治《易》兼综郑学与王学；梁代的陆倕，追随昭明太子萧统而为折衷派中的重要成员，可见陆氏中人能够随着时代的演变而熔铸新知，又能不失这一家族的原有品格，这真是一种值得探讨的有趣现象。正岚在书中作了系统的研究，深入的考察。她以"军事谋略·立德立功·清操忠贞·儒佛兼擅——吴郡陆氏的家学门风与盛衰沉浮"为标题，说明吴郡陆氏的独特个性，读者从中可对陆机等人的家族特点与发展轨迹有更全面的把握与领会。

正岚注意到世家大族中人的宗教信仰与哲学修养，这是她的研究较之前人论证更为全面、见解更为深入的地方。玄学的兴起，促使人们更为注重思辨。这一时期的人喜欢辩难，无疑会对学术的发展起到巨大的推动作用。谢氏门中的谢朗，童年患病初愈，与高僧支道林辩论，"遂至相苦"，害得他的母亲担心会因此送命，不惜抛头露面，在大庭广众之下抱着儿子离去，谢安还对侄子的才华和嫂子的神情大加赞赏，可知彼时的世家子弟从小就沉浸在思辨与学识的锻炼之中。他们的早熟，乃至早殁，可能即与这种风气有关。这些家族中人，看似无所事事，然绝非怠惰，过的不是纸醉金迷的生活。他们在文化上追求创造，注重吸收新兴学术，锻炼多方面的才能。就像上举谢朗，小小年纪就能与佛学高僧"相苦"，可见其水平的不凡。那么"吴四姓"中的"张文"一族，在文化圈子中自然会有更精彩的表演了。即如张融其人，遗令葬时左手执《孝经》《老子》，右手执小品《法华经》。史称"融玄义无师法，而神解过人，白黑谈论鲜能抗拒"。正岚把他放在张氏家族的历史发展长河中，结合玄学与佛理在文化领域中的渗透，考察吴郡张氏的家学门风，从而对张融的奇特风貌卓越成就，作出新的解释，比之那些囿于一隅的观照，自然会有更好的说服力。

正岚对六朝江东士族的考察，还不光限于朱、张、顾、陆四旧姓，对会稽地区的"四族之俊"也进行了研究，并考察了吴兴沈氏的家学门风。吴兴沈氏原为一武力强宗，本无家学传承的基础，然而由于政治环境的变迁，乃转向文化士族的道路上求发展。刘宋之时初见眉目，如《宋书》上称沈演之"家世为将，而演之折节好学，读《老子》日百遍，以义理业尚知名"。沈氏上下几代人名之下常缀以"之"字，可知吴兴沈氏崇奉神仙道教，故此家族中人，从哲学上讲，重老庄之学；从宗教上讲，崇奉道教。齐梁之时，佛教的影响越来越大，即如萧梁皇室中人，即出入于佛道之间。吴兴沈氏的情况类同，也是时代思潮的影响。此时沈氏已成著名的文化士族。士族中人参予政治，自然在儒学上也有造诣。例如这一家族中的杰出人物沈约，政治上地位特殊，文学上贡献突出，思想上情况多变，都与这一家族的历史发展有关。作为后起的士族，他们在发展的道路上具有自己的特点，与前此早就兴盛的旧族朱、张、顾、陆，也就具有不同的面貌。

正岚此书之所以取得成功，正因抓住了六朝时期社会现象中的一个重要环节，还以此为突破口，用以解释学坛上的许多重要学术问题。如佛道之争，五音与四声之辨等，均从六朝江东士族之间家学门风的不同背景作出解释，得出了许多新的结论。这种新的视角，给人以不少启发。因此我相信，读者阅读这一著作，定可获得多方面的收获。

总结上言，可知正岚此书视野颇为开阔，研究成果可称丰硕。她对江东士族中的旧姓进行研究，也对新起的士族进行考察，结合时代的演变,说明新、旧家族中人的不同发展道路。他们努力维护家学门风,又顺应时代潮流,使本家族不坠宗风,永远保有重要地位,因此这里进行的是动态的研究。又因六朝之时人物思想活跃,哲学与宗教上的争论不断,各种文学集团之间此起彼伏,异彩纷呈,江东士族中人处在这样的情况下,思想普遍显得复杂多样。前人研究这类问题时,往往偏重一端,或从文学方面考察,或从宗教方面考察,或从政治方面分析,这样做,常是难见全貌。正岚不然,她采用的是综合的研究,因而更能把握江东士族文化的全貌与实质。她不取时下某些研究者的流行做法,引用某些西方理论,或是仅凭个别例证,从而作出推论。她在研究某一家族时,总是先积聚起与此有关的重要文献,然后进行细致的分析,这样也就得出了许多可信的结论。试观附录中的江东各家族世系表,可知她对各个家族进行过系统而细致的梳理,于此亦可见其功力。

(原载吴正岚《六朝江东士族的家学门风》,南京大学出版社 2003年 11 月出版)

党银平《崔致远研究》序

中国向称汉、唐二代为盛世。考其致盛之由，实与二者均采开放政策有关。汉通西域，唐连东瀛，东西南北各地至此都加强了联系。中国以儒家思想为立国之本，不重领土扩张，而重文化熏染。经过诸多世代的交往，周边国家无不深受其影响。

唐代开国君主来自中国北部，王室中人每与汉族之外的其他民族中人联姻，这样也就自然地形成了胡汉一家的国策。唐太宗李世民是中国历史上最为杰出的君主之一，将相大臣内少数民族中人很多，如尉迟敬德、阿史那社尔、契苾何力等，都把自己视作大唐人士，而不看重自己的种族出身。众多少数民族中人，还尊太宗为"天可汗"，唐代疆域内确是具有"天下一家"之态势。

其时国力鼎盛，文化高度发达，周边国家的士人纷纷前来学习，东邻日本的"遣唐使"中有的士人响慕大唐文化，长期于此居留，如玄宗时的阿倍仲麻吕，后改姓名曰晁衡，与著名诗人李白、王维、储光羲、赵骅、包佶等均有交往。后出仕于朝，仕至左散骑常侍、镇南都护，已是三品高官。可见唐王朝对异族中人或异国之人在仕途上没有设置什么障碍，这也是四面八方的人喜欢来这里学习与居留的原因。

孔子说："四海之内，皆兄弟也。"从李白等人与晁衡等人的友谊来看，情意深长，无所隔阂，体现了儒家理想的人际关系。

而在周边国家中，要以韩国与中国的关系为深。汉唐两代，彼此都有紧密的联系，尤其是唐朝，与高句丽、百济、新罗三国交往频繁。三国中人，上至王子，下至庶人，大批前来学习唐代文化与佛道教义。在这些人中，要以统一新罗时期的诗人、文士与学者的崔致远贡献为大。

崔致远在韩国的文学发展史、学术思想史和中韩文化交流史上占有十分重要的地位,他的著作《桂苑笔耕集》已是中韩两国学者特为关注的重要文献。韩国学者视崔氏为汉文学的奠基人,中国学者则从其著作中发掘到了记录唐末动态的大量重要资料,他的诗文创作也已成为唐代文学史上的瑰宝。

只是后人从事崔致远研究,也会遇到很多困难,因为他先后生活在两地,中韩都有不少文献记录,研究者难于全面把握。况且崔氏的活动年代毕竟距今已远,留下的资料常是显得零乱而难以辨析,这就促使两国学术界产生了联手发掘和共同钻研的要求。

党银平同学自入南京大学攻读博士学位始,即以崔致远的生平和成就为研究对象。锲而不舍,寝馈于是,至今已有五六年之久。他坚持师辈的治学特点,先从整理崔氏的文献做起,对其生平经历详加考证,对《桂苑笔耕集》的流传和版本细加考核,然后阐发其诗文的成就,以及崔氏著作的史料价值。因此,他的崔致远研究语必征实,步步为营,不断开拓前进,无怪乎他的研究文字发表后,立即引起了中韩两国学术界的重视。

崔致远在唐时的一段经历,是按文士的正规道路谋求发展的。进士及第后,出仕溧水县尉,任职于淮南幕府,担任节度使高骈的掌书记。研究崔致远的经历,可以了解到唐代文士仕宦途中的遭际和甘苦。只是崔致远毕竟与本国的士子有别,他的经历,还有很多新的问题需要探讨。

例如他的应科举试,诸多记载都说他是由宾贡及第的。唐代是否特设宾贡科,其内容又怎样,学术界似已有结论,但仍显得模糊。银平对此进行了深入的探讨,对宾贡进士的问题提出了新的看法。这项成果,可以纠正唐代科举制度研究中的缺失,丰富唐代文化交流史的内容。

有关唐末东南地区军阀混战的情况,唐史记载不详,陈寅恪在《读〈秦妇吟〉》中曾据《桂苑笔耕集》中的文字详加论证,银平于此更有全面的介绍与阐发。这类文字,有助于唐代的文史研究,相信银平于此所作的系列文字问世后,将会引起唐史学界的推重。

中国进入改革开放阶段后,中韩两国学术界的交往日益紧密。韩国学生来此进修的很多。银平攻读博士学位期间,常与韩国同学讨论中韩两国古往今来的关系,他在毕业后,曾赴韩国很多大学介绍崔致远研究的成果。因此,他的学习与研究,已在中韩两国文化交流中结出了硕果。这本《崔致远研究》的正式出版,也就是中韩文化交流的结晶,希望这一成果能不断发展壮大,踏着唐代中韩文化交流先驱者的足迹不断前进。

2002 年 3 月 30 日于台湾东海大学

(原载党银平《崔致远研究》,韩国翰林大学出版社 2004 年 12 月出版)

曹晋《屈原与司马迁的人格悲剧》序

我与曹晋的导师聂石樵教授早就熟识，然而曹晋在师范大学取得学位后转入我系博士后流动站，聂先生没有告诉我任何情况。因此对曹晋的了解，可说是——从头开始。

首先看到的是一张申请表，相片上是一位年轻的小女孩。附来几篇文章，读后没有什么印象，但其中有几张书法，却引起了我的兴趣。目下年轻学生书法好的不多，她能达到这样的水平，已很罕见。见面后询问起这事，始知是家庭熏染之故，她的书法功底在其父亲的指导下步步提高。后来我编《唐钞文选集注汇存》时，就让她题写了书名。

她读的是古典文学专业，进站后改为专攻民俗学，原来她在北师大时曾兼修钟敬文教授的民俗学博士课程，所以要把没有完成的研究工作完成。由此可知，她在北师大求学时曾广泛地向该校多位名师学习，在几种学术分支中谋求发展，经过努力，已均有所成。

曹晋的外表一看就知道属运动员类型的人物。经过交谈，不出所料，她确是从小就与体育有缘。她从小学时代就兼上体校，打过篮球，进入过省赛艇集训队，因此从小学到大学的学习过程，也是连蹦带跳的，跟她的运动生涯差不多。这时我才明白，她在学业的最后阶段所呈现出来的特点，顽强拼搏的锐气，不断开拓的精神，跟她的人生经历完全一致。她的性格，是在不断磨炼中形成的，难怪她的博士论文以人格为题，而人格的完成即与各人的性格密切相关。

我在上一世纪九十年代工作特别忙，教学、行政、科研和各种社会活动，老是压得喘不过气来，因此对她入站后的学习，关心得很不够，但我知道她自理能力很强，这也是从小就培养出来的一种优点。这时她还在抓紧时间修改博士论文。因未成熟，似乎没有让我看过，反正这时就是交给了我，我也难以顾及。但她在《文学评论》2000年第二期上发表了《〈史记〉百年文学研究述评》一文，却使我从一个侧面了解到她博士论文可能会达到怎样的一种水平。

新旧世纪之交，学术界发表了一系列总结二十世纪各类专题学术成就的文章。这种事情看似容易，实则颇能说明撰文者水平的高下。有的人掌握材料不少，但既无概括能力，又无学术眼光，写出来的东西，话说不到点子上，反而会贻误读者。曹晋写的这一《述评》，很有学术高度，将百年来的研究成果加以梳理，先依时代发展分为若干阶段，再将涉及的问题分别门类，予以评判。从中可见，她的分析能力很强，概括能力足以相副，还能独出手眼，揭示其中得失。最后还加以总结，指出《史记》研究的新方向。她在全文结束时说："这就要求《史记》学术研究具备现代学术规范的条件，既有材料的进一步发现、整理、考证和诠释的过硬功夫（研究者的传统国学素养是必须好好修炼的），又有新学理的吸纳、运用、释疑、解难的贯通才干。"

可知这是她对学科发展的期望，也是她的努力方向。

由上可知，她主张融传统与现代于一炉，不像有的专家那么偏于一端。例如她在介绍各家成就时，既推崇程金造《史记管窥》在三家注考释中的新见，又赞扬李长之《司马迁之人格与风格》中进行的美学剖析，这就说明她本人的学术修养也比较全面，故能全面地欣赏前人成就。

可惜没有另一家杂志社来约她总结《〈楚辞〉百年文学研究述评》的文章，否则她一定会写出同样精彩的另一文字。

大约是在出站之前不久，曹晋准备谋求出版。她请我写一份推荐书，这时我才通读了全文。我发现，这一论文确能融贯古今，既吸收了前人的许多成果，也有不少新的开拓与提升。例如她对"人格悲剧"所作的介绍与分析,就未见有人涉及过。可知她已采用新的视角进行观察,故能得出崭新的结论,予人新的启示。

我在推荐书中写道:

> 屈原是战国时期著名的诗人,司马迁是汉初的史家,历代知识分子对二人的情况耳熟能详,二人对后世的影响也罕有其比。由于古时流传下来的材料不多,后人要想在考证与评价等领域谋求发展,很难措手,但从二人特具的人格力量和文化建树上加以考察,透视二人对中国传统文化与民族心理的形成与培育,则自有其意义和重大的价值。曹晋对二人自我人格完善的不断追求作了新的观察与阐释,从而对战国、汉初的政治势力和社会风俗从文化的层面进行分析,考察冲突的原因与悲剧的产生,以及这类典型事例所发生的巨大影响,得出了一系列新的结论,足供研治中国文化者参考。

曹晋最后付印的论文可能与我所见到的论文有所不同,可能又有新的发展,但想来基本格局不大可能有变化,因此我想仍可以上述文字向读者推介。最后还可一提的是,目下这一类的著作大都流于纯理论的推导,曹晋此作则从丰富的材料中提炼而成,故非泛泛而论者所可比拟,读者稍加翻阅,即可见此特点。

(原载曹晋《屈原与司马迁的人格悲剧》,上海古籍出版社 2008 年 4 月出版)

赵益《六朝南方神仙道教与文学》序

东坡有诗云"不识庐山真面目，只缘身在此山中"，此说颇能启人神智。绝大多数的中国人对本身的特性闹不清楚，即可作为例证。譬如宗教问题吧，大家都已接受马克思的教导，以为宗教是麻醉人民的鸦片，因此"红卫兵运动"起来时，横扫一切"牛鬼蛇神"，砸庙宇，毁神像，逼得一些和尚跳崖殉教。但那些用世界上最革命的思想武装起来的小将们，向名山古刹进军时，却是手捧红宝书，背着装有主席像的镜框，又有与过去的游方和尚相近的地方。当时领导上正在掀起一个造神运动，或许觉得群众集会上高呼万岁、万岁、万万岁还不够，因而号召每个子民家中都得供上主席像，早请示，晚汇报，背诵语录，借保平安。农村里一些供奉主席像的台龛更是布置得跟过去的土地堂一样。或许红卫兵小将们年岁尚轻，没有看到过旧社会的种种奇形怪状，但在一些年纪较大的人看来，却又觉得似曾相识，与过去参拜、诵经等宗教活动差不多。

当然，二十世纪的造神运动与过去的宗教活动有着本质上的不同，这是用最最"革命"的思想武装起来的，与宗教迷信不是一回事，然而二者之间却似仍有千丝万缕的联系。例如红卫兵轰轰烈烈地重走长征路，要过艰苦卓绝的生活，因此颇有禁欲主义的味道。但有一些小将却也会利用形势，编一些《时事手册》之类的畅销书，借推广革命思想之机去捞一些钱，然后到馆子里去大吃大喝。又如他们对资产阶级的男女关系深恶痛绝，不惜将一些违背革命原则的"腐化分子"鞭打致死，但在自己进行革命串联时却也常是结对而行，不废男女之乐。

当时的造神运动者似乎意在构建一种新型的革命宗教,它当然与传统宗教截然有异。就拿所谓世界三大宗教来说吧,伊斯兰教反对偶像崇拜,这与主席像铺天盖地的做法截然不同。佛教主张普度众生,当代造神运动者则把他们心目中的不信教者成千上万地驱入地狱。基督教认为人都是有罪的,当代造神运动者则认为只有自己圣洁无瑕,他人若有半个不是,那就真是罪该万死,非但不能让他们上天堂,还要永远踏上一只脚,让他们永世不得翻身。可知新时代的造神者真的已与传统割断了联系。他们自信已与旧世界彻底决裂。

凡是经历过这一历史阶段的人,常会感到迷惘。据说中国人受中庸之道的影响最深,为什么这时的表现却又那么极端?形式与内容落差太大,神圣与世俗距离太近。这种情况是否可以叫作相反相成,真是叫人百思不得其解。

如从宗教的角度观察这一造神运动,则又似乎可以说,它与中国土生土长的道教有着一丝内在的联系。或者也可以说,这只能产生在有道教传统的土地上。

大家都知道,相对于世界三大宗教而言,道教自有其民族特色。他们的神中,尽多现世的人所转化者;他们讲的是超尘脱俗,但决不排斥当下的物质欲求。

鲁迅在《致许寿裳》的信中说:"前曾言中国根柢全在道教,此说颇广行。以此读史,有许多问题可以迎刃而解。"例如陈寅恪之治魏晋南北朝史,即以道教为线索而纵论其时发生的种种政治事件,旁及书法、绘画、诗文等艺事,足征鲁迅之说可信。研究近代史时,也应关注道教的影响问题。

陈寅恪在冯友兰中国哲学史下册的《审查报告》中曾极论道教对我国思想史的影响,结论是:"窃疑中国自今日以后,即使能忠实输入北美或东欧之思想,其结局当亦等于玄奘唯识之学,在吾国思想史上,既不能居最高之地位,且亦终归于歇绝者。其真能于思想上自成系统,有所创获者,必须一方面吸收输入外来之学说,一方面不忘本来民族之地位。此二种相反而适相成之态度,乃道教之真精神,新儒家之旧途径,而二千年吾民族与他民族思想接触史之所昭示者也。"陈氏极言道教在中国思想史上所起的作用,但又慨叹无人对此作过精深的研究,"盖道藏之秘籍,迄今无专治之人,而晋南北朝隋唐五代数百年间,道教变迁传衍之始末及其与儒佛二家互相关系之事实,尚有待于研究。此则吾国思想史上前修所遗之缺憾,更有俟于后贤之追补者也"。这种情况其后虽有所改变,但其成就还不能说是符合人们的期望。

改革开放之后,思想禁锢逐步解除,国人环顾外界,越发显出中国思想界有关宗教问题研究之贫乏,于是众多学者纷纷投入这一领域的探讨,一时颇呈蓬勃之势。总的看来,佛学的研究人数多,收获也多;投入道教研究的人数少,收获也少,这又是什么原因呢?

依余愚见,这里可能存在三方面的难点,困扰着学界。

一是地域方面的问题。人处现世,希望不受病痛之苦,本是一种自然的要求,进而追求不老乃至长生,也是顺理成章之事。长生不老之人也就是神仙了。中国的神仙思想很早就在燕齐之地产生,因为渤海湾边时有海市蜃楼出现,古人也就认为海上有仙山,上有神仙居住,此说曾吸引秦皇、汉武等雄才大略的帝王前去求仙,燕齐方士乃精心构建出神仙的种种故事。有的专家以为神仙思想首先产生在中国西部,周穆王西征,在昆仑地区会见西王母,即是明证。有的专家则以为不必拘于一隅,各地都可产生神仙,因为初民知识有限,见到外界发生无法克服的灾害,或是感到神秘莫测的自然现象,都有可能视为显灵,或是以为由神所发动。这话也有道理,古人除崇拜日月星辰外,一草一木都有可能化为神灵,万物有灵论的遗痕很明显,这些都在后起的道教中留下了踪迹。正史的各种《五行志》中也有很多记载。

道教是怎样产生的？由于神仙思想事出多端，也就难于处理。东方、西方，属于同源呢，还是各自产生？二者之间又是怎样沟通而重新构建的，也难说得清楚。古史记载，道教产生于蜀地，蜀地有多种民族杂居，有的专家就从羌戎等族中去寻找根源。随着近年来三星堆文化遗址的发掘，该地区似乎自古以来就存在着一种与北方地区有所不同的文化，那么道教的产生是否与这一特殊的文化背景有关？《山海经》一书，可谓古代神话传说的总汇，由于专家们对中国神话传播途径的理解不同，也就见地不一，有的认为反映的是楚人的原始信仰，有的认为是巴蜀地区初民的原始信仰，于此可见探索这一问题之难了。

道教研究对象中，江南神仙道教占有重要位置。这一宗教是如何发展起来的，它与其他地方的神仙之说有什么关系？作为较后起的一种教派，要想理清其头绪，也就越发困难了。

二是内涵方面的问题。道教内涵的庞杂，人所共知。斋、醮等项，目的在求神助，自然可归之于迷信，但如引气、服食、炼丹等项，虽颇具神秘色彩，却不能截然称为封建迷信。就以引气来说吧，应该认为就是目下人们所热衷的气功的前身，既然今人认为气功可以养生延年，那又怎能将古代的导引之术驱入迷信行列？考目下五禽戏一类的强身之术，早就见之于出土的帛画之中，古人看到鹤类、熊类等鸟兽寿命很长，以为与其呼吸等姿态有关，于是模仿其动作，借收强身之效。这种从直观到摹拟的做法，不知是否可以说是科学的学习方法？又如金丹的提炼，所谓烧丹炼汞，古时帝王等上层人物热衷于此，目的自然在求长生，但从方术之士的操作手段来看，似乎也有化学实验的意味。西方将炼金术视作近代化学的前身，那我们又为什么要对炼丹术一笔否定？

道教中人绝非禁欲主义者,他们倒是重视人类正常的欲求,从而还设计出一种"房中术"。房中术的内容,又是极其复杂。从黄帝御众女以成仙等说来看,或可说是为纵欲提供理论依据的一种邪术,但从若干主张调节生理功能的理论来看,似乎又有其合理之处。这样的方术,其他宗教中似乎少见,这或许也可说是道教的特色吧。

三是经典方面的问题。道教初起之时,追随儒家中的今文学派之后,与阴阳谶纬等方术混而难分。因此首出的一些典籍,自然体系混乱,理论粗糙。这一教派中人奉《道德经》与《南华真经》为重要经典,但《老子》与《庄子》中探讨的是哲学问题,里面虽有一些藐姑射式神人的描写,目的并不在探讨成仙之术,因此汉代的方士还是偏重于阴阳家说,没有把心思放在利用老庄哲学组建宗教上。东汉时期,一些本土的宗教活动者受到外来佛教的激发,从而在道家的基础上组建道教,他们兼收并蓄,不但从本土的儒家、墨家、阴阳家、纵横家等不同学派中汲取滋养,而且规仿佛教而建立其理论体系。佛教传入之初,为了便于融入中国社会,采取"格义"的手法,比附道家学说宣扬其教义,道教也就采取同样手段,大肆采用佛家的学说与体制建设其教义与教团了。二者之间相互汲取,更使彼此借用的名词术语增加了复杂的内容。当然,作为中国土生土长的一种后起宗教,在其扩向上层时,为了迎合统治者的口味,在组织形式与意识领域中融入儒家体系的因素为多。

道教迅速发展,加快与其他教派的融合,到了晋代,情况更见复杂。道教的一些宗师一方面将道家的学说转化为可操作的实践手段,另一方面则剔除其不合神仙学说的成分,如《庄子》中生为赘疣等说,已与道教追求现世幸福的理论不合,从而必须进行改造,构建成纯粹的神仙家说。到了南北朝时,道教的各种流派大体已经定型,主要经典也已完成,但其来源过于杂乱,各种原始信仰、各种方术、各种不同来源的"经典"都夹杂其中,于是神仙道教中的一些高层宗教学者起而进行清理,此即所谓清整功夫是也。六朝神仙道教中占重要地位的上清派、灵宝派、正一派等,至此才面貌清晰。

由上可知,研究道教困难很多:起源不明,文献杂乱,派系纷繁,与其他宗教时起纷争,而又通过多种渠道相互渗透。学者着手进行研究时,首先要作一番细致认真的梳理工作,大而至于教派的区分,小而至于名词术语的诠释,都要进行严肃的考辨。研究者不但要对中国古代的文化有深刻的了解,而且要对各种文献有明确的认识。这就说明,研究道教的学者一方面要有深厚的学养,一方面要有水平很高的思辨能力。研究道教,真要说到"研究",那就不是对文献作些描述性的演绎就能奏功的。这里要做艰苦的工作,勤奋地积储资料,严谨地详加辨析。

我在序言的开端就介绍了前时造神运动和鲁迅的观点,说明道教对于国人影响之巨。文学方面也是这样。即以最为人乐道的游仙诗而言,曹操诗中就有道教的明显踪迹,郭璞的游仙诗更是六朝文学中的一朵奇葩,这些道教文学的先驱者对唐代的诗仙李白曾有巨大的影响。假如研究者能深探游仙诗的底蕴,考察道教中的一些杰出人物如何利用诗文进行宗教活动,那么《真诰》等重要典籍中的诗文创作等项,也就是必须加以关注的了。可惜这方面的材料未能进入学人眼帘,研究显得滞后,或许道教研究本身就难度很大,所以一般人不愿投入宗教文学的研究吧。但从认识国人的民族特点而言,道教与文学这一课题,必须不断有人深入探讨。

赵益自学生时代起就喜欢研究宗教,博士论文即以《六朝南方神仙道教与文学》为题。他在取得学位后,即任职于南京大学古籍所,至今也已多年了。由于工作的关系,他的文献学基础较深厚,而他又因兴趣所在,一直关注民俗小传统的研究,从而对博士论文中的内容锲而不舍,多方探讨。他的思辨能力很强,对道教中的许多复杂问题,一些专门的概念与重要的范畴,都能进行新的考察,在研究内容上有新的开拓。因此,这一博士论文的公开出版,可以视作道教与文学研究中的一项新鲜成果,将对这一课题有所贡献。我自指导他写作论文始,目睹他不断跋涉的历程,深感其志可嘉,因为之序。

（原载赵益《六朝南方神仙道教与文学》,上海古籍出版社 2006 年 4 月出版）

余历雄《师门问学录》序

《孟子·尽心上》记载了孟子的三乐之说,说是"父母俱存,兄弟无故,一乐也;仰不愧于天,俯不作于人,二乐也;得天下英才而教育之,三乐也"。这最后的一乐,是做教师的特有之乐。中国的文化就是这么一代代通过英才教育而传承下来的。尊师爱徒,也就成了教育领域中的自然追求。

但是在视孔孟之道为封建糟粕的"革命"年代,"得天下英才而教育之"却又会引出意想不到的麻烦。尤其像我这样一种出身不好的教师,更得时刻小心。尽管我经常反躬自省,觉得教书还是认真的,没有做过什么亏心事,因此享有孟子说的"二乐"该是没有什么问题的,但我家上几代都是地主,兄弟姐妹和我一样都是与家庭割不断感情联系的孝子贤孙,因此孟子说的"一乐"反而成了我们的第一包袱。不管我怎样努力工作,第一包袱仍然牵制你前进,无法走到革命的大道上。

步入二十世纪六十年代,政治空气越来越紧张,"千万不要忘记阶级斗争","资产阶级知识分子统治我们学校的现状再也不能继续下去了",雷声隆隆,预示着一场暴风雨即将到来。这时首当其冲的,自然是比我们年长一辈的教师,但像我这样政治上的弱者,也已成了一些先进分子的碍眼之物。

那时我教五年级的中国文学批评史课,开学后一两个月,照例要开一次座谈会,听取同学的意见。其中就有一位年纪很大的调干生,上纲上线,对我大肆挞伐。我很怀疑他到底有没有能力听懂这门课,但他的政治水平显然很高。我明白,即使我作出多大的努力,要想达到这种学生的要求,永无希望。

徐波集

1964 年到 1965 年，全国高校师生全部下乡补上阶级斗争的主课，参加"四清运动"。春节前后放了十多天假，我和一位同学一起回南京过年。回家过年总要给家里带些东西吧，但海安县很穷，没有什么东西可买，只有一种白酒，里面融化了猪油，叫做香雪酒，算是当地的土特产，我就买了两瓶回家。那位同学也买了两瓶回去。事后却有人告诉我，说是那位同学本来是不想买的，我劝他买，他也就买了。原来那位学生的成分特别好，政治上很先进，在那革命热情高涨的年代里，买酒似乎意在追求享乐，也是资产阶级的表现，这时也就不管我有没有劝他买酒，由我这样一位政治上特弱的教师劝着才买，倒也合乎情理。我真没有想到，孟子的"一乐"竟会给我带来这么多的风险。因为政治上弱，什么脏水都可以往你头上泼。处在这样的气氛下，要想建立什么正常的师生关系，对于我这样的一名教师来说，太艰难了。

进步与落后，从辩证法来说，本是对立统一的一对概念。没有落后，也就没有进步。因此，没有我这样一位落后分子垫底，也就无法衬托出先进分子的优秀。我很无奈，落后本是娘胎里带来的病，无法摆脱。我想起了《诗经》中那只可怜的小鸟，"予羽谯谯，予尾翛翛，予室翘翘，风雨所漂摇，予维音哓哓！"一切只能听人摆布。

我很感慨，一辈子教书，犹如拦腰分成了两截。"文革"之前也教过不少学生，但没有什么贴心的；本来提出"贴心"二字就应该批倒批臭，你想与无产阶级争夺下一代么？

幸运的是，"革命"的年代终于过去，"文化大革命"之后，迎来了改革开放的春天。孟子的"三乐"终于光临寒舍。我妻子祁杰也是当教师的，以前受我连累，一直处境尴尬，如今合家欢欣，过上了太平日子。自八十年代起，"得天下英才而教育之"的快乐，全部得到了实现。我先后教过的本科生、硕士生、博士生数量很大，成才者多，这是我们当教师的最感满足的地方。清规戒律撤防了，师生之间的无形障碍也就消除了。教师认真地教，学生认真地学，师生关系融洽，从中看到了个人与国家的希望。

人到中年，各种任务丛集而至，但我很清楚，自己本是一名教师，教书育人，是我的本分，也是我的第一任务，因此不管处在什么情况下，总要尽力完成教学任务。教师作出的努力，总能在学生处得到回报。留在身边的一些学生，朝夕相处，容易增进感情，就是在外地任职的学生，也一直保持着深厚的情谊。每当我讲学或开会在外，总有一些学生随侍在旁，交流情况，无所不谈，宛如家人。有一次我去广州某大学讲演，刚巧有一位在出版社任职的学生前去组稿，该校教师无意中提起明日南京大学的周老师要来讲演，那位学生马上自我介绍，并说已经很多年没有见到老师了，他要抓紧机会在此见面。为此他立即与航空公司的售票处联系，要求推迟航班，此事虽因机票不能改签而作罢，但当学校里的老师告知此事时，我还是很感动。师生的情谊，属于人类感情中最纯真的部分，自应百般珍惜。

所谓教育"天下英才"，如今也成了现实。这一二十年中，还教过许多日本、韩国和中国港、台地区的学生。大家也一直保持着深厚的情谊。九十年代，有几次随团赴台湾开会，路过香港，一些在该地任教的学生就来看我，到了台湾后，一些教过的学生也驾车来看我。这些都曾引起同行者的羡慕，我也感到了教师这一职业之可贵。中国尊师重道的精神不坠，传统的道德规范终有复兴的一天。

我很高兴，在我教学生涯行将结束时，还收了余历雄为最后一名博士生。他谦恭有礼，勤奋向学，虽为马来西亚籍的学生，其业务水平却丝毫不逊于本国的学生，这是他以百倍的努力取得的成绩。一个暑天，他竟因疲劳过度而昏厥，我知道后很心疼。

在他毕业前后，又感受了两次惊喜。

他突然交来了六个学期的听课记录。我教学生一直保持定期讨论问题的做法,每隔两周,讨论一次。一般先由学生提出问题,展开讨论,有时也由我主讲,形式不拘。我万没有想到,余历雄把我讲的内容都记下来了。有的问题,我记不清,说不准,就指点他向哪些方面去查找,他就原原本本整理出了完整的记录。这是很花工夫的事,可见他的用功。我这才看出他的记忆力很惊人。他把这些记录稿也送给了莫砺锋与曹虹两位老师,他们读后也感到惊讶。为此我们交换了一些看法,觉得这种教学方式和教学内容有它值得参考的地方,这就增加了我的信心,决心指导他继续加工,将这份《师门问学录》公开问世。

学生相处三年,就要分别了,不免感到惆怅。本国的学生分开之后,还可通过多种方式经常联系,再次见面的机会也多。国外的学生,再次见面无疑要困难得多。余历雄要回国了,我和祁杰商量,约陶芸先生、莫砺锋、陶友红、曹虹、张伯伟和两家的孩子莫杞、张博一起聚餐。上下数代,其乐融融,既为他饯行,又是最后一次联欢。宴会散后,我要到对面的金鹰国际购物中心去买东西,余历雄一起前去,我就问他要不要买些中国的东西带回国,他说不想买什么东西,并表示对南京的土特产很陌生,我就追问他,始知他在南京前后六年,竟然没有到过新街口的大商场一次。新街口是南京最繁华的地区,商店林立,行人如鲫,观光客也蜂拥而至。南京大学距新街口不远,不到半个小时的路程,我在当学生时就常用晚饭之后的休息时间去购物。我想在南京大学的学生中没有到过新街口大商场的,真可以说是绝无仅有。由此也可见他的用功。真是心无旁骛,一心向学。

余历雄整理出了一份南京大学中文系培养古代文学博士生的教学记录,这种教学方式的得失,还应听取外界的评议。他来这里读书,志趣很高,硕士生阶段,希望在哲学方面打好基础;这次前来攻读博士学位,希望在史学方面打好基础。他思路开阔,提的问题涉及面很广,我虽随方解答,但仍觉得难以满足他的要求,特别是一些即时性的问题,我还没有看过他提到的文章或读过的书,要想正确地解答,无疑是困难的。仓促上阵,难免不发生错误。限于时间,限于条件,限于个人的水平,这份记录中的瑕疵必然很多,谨请各方人士不吝指正。

2004 年 8 月于南京大学

(原载余历雄《师门问学录》,凤凰出版社 2004 年 12 月出版)

后 记

我自二十世纪八十年代后期起,协助匡亚明校长主编《中国思想家评传丛书》,后又担任终审小组成员,直到 2006 年工作结束,历时一二十年之久。这一丛书广受大家关注。2007 年 11 月,荣获首届中国出版政府奖,说明这项文化建设工程博得了学术界的高度评价,大家无不为之欢欣。南京大学为了酬谢我们几个出力较多的人,要为我们各出一本书作为纪念。这一盛情,因为有其特殊意义,自当郑重对待。计算起来,我于 2000 年在江苏古籍出版社出了七册文集之后,又出过两本有关李白的著作,主编了同获上述殊荣的《册府元龟》校订本,除此之外先后还发表过一些单篇论文,估计也有三十多万字了。我就想到,是否可编一本集子,作为文集的后续部分问世。

这一集子中的文字包括五个部分。

第一部分是有关孔子诗论、《文心雕龙》、《文选》和李白研究的论文。其中《李白研究百年回眸》一文,原是拙编《李白研究》中的前言。此书印数不多,所以在这里重印一下,借广交流。其他几篇有关李白的文字,是对《李白评传》中一些专题的继续探讨。考虑到这些内容他人似未触及,写入《评传》时受体例的限制,无法展开,也无法集中,只能另撰文章进行阐发。

第二部分中的文字则是应一些杂志社的约稿和应邀参加会议而写作的。《由〈九歌新考〉所想起的》一文是应《中国图书评论》杂志之约,他们打算开辟一个专栏,请一些人讲讲写第一本书时的情况,于是我就旧事重提,就《九歌》中的若干问题略抒鄙见。《有关"选学"珍贵文献的发掘与利用》一文,是为参加由全国高校古籍整理研究工作委员会与"台湾汉学研究中心"联合召开的第三次两岸古籍整理学术研讨会而提交的论文。

第三部分是应一些单位的邀请而准备的讲演稿。《重视中国古典文学特点的研究》是 2005 年在西华师范大学主办的第五届《文学遗产》论坛上的讲话,《西学东渐下中国古代文学研究的艰难处境》是 2005 年在南京大学中文系和"中国文学与比较文学国际学会"联合主办的"中国文学:传统与现代的对话"国际学术研讨会上的讲话,《探索与困惑——研究宗教与六朝文学的一点思考》是 2003 年在香港浸会大学主办的第五次"文学与宗教"国际学术研讨会上所作的主题演讲,《三教论衡的历史发展》是 2005 年在南京大学与台湾法鼓人文社会学院联合主办而由中国思想家研究中心操持的"心灵环保与人文关怀"学术研讨会上所作的主题演讲,《从古今不同教育方式说起》是 2006 年在南京大学人文社会科学高级研究院主办的首届两岸三地人文社会科学论坛"中国文学与文化的传统与变革"学术研讨会上所作的主题演讲,对郁文的意见是 2002 年在台湾辅仁大学中文系主办的"中国文学史探索"学术研讨会上所作的讲评。应该说明,《探索与困惑》一文原是一份演讲稿的提纲,因受时间的限制,写得很简单,后有人告知,听众以为演讲内容尚可,但嫌阐述得不充分,因此我又将讲稿扩充为《陈寅恪的治学方法与清代朴学的关系》一文,二者内容各有其侧重处,然仍难以避免有所重复,于此亦应乞谅。

第四部分为纪念文字与回忆录。

第五部分为"序"言。我本不敢为他人作序。自知笔拙,岂能率尔操觚?这里主要是为学生一辈的著作所写的序。还有几篇序文,乃应朋友之邀,情不能却而勉强执笔。南京大学计划出版一套"学术大家经典"丛书,我应南京大学出版社之请,编纂《胡小石文史论丛》一种。自幸老来还有机会宣扬先师学术,敢不黾勉从事?上海书店出版